AF717059

Franzius

CHRISTIANE KROMP

DIE HEIM-SUCHUNGEN DER FAMILIE BELL

Roman

Ein Buch aus dem FRANZIUS VERLAG

Cover: Jacqueline Spieweg
Buchumschlag: Jacqueline Spieweg und Simone C. Franzius
Bildlizenzen: shutterstock
Korrektorat/Lektorat: Petra Liermann
Verantwortlich für den Inhalt des Textes
ist die Autorin Christiane Kromp
Satz, Herstellung und Verlag: Franzius Verlag GmbH
Druck und Bindung: BoD, Norderstedt

ISBN 978-3-96050-174-9

Alle Rechte liegen bei der Franzius Verlag GmbH
Hollerallee 8, 28209 Bremen

Copyright © 2020 Franzius Verlag GmbH, Bremen
www.franzius-verlag.de

Die Deutsche Nationalbibliothek verzeichnet diese Publikation in der Deutschen Nationalbibliografie; detaillierte bibliografische Daten sind im Internet über http://dnb.dnb.de abrufbar.

Das Werk ist einschließlich aller seiner Teile urheberrechtlich geschützt. Jede Verwertung und Vervielfältigung des Werkes ist ohne Zustimmung des Verlages unzulässig und strafbar. Alle Rechte, auch die des auszugsweisen Nachdrucks und der Übersetzung, sind vorbehalten. Ohne ausdrückliche schriftliche Erlaubnis des Verlages darf das Werk, auch nicht Teile daraus, weder reproduziert, übertragen noch kopiert werden, wie zum Beispiel manuell oder mithilfe elektronischer und mechanischer Systeme inklusive Fotokopieren, Bandaufzeichnung und Datenspeicherung. Zuwiderhandlung verpflichtet zu Schadenersatz. Alle im Buch enthaltenen Angaben, Ergebnisse usw. wurden vom Autor nach bestem Wissen erstellt. Sie erfolgen ohne jegliche Verpflichtung oder Garantie des Verlages. Er übernimmt deshalb keinerlei Verantwortung und Haftung für etwa vorhandene Unrichtigkeiten.

INHALT

Prolog: Unerklärliche Vorkommnisse
Tennessee, Red River, im September 1817

»Wie kommt ihr mit der Ernte voran, Higgens?«, fragte John Bell seinen Vorarbeiter.

»Wir sind dem Plan voraus, Sir!«, meldete dieser. »Es sind nur noch zwei Felder abzuernten – und dieses hier ist das größte.«

John nickte. Eine Weile noch stand er am Rande seines Baumwollfeldes, den Hut unter dem Arm. Er strich sich die Haare und den Schweiß aus der Stirn. Die Septembersonne brannte erbarmungslos auf sein lichter werdendes Haar und er drückte sich den schweißgetränkten Hut wieder auf den Kopf. Ihm stand der Sinn nicht nach einem Sonnenstich. Das Gesumme zahlreicher Insekten erfüllte die Luft, ebenso der monotone Arbeitsgesang seiner Sklaven, die schwere Kiepen auf die dunkel glänzenden Schultern luden – Kiepen mit geernteter Baumwolle. Die Stimmung war so fröhlich, wie die schwere Arbeit das eben zuließ.

Bell wippte in den weichen Lederstiefeln auf die Fußspitzen und wieder zurück auf die Sohle. Er liebte es, in die Weite zu lauschen, seine Gedanken treiben zu lassen.

Dies alles hatte er alleine aufgebaut. Dreizehn harte Jahre hatte es ihn gekostet, seit er mit seiner Frau und seinen sieben ältesten Kindern hier in Tennessee das Land mit dem ersten Blockhaus gekauft, dieses ausgebaut, die ersten Felder neu bepflanzt hatte. Heute hatte er Bedienstete, er besaß über fünfzig Sklaven und die reiche Ernte seiner Felder gab ihm und seiner Arbeitsweise recht: Gott war auf seiner Seite.

Wohlgefällig blickte er auf die Baumwollbüschel an den Sträuchern und auf die Baumwollwolken am Himmel, die ein abendliches Gewitter ankündigten. Sein Blick schweifte über seinen Besitz und eine tiefe Zufriedenheit erfüllte ihn. Ja, Gott hatte es wahrlich gut mit ihm gemeint.

Leise vor sich hin pfeifend machte er sich zu Fuß auf den Weg zur Nordgrenze seines Besitzes, wo ein Zaun repariert werden musste. Gestern hatte er Higgens daran erinnert. Langsam wanderte John über seine Wiesen und zwischen seinen Feldern entlang, auf denen schon hoch der Mais stand.

Da nahm er eine Bewegung aus dem Augenwinkel wahr, begleitet von einem Rascheln. Ein hellbraunes Tier erschien zwischen den Fruchtständen, ein Hund, wie er meinte – und sicher keiner von seinen! Er runzelte die Stirn und blickte genauer hin. Eisiger Schrecken durchfuhr ihn. Das war kein Hund, beileibe nicht! Das war überhaupt kein Tier, das er kannte oder dessen er schon einmal ansichtig geworden wäre: Es hatte den Körper eines Hundes, aber den Kopf eines Hasen! Es war ein Ungeheuer! Welche Mächte der Hölle ...?

»Bei des Himmels Barmherzigkeit!«, stieß er hervor und schlug sich die Hand vor die Brust. Dann griff er, immer noch zittrig vor Schreck, nach dem Gewehr, das er immer über dem Rücken hängen hatte, und schoss. Fünf Schüsse gab er auf das Teufelsbiest ab, dann rannte er in Richtung seines Hauses davon. Augenblicke später kamen ihm drei kräftige Diener entgegengeeilt.

»Herr haben geschossen! Was sein geschehen?«, fragten sie aufgeregt.

»Ein Teufelswesen, da hinten im Maisfeld!«, rief er. »Darauf habe ich geschossen!«

Alle schauten sie John an, zögerten, warteten auf seine Anweisungen. Er war ein strenger Herr.

Er wies mit dem rechten Arm in die Richtung, aus der er gekommen war. »Ihr zwei, ihr geht und schaut, ob es noch da ist. Von hinten ein Hund, von vorne ein Hase, mit anderen Worten: ein Ungeheuer!«

»Ein Ungeheuer, Herr?«

»Vertreibt es aus meinen Feldern! Nur der Teufel kann ein solches Geschöpf geschickt haben!«

Zwei der Diener machten sich mit schnellen Beinen auf den Weg. Der dritte stand immer noch bei John. Der spürte auf einmal tiefe Erschöpfung. »Du, Junge, begleitest mich heim!«, brachte er hervor.

Später am Tag fragte er die beiden Diener, ob sie das Tier gesehen hätten.

»Ja, Herr, wir es vertrieben haben, es sein fortgelaufen, in Wald!«

Das war das erste von einigen sehr sonderbaren Ereignissen im Hause Bell und John sollte sich später immer wieder daran erinnern. Zunächst jedoch vergaß er den Vorfall über die Anspannung der Ernte, säumige Kunden und Zwischenhändler und einen immer wieder aufflammenden Streit mit einer Nachbarin.

Etwa eine Woche später saß die ganze Familie Bell am reich gedeckten Tisch. John war gerade dabei, das Tischgebet zu sprechen, da klopfte es plötzlich an den Fensterladen. John stutzte kurz, brachte aber erst das Gebet zu Ende, bevor er das Fenster und den Laden öffnete, um dem Klopfen auf den Grund zu gehen. Doch niemand war draußen zu sehen. Abendliche Windböen schüttelten die Bäume. War es ein Ast des mächtigen Birnbaumes gewesen, der neben seinem Hause wuchs? Er zuckte mit den Schultern, schloss Laden und Fenster und nahm unter den erwartungsvollen Blicken seiner Familie seinen Platz an der Tête des langen Eichentisches wieder ein.

»Es war nichts. Fangen wir an zu essen«, sagte er. Doch kaum hatte er nach dem duftenden, frisch gebackenen Brot gegriffen, da fiel der Deckel vom Topf mit dem Eintopf von alleine herunter und rollte über den Boden. Die Bells zuckten vor Schreck zusammen, alle starrten John an. Doch der ließ sich nicht stören und biss herzhaft in das Brot.

In unnatürlichem Schweigen verlief das Abendessen. Wieder und wieder klopfte es in dieser Nacht an die Wände, an die Fenster, an die Tür und nie war irgendjemand in der Nähe. Lucy, Johns Frau, hörte nicht mehr auf zu beten. Sie hielt die Hände auf dem Schoß verschränkt, lautlos die Lippen bewegend.

An diesem Abend forderte John seine ehelichen Rechte ein, denn sonst hätte er keinen Schlaf gefunden. Mitten in der Nacht krachten Blitz und Donner, heftiger Regen entlud sich über dem Hause der Bells. John fuhr aus dem unruhigen Schlummer, der ihm seine Gedanken monströs im Traum ausgemalt hatte. Dämonen hatten ihn gejagt. Schweiß stand auf seiner Stirn. Er setzte sich im Bett auf, eine Bewegung, die Lucy neben ihm zu wecken schien. Ihre Hand griff nach seinem Arm wie eine Ertrinkende, die nach Rettung sucht. Sie klammerte sich dicht an ihn und er löste ihren Griff und rückte von ihr ab, unangenehm berührt.

Wieder krachte ein Blitz. Lucy stieß einen kleinen Schrei aus. Sie hatte sich schon immer vor Gewittern gefürchtet. John fand das höchst albern, verdrehte die Augen. Dieses blöde Weib.

»Es ist nur ein Gewitter!«, fuhr er sie an. »Nimm dich zusammen, du bist doch kein Kind mehr!«

»Es ist nicht nur der Donner, der mich erschreckt, John. Es ist das Klopfen die halbe Nacht. Vorhin habe ich sogar ein Heulen gehört und ein Flattern wie von Flügeln auf dem Dach.« Auch sie richtete sich zum Sitzen auf. »John, was für dämonische Wesen haben wir da bloß im Haus?« Bei diesen Worten zog sie die Decke enger um sich, als fröstele sie. »Jesus Christus stehe uns bei gegen alle Mächte der Hölle!«

John blinzelte kurz. Sollte er Lucy sagen, dass er sich genau vor den gleichen Mächten fürchtete? Nein. Sie sollte sich nicht beunruhigen. Morgen würde er der Sache auf den Grund gehen.

Also knurrte John: »Unsinn! Das waren keine höllischen Mächte, das waren Zufälle!«

»Und das Klopfen vorhin?«

»Der Wind!«

»Und der Deckel?«

»Zufall!«

»Ich hoffe, du hast recht, John!«, seufzte Lucy.

Kurze Zeit später schon hörte er ihre ruhigen Atemzüge. Sie war eingeschlafen. John aber lag noch eine ganze Weile wach. So sicher, wie er gegenüber seiner Frau getan hatte, war er sich nicht, woher die Geräusche kamen.

Er versuchte sich an die Zufriedenheit zu erinnern, die ihn vorhin erfüllt hatte, bevor das Ungeheuer ihn erschreckt hatte. Denn zu solchen Gefühlen hatte er durchaus das Recht. Trotz der ausgefallenen Ernten des letzten Jahres stand er wirtschaftlich immer noch recht ordentlich da. Und obwohl in diesem Jahr das Wetter wieder warm und sonnig war, fröstelte es John bei diesen Gedanken: Ihm stand immer noch lebhaft vor Augen, welch kläglichen Anblick die Felder unter dem Raureif von 1816 geboten hatten. Umso dankbarer und erleichterter war er, dass er jetzt die Ernte dieses Jahres einbringen konnte und wieder Waren zum Verkaufen hatte – vermutlich sogar zu besseren Preisen als jemals zuvor.

Seine Frau Lucy hatte ihm zur Seite gestanden in all der Zeit, sie war ihm ein gutes Weib. Mittlerweile hatte sie ihm zehn Kinder geboren, von denen neun noch lebten. Er konnte sich glücklich schätzen: Sechs kräftige Söhne waren darunter, die ihn bei der Arbeit unterstützten und die später sein Werk fortführen würden. Nach all diesen arbeitsreichen Jahren waren sie alle jetzt in diesem Land am Cumberland River verwurzelt, sie waren inzwischen ein Teil davon – und von dieser Gemeinde Red River. Seine drei jüngsten Kinder waren hier geboren. Seine Tochter Esther hatte gerade vor zwei Monaten Bennett Porter geheiratet, den Sohn eines der angesehensten Männer der Gegend. Mit dieser Vermählung hatte John das Wurzelgeflecht nochmals dichter gemacht und die Bells mit den Porters untrennbar verbunden. Das erfüllte ihn mit Genugtuung. Doch auch all diese guten Gedanken ermöglichten es ihm nicht, wieder in den Schlaf zurückzufinden. Ruhelos wälzte er sich von der einen Seite auf die andere, nickte kurz ein und schreckte sofort wieder hoch. Als er im Morgengrauen aufstand, fühlte er sich wie gerädert.

Der ganze nächste Tag verlief ohne weitere Zwischenfälle und außer einer bleiernen Müdigkeit hatte John keine Nachwirkungen zu beklagen. So tat er die Geräusche der letzten Nacht als unerklärbar ab und grübelte nicht mehr darüber nach. Bis zum Abend hatte er tatsächlich die Ereignisse des Vorabends vergessen. Allerdings fielen ihm kurz nach dem Abendessen die Augen zu, sodass er sich unverzüglich zu Bett begab. Kaum hatte er das Kissen berührt, war er auch schon eingeschlafen.

Er erwachte von einem stetigen Klopfen an den Fensterläden. Ein Klopfen, gefolgt von einem Rütteln, welches gar nicht mehr aufhören wollte. John zog die Brauen zusammen und stieg aus seinem Bett. Das Nachtlicht in der Hand, fand er den Weg zur Haustür. Auch von hier kam ein ständiges Poltern, als würden Steine dagegen geworfen. John war barfuß und im Nachthemd, doch im Moment dachte er nicht daran. Eisige Kälte kroch ihm, von den bloßen Fußsohlen ausgehend, den Körper empor. Die Härchen an seinen Waden und an seinen Oberschenkeln richteten sich auf, bis der Frost seinen Rücken erreichte und sich an ihm hochtastete, seine ganze Wirbelsäule entlang bis zu seinem Nacken.

Er schauderte, stellte das Licht auf dem Tisch ab und umfing sich selbst mit seinen Armen, um das innere Frösteln zu vertreiben. Mit der Kälte kroch auch Furcht in ihm empor, die er nicht ignorieren konnte. Da! Wieder dieses Rütteln an Fenstern und Türen. John machte sich von innen an einem der Riegel zu schaffen, die die Fensterläden geschlossen hielten. Doch seltsamerweise ließ der Riegel sich nicht bewegen, während es gleichzeitig von außen dagegen hämmerte, als ob irgendjemand oder irgendetwas hineinwollte, zu ihm, zu seiner Familie. Das durfte nicht geschehen. Und doch, er wollte den Geräuschen auf den Grund gehen. So versuchte er es an einem anderen Fensterladen, wendete all seine Kraft an, diesen zu öffnen – vergeblich. Vor Wut stieß er einen lauten Schrei aus.

»Los, geh schon auf!«, zischte er angestrengt, doch keiner der Riegel gab auch nur im Geringsten nach. Dafür hörte er nun hinter sich schabende Geräusche. Als er sich umblickte, kippte sein Nachtlicht schon über die Tischkante. Nicht einmal ein beherzter Sprung konnte es vor dem Herunterfallen bewahren.

John stand plötzlich im Dunkeln. Sein Herz schlug einen Trommelwirbel in seiner Brust, er hörte seinen Puls laut in seinen Ohren pochen. Von draußen war ein anschwellendes Heulen zu vernehmen. Waren hier widernatürliche Kräfte am Werke?

Wind heulte um die Ecken des Hauses, er konnte es hören. Die Geräusche waren ihm vertraut. Gab es am Ende doch eine natürliche Erklärung für das, was hier geschah? War es nur ein heraufziehender Sturm? Hatte er die Kerze einfach zu nahe am Tischrand platziert? Eben hatte er sie aufgehoben und wieder auf den Tisch gestellt ...

»Wer ist da?«, sprach plötzlich eine Stimme. Die Stimme von Jesse, seinem ältesten Sohn, der auf der Treppe stand und ihn anstarrte. Vor Schreck hätte John beinahe die Kerze noch einmal umgeworfen.

»Ich bin's, dein Vater«, gab er zur Antwort. Seine Stimme zitterte leicht.

»Vater, was tut Ihr hier unten? Ich habe Euren Schrei gehört.«

»Die Riegel gehen nicht auf«, erwiderte John.

Mit einem Satz war Jesse bei ihm und mit zwei weiteren langen Schritten an den Fenstern. Ohne jede Anstrengung zog er den Stift zurück. Der Laden flog auf, ließ einen Schwall kalte Luft und Hagelkörner herein, halb so groß wie Musketenkugeln. Wortlos zog sein Sohn die Läden und die Fenster wieder zu und verschloss sie erneut. Dann blickte er sich zu John um und zog die Augenbrauen hoch.

Verblüfft starrte John seinen Sohn an. Langsam und ungläubig bewegte er den Kopf hin und her, war dann mit einem Satz neben Jesse. Auch er konnte jetzt den Riegel ganz leicht verschieben.

»Geh zu Bett, Jesse«, ordnete John an.

Jesse nickte und machte sich wieder auf den Weg nach oben.

John blickte ihm hinterher. Bald schon würde Jesse die schöne Martha Gunn ehelichen, die Tochter des respektablen Reverend Thomas Gunn. Den Ehevertrag hatte John eigenhändig ausgearbeitet, unterstützt von einem guten Rechtsanwalt aus Nashville. Er war es sehr zufrieden. Esther war nicht weit fort und auch Jesse würde mit seiner zukünftigen Frau in der Nähe wohnen. Es könnte alles so schön sein. Wenn ihm nur nicht diese seltsamen und unheimlichen Vorkommnisse noch in letzter Sekunde einen Strich durch die Rechnung machten. Noch galt er als sehr angesehen, noch waren seine Kinder gute Partien, die jeder gerne in seiner Familie aufnehmen mochte. Bis vor ein paar Tagen war er sicher gewesen, dieses Ansehen in der ganzen Gemeinde zu besitzen, für sich selbst und für seine Kinder. Sollten sich jedoch Gerüchte verbreiteten, dass höllische Kreaturen bei ihm ihr Unwesen trieben, dann wäre all seine Mühe vergeblich gewesen.

Eine Gänsehaut überkroch seine Arme und ließ ihn abermals schaudern. Keiner seiner Nachbarn würde noch mit ihm zu tun haben wollen.

Der nächste Tag war ein Sonntag. John war froh, am Morgen von der unterbrochenen Nacht nicht mehr so viel bemerken zu können. Er hatte sich sofort wieder zur Ruhe begeben und tief und so fest geschlafen wie ein Toter. Jetzt beaufsichtigte er draußen die Arbeiten für den Winter. Die Sklaven hackten Holz und das musste hinterher in den Schuppen gebracht, gestapelt und getrocknet werden, damit die Familie im Winter genügend Feuerholz hatte.

Nach diesen Arbeiten bestieg er Nelson, seinen treuen Fuchs, hieß seine Familie in den Wagen steigen und dann ging es zum Gottesdienst. Auf dem Wege nahm er zu seiner Beruhigung wahr, dass der Hagel von gestern Nacht erstaunlich wenig Schäden hinterlassen hatte.

In der Kapelle überkam ihn dann doch die bisher ausgebliebene Müdigkeit. Er rieb sich die juckenden Augen. Während der Predigt nickte er immer wieder ein. Gut, dass er sich dieses Mal nicht zu weit nach vorne gesetzt hatte. Er schwitzte bei dem Gedanken, jemand könnte seine geistige Abwesenheit bemerken und sie falsch deuten, ihn gar der Gottlosigkeit bezichtigen. Denn diese Verfehlung in Zusammenhang mit seinem häuslichen Problem würde nicht unbedingt für ihn sprechen als den gottesfürchtigen Mann, als der er im Allgemeinen galt. Und doch dämmerte er in der Wärme und Dunkelheit der Kirche immer wieder weg, je länger er dort saß. Deshalb war er froh, sich nach dem Segen wieder bewegen zu dürfen.

Im Klang der Glocke verließen sie alle das Gotteshaus. John schlenderte ein wenig beiseite. Da bemerkte er eine junge Frau in einem grünen Kleid. Sie war vielleicht fünfzig Schritte von ihm entfernt. Ihr Gesicht konnte er nicht sehen, es war von ihm abgewendet.

Das wird wohl eine von den Töchtern der Porters sein, dachte er. John rief ihr in einem spontanen Entschluss einen Gruß zu. Sie hob den Kopf und sah ihn an ... und löste sich im selben Moment in Nichts auf wie ein Trugbild. Verblüfft starrte er zu der Stelle hinüber, wo sie eben noch gestanden hatte. Doch nichts war dort mehr wahrzunehmen.

»Was zum …«, murmelte er und lief schnell hinüber, dorthin, wo eben noch die Frau gestanden hatte. Doch als er an der Stelle war, gab es nichts zu sehen – keine Fußspuren, die sich bestimmt deutlich in dem weichen Gras eingeprägt hätten. Er bemerkte ja, wie tief er mit seinen Stiefeln an dieser Stelle einsank. Und doch gab es hier nur seine eigenen Spuren. Nicht einmal ein Tier war hier entlanggelaufen, erst recht keine Frau.

Er griff sich mit beiden Händen an den Kopf. Ja, wurde er denn langsam verrückt? Konnte er seinen Sinnen nicht mehr trauen? Verzweifelt blickte er sich um. Die anderen Mitglieder der Gemeinde standen schwatzend vor der Kirche. Niemand hatte seinen Ausflug bemerkt. So straffte er sich denn, zog den Rocksaum nach unten und gab sich den Anschein völliger Unbeschwertheit, als er zurück zu den Seinen ging. Kein Wort verlor er über diesen Vorfall.

1: Exorzisten
Tennessee, Port Royal, im Herbst 1817

Am Montag brach John nach Port Royal auf, wo er einige geschäftliche Dinge zu regeln hatte. James Johnston begleitete ihn.

»Treffen wir uns heute Abend im Hotel Elysium«, schlug John vor. James hob grüßend die Hand und wendete sein Tier auf der Hauptstraße seinen Kunden zu, so wie John seine eigenen Leute aufsuchte. Bis zum Abend hatte er sich mit seinen Abnehmern geeinigt.

Die Vorschüsse für die Ernte diesen Jahres schon in der Tasche und hochzufrieden, traf John im Hotel ein. Er nahm sich ein Zimmer, verstaute sein Gepäck und stellte seinen Fuchs im Stall unter, wo dieser mit Heu und einem Sack Hafer gut versorgt wurde. Nun konnte John auch an sein eigenes Wohl denken.

»Herr Wirt, bringt mir doch von Eurem Stew. Das duftet ja ganz köstlich!«, bestellte John und setzte sich an einen freien Tisch.

»Aber gerne, der Herr«, entgegnete der Wirt eilfertig. »Wollt Ihr auch etwas trinken? Wir haben ein außerordentlich gutes Bier, damit schmeckt Euch der Stew noch einmal so gut.«

»Ist es stark?«, fragte John vorsichtig. Er hatte schon unliebsame Erfahrungen mit starken alkoholischen Getränken gemacht – und schließlich hatte er die Einnahmen vom Nachmittag in der Tasche.

»Ach, nicht der Rede wert!« Der Wirt machte eine wegwerfende Handbewegung. »Ein großer und kräftiger Mann wie Ihr, was sollt Ihr denn von einem leichten Bier merken?«

»Ich halte mich mit Alkohol zurück.«

»Aber es ist ja die reinste Medizin, Sir!«, behauptete der Wirt jetzt. »Ihr schlaft viel wohler, wenn Ihr dieses wunderbare Gebräu getrunken habt.«

Nun wurde John aufmerksam. Er konnte ja tatsächlich nur sehr schwer einschlafen, weil er ständig an die unheimlichen Ereignisse denken musste.

»Ich schlafe besser?«, fragte er daher noch einmal nach.

Jetzt strahlte der Wirt über sein ganzes feistes Gesicht. »Aber ja. Fragt doch hier meine anderen Gäste, Mr. Jones dort drüben zum Beispiel. Auch er ist ein sehr sittenstrenger Mann, doch ein Bier des Abends ... Sagt selbst, Mr. Jones!«, forderte er einen untersetzten, fast bulligen Mann Anfang fünfzig auf.

»Ihr habt recht, Herr Wirt«, entgegnete dieser nun und wendete sich John zu. »Gegen ein Bier am Abend nach einem langen harten Tag voller Staub und Schweiß ist tatsächlich nichts einzuwenden. Seit ich mir das gönne, schlafe ich besser und bin des Morgens ausgeruhter für meine Arbeit.«

»So?« John zog die Brauen hoch. »Was arbeitet Ihr denn, wenn ich fragen darf, Mr. Jones?«

»Ich bin Hufschmied«, sagte Jones voller Stolz. »Und Ihr, Mr. ...?«

»Bell«, antwortete John und reichte dem anderen Mann die Rechte, die dieser herzhaft drückte. »Ich bin Farmer aus der Siedlung Red River.«

»Euer Diener, Sir«, erklärte Jones mit zurückhaltender Höflichkeit.

»Nun, und welcher Konfession gehört Ihr an, Mr. Jones?«, fragte John. »Ihr müsst nämlich wissen, dass ich selbst der Baptistischen Kirche angehöre und Alkohol trinken wir nur selten.«

»Ich gehöre der Methodistischen Kirche an, Mr. Bell.«

Johns Brauen kletterten bis zum Haaransatz. »Methodist? Und Ihr trinkt Bier? Was sagen denn Eure Ältesten dazu?«

»Da drüben sitzt einer von ihnen.«

»Wirklich?«

»Ja, Mr. Peabody ist Ältester und einer der Priester in dieser Gemeinde.«

Ein hagerer Mann im hinteren Teil der Stube lüftete seinen schwarzen Hut und prostete John zu.

Das überzeugte John. »So will ich es denn auch einmal versuchen.«

Bald stand der schäumende Trank vor ihm und er stillte seinen Durst mit großem Behagen. Gerade wischte er sich etwas weißen Schaum aus dem Mundwinkel, als James die Wirtsstube betrat. In der Tür blieb er verblüfft stehen.

»Aber John!«, rief er aus. »Was trinkt Ihr denn da?«

»Probiert es, es schmeckt ganz köstlich! Das ist das hiesige Bier.«

»Ich weiß, was es ist«, erklärte James amüsiert, indem er an den Tisch trat und sich auf dem freien Stuhl niederließ. »Also habt Ihr das herrliche Gebräu auch entdeckt, John? Ich werde mich Euch gerne anschließen.«

»Mir wurde versichert, es sei die reine Medizin. Ich merke schon, wie es mich angenehm ruhig und schläfrig macht.«

Sie prosteten einander zu. Kurz darauf bekam jeder eine Portion Stew vorgesetzt, die schnell von den Tellern verschwand.

»Hattet Ihr gute Geschäfte, James?«, fragte John nach dem Essen.

»Ich bin zufrieden«, schmunzelte James und klopfte sich vielsagend auf seine Brusttasche. »Und Ihr?«

»Ich kann nicht klagen!«

Sie tranken noch ein zweites Bier und gingen dann zu Bett. John schlief tatsächlich wunderbar in dieser Nacht und erwachte frisch und erholt am nächsten Morgen, frei von nächtlichen Störenfrieden, sowohl von innen als auch von außen. Der Wirt hatte recht gehabt. Das wollte er sich merken.

Nach einem eiligen Frühstück brachen John und James wieder nach Hause auf. Nur wenige Schritte waren sie geritten, als James auf einmal seinen Rappen verhielt und absprang. John zügelte seinen Fuchs und drehte sich zu dem Freund um.

»Was ist passiert?«, erkundigte er sich.

»Mein Pferd hat ein Eisen verloren!«

»Dann weiß ich, wo wir es wieder beschlagen lassen können!« Und er führte den Freund zu Jones, dem Hufschmied.

Nach ein paar Freundlichkeiten und dem geschäftlichen Teil plauderten sie mit dem Liebhaber des Gerstensaftes, während dieser mit seiner Arbeit begann.

Der Schmied war fast fertig mit dem Pferdeschuh, da erhob sich draußen eine große Unruhe. John hob den Kopf, sprang an die Türöffnung und spähte hinaus. Ein lärmender, Staub aufwirbelnder Pöbel bewegte sich ungeordnet wie ein Bienenschwarm über die breite Hauptstraße. In seiner Mitte befand sich irgendjemand oder irgendetwas, das den Unwillen dieses Mobs erregte.

»Sie ist besessen!«, schrie die Menge.

»Bringt sie zum Schmied, der treibt ihr den Satan wieder aus!«

Die lärmende Menge kam näher und näher, sie teilte sich und spie aus ihrer Mitte ein altes Weib in den Raum, welches unkontrolliert zuckend zu Boden stürzte. Dort schob sie sich, von Krämpfen getrieben, weiter fort. Ihre Augen waren so weit verdreht, dass nur das Weiße darin zu sehen war. John schauderte. Die Alte sah wahrlich unheimlich aus. Schaum troff aus ihrem Mund und sie gurgelte unverständliche Laute vor sich hin.

»Der Teufel spricht aus ihr! Hört nur, wie er spricht!«, schrie die Menge erregt. John wich vor dem Weib zurück, als es sich in seine Richtung schob. Hilfesuchend blickte er zum Schmied hinüber. Der wartete, bis die Frau regungslos liegenblieb, dann entkleidete und fesselte er sie, als wäre es nicht das erste Mal, dass er so etwas tat. Er schüttete ihr kaltes Wasser über den Leib. Sie erwachte mit einem Schrei.

Der Schmied jedoch holte einen dicken Strick und schlug sie hart, während er rief: »Weiche, Satanas, gib sie frei!«

Wieder schrie die Frau laut auf, diesmal vor Schmerz. In die Menge kam Bewegung, als sich der Älteste von gestern Abend hindurchdrängte. Er hielt die schwarz eingeschlagene Bibel hoch und betete laut und ohne Unterlass zu den Schlägen des Schmiedes. Das Publikum fiel unterstützend in die Gebete ein, so wie auch John und James.

Die Szene wirkte auf John gespenstisch, aber auf eine ungewöhnliche Art auch feierlich. Das laute Rufen der Gebete, nur unterbrochen vom andächtigen Singen von Kirchenliedern, untermalt mit dem Klatschen der Schläge, den Schreien der Gemarterten und dem erschrockenen Wiehern der Pferde – so etwas hatte John noch nicht allzu oft bezeugt. Er spürte, wie eine ungeheure Erregung aller seiner Sinne ihn ergriff.

Das Kreischen der Frau gipfelte in Bitten um Schonung und erneuten Schmerzensrufen. Sie rief Worte in einer fremden Sprache – und dann endlich wieder in vertrauten Lauten.

»Der böse Geist ist aus ihr gewichen, habt Ihr es auch gesehen? Lobet den Herrn!«, rief der Älteste befriedigt.

Jetzt lag die Frau still da, eine Ohnmacht hielt sie umfangen. John trat einen weiteren Schritt zurück, bis er die Bretterwand in seinem Rücken spürte. Er hätte schwören können, eine schwarze Rauchwolke gesehen zu haben, die gerade aus ihrem Mund gedrungen war. Prüfend schaute er zu James hinüber. Hatte der den Rauch ebenfalls gesehen? Doch der war damit beschäftigt, die Pferde stillzuhalten.

Erschöpft, aber offenbar befriedigt, hielt der Schmied inne und ließ das Tauende sinken.

»Der Geist ist aus ihr gewichen. Vielleicht aber kommt er wieder. Besser ist es, wir warten, bis sie wieder zu sich kommt. Lasst sie vorerst so, wie sie ist, und in Fesseln. Berührt sie nicht, auf dass der Dämon nicht auch Euch befalle.«

Ehrfürchtig staunte die Menge, jetzt still geworden. Viele der Männer hatten die Hüte abgenommen. Auch John hielt den seinen in der Hand. Ungerührt von dem Vorkommnis beschlug der Schmied das Tier zu Ende.

Als die Frau einige Zeit später wieder zu Bewusstsein kam, war der Teufel aus ihr verschwunden. Die Menge zerstreute sich und John war in höchstem Maße beeindruckt. Er unterhielt sich noch ein wenig mit dem Schmied und Mr. Peabody, die er beide auf ein weiteres Bier einlud, während James sich bereits auf den Heimweg machte.

»Nehmt es mir nicht übel, Mr. Bell«, entgegnete der Schmied und wischte sich den Schweiß von der Stirn. »Ich kann Eure Einladung heute nicht annehmen, ich habe noch zu tun.« Abschätzend maß er John, dann setzte er hinzu: »Ein anderes Mal gerne.«

Der Älteste und Priester hingegen ging mit John in die Schankstube, als wären sie alte Freunde.

»Das war ja fast wie ein Gottesdienst unter freiem Himmel«, gestand John dem Priester.

Dieser nickte ernst. »Dass wir alle unsere Gebete und Gesänge vereint haben, um dem Bösen entgegenzutreten, war immens wichtig! Nur so wird der Höllenfürst nachhaltig vertrieben und abgeschreckt, wieder in sein Opfer zurückzukehren.« Er beugte sich näher zu John hinüber, als wollte er ihm ein Geheimnis anvertrauen. John roch seinen sauren Atem. »Wisst Ihr, wir Männer sind seltener Gefäße für Dämonen. Die Evastöchter dagegen … Nun ja, sie sind leichter zu verführen, den Satan in sich einzulassen. Es sind eben nur schwache Frauen!«

Der Älteste nickte bestätigend und trank einen großen Schluck von seinem Bier. Den Schaum wischte er umstandslos mit seinem Ärmel ab.

»Ja, da mögt Ihr recht haben. Aber, wie Ihr gerade sagtet, es sind Frauen. War denn wirklich so viel Härte notwendig?«, fragte John interessiert.

»Schont ein solches Geschöpf und ihr schont den bösen Geist in ihr!«

Dieser Satz des Ältesten prägte sich John tief ins Gedächtnis.

Am nächsten Nachmittag war John wieder daheim. Zuallererst bat er Lucy, sich um die Kunst des Bierbrauens zu bemühen, da ihm dieser Trunk so gutgetan hatte. Sie versprach es ihm.

Zwei Wochen verstrichen, ohne dass es nennenswerte Störungen gab. Bis auf den Umstand, dass er und seine Söhne auf dem Weg zum Haus mit Tannenzapfen und Zweigen beworfen wurden, die aus dem Nichts zu kommen schienen, begann der darauffolgende Abend sehr ruhig und John fing schon an zu hoffen, dass es dabei bleiben würde. Er begab sich früh zu Bett, unten, in seinem Arbeitsraum. Lange konnte der Schlummer ihn noch nicht überwältigt haben, da ertönte von oben im Haus ein hoher lang gezogener Schrei. John zuckte sogar im Schlaf zusammen wie unter einem Peitschenhieb und war in einem Augenblick hellwach. Sein Herz pochte angstvoll und schnell. Wer, bei Christi Blut, war das gewesen?

Einen langen Moment konnte er sich nicht bewegen, doch als der Schrei sich wiederholte, schüttelte er die Lähmung seiner Tatkraft ab und hastete nach oben. Auf der Hälfte der Treppe hallte erneut ein Kreischen durch das Haus, wie es ein Mensch nur in höchster Not ausstoßen konnte. Das kam aus Betsys Kammer. Er riss ihre Tür auf. Und da stand seine Tochter mitten an die gegenüberliegende Zimmerwand gedrückt, die Augen weit aufgerissen, der Mund eine einzige Wunde von Furcht und Schmerz und Schrecken. Mit ihrem weißen Nachtgewand und dem totenbleichen Gesicht machte sie den Eindruck eines Geistes. Leichte Übelkeit befiel John bei ihrem Anblick. Er schluckte, doch das flaue Gefühl wich nicht von ihm. Ein schweres Gewicht lag auf seiner Brust, erschwerte ihm das Atmen.

»Betsy!«, japste er halblaut. »Was ist geschehen?«

»O Vater!«, rief seine Tochter und warf sich ihm in die Arme.

»Was ist hier geschehen?«, fragte er noch einmal, doch aus Betsy war außer anhaltendem Schluchzen nichts herauszubekommen. Sie klammerte sich wie eine Ertrinkende an ihn und ihm blieb nichts weiter übrig, als sie hilflos im Arm zu halten und zu versuchen, das Kind zu beruhigen. Er spürte, wie nass Betsys Hemd war. Sein Blick durchwanderte das Zimmer. Es sah aus, als wäre ein Tornado hineingefahren. Die Bettdecke lag auf dem Fußboden, die Laken waren völlig zerwühlt. Was, um des Himmels Barmherzigkeit willen, war hier geschehen?

Der Lärm in Betsys Kammer war natürlich auch Lucy nicht verborgen geblieben. Sie stürzte als nächste in die Kammer, gefolgt von John Jr. und Jesse.

Seine beiden Söhne tauschten Blicke mit John und stürmten entschlossen die Treppe hinunter, John dicht hinter ihnen. Die weinende Tochter hatte er einer verwirrt aussehenden Lucy in die Arme gedrückt.

Bewaffnet mit Musketen stießen sie die Tür nach draußen auf. Dort heulte der Wind um das Haus. Die drei Männer umrundeten ihr Heim und die Ställe mit angelegten Gewehren, doch außer dem Pfeifen des Windes und dem Klappern der Läden war kein Geräusch zu vernehmen.

Wieder im Haus, hatten die Frauen sich in der Küche versammelt. Esther, die heute im Rahmen eines Besuchs im Elternhaus übernachtete, und Lucy flößten der immer noch verstört wirkenden Betsy etwas zu trinken ein, dem Geruch nach heißen Kräutertee. Betsy starrte vor sich ins Leere, die Augen immer noch überweit aufgerissen. Sie zitterte trotz des heißen Getränkes, doch sie weinte und schluchzte nicht mehr wie vorher. Auf ihren bleichen Wangen zeichneten sich tiefrot Abdrücke von Fingern ab. Hatte Lucy ihre Tochter ohrfeigen müssen, damit sie mit dem Geschrei aufhörte? John runzelte die Stirn.

Auf die roten Spuren in Betsys Gesicht deutend, fragte er: »Lucy, warst du das?«

Lucy starrte ihn an, zunächst erstaunt, danach empört. »Nein, natürlich nicht!«, wies sie die Anschuldigung von sich. »Wieso sollte ich Betsy schlagen?«

John sah seine Frau betreten an. Gänsehaut kroch unangenehm über seine Arme. »Du warst es nicht?«, fragte er lahm. »Und du auch nicht, Esther?«

Seine ältere Tochter sah ihn an und schüttelte nur den Kopf.

»Aber sie hat doch die Spuren von heftigen Ohrfeigen auf ihren Wangen. Wer ...?« Seine Stimme zitterte bei dieser Frage und halb fürchtete er sich vor der Antwort. *Was für ein Wesen ...?*

»Es war etwas bei mir im Zimmer«, antwortete Betsy mit überhoher Stimme, aus der die Panik noch deutlich zu erkennen war. »Ich habe nichts gesehen. Aber ich habe etwas gefühlt. Gefühlt, dass da etwas ist!«

Mit der Faszination des Grauens fragte John tonlos: »Was war es?«

»Ich weiß es nicht«, antwortete Betsy im gleichen Tonfall. Ihre Augen quollen beinahe aus ihren Höhlen, während sie weitersprach: »Was immer es war, es hat mir die Decke fortgezogen. Und als ich sie mir wieder nehmen wollte, zog es sie vor mir auf dem Boden entlang, gerade so schnell, dass ich sie nicht erreichen konnte. Und plötzlich ...« – sie schluchzte auf bei der Erinnerung und ihre Stimme schlug ins Weinerliche – »... plötzlich erhielt ich eine Ohrfeige. Und dann noch eine und noch eine. Ich schrie und wich zur Wand zurück. Da seid Ihr hereingekommen, Vater ...«

Was immer sie danach noch hatte sagen wollen, ging in erneutem Schluchzen unter. Lucy nahm sie sofort wieder in die Arme und wiegte die Zwölfjährige hin und her, als wäre sie ein kleines Kind.

Langsam beruhigte sich Betsy wieder. Sie trank ihren Becher leer, dann schoben Lucy und Esther sie wieder die Treppe hoch.

»Du musst noch ein wenig schlafen, mein Schatz«, sagte Lucy sanft und strich ihrer Tochter über den schweißfeuchten Rücken.

»Nein!«, kreischte Betsy auf. »Nicht wieder in mein Bett!«

»Alles wird gut«, beruhigte Lucy sie. »Du darfst bei mir schlafen. Morgen sehen wir weiter.«

Johns Söhne folgten der Mutter die Treppe hinauf und gingen ebenfalls wieder zu Bett.

John hörte noch eine Weile das Gemurmel der Frauenstimmen von oben. Er hatte sich an den Tisch gesetzt, den restlichen Tee aus der Kanne in einen Becher gefüllt und getrunken. Sein Herz schlug immer noch zu schnell, als dass er jetzt hätte einschlafen können. Der Spuk, welcher sich in seinem Hause offenbar breitzumachen begann, ließ seine Gedanken nicht mehr los, beschäftigte ihn, bis sein Kopf schwer auf die Tischplatte sank.

Der Duft frischen Kaffees weckte ihn. Stöhnend hob er seinen Kopf, verzog schmerzlich seine Miene, fasste sich in den steifen Nacken. Er hatte tatsächlich am Tisch geschlafen. Mühsam öffnete er die Augen, welche sofort vor Müdigkeit brannten.

O Herr, hilf mir, dachte er. *Lass mich den kommenden Tag überstehen, ohne dass ich im Stehen einschlafe.* Und schon hatte der Sog des Schlafes ihn wieder erfasst. Es musste wohl so geschehen sein, denn das nächste Mal schreckte er von lautem Gepolter auf.

Harry, der Hausboy, stieß die Läden auf. John blinzelte. Ein greller Sonnenstrahl blendete ihn und er kniff die Augen zu. Mit dem Licht schoss ein ebenso greller Stich direkt in sein Hirn. Er fegte in einer unwillkürlichen Bewegung seinen Teller vom Tischrand, der sofort am Boden zersprang.

»Harry, warum stellst du auch das Geschirr nicht richtig auf den Tisch!«, fuhr er den Sklaven an, der die Familie im Haus bediente.

Dieser bekam große Augen. »Verzeihen ungeschickt Harry, Herr, bitte!«, flehte er, doch seine Unterwürfigkeit machte John noch wütender. Er nahm seinen Becher in die Hand und warf ihn dem Diener hinterher, der kreischend vor Schreck den Raum verließ und die Tür hinter sich zuwarf. Die Tasse zersplitterte scheppernd an der Tür. John stöhnte. Was war nur heute los mit ihm? Er konnte sich selbst nicht verstehen.

Mitten am Nachmittag legte er sich in seinem Arbeitszimmer nieder und schlief sofort ein. Als er wieder erwachte, war es bereits dunkel. Wut auf seine Söhne, seine Töchter, seine Frau, seine Diener, kurz, auf alle Mitglieder seines Haushalts packte ihn.

»Warum habt ihr mich nicht geweckt?«, schrie er.

»Vater, beruhigt Euch!«, mahnte Jesse ruhig. »Ich habe es vor zwei Stunden versucht und John und Drewey auch. Ebenso Mutter. Vor einer Stunde waren wir wieder bei Euch. Aber Ihr habt Euch nicht gerührt, Ihr habt geschlafen wie ein Toter.«

Little John nickte und auch Drewey stimmte seinem Bruder bei. »Wir konnten Euch nicht wecken.«

John atmete tief durch. Dann fragte er, wie seine Söhne mit den Arbeiten auf dem Hof vorangekommen waren. Was sie berichteten, stellte ihn zufrieden und er nickte. »Hoffen wir, dass uns heute eine ruhige Nacht beschert wird.«

Doch in dieser Nacht wiederholten sich die seltsamen Geräusche, es kamen sogar noch einige dazu. Das Patschen von nackten Füßen, ohne dass ein lebendiger Mensch in der Nähe war, erschreckte John in dieser Nacht. Die Luft war erfüllt von schweren Atemgeräuschen und kurz darauf von Schmatzlauten, die keinen Ursprung zu haben schienen. Wieder bekam John nur wenige Stunden Schlaf, der durch die ständigen Unterbrechungen besonders wenig erholsam gewesen war. Viel zu früh blinzelte die Morgensonne durch die Ritzen und die Hähne krähten laut und unmissverständlich. Stöhnend wälzte sich John aus seinem Bett, welches ihn in der Umarmung seiner Decke festzuhalten trachtete. Großer Gott, hatte er das eben wirklich gedacht?

Es war gegen Mittag und John hörte laut streitende Stimmen vor dem Haus. Er eilte hinzu, um nachzuschauen, was das bedeutete.

»Du bist ja so blöd!«, protestierte Betsy, als ihr Bruder Drewey sie an den Haaren zog. »Lass das sein!«

»Hihihi, nein, ich denke nicht daran!«, rief dieser voller Übermut und schnappte sich in einem unbewachten Augenblick Betsys neuen Hut.

»Gib ihn her!«, verlangte Betsy, erst noch lachend und bittend, bald jedoch in befehlendem Ton. Drewey rannte mit dem Hut in der Hand davon. »Du wirst ihn schmutzig machen«, schrie Betsy erbost. »Du wirst ihn zerknicken!«

Aber ihr Bruder lachte nur und verschwand um die Stallecke. Dort rannte er geradewegs in seinen Vater hinein. Nun hatte der Hut eine Beule.

John hielt seinen Sohn fest und schleppte ihn zurück, wo er Betsy schon schimpfen hörte. Kaum jedoch hatte er die Ecke umrundet, traf ihn ein Stein an der Brust. Erschrocken stand Betsy da, die Hand vom Wurf noch erhoben. Diese Hand fuhr jetzt zu ihrem Mund. Die Augen waren voller Schrecken auf ihren Vater gerichtet.

»Betsy!«, rief er seine Tochter zur Ordnung. In diesem Moment läutete der Essensgong. »Wir sprechen uns nach dem Essen!«, drohte er dem Mädchen, welches sofort im Haus verschwand. »Und wir sprechen uns auch noch nachher!«, verkündete er Drewey, der ihn schuldbewusst anstarrte.

Kaum war das Tischgebet gesprochen und alle schickten sich an, mit dem Essen zu beginnen, da fiel Betsy auf einmal wie von einer unsichtbaren Faust getroffen von ihrem Stuhl zu Boden. Rosafarbener Schaum trat über ihre Lippen. John sah kleine Bläschen platzen und er sah, wie das Mädchen unkontrolliert zuckte, wie sie mit dem Kopf gegen das Tischbein stieß, sich krümmte. *Großer Gott*, dachte er, *das ist ja genau wie bei der Frau in Port Royal!* Und was hatte der Priester dort noch gesagt? Und der Schmied? Nicht berühren, während der Teufel in der Frau tobt!

Lucy war aufgesprungen, war schon auf dem Weg zu ihrer Tochter, um ihr beizustehen …

»Halt«, rief John in hartem Befehlston.

Lucy hielt inne und blickte ihn an, mit einem Ausdruck höchster Verzweiflung in den Augen.

»Was können wir tun, John?«, fragte sie. »Wie können wir helfen?«

»Jetzt? Gar nicht!«, blaffte er schroff. »Rührt sie nicht an, keiner von euch!«

Er sah das Entsetzen in den Mienen seiner Frau und seiner Kinder, während sie beobachteten, wie Betsy durch die Krämpfe, die der böse Geist ihr bereitete, auf dem Rücken über den Boden rutschte. Doch sie gehorchten. Niemand berührte die Besessene.

Erst als das Kind mit verdrehten Augen und scheinbar ohne Bewusstsein reglos liegen blieb, stieß John sie mit dem Fuß an. Der Dämon schien sich zurückgezogen zu haben, um auszuruhen. Das war der richtige Moment. Er hob seine Tochter auf und trug sie die Treppe empor in ihre Kammer.

Auf der Treppe drehte er sich noch einmal um und rief: »Ihr kommt alle mit mir. Ihr müsst beten und singen für das Seelenheil eurer Schwester – deiner Tochter, die nur eine Tochter Evas ist. Voller Sünde!«

Oben beachtete er seine Familie, die ihm hinterhergeschlichen war, gar nicht mehr, so sehr war er darauf fokussiert, seinem Kind den bösen Geist auszutreiben. Er entkleidete Betsy und band sie am Bett fest. Dann nahm er seinen Gürtel und begann sie zu schlagen, indem er gleichzeitig die Gebete murmelte, die er dem Schmied in Port Royal abgelauscht hatte. Betsy brüllte jetzt laut auf, sie schrie schrill bei jedem seiner Hiebe. John spürte zu seinem Erstaunen nicht Mitgefühl, sondern eine deutliche erotische Erregung. Ihr junger Körper war so schön, so glatt, so begehrenswert. Erbarmungslos schlug er weiter auf sie ein, schlug sie auch dafür, dass sie solche Teufel in ihm weckte.

Nicht umsonst ist das Weib die Verführung zur Sünde, dachte er und schlug jedes Mal härter, bis die zarte Haut an manchen Stellen aufzuplatzen begann. Das Blut rauschte in seinen Adern, er kannte keine Schonung, keine Rücksicht. Der Teufel sollte heraus aus ihr und dafür musste er dem Körper seiner Tochter genügend Schmerz bereiten, dass der Dämon seine neue Behausung schnell wieder verließ. Im Hintergrund nur registrierte er, wie alle seine Kinder mitbeteten und die Lieder sangen, die er ihnen zu singen befahl. Doch im Laufe der Zeit wurde dieser Hintergrund immer leiser und zaghafter.

In seinem Rausch bemerkte er bald nichts mehr außer der Prozedur, die er gerade auszuführen im Begriff war. So überraschte es ihn völlig, als auf einmal Lucy in sein Blickfeld geriet, sich über Betsy warf.

»Halt ein, John!«, schrie sie in ihrem Unverstand.

Langsam drangen ihre Worte in sein Bewusstsein, doch den nächsten Schlag konnte er nicht mehr aufhalten. Er traf Lucy.

In John stieg eine ungeheure Wut hoch. Was hatte das Weib hier zu suchen? Hatte er ihr nicht befohlen, hinter ihm stehen zu bleiben, bei den Kindern?

»Hinweg mit dir, Weib!«, brüllte John sie an, packte sie und warf sie zur Tür hinaus. Dann stellte er eine Truhe vor die Tür und fuhr mit den Gebeten und den Schlägen fort. Warum konnte Lucy ihm nicht genügend vertrauen?

Schließlich war er völlig erschöpft vom Schlagen, so wie es Lucy vor der Tür und Betsy vor ihm vom Jammern waren. Seine Hose fühlte sich vorne kalt und feucht an. Als er an sich hinunterblickte, bemerkte er einen dunkelnassen Fleck. Er ließ den Gürtel sinken. Jetzt tat es ihm leid, Betsys schönen Leib so geschunden zu haben, doch die Worte des Priesters klangen ihm noch in den Ohren: »Schont ein solches Geschöpf und Ihr schont den Satan in ihr!«

Die Kleidertruhe mit einem riesenkräftigen Ruck beiseiteziehend, stürzte er aus dem Zimmer, an Lucy vorbei, die vor der

Tür zusammengekauert saß. Ihr Gesicht war tränenverschmiert. Das schürte die blanke Wut in ihm.

»Du betrittst dieses Zimmer nicht, hast du mich verstanden? Nach unten mit dir«, herrschte er sie an.

Doch sie starrte ihn nur an wie ein Reh den Jäger. Sie schien keines seiner Worte verstanden zu haben. John schüttelte ungeduldig den Kopf.

Im Türrahmen drehte er sich noch einmal um und befahl harsch: »Und ihr geht auch alle nach unten. Marsch, wirds bald?« Damit lief er hinaus.

Zwei Stunden später kam er wieder zurück. Was er sah, ließ seinen Zorn wieder auflodern. Lucy hatte ihre Tochter gewärmt, mit einer Decke und mit ihrem eigenen Körper. *Verdammtes ungehorsames Weib!*

»Fort mit dir!«, schrie John und ergriff Lucy grob beim Arm, zog sie aus dem Bett. Sie schrie auf vor Schmerz, doch John ignorierte das. »Raus hier, sofort!«

Und Lucy schlich eingeschüchtert hinaus. Bald hörte er ihre langsamen Schritte auf der Treppe. Gut so.

John riss der zitternden Betsy die Decke vom nackten Leib und begann erneut auf sie einzuschlagen.

Erst nach einer weiteren halben Stunde voller Schmerz und Gebete war John zufriedengestellt. Betsy war inzwischen ohnmächtig. Ihr schöner junger Körper war übersät mit Striemen in Rot und Blau und an manchen Stellen war er blutbespritzt.

John wusste nicht, warum, doch aus irgendeinem Grund spürte er die Erregung wieder, dieselbe sexuelle Erregung wie vorhin. Ein prüfender Blick: Betsy hielt die Augen geschlossen, ihre Muskeln waren erschlafft – ganz sicher war sie ohne Bewusstsein. Sie würde gar nicht merken, wenn er … Und dann konnte er nicht widerstehen: Zärtlich strich er über den Leib seiner Tochter, dachte daran, welches Glück der Mann haben würde, der sie einst bekäme. Er streichelte ihre festen Brüste und strich wohlgefällig über ihre lockige Scham, die Innenseite ihrer Beine entlang …

Ein Blick in das Gesicht seiner Tochter – sie hatte jetzt die Augen offen und starrte ihn an mit einem Ausdruck fassungslosen Grauens. Wie eingefroren bewegte sie sich nicht einmal um einen Inch. John hatte das Gefühl, ein Stein fiele durch seinen Magen. Er floh durch die Tür aus der Kammer und dann aus dem Haus. Nur sehr langsam konnte er sich wieder beruhigen. Er hatte nur eine Erklärung für das, was eben vorgefallen war: Der Dämon musste kurzzeitig auf ihn übergesprungen sein. Und wieder war Betsy das Opfer eines Dämons geworden. Das schien von Zeit zu Zeit der Fall zu sein. Weshalb wunderte er sich denn darüber? Sie war die anfälligste Person in seinem Haushalt: ein Mädchen auf dem Wege zur Frau.

Böse und schreckliche Geister und Dämonen gab es, das wusste er nur zu gut. Auf seinen Reisen in die Stadt war er schon oft Menschen begegnet, die ihm von solchen unheimlichen Besuchern berichtet hatten. In allen Fällen hatte nur ein Priester dem Spuk ein Ende bereiten können – mit nur einer einzigen Ausnahme: Einmal hatte er von einem Geist gehört, welcher nach ein paar Tagen von allein wieder verschwunden war.

Am nächsten Abend wartete John voller Bangen, was der Spuk an diesem Tag wieder für ihn bereithalten würde. Bei diesem Gedanken brach ihm der Schweiß aus. Es dauerte denn auch nicht lange, da vernahm er ein Kratzen an den Wänden, als ob draußen ein Raubtier seine Krallen an der Hauswand erprobte. War das ein Knurren, welches durch das Fenster drang? Mit zitternden Händen schloss er das Schiebefenster und schob den Riegel vor. Dann nahm er seine Muskete von der Wand – ein Mitbringsel aus dem Revolutionskrieg –, stieß die Tür auf und stürmte nach draußen. Das Gewehr im Anschlag, ging er so leise wie möglich einmal um das gesamte Haus herum.

Der Wind kam ihm entgegen, doch ein Raubtier war weder zu sehen noch zu riechen. Auch die Hunde schlugen nicht an. Noch ein zweites Mal unternahm er seinen Rundgang, diesmal mit einer Laterne. Unter dem Fenster, welches er kurz zuvor geschlossen hatte, entdeckte er tiefe Kratzspuren, wie von einem Puma oder einem Bären. Indes, er sah nur die Kratzer in der Wand. Raubtierfährten hingegen waren nicht vorhanden, obgleich er die Stelle unter dem Fenster sorgfältig untersuchte. Mehrfach hob er seine Laterne, leuchtete mehrere Schritte weit in die Nacht, lief sowohl am Haus als auch einige Yards davon entfernt hin und her. Doch außer den frischen Kratzern von scharfen Klauen unter dem Fenster und seinen eigenen Schuhabdrücken gab es keine Spuren. Unwillkürlich fröstelte er. Die Vorkommnisse waren auf natürlichem Wege nicht zu erklären.

Wenn er nur gewusst hätte, womit er es zu tun hatte. War es der ruhelose Geist eines Verstorbenen, welcher den Weg aus diesem Leben hinaus in das nächste nicht geschafft hatte? Es gab über die Gründe solcher verweilenden Geister viele Gerüchte: Manche behaupteten, es wäre diesen Menschen einst großes Unrecht geschehen und deshalb könnten sie sich nicht von dem Orte lösen, wo sie einst gelebt hatten. Oder war es ein böser Dämon, der, aus der Hölle entwichen, hier auf Erden sein Unwesen trieb? War es ein Wesen, welches in Menschen fahren und diese unter seinen Willen zwingen konnte? Er wusste, es war wichtig, die Antwort zu kennen, doch gleichzeitig fürchtete er sich davor, sie zu erfahren.

Welche dieser Kreaturen es auch immer war, er hatte keine Ahnung, wie er sich und die Seinen vor ihnen beschützen sollte. Dennoch war er entschlossen, es zu versuchen, so gut er es eben verstand.

Nach dem Abendessen versammelte er all seine Lieben um den großen Tisch. Vor ihm lag aufgeschlagen eine Bibel. Ein Kandelaber stand in der Mitte der Tischplatte, die Kerzen flackerten und rußten. Im Raum hatte er drei Feuerschalen mit glimmender Holzkohle gegen die Kälte aufstellen lassen.

»Ich habe euch alle hier zusammengerufen, damit wir gemeinsam das Wesen vertreiben, welches in den letzten Nächten uns allen den Schlaf geraubt und die arme Betsy traktiert hat. Setzen wir uns alle und fassen uns bei den Händen, schließen wir den Kreis.«

Alle Mitglieder der Familie folgten dieser Aufforderung. John hatte auf der einen Seite die Hand von Lucy umfasst, auf der anderen Seite die seines Ältesten.

Er atmete tief und entschlossen durch, wie um sich zu rüsten, dann deklamierte er in beschwörendem Ton: »Im Namen unseres Herrn Jesus Christus, wer immer du bist, Dämon, der du dieses Haus heimsuchst, hebe dich von hinnen. Wir glauben fest an unseren Herrn Jesus Christus und hier ist kein Platz für dich.« Er schaute auffordernd in die Runde. »Sprecht mit mir das Vaterunser. Danach wiederholt, was ich sage, so oft ich es tue.« Er begann mit dem Gebet, alle um den Tisch Versammelten fielen ein. Dann hob John von Neuem an: »Im Namen unseres Herrn Jesus Christus, der dieses Haus beschützt. Dämon, wer immer du seist, verlasse dieses Haus.«

Im Chor wiederholte jeder der am Tisch Sitzenden diese Formel. Dann sprach John sie erneut und seine Familie wiederholte den Spruch. Dieses Ritual führten sie eine ganze Stunde lang durch. Am Ende sprach John noch einmal das Vaterunser und die Familie sprach ihm die Worte des Gebetes nach, sobald er Pausen machte. Nun atmete John erleichtert auf. Langsam ließen sie einander los.

»Geht nun alle in eure Kammern«, ordnete John an. »Nur dich, Lucy, brauche ich noch hier unten, du sollst bei noch einem weiteren Ritual mithelfen.«

Seine Frau nickte und schaute ihn mit wachem Interesse an. Als sie allein waren, erkundigte er sich: »Lucy, hast du getrockneten Salbei?«

»Ja, natürlich«, entgegnete diese.

»Gib mir ein paar Blätter«, verlangte John, dem der Rat eines Reisenden gegen unliebsame Besucher wieder eingefallen war.

Mit einem neugierigen Blick in sein Gesicht brachte sie ihm das Verlangte. John nahm ihr die Blätter aus der Hand.

»Das ist zu wenig. Ich brauche mehr!«, gab er ihr barsch zu verstehen.

Während sie sich beeilte, mehr von der Pflanze herbeizuschaffen, verriegelte John alle Türen und Fenster, dann rieb er die Salbeiblätter in eine der Feuerschalen, wo sie sich langsam verkohlend an den Rändern aufwölbten und nach einer Weile von den Flammen verzehrt wurden. Würziger Rauch stieg auf.

Lucy brachte ihm mehrere Zweige. »Das ist alles, was ich dahabe«, sagte sie dabei. »Wird es reichen?«

Skeptisch betrachtete er die wenigen Blätter, die seine Frau ihm da entgegenhielt. »Hmm, ich weiß nicht. Hast du auch Wacholder?«

»Ja, einen Augenblick«, sagte sie und war kurz darauf auch mit Nadeln und Beeren dieser Pflanze wieder da.

John packte alles in die drei Feuerschalen, in denen Blätter, Beeren und Wacholderzweige sofort zu glimmen begannen. Die Pflanzennadeln verbogen sich und wurden schwarz. Bald qualmte es gewaltig und John spürte von dem süßlich-harzigen Rauch einen kratzenden Hustenreiz, dem er nachgeben musste. Doch rasch hielt er sich ein Tuch vor den Mund und wedelte mit einem anderen Tuch den Qualm in alle Ecken. Von anderswo im Raum konnte er sein Weib husten hören, als gäbe es hier ein Echo. Sehen konnte er sie durch den dichten Qualm schon nicht mehr.

»Hilf mir, Lucy!«, forderte er sie auf, doch sie hatte bereits begriffen, was er vorhatte, und unterstützte ihn nach Kräften.

Als sie mit vereinten Kräften alle Ecken ausgeräuchert hatten, riss John, nun unkontrolliert hustend, Fenster und Türe auf.

»Gehe hinfort mit dem Rauch!«, krächzte John dabei.

Erleichtert sog er die klare, reine Außenluft wieder in seine Lungen. Da traf ihn ein eisiger Luftzug im Nacken und er meinte, ein unterdrücktes Kichern zu hören – wobei »hören« nicht der richtige Ausdruck war. Es war mehr ein Gefühl, ein Nachhall.

Die Kerzen im Kandelaber erloschen zischend. John sank in sich zusammen. Der Dämon lachte ihn aus! *Na warte, du Bastard,* dachte er. Es gab schließlich auch stärkere Mittel.

Diese Nacht war furchtbar. Wind heulte um das Haus und Regen trommelte gegen die Fensterläden. John drehte sich unruhig in seinem Bett hin und her. Da war es wieder, dieses schwere Atmen und Schnaufen. Und plötzlich das Gefühl, etwas oder jemand hätte sich auf sein Bett gesetzt. Es sträubten sich ihm alle Haare im Nacken und auf den Armen.

Auf einmal stand er neben seinem Bett und konnte sich nicht einmal unmittelbar danach daran erinnern, wie er dahin gekommen war. Sein Herz jagte laut und rhythmisch in seinen Ohren. Eine Gänsehaut verbreitete sich blitzartig über seine nackten Arme und Beine. Huh, was war das plötzlich kalt! Das Fenster rappelte wieder, diesmal scheinbar vom Sturm, der draußen tobte. Johns Blick fiel auf den Fensterriegel und zu seinem Erstaunen bemerkte er, wie sich dieser langsam und ruckelnd zurückschob. Gleichzeitig fasziniert und entsetzt nahm er wahr, wie das Fenster aufsprang und der bitterkalte Nachtwind durch die Kammer wehte. In seinem Gepäck führte er erbsengroße Regentropfen mit, die durch den Raum bis hin zu seinen Füßen spritzten.

John war nicht in der Lage, sich zu bewegen. Alle Gedanken waren ihm wie aus dem Kopf geblasen. Erstarrt und mit offenem Mund stand er neben seinem Lager, zitternd und frierend. Dann schrie er laut auf und dieser Schrei schien ihm die Bewegung im gleichen Augenblick wiederzugeben. Er schoss zum Fenster, warf es zu und verschloss es erneut mit dem Riegel. In seinem Schrecken lehnte er sich mit seinem ganzen Gewicht dagegen, hielt Fenster und Riegel fest. John fühlte, wie das Tosen des Sturmes den Laden wieder aufstemmen wollte, als wäre da draußen ein kraftvolles Tier, welches sich dagegen warf. *Unsinn*, schalt er sich, *es ist nur der Wind.*

Langsam beruhigte sich sein Herzschlag und er schloss die Augen, immer noch eng an das Fenster gelehnt. Auf einmal war er so entsetzlich müde, so tief erschöpft, wie er sich noch nie in seinem Leben gefühlt hatte – außer vielleicht nach der langen Reise von North Carolina nach hier, in dieses neue Land.

Kraftlos schleppte er sich wieder zu seinem Lager und sank darauf nieder, ganz gleich, ob noch andere Wesen sich darin breitgemacht hatten oder nicht. Es war mehr Ohnmacht denn Schlaf, die sich seiner bemächtigte, und er wachte erst im Morgengrauen wieder auf. Kopfschmerz hüllte sein Denken ein wie eine undurchdringlich dichte Wolke. Stöhnend setzte er sich auf und vergrub sein Gesicht in den Händen. Sein Kopf fühlte sich an, als hätte er zu viel Alkohol getrunken oder als hätte ihm jemand eins über den Schädel gegeben.

Der Raum schwankte um ihn und der Schmerz verstärkte sich auf das Doppelte, als er sich aufzurichten versuchte. Er fiel haltlos zurück auf den Rücken, quer über sein Bett. Wie ein Echo schrie der Schmerz. Erst mit dem zweiten Versuch schaffte John es, auf die Beine zu kommen.

Langsam schlurfte er zur Tür, hielt sich auf seinem Weg nach unten am Geländer fest wie ein uralter Mann. Dort begegnete ihm Lucy, bereits vollständig angezogen und fröhlich vor sich hinsummend.

»Lucy, hast du etwas gegen Kopfweh?«, fragte er und seine eigenen Worte hallten schmerzhaft in seinem Schädel wider. Er verzog das Gesicht.

»Aber mein Lieber«, sagte Lucy und blickte ihn verwundert an. »Du siehst ja furchtbar elend aus! Warte, ich hole dir deinen Schlafrock!«

John blickte erschrocken an sich hinunter: Er trug nichts weiter als sein Nachthemd.

Nach dem Frühstück ging es John schon etwas besser. Lucy hatte ihm einen Trank gereicht, den er trotz dessen Bitterkeit bis zur Neige geleert hatte. Die Wirkung setzte denn auch bald ein. So langsam drangen wieder Gedanken durch den Nebel des Schmerzes. Ein paar Minuten blieb er noch sitzen, dann stemmte er sich hoch und zog sich ordentlich an. Niemand sollte ihm nachsagen, er würde sich vernachlässigen. Auch wenn sein erster Versuch, den Dämon zu vertreiben, gescheitert war, hatte er keineswegs vor aufzugeben. Mühsam hatte er dies alles aufgebaut und gegen jeden anderen verteidigt. Sollte er es zulassen, dass ein unwillkommener Geist ihm das alles wieder zerstörte?

Die Vorfälle in den letzten Nächten, der wenige Schlaf, mit dem sie alle hatten zurechtkommen müssen, all das hatte John bis an den Rand seiner Kräfte gebracht. Eine Gänsehaut überzog seine Arme, wenn er an die Geräusche dachte, die er in der letzten Nacht gehört hatte. Als hätte jemand Steine an die Hauswände geworfen. Er hatte das sofort überprüft, denn zuerst dachte er an einen bösen Scherz oder an aufständische Sklaven. Doch draußen lag kein einziger Stein. Nichts, was die Geräusche hätte erklären können. Er schluckte trocken und spürte, wie sein Herz schmerzhaft schneller schlug, als er daran dachte. Was hatte er getan? Was würden die Ältesten in der Kirche dazu sagen? Konnte er sich um Hilfe an sie wenden? Nein. Sie würden ihn durch den Teufel bestraft sehen. Ihn böser Werke bezichtigen. Er schloss die Augen und ballte die Fäuste. Dann fasste er einen Entschluss: Niemand durfte von der Erscheinung erfahren! Vielleicht würde es ja auch von ganz allein wieder aufhören, es hatte ja auch ohne sein Zutun begonnen. Ohne sein Zutun? Er zog grüblerisch die Brauen zusammen. Wenn er ganz ehrlich zu sich war, so konnte es, sehr streng genommen, vielleicht doch an seinem nicht immer einwandfreien Verhalten liegen. War es so?

Langsam und unschlüssig bewegte er den Kopf hin und her. *Wir sind doch alle nur Sünder,* dachte er. Jeder, den er kannte, hatte schon einmal Dinge getan, die getrost als Sünden durchgehen konnten. Aber wurden diese Menschen bestraft? Nein, er war es, der dieses Hexenwerk im Hause hatte. Zuerst hatte er ja Lucy in Verdacht gehabt, ihm einen Schrecken einjagen zu wollen, doch sie war so voller Furcht gewesen ... Nein, sie hatte gewiss nichts damit zu schaffen. Und die Sklaven hatten ihm lauter eigene Geschichten erzählt, die alle in dieselbe Richtung wiesen: Er hatte einen Geist im Haus. Was war da zu tun?

Er nahm sich vor, in den nächsten Wochen sehr buchstabengetreu nach dem Glauben zu leben. Keine Sklavinnen mehr im Bett, nie wieder intime Gedanken an Betsy, keine übertriebene Härte Lucy gegenüber. Er wollte Lucy auf seiner Seite wissen, schließlich wollte er zu diesem Zeitpunkt niemanden sonst einweihen. Es musste ein Geheimnis bleiben. Und sonst hatte er ja niemanden zum Reden. Höchstens James. Aber sollte er ihm von seinem Problem erzählen? Nein, nicht zu diesem Zeitpunkt. Vielleicht in zwei Wochen, wenn sich die Dinge nicht wieder besserten. Ja, das würde er tun.

Nach einem Tag wie im Taumel fiel er ohne weitere Umstände in sein Bett. Lucys Nachttrank, die Wärme, die ihn dabei durchströmt hatte, der mangelnde Schlaf ... All das ließ ihn einschlafen, bevor er auch nur noch einen einzigen Gedanken bewegen konnte.

Betsy erholte sich nur langsam von der Tortur, der John sie hatte unterziehen müssen. Lucy machte ihm die bittersten Vorwürfe – aber aus ihr sprach nur der Instinkt der Mutter. Was wusste sie denn schon über Dämonen oder die Methoden und die Notwendigkeit, böse Geister auszutreiben?

John hielt ein waches Auge auf seine Tochter, ob sie noch weitere Zeichen von Besessenheit zeigen würde. Aber nein, diesmal schien es ihm gelungen zu sein, dem Kind die Satansbrut auszutreiben, die sie beherrscht hatte. Stolz erfüllte ihn und

Hoffnung. Wenn er seiner Tochter die Dämonen austreiben konnte, so gelang ihm das vielleicht auch mit dem Höllenwesen in seinem Hause.

Und noch eine sehr erfreuliche Wirkung seiner Schläge nahm er an Betsy wahr: Nachdem sie das Bett wieder verlassen hatte, verhielt sie sich so mustergültig, wie sich eine christliche junge Dame seiner Meinung nach benehmen sollte: Still und bescheiden bewegte sie sich durch das Haus, ihre Arbeit verrichtete sie schweigsam und ohne Widerspruch. Sie schien so erwachsen, über ihre Jahre hinaus diszipliniert. Nie mehr hatte er sie in den letzten Tagen dabei erwischt, wie sie mit ihren Freundinnen die Köpfe zusammensteckte und mit ihnen kicherte. Im Gegenteil, sie hielt sich eher abseits, wenn die anderen Mädchen sich dergestalt aufführten. John hatte den Eindruck, er hatte ihr mehr als einen Dämon ausgetrieben.

John begann mit Lucy über Betsys Verheiratung zu sprechen, doch die wollte nichts davon hören.

»Lass ihr bitte noch etwas Zeit, John«, bat sie ihn. »Sie ist doch noch ein Kind – zumal ein Kind, das in letzter Zeit viel durchgemacht hat.«

Er hörte ja sonst nicht auf Lucys Rat, doch diesmal machte er eine Ausnahme. Und in einem anderen Teil seiner Seele war es John nur recht. So würde er sich nicht so bald von seiner Lieblingstochter trennen müssen.

Ohnehin hatte gerade die Hochzeit seines Sohnes Jesse mit Martha Gunn stattgefunden und er hatte genug von dem Trubel einer solchen Veranstaltung. Zumal er als Brautvater ja Betsys Hochzeit selbst würde bezahlen müssen.

2: Hexenwerk
Tennessee, im Spätherbst 1817

John erwachte noch vor dem ersten Morgenlicht, weil ihm träumte, er müsse ertrinken. Er drehte sich noch halb in Schlaf und Traum gefangen auf die Seite, doch es wurde nicht besser. Weit riss er den Mund auf. *Luft – Luft!* Speichel lief ihm aus dem Mund wie einem uralten Mann. Mühsam stemmte er sich auf die Ellbogen, kam hoch und stand auf. In seiner Not wankte er zu Lucys Kammer und riss sie aus dem Schlaf.

»John!«, rief sie erschrocken. »Du siehst ja furchtbar aus!«

Er zeigte auf seine Zunge, die in seinem Mund lag wie ein vollgesogener Blutegel. Röchelnde Geräusche drangen aus seiner Kehle, als er sprechen wollte. »Holt den Doktor«, wollte er sagen, doch nur unverständliche Laute drangen aus seinem Mund. Und Lucy verstand ihn nicht. Schließlich nahm er sie bei den Schultern und schüttelte sie, um sich ihr mit seiner Anweisung verständlich zu machen – vergeblich. Manchmal war sie eben nur ein dummes Weib. Und doch: Verstand sie ihn wirklich nicht? Oder wollte sie ihn nicht verstehen?

Lucy bestand darauf, dass er sich wieder niederlegte. Also setzte er sich in sein Bett. Er rang keuchend um Atem, pfeifend ging jeder seiner Luftzüge. Lucy kühlte seine Zunge in der Hoffnung auf Besserung, doch nichts schlug wirklich an. Schlaf war unmöglich, da er zu ersticken fürchtete, und Arbeiten war ihm in diesem Zustand auch unmöglich. Im schönsten Tageslicht und Sonnenschein saß er nutzlos in seinem Bett, unfähig, irgendetwas Sinnvolles zu tun. Er war es nicht gewohnt, dem Herrgott den Tag zu stehlen.

Als Doktor Hopson kam, herbeigeholt von seinen besorgten Kindern, lobte dieser Lucy für ihre Behandlungsversuche. »Etwas anderes hätte ich Euch auch nicht raten können. So etwas sehe ich heute zum ersten Mal.«

Und an seinen Patienten gewendet fuhr er fort: »Könnt Ihr mir noch mehr aufschreiben, außer dem Offensichtlichen?«

John nickte. Es hatten sich sonderbare Schmerzen in seiner Kehle eingestellt. »Als würde mir jemand einen spitzen Stock seitlich in die Kehle bohren«, schrieb er auf.

Stirnrunzelnd las es der Arzt. »Dann werde ich in der Fachliteratur nachlesen, ob ich etwas finde. Ich berichte es Euch getreulich.«

Da fiel Betsy, die still und mit großen Augen in der Stube gesessen hatte, in einem erneuten Anfall von ihrem Stuhl. Zuckend schob sie sich über den Fußboden. Ihre Brüder waren erschrocken aufgesprungen. Der Arzt war mit einem Satz bei ihr.

»Seht ihr, das geschieht manchmal mit unserer Betsy«, sagte Lucy mit bebender Stimme. »John hält es für Besessenheit«, ergänzte sie mit einem Seitenblick auf ihren Mann.

»Aber nein!«, beeilte sich der Arzt zu versichern. »Sie hat einen Krampfanfall. Man nennt dieses Leiden Epilepsie. Es ist eine Krankheit, kein Teufelswerk!«

Streng blickte er John in die Augen. »Wenn Betsy ein Anfall ereilt, so müsst Ihr sie festhalten, damit sie sich nicht selbst verletzt! Denkt immer daran, Sir: Eure Tochter kann nichts dafür, dass sie diese Anfälle bekommt. Sie wird damit leben müssen. Und Ihr und Eure Familie auch. Macht es ihr bitte nicht noch schwerer, als es ohnehin schon ist!«

Betsy wurde ruhiger und blieb scheinbar ohne Bewusstsein liegen. Der Arzt deckte sie zu, nachdem er sie auf die Seite gelagert hatte.

»Was können wir dagegen tun, Dr. Hopson?«, fragte Lucy.

»Die Kranken sollen sich vor Sonnenhitze hüten und einige Dinge meiden, als da wären Baden, Weingenuss, Übermüdung und Kummer. Auch Fasten zeitigt manchmal gute Erfolge. Weiter«, er zuckte bedauernd die Schulter, »können wir nichts für die Patienten tun.«

»So ist diesmal der Anfall auf ihre Sorge um ihren Vater zurückzuführen?«, fragte Lucy.

»Das ist möglich«, gab der Mediziner zu und seufzte. Sich wieder an John wendend, fuhr er fort: »Ich werde in den nächsten Tagen öfter nach Euch und Eurer Familie schauen. Ich hoffe, Euch und die Euren dann bei besserer Gesundheit anzutreffen. Vielleicht kann ich Euch dann auch mehr zu Eurem Leiden sagen, Sir.«

Wieder nickte John. Was blieb ihm anderes übrig? Reden war ihm ja nicht möglich. Und das störte ihn sehr. Schließlich musste er eine Farm leiten und er konnte sich mit niemandem über Worte verständlich machen. Bereits den ganzen Tag schrieb er kurze Anweisungen für seine Söhne und für seinen Aufseher, konnte aber nicht mit auf die Felder, um die Ausführung der Arbeiten zu überwachen. Zu allem Überfluss kam auch noch James, ihn zu besuchen, da er etwas Geschäftliches mit John zu besprechen hatte. Der zeigte ihm das Malheur. James reagierte erschrocken und besorgt. Sie tauschten sich schriftlich aus.

»Wenn du irgendetwas brauchst, alter Freund … Zögere nicht, lass mich holen. Ich werde dich nicht im Stich lassen.«

John schüttelte den Kopf. »Ich benötige nichts weiter, Lucy versorgt mich«, schrieb er auf.

James lächelte. »Immer noch der Alte, nur niemandem etwas schuldig sein?«, fragte er augenzwinkernd. Dann drückte James ihm die Hand zum Abschied, verließ die Kammer und John hörte den sich entfernenden Hufschlag seines Pferdes.

Lucy wich die ganze Zeit nicht von seinem Bett. Sie befeuchtete ihm die Zunge, die austrocknete, weil er nur durch den Mund zu atmen in der Lage war. Sein Magen knurrte und er fühlte einen schrecklichen Hunger, jedoch war es ihm unmöglich, an dieser riesigen Zunge auch nur einen Löffel Brei vorbeizubekommen. Am schlimmsten war der Durst. John saß ganze sieben Stunden nur da, mit offenem Mund, und schnappte angstvoll nach Luft, bevor die Schwellung endlich wieder zurückging.

Lucy brachte ihm zur Nacht noch Essen und einen warmen Tee. Ausgehungert aß und trank er, als hätte er seit Tagen nichts mehr genossen. Obwohl er den ganzen Tag nicht gearbeitet hatte, fühlte er sich vollkommen übermüdet und sank in einen tiefen, traumlosen Schlaf.

Als er erwachte, hatte seine Zunge wieder ihre gewohnte Größe in seinem Mund. John bewegte sie erleichtert, sie war jetzt nicht mehr so schwer. Probeweise versuchte er sich an ein paar Worten.

»Guten Morgen«, sagte er zu seinem Spiegelbild. Er hätte jauchzen mögen. Es ging!

Aber dann fielen ihm Lucys Worte von gestern wieder ein: »Das ist bestimmt dieser … Geist …«

John neigte dieses Mal dazu, ihr zuzustimmen. Das kam nicht oft vor, jedoch hatte sich diese Schwellung so unheimlich angefühlt, er war sich so hilflos vorgekommen. Und dann war James auch noch Zeuge seines Unglücks, seiner Schwäche geworden. Das gefiel ihm gar nicht. War es ein Fluch? Wer konnte ihn verhext haben?

Ihm fiel ein sonderbares Ereignis wieder ein, das sich vor langer Zeit zugetragen hatten, als die Familie noch neu war in The Barren Plains. Damals waren keine weiteren Folgen aufgetreten. Es war einfach nur rätselhaft gewesen.

Erneut erstand die Zeit von vor zehn Jahren vor seinem geistigen Auge, eine unbeschwerte, eine glücklichere Zeit …

3: Die Frau im Baum
Tennessee, Red River, im Herbst 1807

»Vater, bitte kommt schnell!«

Völlig außer Atem stand John Jr. vor mir, stützte sich in nach vorne gebeugter Haltung mit den Händen auf seine Oberschenkel.

»Junge, was ist denn passiert?«, fragte ich forschend.

Little John schüttelte den Kopf und keuchte. Er war so weiß im Gesicht wie ein Laken nach der Bleiche. Schweiß lief ihm über die Stirn, tropfte aus seinen Locken, und das schien mir nicht nur der Wärme dieses Tages geschuldet.

Ich nahm ihn bei den Schultern und schüttelte ihn sanft. »Was ist los?«, fragte ich noch einmal.

Immer noch schnell atmend deutete der Junge hinter sich in den Wald. Ich fühlte, wie meine Brauen sich zusammenzogen. Was war es, das meinen Sohn im Wald so erschreckt haben konnte?

»Da hinten, im Wald … Eine Frau … Im Baum … An einem Strick …« Mehr brachte er nicht hervor.

»Zeig es mir!«, forderte ich ihn auf.

Mein Sohn nahm meine Hand und zog mich mit sich fort in den Wald. Eine ganze Weile zog er mich hinter sich her. Dann ließ er los und deutete in einen hohen Ahorn, den Blick fest zu mir emporgerichtet. »Hier ist es. Hier hängt sie, in diesem Baum!«, behauptete er im Brustton der Überzeugung.

Mein Blick folgte dem Arm meines Sohnes, doch da war nichts, nur ein paar wechselnde Schatten, wenn der Wind sanft in die Bäume fuhr. Noch einmal schaute ich suchend um mich, um sicherzugehen, doch nichts ähnelte auch nur im geringsten der Silhouette einer Gehenkten.

»Hier ist keine Frau. Jedenfalls keine, die ich sehen könnte«, erwiderte ich ihm. »Bist du sicher, dass du mich zum richtigen Ort gebracht hast? Ich kann hier nichts entdecken.«

»Aber da …« Little John stockte. Jetzt hatte auch er die Augen auf den Baum geheftet und sah, dass es nichts zu sehen gab. Hilflos drehte er sich einmal um seine eigene Achse, dann wendete er sich wieder mir zu.

»Sie war da! Als ich eben hier war, hing sie dort im Baum. Sie hatte ein weißes Hemd an und sie drehte sich im Wind an diesem Strick … Vater, Ihr glaubt mir doch?«

Ich strich dem Jungen über das helle Haar. »Ich bin sicher, du hast etwas gesehen. Vielleicht eine Frau im Baum, vielleicht etwas anderes. Aber jetzt ist es nicht mehr hier. Es sei denn, du hast den Ort nicht wiedergefunden.«

»Vater«, sagte der Junge empört. »Dies ist die richtige Stelle. Ich bin mir ganz sicher.«

»Nun gut«, nahm ich es hin. »Jetzt ist es jedenfalls nicht mehr da, was immer es auch war. Komm, lass uns heimgehen. Vielleicht hat die alte Aunt Lucy ja noch einen Schluck von ihrer köstlichen Limonade. Und wenn du ganz viel Glück hast, dann ist auch noch ein Stück von dem guten Birnenkuchen da.«

»Mit Nüssen?«, fragte John Jr. eifrig. Seine Augen leuchteten und allmählich bekam er wieder Farbe im Gesicht.

»Bestimmt«, sagte ich sanft.

Mein Sohn hatte sich mit der Aussicht auf eine Leckerei schnell ablenken lassen und Aunt Lucy, unsere schwarze Köchin, backte einen hervorragenden Birnenkuchen. Doch blieb die Tatsache, dass Little John nicht zu Fantastereien neigte. Er war normalerweise ein sehr nüchterner Junge. Irgendetwas musste er gesehen haben. Vielleicht hing tatsächlich ein Leichnam im Wald. Ich würde mit ein paar Männern danach suchen müssen. Wenn es ein Mensch war, so sollte er oder sie ein Begräbnis bekommen und nicht als Futter für Raubvögel und andere Fleischfresser hängen bleiben. Zum zweiten wusste ich nur zu gut, dass eine sterbliche Hülle eben in der Natur nur noch Fleisch war. Ein Leichnam in einem Baum würde Bären anlocken oder Pumas. Und das wollte ich keinesfalls riskieren.

So ging ich am nächsten Tag zusammen mit Jesse und ein paar Sklaven los, um den Wald zu durchkämmen. Zwei Stunden waren wir unterwegs, jedoch fanden wir … nichts. Little John musste sich geirrt haben. Das einzige Ergebnis dieser unnütz vertanen Zeit waren zwei Krüge mit Ahornsaft, die wir von den Bäumen genommen und durch leere Krüge ersetzt hatten. Den Saft brachten wir heim, wo Auntie ihn später zu schmackhaftem Sirup eindickte. Als wir heimkamen, durstig und erschöpft, hörte ich die fast einjährige Betsy weinen.

4: Terror
Tennessee, im Winter 1817

Bald kam der erste Schnee. John suchte mit Drew die Schweine für die Schlachtung aus, denn so ein großer Haushalt musste ja irgendwie durch den Winter kommen. Es war viel zu tun.

Nach dem Schlachten musste die Sklaven das Fleisch zerlegen. Ein Teil sollte gepökelt, ein anderer Teil getrocknet werden. Das ganze Unterfangen dauerte mehrere Tage. Jeden Abend waren sie alle so müde, dass sie mühelos jede Nacht hätten durchschlafen müssen – doch leider war das weder John noch seinen Kindern vergönnt.

Mitten in der Nacht hörte John seine Söhne Drew und Little John oben im Jungenzimmer laut rufen und poltern. Also stand er auf und schaute nach, was die Jungs da oben trieben.

»Hier muss irgendwo eine Ratte sein«, knurrte Little John, einen großen Knüppel zum Schlag erhoben in beiden Händen. »Ich bring das Vieh um!« Ruhelos durchstreifte er das Zimmer, in leicht gebückter Haltung, die Augen zu Boden gerichtet.

»Eine Ratte?«, fragte John verständnislos.

Seine beiden kleinen Söhne, Richard und Joel, klammerten sich in ihrem Bett aneinander und sahen mit angehaltenem Atem dem Treiben ihrer großen Brüder zu.

»Es knackte so in den Bettpfosten, als ob ein Tier daran knabberte«, antwortete Drew nebenbei, der seinem Bruder bei der Suche half.

»Die muss sich doch hier irgendwo verstecken! John, siehst du ein Loch in der Wand?«

»Nein.«

Auch John Sr. strengte Augen und Ohren im schwachen Licht zweier Kerzen an, doch fand keiner von ihnen das Nagetier.

»Vater, habt Ihr noch Rattengift? Ich glaube, wir müssen Köder auslegen«, befand Little John und gähnte.

»Ich sehe das Vieh nicht mehr. Und hören kann ich es auch nicht. Hat einer von euch bessere Ohren?«

Beide Johns schüttelte den Kopf.

»Morgen früh legen wir Giftköder. Wenn es sonst nichts gibt, dann lasst uns wieder zur Ruhe gehen. Morgen wird ein anstrengender Tag.«

Seufzend lehnte Little John den Knüppel gegen die Wand. Gerade öffnete John Sr. den Mund, um zu antworten …

»Aaaah … Nein, geh weg … Hör auf, lass mich los!«

Die drei Männer erstarrten, sahen einander erschrocken an.

»Das war Betsy!«, keuchte Drew, dann stürmte er schon hinüber in Betsys Zimmer, seinen Bruder wie seinen Vater dicht auf seinen Fersen.

Sie fanden das Mädchen mit dem eigenen Zopf an den Bettpfosten gebunden vor, hysterisch kreischend, ihre Zudecke teils in einem Haufen auf dem Boden, teils noch an ihren Füßen hängend.

»Ruhe jetzt!«, schrie John sie an.

Betsy starrte ihn mit offenem Mund an, als sähe sie ihn zum ersten Mal, doch sie war still. Im ganzen Zimmer war es still. Bis Betsy in Tränen ausbrach. Jetzt war John bei ihr, band ihren Zopf los und nahm sie in den Arm.

Als er fühlte, wie sie sich versteifte, ließ er sie los, fragte aber: »Was ist hier passiert?«

»Etwas … hat mich festgebunden … und mir … mir die Decke … fortgezogen.« Sie schluchzte und schniefte, dann fuhr sie in weinerlichem Ton fort: »Und es hat mich mit irgendwas gestochen!« Wie zum Beweis hielt sie ihrem Vater und ihren Brüdern beide Arme entgegen. Unzählige rote Punkte waren auf ihrer Haut zu sehen.

John verspürte ein flaues Gefühl in seinem Magen. Bang suchte er den Blick seiner Söhne und erkannte, dass diese just in diesem Moment seinen Blick auffingen. Sie hatten also auch den seinen gesucht.

Aller Augen richteten sich sofort wieder auf Betsy. Das Kind war unnatürlich blass und zitterte, und das sicher nicht nur vor Kälte. Mit beklommenen Bewegungen deckte Drew seine Schwester wieder zu. Diese klammerte sich jedoch ängstlich an ihren Bruder, als sie merkte, dass dieser wieder gehen wollte.

»Bitte, lass mich nicht allein!«

In diesem Moment trat Lucy durch die Tür. Sie schien die Situation mit einem Blick zu erfassen. »Du kannst zu mir kommen, wenn du dich fürchtest!«

Betsy flüchtete aus ihrem Bett und in die Arme ihrer Mutter. Stumm führte Lucy ihre Tochter in ihr eigenes Schlafzimmer und schloss die Tür.

Die nächtlichen Vorfälle hörten nicht auf, im Gegenteil, sie wurden schlimmer und schlimmer. John zitterte jeden Tag schon am Nachmittag vor der nächsten Nacht und dankte Gott für jede, die er heil überstanden hatte. In jeder Abendstunde hielt das Wesen neue Schrecken für sie alle bereit und an jedem Morgen berichteten besonders die Kinder vom Fortziehen ihrer Bettdecken mitten in der Nacht oder von plötzlichem Haareziehen oder Stößen gegen ihre Köpfe. Das konnte John so nicht mehr länger hinnehmen. Und so teilte er also Lucy mit, er wolle seinen Freund James Johnston am Freitag zum Abendessen einladen und bei dieser Gelegenheit in die Geistergeschichte einweihen.

»Das wirst du dann auch müssen, mein Lieber«, gab sie lakonisch zur Antwort. »Du weißt, dass es jeden Abend wieder von Neuem beginnt.« Bang blickte sie ihm dabei in die Augen.

»Weiß schon«, wehrte er ab und gab den Blick zurück. »James ist ein guter Freund. Und er ist ein Mann Gottes. Vielleicht kann er das Höllenwesen vertreiben.«

So stellte sich James also pünktlich zu einem gemeinsamen Abendessen bei den Bells ein.

Beim Mahl ergab sich das unerquickliche Thema von ganz alleine. Kaum hatten sie alle Platz genommen, so begannen die

Geräusche. Diesmal schien etwas an den Hauswänden entlangzuschaben. Dann flüsterte irgendwas im Raum, eine Schüssel fiel ganz von selbst vom Tisch, knarrend öffnete sich die Tür nach draußen, obgleich John sie gerade hinter dem Gast verriegelt hatte. James blickte sich unbehaglich um.

»Was ist hier am Werke?«, fragte er schließlich den Hausherrn.

John schluckte schwer. Er atmete tief durch, zuckte zusammen, als die Haustür wieder zuknallte wie durch heftigen Wind.

»Lieber Bruder James«, begann er unruhig. »Lieber Freund. Ihr seht uns alle hier in Not, seht uns ausgeliefert höllischen Mächten, die uns zu Tode ängstigen wollen. Die Vorfälle, deren Zeuge Ihr eben wart, lieber Freund, sind nicht die ersten ihrer Art. Sie suchen uns bereits seit einigen Wochen heim.« John sah James tief in die Augen, doch der hielt sich abwartend, ruhig, und so fuhr John fort: »Ihr habt doch schon erlebt, wie meine Zunge mir im Munde anschwoll. Auch das ist erst geschehen, als dieser böse Geist begann, hier sein Unwesen zu treiben. Ich weiß mir keinen Rat mehr und wir alle haben seit Wochen nicht mehr vernünftig geschlafen. Wisst Ihr Rat?«

James stieß die Luft aus der Lunge und atmete einmal tief durch. Er schwieg eine endlose Weile und blickte dabei beiden, John und Lucy, tief in die Augen.

Dann nickte er, beinahe widerwillig, nahm seine Bibel aus der Tasche. »Ich könnte bei Euch die Nacht verbringen, John. Und ich könnte das Wesen dazu drängen, sich zu erkennen zu geben. Uns zu sagen, aus welchem Pfuhl der Hölle es stammt und was es von Euch will. Vielleicht können wir das in Erfahrung bringen und vielleicht verrät es uns, was es von Euch erwartet und warum es hier ist. Anderen Rat wüsste ich nicht.«

Johns Seele schien bei James Rede ihre Ketten der Verzweiflung abgeworfen zu haben, so leicht war ihm auf einmal zumute. »Habt Dank, James«, sagte er und es kam aus ganzem Herzen.

James lächelte schmal. »Warten wir erst mal ab, ob Ihr Grund habt, mir zu danken. Weder weiß ich, was zutage kommt durch die Beschwörung, noch, ob der Geist überhaupt gewillt ist, mir Rede und Antwort zu stehen.« Er schlug seine Bibel auf, die er immer noch in der Hand hielt, und begann zu lesen.

John zog sich zurück und überließ seinen Freund seinen Vorbereitungen. Er zog sich in sein Arbeitszimmer zurück, sah ein paar Tabellen über die Ernte durch. Doch wann immer er sie mit denen der letzten Woche vergleichen wollte, hatte er die ersten Zahlen bereits wieder vergessen. Er starrte auf seine Bögen und konnte kein einziges Wort, keine einzige Zahl oder Berechnung erfassen. Schließlich litt es ihn nicht länger auf seinem Stuhl: Er sprang auf und lief in der Kammer auf und ab, die wenigen Schritte, die er dafür Platz hatte. War James dem Dämon gewachsen? Würde er herausfinden können, wer es war und was er von seiner Familie wollte?

Ein Flüstern erfüllte auf einmal den Raum. Kalt streifte ein Luftzug seinen Nacken und er fuhr sich unwillkürlich mit der Hand an den Kragen, strich sich darüber. Der Dämon schlich durchs Haus, er war hier in diesem Raum, das spürte er ganz genau.

John nahm im Stehen noch einen Schluck von dem warmen Bilsenbier, das Lucy ihm fürsorglich hingestellt hatte, ihr erster Brauversuch. Es schmeckte köstlich. Die Ingredienzien, welche sie dafür brauchte, zog sie selbst im Kräutergarten, nachdem sie einmal gewusst hatte, was sie dafür benötigte.

Wieder setzte er sich und wieder sprang er auf die Füße. Eine weitere Runde drehte er durch das kleine Zimmer, dann war seine Unruhe so groß, dass er zurück in das Familienzimmer stürmte. Draußen und im ganzen Haus begannen die Geräusche, es klopfte an den Wänden, es scharrte an der Tür, es knarrte und ächzte in allen Winkeln.

James blickte irritiert von seinem Bibeltext zu ihm auf. »Ach, John, mein Lieber«, begann er zerstreut. »Es ist gut, dass Ihr kommt. Ich will gleich beginnen. Was immer es ist, es ist jetzt hier.«

John nickte ihm ermutigend zu, während James aufstand und deklamierte: »Im Namen Gottes, wer oder was bist du? Und weshalb bist du hier?«

Ein Stuhl fiel mit großem Gepolter um und die Geräusche verlagerten sich in die Küche, wo irgendetwas laut schepperte. Das Kissen aus Johns Lieblingssessel flog zu Boden, dann schrie oben eines der Kinder laut auf.

»Vater!«, kreischte Betsy in den höchsten Tönen. »Vater, helft mir!«

John fühlte, wie seine Knie unter ihm nachgaben, als er zur Treppe eilen wollte. Kurz musste er sich festhalten. Bevor er noch den Fuß der Stiege erreicht hatte, taumelte ihm schon seine Tochter in heller Panik entgegen.

»Vater!«, schrie sie schrill und fiel ihm mehr in die Arme, als dass sie lief.

»Es ist ja gut, mein Liebes, alles ist gut«, beruhigte er sie abwesend. Es klang weder überzeugt noch überzeugend. Er fühlte, wie sich Betsy mit dem Kopf an seiner Schulter vergrub, spürte warme Feuchtigkeit. War das Kind verletzt? John zog die Brauen zusammen. Er fasste Betsy beim Kinn, zwang sie, ihn anzusehen – und erschrak. Ihre beiden Wangen waren karmesinrot, Spuren von Fingern zeichneten sich deutlich darauf ab.

»Wer hat das getan?«, fragte John und versuchte seiner Stimme Festigkeit zu verleihen. Er musste stark sein für seine Familie.

Betsy schluchzte. »Ich weiß es nicht. Ich schlief schon und plötzlich …« Sie schluckte. »Plötzlich schlug mich etwas ins Gesicht. Ich bin davon wach geworden …« Sie weinte wieder laut. »Ich habe mich umgesehen, aber ich war allein, allein in meiner Kammer …«

Fest hielt John sein Kind im Arm, während er zu James über ihren zuckenden Rücken hinweg sprach: »Jetzt seht Ihr es auch, Bruder. Das macht es mit meiner Tochter, mit meinen Kindern!«

James sah erschüttert aus und kreideweiß. Die Heilige Schrift hielt er fest umklammert, doch zitterte das Buch in seinen Händen und er bekam es nicht gleich unter Kontrolle.

John brachte seine verängstigte Tochter wieder hinauf, wo sie sich wimmernd wieder zu Bett begab. Dann wies er dem Freund eine Schlafkammer zu.

»Das Ding kommt nachher wieder, mitten in der Nacht, zwischen eins und drei. Nur dass Ihr gewarnt seid, Freund.«

»Ich werde bis dahin wachen und beten«, versicherte ihm James mit schiefem Lächeln. »Die Erscheinung ist ein intelligentes Wesen. Sie ist vor dem Wort Gottes geflohen aus diesem Raum, hat aber gezeigt, dass sie da ist. Ich will versuchen, mit ihr zu reden.«

John legte sich in seinem Arbeitsraum auf die Pritsche, doch der Schlaf wollte nicht kommen. Zu aufgeregt pochte sein Herz, schlug einen dumpfen Rhythmus in seiner Brust und in seinen Ohren.

Er war auf einem Weg durch den Wald, sein Ross trabte munter fürbass, die Vögel zwitscherten und die Grillen zirpten. Eine schwache Brise erhob sich und die Bäume über ihm raschelten leicht. Die Abenddämmerung setzte gerade ein – plötzlich war es Nacht. Ein stechender Wind schlug ihm an die Brust und es schmatzte laut um ihn. Er saß an einem Feuer. Von oben schrie jemand schrill auf. Er blickte in die Richtung, konnte jedoch niemanden ausmachen, der als Quelle für den Schrei infrage kommen konnte. Er ließ seinen Blick wieder zu seiner unmittelbaren Umgebung schweifen. Neben ihm brieten wüste Gesellen einen Arm, an dem noch die Hand hing, über einem offenen Feuer. Einer schlug seine Zähne in ein halb rohes Stück Fleisch und schmatzte laut. Mit aufsteigendem Grauen erkannte John, dass der Arm und vermutlich auch das Fleisch nicht von einem Affen stammte, sondern von einem Menschen – Kannibalen! Wohin war er hier geraten? Wieder ertönte ein Geräusch. Jetzt klang es mehr nach Kusslauten. Jemand rief seinen Namen. John schüttelte es. Unheimlich war das. Aber konnte es denn wirklich sein? Gab es hier Kannibalen? Und woher wussten die seinen Namen?

Mit einem Ruck war er wach, als hätte ihm jemand eiskaltes Wasser über den Kopf gegossen. Er saß auf seiner Pritsche, sein Herz wollte schier seine Brust verlassen, so stark hämmerte es gegen das Gitter seiner Rippen. Schweiß durchtränkte sein Hemd und wieder schauderte er zusammen. Um ihn herum ertönte das Schmatzen und all die anderen Geräusche, die ihm seine Traumgesichte gezeigt hatten. Keine Kannibalen. Das Ding war wieder hier.

John stand auf und goss sich Wasser in die Waschschüssel. Er tauchte die Hände in die köstliche Kühle, schöpfte eine Handvoll und drückte sein Gesicht in die Schale seiner Finger. Wie gut das tat. Kalte Rinnsale liefen ihm am Kinn hinunter, über die Brust bis zu seiner Hose. Es störte ihn nicht. Er trocknete sich Hände und Antlitz ab, dann trieb es ihn aus der Kammer hinaus. Er musste dringend nach dem Rechten sehen.

Die ekelhaften Geräusche bewegten sich durch das Haus, von Zimmer zu Zimmer, von Kammer zu Kammer. Er hörte James im oberen Stockwerk laut beten. War das Wesen jetzt bei ihm? Brauchte er vielleicht Hilfe? Rasch eilte er die Stiege hinauf, war mit wenigen langen Schritten durch den Flur. Doch die Kammer, die für James hergerichtet worden war, war leer. Dafür konnte er die Stimme des Freundes jetzt deutlich aus Lucys Kammer vernehmen, aus der Kammer seiner Frau! Er fuhr herum und riss die Tür auf. Lucy schrie auf, sie hatte sich in eine Ecke gedrückt, während James beschützend vor ihr stand, die Bibel und die Stimme erhoben. »Im Namen Gottes, Geist, was willst du hier? Verlasse dieses Zimmer!«

»Deine Frau hatte Angst, sie schrie um Hilfe!«, erklärte ihm James die Situation. »Ich habe zweimal nach dir gerufen. Als du aber nicht reagiertest, bin ich schnell zu ihr hinüber und zur Hilfe geeilt. Ein paar Gebete und was du soeben vernommen hast haben gereicht, die Kreatur einstweilen zu vertreiben!«

Lucy war schluchzend in ihrer Ecke zusammengesunken. Sie nickte eifrig zu James Ausführungen. »Wenn Reverend Johnston nicht hier gewesen wäre, wer weiß, was mit mir geschehen wäre? Was das Wesen mir angetan hätte?«

John nickte nun seinerseits und half seiner Frau auf die Beine. Zitternd lehnte sie sich an ihn. Hinter sich merkte er, dass James den Raum verlassen hatte. Behutsam führte er Lucy zurück zu ihrem Bett, wo sie kraftlos niedersank. Er spürte, wie sich seine Kiefer verkrampften und die Hände zu Fäusten wurden. In seinem Kopf wirbelten die Gedanken durcheinander, doch konnte er keinen davon zu fassen bekommen.

Gewaltsam nahm er sich zusammen und fragte ruhig noch einmal: »Warum war James in deiner Kammer?«

»Er hat mir in höchster Not geholfen«, flüsterte Lucy. »Ohne ihn …«, führte sie fort, ließ jedoch den Satz unvollendet in der Luft hängen.

John nickte und verließ Lucys Kammer. Er hatte zu den Erklärungen genickt, aber überzeugt war er nicht. Was ihm allerdings den Gedanken eingab, dass hier etwas ganz und gar nicht stimmte, das wusste er nicht zu benennen. Und so unterließ er laute Kommentare dazu. Aber sein Misstrauen war geweckt.

Am nächsten Morgen verabschiedete er James deutlich kühler als sonst. Ein langer und ermüdender Tag lag hinter ihm, als er sich am Abend zur Ruhe legte, nicht ohne Furcht vor weiteren Aktivitäten der Hexe.

John strampelte inmitten eines Teiches, in dem er nicht stehen konnte. Etwas zog an seinen Beinen, zog ihn nach unten, unter die Wasseroberfläche. Er schluckte Wasser, schlug mit den Beinen aus, stieß sie nach unten, doch seine Kraft war die eines Kindes. Unbarmherzig wurde er hinabgezogen, in die kalte schwarze Tiefe, wo er nicht atmen konnte – und erwachte von lautem Röcheln in seinem Bett. Angstvoll schnappte er nach Luft, doch es ging nicht. Er griff sich an die Kehle. Was war hier wieder los? Die Panik ließ ihn sich aufrichten. Es pfiff beim Luftholen. Nein! Seine Zunge! Es war wieder diese verfluchte Zunge, die in seinem Mund zu unnatürlicher Größe angeschwollen war. Gurgelnd verließ er sein Bett, taumelte hinüber zu Lucy. Vielleicht konnte sie ihm helfen.

Voll Panik riss er ihre Tür auf, zog die Verschlafene aus ihrem Bett. Wild gestikulierend machte er sie auf das Problem aufmerksam. Er sah das Erschrecken in ihren Augen. Sie folgte ihm in die Küche, kühlte seine Zunge mit Tüchern. Im Sitzen war es einfacher für ihn, Luft zu bekommen. Doch es war ihm kalt. So ließ er sich wieder ins Bett geleiten, lehnte sich aber im Sitzen an die Wand hinter ihm. Immer wieder döste er weg, doch seine Luftnot weckte ihn jedes Mal nach wenigen Herzschlägen.

Lucys Kopf war zur Seite gesunken, ihr Mund stand halb offen. Sie schlief, schlief in dem Stuhl neben ihm! *So eine Unverschämtheit,* dachte er verärgert. Er erstickte beinahe und sie schlief einfach seelenruhig! Wütend stieß er sie an.

Erschrocken riss sie die Augen auf. »Was ist denn, John?«, fragte sie.

»Ist es denn zu viel verlangt, wenn du bei mir wachst? Soll ich denn hier ersticken?« Diese Worte hatte er sagen wollen. Heraus kam allerdings nur ein undeutliches Gebrabbel. Er verfluchte diesen Spuk. Und sein Weib konnte nicht einmal lesen! Warum nur hatte er ihr verboten, diese Kunst zu erlernen? Mit Zeichen versuchte er sich verständlich zu machen, sie solle Drew oder John Jr. holen, damit diese seine Anweisungen lesen konnten. Doch aus irgendeinem Grund schien sie ihn nicht zu verstehen. Er warf mit seinem Becher nach ihr, den er, gefüllt mit Bier, immer an seinem Bett stehen hatte. Doch er warf daneben und Lucy war schneller aus der Kammer, als er »Blödes Weib« rufen konnte. Oder etwas Ähnliches.

Schlafen konnte er nun nicht mehr. Sein Blut war in Wallung geraten. Er warf seinen Nachttisch um, dass es polterte. Damit erschöpfte sich jedoch seine Wut und nur dumpfe Verzweiflung blieb zurück.

Draußen vor seiner Tür hörte er wütendes Hundegebell. Was war das nun wieder? Die Hunde waren doch alle draußen angebunden, es war doch keiner davon im Haus. Oder doch? Schwankend stellte er sich auf die Beine und riss die Tür auf.

Sein Mund war geöffnet, er gurgelte undeutlich einen Befehl – doch da war kein Hund. Er hatte es aber doch eben noch deutlich gehört.

Lauschend blieb er stehen. Da, hinter ihm, da war es wieder, diesmal in seiner Kammer! Er drehte sich um. Es waren die Geräusche mehrerer Hunde, ja. Doch nichts war zu sehen. Ein unheimliches Knurren, dem ein noch tieferes Knurren antwortete. Dann ein kurzes warnendes Anschlagen … und dann flogen die Fetzen. Es klang, als kämpften zwei unsichtbare Rottweiler miteinander. Er konnte regelrecht sehen, wie sie sich ineinander verbissen hatten, wie sie sich umeinander drehten. Wie konnte das sein? Und plötzlich, ohne Vorwarnung, war der Spuk vorbei. Ein hässliches, schadenfrohes Lachen erzeugte Echos in seinem Kopf, schien im ganzen Zimmer widerzuhallen. Das Lachen einer alten Vettel.

Am nächsten Morgen hatte Johns Zunge wieder ihre normale Größe. Auch für diese unheimlichen Vorfälle war der Dämon in seinem Hause verantwortlich, davon war er fest überzeugt. Er konnte an nichts anderes mehr denken als an den Geist und seine Vertreibung. In jeder Minute, die er im Bett auf den Schlaf wartete, in jedem Augenblick, der nicht eingenommen war von den Angelegenheiten der Farm. Er war unendlich dankbar, dass es diese Angelegenheiten gab. Sie lenkten ihn von diesem furchterregenden Thema ab. Doch wenn er dann über seinen Tabellen saß und gähnte, fiel ihm die bösartige Kreatur wieder ein.

In alle Richtungen hatte er das Thema nun durchdacht. Aber an diesem Nachmittag fiel ihm eine neue ein.

»Lucy!«, rief er sein Weib.

»Ja!«, antwortete sie. »Ich komme gleich!«

»Lucy, ich glaube, ich weiß, woher dieser üble Gesell stammt, den wir unfreiwillig in unserem Heim beherbergen.« Er sah sie durchdringend dabei an, gespannt auf ihre Reaktion. Sie blickte ihm jedoch nur fragend ins Gesicht. »Du hast diesen Geist von deiner unseligen Seance mitgebracht!«, schloss er triumphierend.

Lucy wurde bleich. »Was?«, stieß sie atemlos hervor. »Das glaubst du?«

»O ja, das glaube ich ganz sicher! Niemand lockt leichtfertig Geister an und wird anschließend von ihnen verschont.«

»Aber … Nein, John, das …«, stotterte sie verwirrt und schaute ihm ängstlich ins Gesicht.

»Jawohl!«, bekräftigte er. »Es war deine Schuld!«

Damit ließ er sie allein. Noch lange hörte er sie weinen. Das konnte ihr nicht schaden. Sie hatte genug angerichtet. Vielleicht sah sie ja jetzt ein, welche Schuld sie auf sich geladen hatte.

Er erinnerte sich noch sehr gut, wie er letztens von einer Geschäftsreise früher zurückgekehrt war und Lucy nicht vorgefunden hatte. Er hatte sich Sorgen um sie gemacht, hatte etwas zu seiner Entspannung gebraucht. Ein, zwei Whiskey nur, dann war es ihm besser gegangen.

Tom hatte Lucy schließlich heimgebracht. Erst hatte John seine Frau nach drinnen verfrachtet, dann hatte er sie hart bestrafen müssen für ihre Verfehlungen. Natürlich hatte sie es nicht verstanden, doch ging es um ihr Seelenheil. Er war schließlich dafür verantwortlich. Er hatte auf einer Entschuldigung bestanden, hatte sie eingeschlossen und eine Zeit lang schmoren lassen, bis sie ihren falschen Stolz überwunden und ihren Fehler eingesehen hatte.

Das war im letzten Sommer gewesen. Und bald danach hatten die unheimlichen Vorkommnisse begonnen. Das konnte doch kein Zufall sein!

Am Abend hatte John bereits wieder vergessen, dass er die ganze Last der Schuld auf Lucys Schultern gelegt hatte. Deshalb war er zunächst irritiert von ihren rot verquollenen Augen. Doch dann fiel ihm das Gespräch vom Nachmittag wieder ein.

»Lucy, ganz gleich, woher der Geist kommen mag: Wir müssen das Problem doch gemeinsam bewältigen«, erklärte er begütigend.

Seine Frau blickte ihn an, als könne sie es nicht glauben. Dann nickte sie erschöpft. »Ja, John«, brachte sie hervor. »Falls es wirklich meine Schuld ist, so tut es mir leid. Der Herrgott weiß, dass ich niemals einen Fluch auf uns habe herabrufen wollen.«

»Das weiß ich doch«, nickte John. »Aber was können wir bloß tun, um diesen Fluch wieder loszuwerden?«

»Vielleicht sollten wir uns doch an die Ältesten …«

»Die Ältesten, die Ältesten!«, unterbrach John sie. »Die werden versuchen zu helfen, doch sie werden auch misstrauisch werden mir gegenüber. Das kann ich mir nicht erlauben.«

Dumpf brütete er vor sich hin. Es gab gewiss noch einige Möglichkeiten, wessen Geist sich jetzt an ihm könnte rächen wollen. Und die Ältesten würden ihn sicher über seine Vergangenheit befragen. Und dann würden einige Episoden aus seiner Vergangenheit wieder erstehen, vor denen er sich längst in Sicherheit gewähnt hatte, die er zurückgelassen hatte in seinem alten Leben. Nein, das konnte er nicht riskieren. Das war zu gefährlich. Auch wenn er seine Auswanderung nach Tennessee damals anders begründet hatte, vor sich selbst musste er die Wahrheit eingestehen. Verfolgten ihn immer noch seine alten Feinde aus North Carolina, denen er sich vor so langer Zeit schon entzogen zu haben geglaubt hatte?

Diesmal weckten ihn die Geräusche von Eisenketten, die über den Boden geschleift wurden. Die üblichen Schmatz- und Zisch- und Flüsterlaute erfüllten die Luft. Heute jedoch war John so müde und des Geistes so überdrüssig, dass er nur rief: »Verschwinde in den Pfuhl der Hölle, aus dem du gekommen bist! Wer auch immer du seist.«

»Du weißt es …«, zischelte es nahe bei seinem Ohr. »Du kennst mich …«

»Ruhe jetzt! Lass mich schlafen!«

»Deine Sünden lassen dich aber nicht schlafen. Sie folgen dir. Du weißt doch, wer ich bin …« John knurrte. »Ich fordere Rache. Du weißt, weshalb …«

Ein plötzlicher Windstoß traf ihn im Nacken, sodass er die Decke enger um sich zog. Doch das Zittern konnte er damit nicht unterdrücken. Am nächsten Morgen jedoch war er sich nicht mehr sicher, ob er das alles nur geträumt hatte.

Bald überzog der erste Nachtfrost das Land mit eisigem Raureif. Das Bild war ihm furchtbar vertraut von jenem Sommer 1816, dessen Tage voller Schneestürme und klirrender Kälte gewesen waren, nur von kurzen Perioden unterbrochen, da die Temperaturen wärmer gewesen waren. Jetzt konnte er bei diesem Anblick gar nicht anders, als an jene schreckliche Zeit zurückzudenken, die Zeit vor eineinhalb Jahren …

5: Das Jahr ohne Sommer
Tennessee, Red River, im Mai 1816

Months that should be summer's prime
sleet and snow and frost and rime.
Air so cold you see your breath
Eighteen hundred and froze to death.
unbekannter Dichter

(Statt des Sommers Machtbeweis
Raureif, Hagel, Schnee und Eis.
Atemnebel, frostgeboren;
Achtzehnhundert-und-erfroren.)
Übersetzung: Hans-Joachim Westendorf

Ich erwachte, als es noch dunkel war. Ich hörte das Vieh in den Ställen brüllen. Meine Uhr zeigte die fünfte Stunde an. Ich runzelte die Stirn. War ein Raubtier unterwegs? Oder wieso benahmen sich die Tiere so ungewöhnlich? Normalerweise meldeten sie sich erst eine Stunde später. Ich lauschte in die Nacht. Die Hunde bellten zwar aufgeregt, doch hatten sie zuvor nicht angeschlagen, da war ich mir sicher. Ich hätte es sonst gehört. Sie hätten aber gewiss Laut gegeben, wenn ein Raubtier hier umherschliche. Sie bellten scheinbar wegen des Lärmes, den die Kühe machten.

Ich musste nach dem Rechten sehen.

Schnell war ich in meinen Hosen, warf einen Mantel über, nahm die Büchse vom Haken, falls es einen Bären zu verjagen galt, und öffnete die Tür. Diese wurde mir von einem wahrhaft eisigen Wind aus der Hand gerissen und flog mit einem lauten Krachen gegen die Hauswand. Ich fuhr vor Schreck und Kälte zusammen, obgleich ich nicht zu den furchtsamen Naturen gehöre.

Die Nacht war ungewöhnlich hell. Und was mir da vor meiner Haustür entgegenleuchtete, war tatsächlich Schnee. Nur eine kleine Menge davon, aber doch pulvriger, trockener Schnee. Es musste über Nacht gefroren haben.

Ich trat in den Wind und schrak noch einmal zusammen vor dieser Kälte. Mein Atem bildete weiße Wolken. Es war zu kalt zum Stehen, also setzte ich mich in Bewegung. Überfrorener Harsch knirschte unter meinen Schuhen, die eisige Nässe kroch in meine Schuhe hinein bis zu meinen Füßen. Hätte ich doch bloß die dicken Stiefel angezogen. Doch das hatte ich nicht ahnen können. Ich wusste, ich würde den Rindern und Pferden wärmende Decken überwerfen müssen. Ein paar davon bewahrte ich im Stall auf, die konnte ich gleich den jungen Kälbchen und meinem Fohlen überwerfen. Sie würden es brauchen, denn selbst ich war nach den wenigen Schritten bis zum Stall schon durchgefroren. Vielleicht würde ich die Jungtiere auch in die warme Stube holen. Ich hatte extra einen Raum für späte Frühjahrsfröste vorgesehen. Hin und wieder hatten wir diese Kammer in den letzten Jahren gebraucht.

Als erstes jedoch lief ich einmal um den Stall herum, die Augen fest auf dem Boden, damit mir keine Fährte entging. Bei diesem Wetter wagten sich Bären oder Pumas durchaus so weit aus dem Wald und zu den Gehöften vor, wo sie Beutetiere riechen konnten. Die Büchse wachsam im Anschlag, suchte ich die ganze Umgebung meiner Ställe ab, ohne jedoch die Spur eines Raubtiers zu entdecken. Unwillkürlich atmete ich auf und steuerte den Eingang zur Tierunterkunft an.

Die Tür zum Stall war festgefroren und es kostete mich etwas Kraft, sie zu öffnen. So schnell ich es vermochte, schloss ich sie wieder hinter mir, um nicht unnötig Kälte zu den Tieren hereinzulassen. Die Luft hier drin war fast behaglich warm gegenüber draußen.

»Muuuh«, schallte es mir aus allen Boxen entgegen. Ich spürte die Bewegungen der Tiere mehr als ich sie sah. Neben der

Tür stand eine Öllampe auf einem Bord. Ich entzündete den Docht mithilfe einer Feuerbüchse, die aus modrigem Holz in einem Holzschälchen und einem Stab bestand, den ich mit einem Bogen schnell darin bewegte, bis sich in dem morschen Holz ein Flämmchen zeigte. Solch eine Lampe im Stall angezündet stehen zu lassen, war mir zu gefährlich. Es waren schon genügend Ställe aus diesem Grunde abgebrannt – und die Tiere darin zu Tode gekommen. Nicht selten hatten dann die Flammen auch auf das Wohnhaus übergegriffen.

Mit meinem Licht schritt ich jetzt die Stallgasse zwischen meinen Tieren ab. Das Muhen war ohrenbetäubend. Den Grund erkannte ich sehr schnell: Die Tränken waren mit einer dicken Eisschicht überzogen. Zwei der Kühe hatten sich bei dem Versuch zu saufen am Maul verletzt und bluteten stark. Da war schnelle Hilfe geboten.

Gewohnt, immer erst den ganzen Schaden aufzunehmen, bevor ich handelte, nahm ich die warmen Schabracken für die Pferde und bedeckte die unruhig schnaubenden Tiere damit. Ich hatte sogar zwei kleine Decken für das Fohlen, welches sich hinter seiner Mutter zu verstecken suchte. Aber ich erwischte es doch und stülpte ihm die Schabracke über. Auch die noch sehr jungen Kälbchen bedeckte ich mit Decken aus warmer Wolle. Dann ging ich zu den Sklavenunterkünften, wo ich die Sturmglocke läutete, bis mir selber die Ohren klingelten.

Verschlafen und zitternd vor Kälte spähte Dean als erster aus dem Haus.

»Dean, gut, dass du wach bist. Wecke mir noch ein paar kräftige Männer, nimm auch Julius und Sam mit und dann kommt zum Stall. Es gibt jede Menge Arbeit zu tun.«

»Ja, Master«, antwortete Dean und gähnte. Plötzlich wurden seine Augen sehr groß. »Master, Schnee!«, brachte er hervor und zog den nackten Fuß zurück, als habe er sich verbrannt.

Ich ging darauf nicht ein, doch gab ich weitere Anweisungen: »Die Weiber sollen Wasser heißmachen und dann auch zum

Stall kommen. Ihr werdet euch schon warmarbeiten, wenn euch zu kalt ist.«

»Ja, Master«, nahm Dean den Befehl entgegen.

Im Gehen hörte ich noch, wie Dean in der Sklavenhütte alle mit lautem Geschrei weckte. »Aufstehen, ihr alle, nicht faul liegen bleiben! Nacht zu Ende, Master uns brauchen!«

Ich schmunzelte wider Willen, als ich das vernahm. Es war gut, Dean als Verbindungsmann zu haben. Dann aber wurde ich wieder ernst. Das Vieh würde gleich versorgt werden, aber ich musste die Aufsicht führen, also verfügte ich mich wieder zurück in den Stall.

Dort wurde es innerhalb des Viertels einer Stunde munter: Dean kam mit fünf weiteren Männern zu mir und ich wies ihnen allen Arbeiten zu. Um den verletzten Kühen zu helfen, war die alte Sanna da, die Heilsalben anrührte. Auch sie kam binnen Kurzem herbeigehinkt. Kaum war das geschehen, so trafen die ersten Sklavinnen mit dem heißen Wasser ein. Die Männer nahmen ihnen die schweren, schwappenden Eimer ab und gossen das mittlerweile vielleicht vierzig Grad heiße Wasser über das Eis in den Tränken. Ich beobachtete Andy, der sich sehr geschickt anstellte – bis eine besonders durstige Kuh direkt aus dem Eimer zu saufen versuchte. Das heiße Wasser allerdings wäre ihr nicht bekommen und so zog Andy das Gefäß vor ihr weg. Das Tier war darüber so erbost, dass es den Eimer umstieß und Andy eine warme Dusche verpasste.

»Wah, Andy haben Baden am Samstag«, protestierte der Begossene. »Kuh das nicht machen müssen!«

Dean fing an zu lachen und nach und nach fielen die Diener einer nach dem anderen in das Gelächter ein. Das wiederum machte Andy böse, sodass er zu schimpfen begann, bald auf die Kuh, die ihn interessiert anglotzte, bald auf die anderen Sklaven. Dadurch wurde die Situation jedoch immer komischer. Der Diener triefte vor Nässe und bot einen äußerst lustigen Anblick, sodass auch ich mich nicht mehr zurückhalten konnte und ebenfalls lachte. Wir alle lachten und konnten nicht mehr aufhören, bis uns die Tränen kamen und schließlich blickte auch Andy an sich herab, in seinen Mundwinkeln begann es zu zucken, bis er selbst mitlachte.

Langsam beruhigten sich die Leute wieder und ich rief sie zur Ordnung. So gut es getan hatte zu lachen, so nötig war es, dass sie alle kräftig weiterarbeiteten. Und dass eine der Frauen dem Verunglückten trockene Sachen brachte. Ich wollte nicht riskieren, dass Andy eine Lungenentzündung bekam und die anderen damit ansteckte. So erteilte ich die entsprechende Weisung, die schnell erfüllt wurde. Andy zog sich in Windeseile um, denn mittlerweile schnatterte er vor Kälte. Die Tiere begannen geräuschvoll zu saufen, sobald ihre Tränken eisfrei waren.

»Wir müssen des Nachts Wachen einteilen für die Ställe, damit so etwas nicht wieder unbemerkt bleibt«, befahl ich. »Ich mache nachher einen Plan.«

»Ja, Master«, antworteten die Sklaven im Chor.

Später an diesem neblig-trüben Vormittag trat ich nach draußen, wo immer noch ein unangenehmer Wind fegte. Ich hüllte mich in meinen wärmsten Mantel und bestieg meinen verlässlichen Nelson, vor dessen Maul sich Atemwolken bildeten. Ich musste nach meinen Feldern sehen, wo die Maissaat gerade gekeimt war. Ob die Keimlinge diese Kälte überstehen würden? Wie lange würde dieser späte Ausläufer des Winters dauern? Wir hatten immerhin Mitte Mai.

Überall am Wegesrand sah ich lauter schwarze Punkte unter den Bäumen liegen. Ich lenkte den Fuchshengst ein wenig zur Seite, bis ich näher bestimmen konnte, was das war. Der Schreck traf mich unvorbereitet: Dutzende toter Vögel lagen erstarrt im Schnee. Die Tiere waren wohl mitten im ersten Nestbau erfroren. *Wie traurig,* dachte ich. Wie mochte es da um meine Felder stehen, wo doch schon die Vögel tot von den Bäumen fielen?

Nach kurzem Ritt erreichte ich mein erstes Maisfeld. Die frisch aufgegangene Saat war von Raureif und einer dünnen Schicht Schnee bedeckt wie mit Puderzucker. Traurig schüttelte ich den Kopf. Wenn sich das Wetter nicht in den nächsten Tagen erwärmen würde, so war die Aussaat verloren und ich musste es noch einmal versuchen, sobald die Temperaturen es zuließen. *Lieber Herrgott, bitte schick uns den Frühling*, betete ich, während ich weiterritt. Auf all meinen Feldern war es dieselbe Not. Gerade wollte ich heimreiten, um mich ein wenig aufzuwärmen, da löste sich ein Schatten aus dem Nebel.

»Wer da?«, fragte ich scharf, die Büchse im Anschlag. »Antwortet oder ich schieße!« Bei solchem Wetter wurde das Gelichter, welches sich allerorts herumtrieb, verzweifelt wie die Raubtiere und schlich sich zu den Farmen, um zu stehlen. Dieser Mann jedoch war beritten.

»Haltet ein, John«, durchdrang eine bekannte Stimme den Dunst. »Wollt Ihr Euren besten Freund erschießen?«

»James!«, rief ich erleichtert. »Was tut Ihr hier?«

»Nach Euch sehen wollte ich«, sagte James, während der Nebel langsam sein Gesicht enthüllte, welches er für den Ritt gegen die Kälte halb unter einem warmen Schal verborgen hatte. »Mich erkundigen, ob Ihr vielleicht Hilfe benötigt.«

»Danke, James, uns geht es gut. Leider kann ich das von meinen Maispflanzen nicht sagen. Ich fürchte um meine Tiere.«

»So wie wir«, nickte James. »Uns sind über Nacht fast zwanzig Schafe erfroren. Die Hälfte waren Lämmer. Die anderen hatten wir letzte Woche geschoren.«

»Das ist ja entsetzlich!«, rief ich. »Kann ich Euch behilflich sein?«

James lächelte traurig. »Ja«, nickte er dann. »Es gibt Lammbraten bei uns. Das einzige, was uns jetzt übrigbleibt.«

»Kommt mit zu mir und wärmt Euch erst einmal ordentlich auf, mein Freund«, lud ich ihn ein.

Ich wendete Nelson und gemeinsam ritten wir zu meinem Haus zurück.

Nach dem 18. Mai wurde das Wetter wieder wärmer. Von der Saat war mehr als die Hälfte erfroren, also arbeiteten alle, die dazu in der Lage waren, auf den Feldern. Wir gruben die verdorbenen Pflanzen aus und säten statt ihrer neue.

Ich war schon seit jeher ein vorausschauender Mensch gewesen. Ich hatte noch Saatgut übrig. Die Maispflanzen, welche den Schnee und Frost überlebt hatten, wuchsen langsamer als gewöhnlich, aber sie wuchsen. Ich beruhigte mich, als ich sah, dass die Temperaturen sich bis Ende Mai deutlich in die Plusgrade verschoben. Es war doch nur ein böses Spiel des späten Frühlings gewesen.

James Johnston sowie Alex und Thomas Gunn waren der gleichen Meinung. »So ein Wetter kann schon mal vorkommen!«, sagten sie. »Das gleicht sich dann nach hinten aus. Wahrscheinlich bekommen wir einen langen warmen Herbst. Dann hat die Ernte noch viel Zeit zum Wachsen und Reifen.«

Sie hatten bestimmt recht, dachte ich. Ich suchte mich damit zu beruhigen, denn in den letzten Tagen hatte ich ständig Albträume von weiterem Frost und Schnee. Im Traum der letzten Nacht waren wir auf unserer Farm eingeschneit gewesen und hungerten; und die ganze Ernte war verloren gewesen. Ich konnte mir nicht helfen, ich hatte ein schlechtes Gefühl in Bezug auf die diesjährige Ernte.

Energisch schüttelte ich den Kopf, um die lästigen Befürchtungen loszuwerden. *John,* sprach ich mir selber Mut zu, *seit wann bist du unter die Schwarzseher gegangen? Oder unter die, welche in Angst leben, ohne dass es einen konkreten Anlass dafür gibt? Gott wird schon das richtige Wetter schicken.*

Aber Gott schickte nicht das richtige Wetter. Am vierten Juni, war das ganze Land am Morgen mit Schnee bedeckt. In der Nacht zum sechsten Juni beginnend, fegte ein schrecklicher

Schneesturm über das Land, der seit sechs Stunden unvermindert anhielt. Die Temperaturen waren weit unter null gesunken. Ich saß in meiner Stube und meine Laune war ebenfalls unter null. Ich wusste, dass die neue Saat wieder verloren war. All die Plackerei war umsonst gewesen. Was hatten wir nur getan, dass der Herr uns den Lohn unserer Mühen nahm? Die furchtbare Kälte setzte uns allen zu – vor allem dem Vieh. Eine Milchkuh war uns schon verendet, die zweite lag im Stall und war trotz aller Mühen nicht wieder auf die Beine zu kriegen. Ich war erfahren genug, um zu wissen, was das bedeutete.

Ich fühlte eine Mischung zwischen Unruhe und Wut. Ruhelos trommelte ich mit meinen langen Fingern auf den Tisch, sprang schließlich auf und warf dabei den Stuhl um. Die junge Dienerin, welche gerade die Stube wischte, schrak zusammen und starrte mich ängstlich an.

»Was glotzt du so blöd, Phoebe?«, fuhr ich sie an, bevor ich den Raum verließ. Den Stuhl ließ ich liegen.

Ich lief zur Kammer mit den Jungtieren. Es roch angenehm nach Stall, als ich den Raum betrat. In der Ecke piepsten in einem Korb die Stubenküken. Lucy hatte einen gewärmten Stein zu ihnen hineingelegt, auf dem sie saßen und um den sie sich drängelten. Ich blickte hinein und ein Lächeln schlich sich auf mein Gesicht, welches, wie der Rasierspiegel mir zeigte, in letzter Zeit eher von Sorgenfalten durchzogen war. Seit drei Tagen war uns kein Küken mehr gestorben. Und das trotz der draußen herrschenden Kälte.

Lucy hatte alle Wände mit Decken verhängen lassen. Das sperrte die Zugluft so erfolgreich aus, dass sie damit auch die Wohnräume ausgestattet hatte.

Eine weitere Ecke war für die Ferkel reserviert. Sie schmiegten sich an die dicke Muttersau. Auch in diesen kleinen Stall hatte Lucy gewärmte Steine legen lassen. Es quiekte so munter daraus hervor, dass es eine Freude war.

In der dritten Ecke hob die alte Bella ihren Kopf über den Rand ihrer Wurfkiste und winselte leise. Sie würde bald ihre Welpen werfen. Die Kinder schauten jeden Tag nach ihr. Als ich zu ihr ging, sie zu streicheln, sah ich einen Brotkanten zwischen ihren Vorderläufen. Meine erste Reaktion war Verärgerung, meine zweite Rührung. *Die Kinder,* dachte ich. Sie gaben dem Hund von ihrem eigenen Essen. Ich betastete vorsichtig und sachkundig Bellas stark geschwollenen Bauch. Die Kleinen bewegten sich lebhaft darin. Lange konnte es nicht mehr dauern, vielleicht warf sie schon diese Nacht. Bella leckte zuerst über meine Hand, dann über ihren Bauch.

»Ich sehe nachher nochmal nach dir, altes Mädchen.« Ein letztes Kraulen über ihren Kopf und ich verließ die Kammer, um nach den größeren Tieren im Nebenraum zu sehen.

Hierher hatten wir die Kälber und die beiden Fohlen geschafft, die im Stall erfroren wären. Neugierig traten die Jungtiere auf mich zu, ein schwarzes Fohlen knabberte an meiner Jacke.

»Lass das«, lachte ich und schob das Tierchen beiseite. Doch das Fohlen hatte Gefallen daran gefunden und knabberte an einer anderen Stelle weiter. »He, du bist doch kein stures Maultier, oder?«, fragte ich und zog ihm die Jacke sanft aus dem Maul.

Ich sah nach den Tränken, die noch voll waren, und nach den Raufen. Die Kälbchen entwickelten sich gut. Die Sklavinnen versorgten sie mit der Milch der noch lebenden Kuh. Hoffentlich kam sie durch oder blieb doch wenigstens so lange am Leben, wie die Jungtiere noch Milch brauchten. Ich atmet tief durch. Es war traurig, so denken zu müssen.

Etwas beruhigter wusch ich mir die Hände und setzte mich wieder in die Stube, wo ich von Neuem vor mich hinzubrüten begann. Ließ das Heulen des Sturmes ein wenig nach? Oder bildete ich mir das nur ein?

Es gab nichts, was ich jetzt tun konnte. So nahm ich ein paar Zeitungen zur Hand, die ich neulich erworben hatte. »Prediger sagt das endgültige Erlöschen der Sonne voraus«, lautete die erste Überschrift. In einer Art zwanghafter Neugier begann ich zu lesen. Es war ein Gottesmann in Bologna, Europa, der das behauptete. »Tuet Buße, das Ende der Welt ist nahe!«

Nun, Buße tun konnte nicht schaden, dachte ich kühl. Mir kamen die Erdbeben wieder in den Sinn, unsere Not und unser Schrecken, als wir alle gedacht hatten, das Jüngste Gericht stünde bevor. Und dann war die Sonne doch jeden Tag wieder aufgegangen. Inzwischen war das vier bis fünf Jahre her. Selbst wenn ich damals vom Untergang der Welt überzeugt gewesen war – jetzt glaubte ich nicht mehr daran, dass Gottes Strafgericht noch zu meinen Lebzeiten stattfinden würde.

»Zu viele Sonnenflecken: Ursache für die Kälte erkannt«, titelte eine andere Zeitung. Das war ja noch viel größerer Unsinn! Was konnten Punkte auf der Sonne mit dem Wetter zu tun haben? Ich schlug die Seiten verärgert um. Überall, wo ich die Überschriften überflog, ging es nur um diese ungewöhnliche Kälte. Auch das kriegsmüde Europa schien davon schwer betroffen zu sein. Hungeraufstände gab es da schon! Da ging es uns noch verhältnismäßig gut.

In einem Artikel ging es darum, dass die Gäste bei Abendgesellschaften gebeten wurden, ihr eigenes Brot mitzubringen. So schlimm war es, dass die Pflichten der Gastfreundschaft keine Geltung mehr hatten? Ich warf die Zeitung beiseite und schüttelte den Kopf. Ich war nicht so dumm, alles zu glauben, mit dem die Herren Redakteure ihr Brot verdienten.

Erst am nächsten Morgen hatte der Sturm sich verausgabt. Ich ritt zu einem weiter entfernt wohnenden Nachbarn, Thomas Gunn, der das Bett hüten musste. Er war ausgerutscht auf dem Weg zum Abort. Was zunächst Gelächter erzeugt hatte, war inzwischen tiefem Mitgefühl gewichen, denn Gunn hatte sich den

Knöchel angebrochen. Kate Batts, die Base meiner Frau, hatte ihn geschient, jedoch brauchte die Verletzung einige Zeit, um zu heilen. Das Gute war, dass er den Knöchel mit Schnee kühlen konnte. Doch das war auch das einzig Gute an diesem unnatürlichen Wetter.

Ich ritt langsam, ich wollte nicht riskieren, dass Nelson unvermittelt in ein Eisloch trat und sich ebenfalls den Fuß brach. Es hätte mir um mein braves Tier leidgetan.

Vorbei am Kirchlein bog ich auf Thomas Gunns Hof ein. Es kam sogleich ein Diener, der mir das Pferd abnahm und einer, der mich zu seinem Herrn führte.

»Thomas, wie geht es Euch?«, fragte ich besorgt.

»Ein gebrochener Fuß ist nichts, was so schnell vergeht«, knurrte Gunn. Dann fuhr er den Diener neben mir an: »Holt mir Schnee für meinen Fuß, nun macht schon!«

»Ja, Herr!«, gab der alarmiert zurück und war mit einem Satz durch die Tür.

»Ich habe Euch auch etwas mitgebracht«, eröffnete ich ihm. Damit holte ich den Kornbrandwein aus meiner Tasche, den wir vor ein paar Tagen gebrannt hatten. »Das hilft gegen den Schmerz und lässt Euch besser schlafen.«

Begierig streckte der Patient die blassen Finger nach dem Krug aus. »Danke, John, das ist eine großzügige Gabe.« Er setzte sich unter Mühen im Bett auf und entkorkte den Krug mit den Zähnen. Einen langen Zug nahm er, bevor er das Gefäß wieder absetzte. »Ah, das hat gut getan!«

In diesem Moment stürmte der Diener mit einem Korb voll Schnee in die Stube.

»Ah, Theo, packe es mir doch gleich auf, du weißt, wo es die beste Wirkung erzeugt … Ja, das ist schon viel besser!«

Der Diener verbeugte sich und verließ den Raum wieder.

»Setzt Euch einen Moment zu mir, John, und leistet einem alten Mann Gesellschaft, wollt Ihr das tun?«

»Dafür bin ich hergekommen«, entgegnete ich, zog mir einen Stuhl neben das Krankenbett und nahm darauf Platz.

Nachdem sich die Temperaturen im weiteren Verlauf des Juni deutlich in die Plusgrade verschoben hatten, wurde es um den vierten Juli, den Tag der Unabhängigkeit, erneut sehr kalt. Uns war allen nicht nach Feiern zumute. Stattdessen verbrachten wir den ganzen Tag im Gebet um milderes Wetter.

Ich besuchte viele Nachbarn in dieser Zeit. Einen Besuch habe ich auch heute noch, ein Jahr später, in lebhaftester Erinnerung. Ich saß gerade erst in einem Sessel beim alten Pete, einem Witwer, als dieser im Stall noch einmal nach einer kranken Kuh sehen wollte, bevor er sich mir widmen konnte.

»Ich bin gleich wieder da«, sagte er. »Ich bringe auch noch Brennholz mit, damit wir noch mal kräftig nachlegen können im Kamin.«

»Passt auf Euch auf«, riet ich ihm. »Fallt nicht in ein Eisloch.«

Pete lachte rau. »Wenn ich nach einer Stunde nicht zurück bin, solltet Ihr vielleicht nach mir suchen.«

Das war nicht unbegründet, denn draußen herrschte strenger Frost – am 10. Juli! Dazu hatte sich ein weiterer Sturm angekündigt, als ich aufgebrochen war, und dieser tobte mittlerweile um das Haus.

Ich wartete eine halbe Stunde und noch einmal das Viertel einer Stunde. *Wo bleibt denn nur der alte Pete?*, fragte ich mich beunruhigt. Inzwischen hatte ich ein ganz schlechtes Gefühl bei der Sache. Es mochte sein, dass es an Petes Bemerkung beim Hinausgehen lag – ich geriet allmählich in Sorge um ihn. Schließlich litt es mich nicht mehr vor dem warmen Feuer, während ich den Freund draußen in der Kälte wusste. Brauchte der Mann vielleicht Hilfe?

Ich warf mir meinen warmen Mantel wieder über, von dem die getauten Schneeflocken in kleinen Rinnsalen liefen, und wagte mich in die stürmische Nacht hinaus.

»Pete!«, rief ich, doch der Sturm riss mir das Wort vom Mund, als hätte ich es nie ausgesprochen. Ich blickte um mich, doch der Freund war nirgendwo zu sehen. Ich stapfte durch den Schnee zum Stall, dessen Tür auf- und zuschlug. Von da drinnen blickten mich Petes Pferde und Kühe vorwurfsvoll an. Ich schloss die Stalltür und suchte Pete bei den Kühen, doch da war er nicht. Auch nicht bei den Pferden, den Schweinen oder den Hühnern.

Mühsam drückte ich die Stalltür gegen den Winddruck wieder auf und schloss sie erneut. Ich sah nach Spuren, doch auch das war schwierig. Im Sturm verwehen Fährten viel zu schnell, als dass ich noch die Chance hatte, eine zu finden. Und doch – was war das da vorne? Waren das Vertiefungen im Schnee? Was war das für ein Schatten, da vorne, bei der Buche? Ich stemmte mich gegen den Sturm, hob den Arm mit der Laterne, die quietschend hin und her schwang – und mit ihr das Licht. Nach einigen mühevollen Schritten hatte ich die Buche erreicht. Eine längliche Gestalt zeichnete sich darunter ab.

»Pete!«, rief ich, doch der Wind riss mir erneut das Wort vom Mund. Ich ließ mich in den Schnee sinken, fühlte ein Bein, tastete mich höher hinauf. Ja, da war ein Arm – und zu meinem größten Schrecken berührte ich bald darauf eiskalte, nackte Haut! Ein Stück weiter rechts lagen Petes Jacke, seine Handschuhe, sein Hemd. Was, um der himmlischen Barmherzigkeit willen, hatte Pete dazu veranlasst, sich zu entkleiden?

Mit größter Besorgnis tastete ich mich weiter vor, kroch dahin, wo ich den Kopf des Freundes vermutete.

»Pete!«

Doch der Mann rührte sich nicht. Ich rüttelte ihn. Ohne Erfolg. So nahm ich ihn unter den Achseln und schleifte ihn zum Haus, dabei ständig rufend. Keiner kam mir zu Hilfe.

Mühsam zog ich Pete in die Stube. Seine Augenbrauen waren voller Eis, ebenso sein Bart. Umstandslos ließ ich den steif gefrorenen Körper auf den Dielen liegen, holte eine Decke, rieb

Pete mit solcher Kraft die Glieder, dass mir selber dicke Tropfen über die Stirn rollten. Doch nichts wollte helfen. Da horchte ich an der breiten Brust des Mannes. Nichts. Pete war tot, gestorben in dem Sturm. Erfroren! Hilflos setzte ich mich neben den Leichnam, hielt seine eisige Hand und weinte.

Nach dieser dritten Kaltfront im Juli erholte sich das Wetter wieder zu normaleren Temperaturen. Es war trocken und mild. Erneut machten wir uns mit allen Nachbarn an die traurige Arbeit. Wir verwarfen die erfrorenen Pflänzchen, die braun, schlaff und tot im Boden staken, und säten noch einmal – ein letztes Mal in diesem Jahr.

Doch am 21. August machte eine neue Kaltwetterfront alle Arbeit wieder zunichte. Drei Tage lang wüteten Schneestürme, die eisige Faust des Frostes hielt das Land in ihrem Würgegriff.

Nun war alle Hoffnung verloren, auch nur eine einzige Ernte einzubringen in diesem Jahr. Dazu hatten wir alles verbraucht, was als Saatgut und Zusatzfutter für das Vieh und für Brot im Winter vorgesehen gewesen war. Es gab buchstäblich nichts mehr.

In der Stadt waren die Preise für Futtermittel und jedes Agrarprodukt dermaßen gestiegen, dass ich es nur noch Wucher nennen konnte. Die einzigen, die sich jetzt die Taschen füllten, waren die Großhändler, die Korn, Kartoffeln, Mais und andere Güter einführten und zu hohen Preisen zu verkaufen wussten, gott- und mitleidlos in ihrer Gier gegenüber dem Elend und dem Hunger von Mensch und Tier. Es war eine Schande!

Die Anzahl der Gottesdienste war auf das Doppelte gestiegen. Und auch außerhalb der Messen wechselten sich die Ältesten beim Beten ab, sodass rund um die Uhr Gebete gen Himmel schwebten.

Die Ältesten beteten nun schon seit Monaten ununterbrochen. Ein Bußgottesdienst jagte den anderen, es gab keine Feiern mehr, keine Feste, keinen Tanz. Nicht einmal mehr die Geburtstage wurden begangen. Nur die kirchlichen Feiern zelebrierten wir alle mit einer Inbrunst, die ich in der Form seit dem Erdbeben 1811/12 nicht mehr erlebt hatte. Indes, alles Beten und Flehen änderte nichts daran, dass die Frucht auf dem Felde verfaulte und erfror.

Die fünfte und letzte Kältewelle erreichte Red River in den letzten Augusttagen. Dieser abermalige Schnee und Raureif zur Unzeit wich einem milden September und ließ dieses furchtbare Jahr im Oktober nahtlos in den nächsten Winter 1816/17 übergehen.

Sorgenvoll brütete ich nun über meinen Büchern, ordnete und rationierte im Geiste die Lebensmittel, die nicht für so lange Winterzeiten reichen wollten. Weder konnte ich Land verkaufen, noch wollte einer meiner Nachbarn Sklaven von mir erwerben. Geld hatten sie alle nicht im Überfluss. Und die Preise in den Städten stiegen immer weiter ins Astronomische. Es war zum Verzweifeln. Gut, dass ich noch ein angenehmes Guthaben auf der Bank besaß. Dieses Geld, welches für Saatgut bestimmt gewesen war, musste ich nun angreifen, wenn ich mit meiner Familie über den Winter kommen wollte. Ich hatte keine Wahl, doch ich ärgerte mich gewaltig über die Profiteure, welche die Preise solcherart in die Höhe trieben und so manchen armen Bauern vollkommen ruinierten.

Trotz der hohen Preise für Saatgut und Viehfutter brachten wir alle Menschen und die meisten Tiere über den Winter, retteten sie ins Jahr 1817. Dieses nahm sich gut aus. Die Wetterunbilden von 1816 wiederholten sich nicht und die Gemeinde atmete auf. Gottes Zorn schien verraucht wie die letzten Talgkerzen, die wir, ebenso wie alle anderen Gemeindemitglieder, für die Kirchen gespendet hatten. Wie oft hatte ich deswegen in den letzten düsteren Wintertagen im Dunkeln gesessen!

6: »Sie« spricht
Tennessee, Red River, im Januar 1818

»Rums.« Ein lauter Knall.

John schrak zusammen, schaute instinktiv hinter sich wie ein gejagtes Tier. Er hörte sein Herz wild in seinen Ohren pochen. Gleichzeitig schalt er sich für seine Schreckhaftigkeit. Er war doch früher nicht so gewesen. Eine Tür war zugefallen, ganz sicher, beruhigte er sich. Bis ein eisiger Hauch seinen Nacken streifte. Er merkte es nur, weil er unwillkürlich mit der Hand darüberstrich. Streifte die Erscheinung, die sich offenbar in seinem Hause manifestiert hatte, ja, die sein Haus als das ihre zu betrachten schien. Streifte dieses Ding wieder durch die Räume? Jetzt, am hellen Nachmittag? John vergrub sein Gesicht in den Händen. Er wusste nicht mehr, was er tun sollte.

Etwas flüsterte im Raum, an seinem Ohr. Worte konnte er nicht verstehen, doch es war eindeutig wieder Geflüster in der Luft, wie er es schon öfter erlebt hatte. Doch dieses Mal verdichtete sich das unbestimmte leise Geräusch zu Worten.

»Ich werde dich töten, John Bell«, wisperte es auf einmal nahe bei seinem Ohr. Es war eine weibliche Stimme.

John war, als wäre sein Innerstes zu Eis erstarrt. Ihn töten? Warum? Er wollte es laut aussprechen, den Geist fragen, doch seine Sprechwerkzeuge waren wie gelähmt und er brachte nur ein Stöhnen heraus.

»Ja, das werde ich«, fuhr die Stimme fort. »Aber keine Sorge. Es wird nicht heute oder morgen sein. Ich werde mir viel Zeit lassen.«

»Wer bist du?«, fragte er heiser.

Ein irres Lachen antwortete ihm, welches ihm durch und durch ging. »Ich könnte Kate sein. Oder jemand anders. Fällt dir niemand ein?«

Kate. Oder ein anderer. Auf einmal fror er, fror bis ins Mark seiner Seele. Eine Gänsehaut lief über seine Arme, zog die Haut dort schmerzhaft zusammen. Er sprang auf und floh regelrecht aus seinem Arbeitsraum, floh aus seinem eigenen Hause, lief hinaus in die freie Sonne. Dort blieb er stehen, wärmte sich in den Sonnenstrahlen, blickte über sein Land, welches so friedlich dalag, so unschuldig. Was hatte dieses Geschöpf geweckt? Warum flüsterte es ihm zu, es sei Kate? Es hatte Kates gegeben in seinem Leben und die eine oder andere war ihm sicher nicht wohlgesonnen, lebendig oder tot.

Er schauderte, mochte nicht daran denken. Übelkeit spülte in ihm empor, wie schon so oft in der letzten Zeit. War es eine Kate? Oder war es ein uraltes Geschöpf dieses Landes? Was genau war es, das hier sein Unwesen trieb? Sollte er doch die Ältesten der Kirche einweihen? Konnten sie gemeinsam mit Gebeten und Austreibungsritualen dem Spuk ein Ende bereiten? Zweifel nagten an ihm, schon lange. Aber jetzt, hier in diesem Moment, gab er sie sich selbst gegenüber zu. Es konnte nicht so weitergehen, unmöglich konnte es das. Er war nur noch ein Schatten seiner selbst, nervös, zittrig, ohne Konzentration. Voller Furcht an jedem Abend, ob das Ding wieder des Nachts umgehen würde. Voller Entsetzen, wenn es das tat. Und jede Nacht ohne erholsamen, ruhigen Schlaf. Er griff schon auf Lucys Kräutermedizin und auf seinen Vorrat an Kornschnaps zurück, damit er überhaupt einschlafen konnte. Wie lange würde er, würden sie alle das durchhalten? Die ganze Familie schlich durch das Haus, als wären sie selbst schon zu Gespenstern geworden. Nein, dieser Spuk musste beendet werden, und zwar so bald wie möglich.

Am darauffolgenden Freitag bezog James Johnston erneut im Hause der Bells Quartier. Bei einem Krug von Lucys gutem Bilsenbier setzten sich die beiden Männer zusammen.

»Sie flüstert mittlerweile«, gestand John und schloss erschöpft die Augen. »Sie gibt sich nicht mehr damit zufrieden, Gegenstände umzuwerfen oder uns des Nachts die Federbetten wegzuziehen. Und sie ist jetzt auch tagsüber aktiv. Zunächst war es mehr wie ein Hauch am Ohr, ein eisiger Hauch, möchte ich bemerken. Als ob jemand hinter dir vorbeigeht, aber dann drehst du dich um – und da ist niemand. Es klingt wie ein Rascheln von Kleidern. Und ich spüre, dass da jemand ist. So war es bis vorige Woche, und das war schlimm genug. Doch seit drei Tagen kann ich ihr Flüstern verstehen. Es ist, als ob ich verrückt würde. James, was soll ich nur tun?« Er barg sein Gesicht in den Händen und flüsterte durch die Finger: »Was soll ich nur tun?«

John spürte eine warme Hand auf seinem Arm.

»Ich bin ja nun hier, Euch zu helfen, Bruder«, sagte James in ruhigen Ton. »Ich muss aber wissen, woher Ihr zu wissen glaubt, dass es sich um eine »Sie« handelt. Und ich muss wissen, was *sie* sagt.«

John stöhnte auf, als habe James eine empfindliche Wunde berührt. »Sie flüstert mir Drohungen zu«, brachte er schließlich heraus. »Sie droht mir, mich umzubringen, James!« John nahm die Hände vom Gesicht und schaute den Freund offen an. James nickte ihm aufmunternd zu, weiter zu sprechen.

»Sie hat es mir gesagt. Dass sie ein Weib war … ist … war …«, schloss er verwirrt.

»Wir werden dieses Weib nur vertreiben können, wenn wir wissen, was es will. Vielleicht ist sie eine Hexe? Wenn sie dich töten will … Nun, fragen wir sie doch einmal, warum sie das vorhat.« Er schaute John fragend in die Augen und dieser nickte resigniert.

»Dann werde ich meine Vorbereitungen treffen«, erwiderte James und holte seine Bibel aus der Tasche.

John wollte ihn nicht dabei stören. Doch alleine in seinem Arbeitsraum wollte sich die rechte Konzentration nicht einstellen.

Er hatte vorgehabt, sich nun den Kirchenangelegenheiten zuzuwenden, die Bruder Alex Gunn ihm aufgetragen hatte. Seit er vor wenigen Wochen zum Ältesten erkoren worden war, gehörte auch das zu seinen Pflichten. Die säuberlich eingetragenen Zeilen jedoch verschwammen vor seinen Augen. Er nahm die Brille ab, die er neuerdings zum Lesen brauchte, und rieb seine juckenden Augen. Was James wohl vorhatte? Eine Austreibung der unerwünschten Erscheinung schien sich als sehr schwierig zu gestalten. John hörte sich selbst ächzen. Er straffte die Schultern. Nein, so leicht gab er sich nicht geschlagen. Wo war denn sein Kampfeswille geblieben? Hatte die Erschöpfung wegen seiner schlaflosen Nächte wirklich schon *ihn* im Griff? Oder brachte er seine momentane Kraftlosigkeit unter Kontrolle? Ja, so sollte es sein! War er denn ein zahnloses Waschweib, welches sich hinsetzte und heulte, wenn es schwierig wurde? Oder war er ein Mann? Und zwar nicht nur irgendein Mann, ein Goodman, sondern ein Mister. Der Mann, dessen Blick er gerade und ehrlich jeden Tag im Spiegel begegnen konnte, ohne vor Scham den Blick zu senken. Ein tiefer Atemzug und er stand auf, mit so viel Entschlossenheit diesmal, wie er aufbringen konnte. Es wäre doch gelacht, wenn sie gemeinsam nicht in der Lage wären, dieser Spukerscheinung Herr zu werden.

Mit dieser Einstellung schritt er zu James hinüber, der von seiner Lektüre zu ihm aufblickte. John sah etwas in den Augen des anderen Mannes aufleuchten, eine widerwillige Anerkennung vielleicht. Er nickte James zu. »Lass uns anfangen«, verlangte John, und diesmal nickte James.

»Im Namen des Herrn, wer bist du und was willst du von John Bell und seiner Familie?«

Ein Luftzug ließ die Kerzen flackern, dann flüsterte es, zwar leise, aber klar verständlich: »Ich bin der Geist eines Mannes, der hier gelebt hat und der hier in diesen Wäldern begraben wurde. Einst war ich glücklich. Doch dann wurde ich in meiner

Ruhe gestört. Seitdem bin ich unglücklich. Ich habe hier unter diesem Haus einen meiner Zähne verloren.«

John erstarrte und James warf einen prüfenden Blick auf ihn. »Kannst du mit diesem Geschwätz etwas anfangen?«, schien sein Blick zu sagen.

John nickte erschöpft. Ja, das konnte er.

Ein kühler Luftzug wehte durch den Raum. »Wo ist mein Zahn«, flüsterte es, sich mit jedem Wort weiter entfernend und leiser.

»Fort«, stellte James fest. Wieder nickte John. »Was hat es für eine Bewandtnis mit diesem Zahn?«, fragte James.

John seufzte. »Ich nehme an, ich sollte es dir erzählen. Es gab da ein Vorkommnis, welches sich vor etwa zehn Jahren ereignete.«

Und dann begann er zu erzählen ...

7: Vom Gespenst, das seine Zähne suchte
Tennessee, Red River, im Sommer 1807

»Schaut mal, Vater, was ich gefunden habe!« Hell drang die Stimme meines elfjährigen Sohnes Drewry, genannt Drewey, in meinen Arbeitsraum. »Vater?«

Seufzend stand ich auf, streckte meine langen Glieder, die ich zum Studium meiner Zahlen hinter dem Schreibtisch hatte zusammenfalten müssen. Ah, tat das gut.

»Vater?«, klang es da noch einmal, dieses Mal näher. Drewey steckte seinen blonden Wuschelkopf durch die Türöffnung.

»Ich wollte gerade eine Pause machen«, sagte ich. »Komm ruhig rein, mein Junge.«

Langsam und etwas beklommen betrat Drew den Raum. Er hielt etwas in der Hand, etwas Längliches mit jeder Menge Erde daran. Ich streckte die Hand aus. »Gib es mir.«

Drewey tat, wie ihm geheißen wurde, und legte mir das Fundstück mit jungenhafter Ehrfurcht in die Hände.

»Was ist das, Vater?«, fragte er arglos.

»Das scheint ein Knochen zu sein.« Der Schlamm daran machte das Stück sehr glitschig. Ich drehte das Ding hin und her und wischte den Dreck zur Seite. Mit plötzlichem Erschrecken sah ich meinen Sohn an und fragte scharf: »Wo hast du das gefunden?«

Drew trat verwirrt einen Schritt von mir zurück. »Im Wald«, sagte er leise. »War es falsch, den Knochen mitzunehmen?«

»Ja, Drewey, das war falsch. Es ist sogar eine Sünde.« Unwillkürlich fuhren Drews Hände zu seinem Hosenboden. Er wusste genau, welche Strafe auf Sünden stand. Mir entging diese Bewegung natürlich nicht und ich unterdrückte ein Schmunzeln. »Dies hier ist ein Teil vom Kiefer eines Menschen. Da siehst du die Zähne.«

»Ich wusste nicht, was das ist.« Jetzt klang der Junge ehrlich entsetzt. »Das wusste ich wirklich nicht.«

»Man kann sich auch unwissentlich schuldig machen, Drewey«, erklärte ich.

»Müsst Ihr mich dafür schlagen, dass ich ihn mitgebracht habe, Vater?«

»Wir werden sehen. Zeig mir, wo du das gefunden hast. Wir lassen es einen Sklaven wieder eingraben.«

Drewey nickte beklommen. »Wie lange ist der Mensch schon tot, dem der Kiefer gehört hat?«

»Ich glaube, schon sehr lange.«

»Aber dann war der Tote ja ein Heide. Ist es denn dann nicht eine kleinere Sünde?«

»Du hast einen Toten in seiner Ruhe gestört.«

»Vater«, wagte er noch einmal zu sprechen. »Little John und mein Freund Corban waren auch dabei. Sie sind noch da.«

»Corban Hall?«

»Ja.«

Ich nickte zur Tür hin und Drewey ging in angespannter Haltung voraus. Plötzlich rutschte mir der Knochen aus der Hand, polterte beim Auftreffen auf dem Boden. Es klang, als wären ein paar kleine Münzen hinuntergefallen, die weiterrollten. Schon glaubte ich, der Kiefer wäre in mehrere Teile zerbrochen, doch als ich nach unten sah, hatten sich nur ein paar Zähne aus dem Knochen gelöst und waren über den Boden gekollert. Drewey hatte sich erschrocken umgesehen und starrte mich ganz entgeistert an.

»Komm, hilf mir suchen. Wir wollen dem Leichnam seine Zähne wiedergeben.«

Wir sammelten fünf Zähne ein, mehr waren nicht zu finden. Dann brachten wir den Knochen wieder zu seinem Grab zurück, wo Dreweys Bruder und sein Freund inzwischen zu ihrem Schrecken einen ganzen Schädel freigelegt hatten. Reste eines schwarzen Haarschopfes klebten noch daran. Ratlos standen sie da, mit schuldbewussten Gesichtern.

Ich ließ Harry, meinen Haussklaven, den ich für diese Arbeit mitgenommen hatte, den Kiefer mitsamt den Zähnen wieder in das Grab zurücklegen und befahl dem zitternden Mann, die Gruft wieder zu verschließen.

»Ich möchte jeden von euch nach dem Abendessen in meinem Raum sehen«, bestimmte ich dann.

Die Jungen warfen einander unbehagliche Blicke zu.

»Aber es war doch ein Heide!«, beschwerte sich Little John empört.

»Von dir bin ich besonders enttäuscht, mein lieber John. Du bist hier der Älteste und solltest mehr Verstand besitzen, als du hier gezeigt hast. Du bist doch schon ein junger Mann.« Beschämt senkte der Junge den Kopf. Ich hatte das zornig hervorgestoßen und bemerkte, dass es Little John angst wurde. »Dass der Tote ein Heide war, ist dabei gleichgültig«, belehrte ich die Kinder. »Wir schänden keine Gräber, merkt euch das. Und nach dem Abendmahl setzt es was, für euch alle. Und nie wieder betretet ihr die Begräbnisstelle dort im Wald!«

»Jawohl, Vater«, flüsterten die Jungs.

Es war drei Tage nach dem Vorfall. Die beiden Jungs, die meine Strafe getroffen hatte, setzten sich gerade äußerst vorsichtig zum Essen auf ihre harten Stühle, da schrie die alte Aunt Lucy laut auf und ließ die Terrine mit dem Eintopf mit lautem Getöse fallen. Jetzt schrie sie noch lauter. »O weh, o weh! Eintopf sein hin. Und sein heiß!«

Lucy und ich sprangen beide auf und sahen nach der alten Köchin, die zitternd inmitten eines Chaos von Essensspritzern und Tonscherben stand. Ihre dunkle Haut hatte einen grauen Ton angenommen.

»Was ist dir passiert, Auntie?«, fragte Lucy, während ich mich in die Türöffnung lehnte, um das Gespräch zu verfolgen.

»Haben fallenlassen Suppe«, bekannte die Köchin zitternd.

»Das war nicht zu überhören«, antwortet Lucy. »Hast du dir weh getan? Brauchst du Medizin?«

Da leuchteten die Augen der Köchin auf. »Ja, Auntie brauchen Medizin.« Hoffnungsvoll irrte ihr Blick zum Brandwein im obersten Regal. Lucy jedoch untersuchte sie und rieb vorsichtig etwas Brandsalbe auf ein paar rote Stellen an Aunt Lucys Füßen und Unterschenkeln.

Als sich die Köchin etwas beruhigt hatte, fragte Lucy: »Was hat dich denn so erschreckt, Auntie?«

»Durchsichtiger Mann.«

»Aber ein Mann ist doch nicht durchsichtig, Auntie.«

»Dieser es sein. Durchsichtiger Mann sagen, suchen seine Zähne.«

Lucy lachte auf. »Was? Er sucht seine Zähne?«

Empört sah Aunt Lucy ihre Herrin an. »Mann sagen, er suchen seine Zähne. Und dann sein auf Aunt Lucy zugekommen. Da haben fallenlassen Suppe.«

Ich fühlte, wie mir das Leben aus dem Gesicht wich. Der Geist des Mannes aus dem Grab da hinten? Damit war nicht zu scherzen. Hatten wir ein paar der Zähne übersehen?

Lucy war inzwischen ernst geworden und schimpfte mit Auntie. »Du sollst nicht lügen, Aunt Lucy!«, sagte sie gerade. »Wenn du ehrlich zugegeben hättest, dass dir der Topf aus der Hand gefallen ist, vielleicht weil er so heiß war – gut. Aber für die Lügen bekommst du Hiebe.«

»Aber Missus, Auntie sagen Wahrheit!«, beteuerte die alte Köchin erschrocken. »Auntie haben niemals lügen.«

»Und deshalb sollst du auch jetzt nicht damit anfangen«, entgegnete Lucy.

»Lass sie gehen, Lucy«, griff ich müde ein. »Ich glaube ihr.«

Fassungslos drehte Lucy sich zu mir um. »Du glaubst ihr?«

»Ja. Komm nachher in mein Arbeitszimmer und ich erkläre es dir.«

Lucy stand mit finsterem Gesicht und verschränkten Armen vor mir, ihre schwarzen Augen schossen Blitze.

»Die Jungs haben das verursacht?«, fragte sie noch einmal.

»Ja, wahrscheinlich.« Ich erzählte ihr die Geschichte mit dem Kiefer und den verlorenen Zähnen.

»So müssen wir nach den restlichen Zähnen suchen«, meinte Lucy, wie immer praktisch. »Am besten mit einem Reisigbesen.« Und schon war sie verschwunden und kehrte bald darauf mit einem Besen in der Hand zurück. Sorgfältig fegten wir jede Ecke, doch kein einziger Zahn kam zum Vorschein. Im Fußboden bemerkte ich jedoch einige schmale Ritzen, durch die sehr wohl ein so kleines Ding wie ein Zahn hätte fallen können. Nachdenklich strich ich mit meinem Fuß darüber.

Lucy sah meine Geste. »Da hinein?«, fragte sie verstehend.

Ich nickte mit gerunzelter Stirn. Ratlos schauten wir einander an. Sollten wir auf einen bloßen Verdacht hin die Dielenbretter aufreißen oder gar das Haus abtragen, um den Zahn vielleicht zu finden?

»Was machen wir nun, John?«

»Ich weiß mir jetzt auch keinen Rat mehr«, gab ich zu. »Lass uns abwarten, ob der Geist wiederkehrt oder nicht.«

Lange Zeit war es still im Raum, nachdem John seine Erzählung beendet hatte. Dann fragte James: »Und der Geist ist niemals wiedergekommen?«

»Doch«, antwortete John. »Der Geist tauchte über ein halbes Jahr lang immer wieder auf. Schließlich trieb ich ihn mittels Gebeten aus dem Haus. Doch die Sklaven berichten, sie würden ihm manchmal noch begegnen.«

»Es ist der Geist eines Heiden, doch vergessen wir nicht, wie lange dieses Land schon bewohnt war, bevor wir Weißen es das erste Mal betreten haben. Vielleicht war er ein Medizinmann«, mutmaßte James.

»Vielleicht«, stimmte John ihm zu.

8: Sündenfeuer
Tennessee, Red River, im Februar 1818

John wischte sich im Abort den Mund ab. Ein saures Kratzen lag in seiner Kehle und er spuckte noch ein paarmal klebrigen Speichel. Zum dritten Mal in dieser Nacht hatte er sich übergeben müssen. Ihm war immer noch flau im Magen. Seine Beine wollten ihn nicht tragen, waren so furchtbar schwach. Das kannte er gar nicht von sich. Hatte er etwas Verdorbenes gegessen? Nur was?

In seinem Kopf drehte sich alles. Er hielt sich an den Brettern fest, die den Sichtschutz des Abortes bildeten, wartete, bis der Schwindel vorüberging.

Plötzlich fuhr ein Dolch aus Schmerz in seine Eingeweide. Er krümmte sich, schaffte es nicht mehr rechtzeitig, das Nachthemd hinaufzuziehen, bevor eine warme Fontäne aus seinen Gedärmen schoss und ihm in die Schuhe lief. Wenn der Gestank in der kleinen Kabine noch schlimmer hätte werden können, so wurde er es.

John ekelte sich vor sich selber. Er zog das beschmutzte Hemd aus und warf es von sich, trat auch seine Schuhen von sich.

Es war sonderbar. Als er vorhin in seine Schuhe geschlüpft war, da hatte er die Reibung des Schuhwerks auf seiner Haut gar nicht gespürt – und eben auch nicht. Doch die Füße hatten ihm ihren Dienst nicht versagt. Es war zwar vorhin alles nicht so schnell gegangen, wie er es von sich gewohnt war, und es kribbelte nach wie vor in seinen Füßen, doch sein Bedürfnis war so dringend gewesen, dass er nicht weiter darauf geachtet hatte. Aber jetzt ... Doktor Hopson ...

Alle seine Gedanken erstarben mit einem Schlag, als sich Feuer unter seinen Fußsohlen ausbreitete. Der Schmerz war heftig und unmittelbar. Er schrie, stampfte mit den Füßen, es sollte ausgehen, dieses Feuer!

»Hilfe, o Herr, mein Gott, die Hölle greift nach mir!« Er wollte das rufen, es kam aber nur ein Krächzen aus seinem Hals. »O Herr, bitte, hilf mir in meiner Not«, flüsterte er in die Nacht, fassungslos vor Entsetzen.

Plötzlich begann er zu zittern, obgleich ihm der Schweiß aus allen Poren brach. Es war schrecklich kalt hier. Kein Wunder, draußen lag ... Schnee! Schnee, herrlich kalter Schnee! Er riss die Brettertür aus ihrer Verankerung, brach sie heraus auf seiner Flucht nach draußen. In den Schnee mit den Füßen, schnell! Wie über glühendes Metall, nur drei oder vier Schritte weit, hinein ins kalte weiße Element. Ein wenig half es, doch nicht schnell genug. Er stampfte mit den Füßen, er wimmerte, er betete ... und ganz allmählich ging das feuerheiße Gefühl wieder in ein Kribbeln über.

»O Herr, ich danke dir!«, murmelte er und »Erlöse uns von dem Bösen!«, dankbar und zusammenhanglos.

Dann roch er Fäkalien, es stieg ihm beißend in die Nase, es ekelte ihn. So wusch er sich, so gut es mit dem kalten Weiß gehen wollte. Er zitterte, denn er war ja vollkommen nackt. Trotzdem fühlte er sich hinterher immer noch schmutzig, war es wohl auch. Er konnte den Kot an sich selbst noch immer riechen.

Auf einmal fühlte er ein Brennen in der Magengrube, in seinen Eingeweiden, als sollte ihm mit einem glühenden Eisen ein Loch hineingebrannt werden. Er drückte beide Unterarme vor seinen Bauch, krümmte sich darüber, fiel auf die Knie in den Schnee. Kalt war die weiße Decke des Winters. Der Schmerz in seinem Leib war so unerträglich, dass er laut stöhnte. Wie konnte er seine Pein nur lindern?

Ihm fiel nur eines ein, von dem er sich eine Verminderung des Schmerzes erhoffte: Er warf sich bäuchlings in den Schnee, damit durch die Kälte Hilfe geschaffen würde. Es war ihm gleich, dass seine Zähne laut klapperten, dass er fror und jedes Stück seiner Haut sich zusammenzog. Er rang nach Luft, glaubte, nie wieder tief durchatmen zu können.

Langsam ließ das furchtbare Lodern der inneren Flammen nach. Er rappelte sich vom Boden auf. Seine Beine, sein ganzer Körper zitterte. War es die Kälte? Oder hatte er sich ein Fieber geholt? So konnte er auf keinen Fall in sein Bett zurück. Er brauchte Hilfe, wankte in seiner Not zur Sklavenunterkunft, so gut es eben gehen wollte. Mühsam sich auf den Beinen haltend, klopfte er. Es dauerte lange, so deuchte es ihn, bis Dean den Kopf heraussteckte – war es doch mitten in der Nacht. John war froh, ihn zu sehen, brachte aber nur ein Krächzen über die aufgesprungenen Lippen.

»Master, was sein passiert?«, fragte Dean besorgt, seinem Gesichtsausdruck nach erschrocken über Johns Anblick.

»Herr brauchen Decke!«, rief er in das Sklavenhaus hinein.

Kraftlos ließ sich John auf einen Baumstumpf sinken. Er fühlte seine bloßen Füße kaum noch im Schnee und als wäre die körperliche Betäubung mit einer seelischen verbunden, nahm er kaum noch wahr, was um ihn herum vorging.

Dean war von der Tür verschwunden, kehrte jedoch gleich wieder, die alte Sanna im Schlepptau. Diese musterte ihn nüchtern, klatschte dann in die Hände.

»Bad machen für Master, schnell!«, rief sie in den Raum hinter sich, wo sich langsam die Schlafenden zu regen begannen.

Rasch waren genug seiner Sklaven auf den Beinen, schafften einen hölzernen Badebottich vor ihn hin und gossen diesen mittels hölzerner Eimer voll mit heißem Wasser. Irgendjemand hatte John eine alte Decke über die Schultern gelegt, die stark nach Pferden roch – er ließ alles teilnahmslos mit sich geschehen. Fleißige, kräftige Hände halfen ihm, ins Bad zu steigen, reinigten ihn – und es war so herrlich warm. Erst jetzt merkte er, wie sehr er gefroren hatte. Seine Zähne schlugen nicht mehr vor Kälte aufeinander. Langsam ging es ihm besser, sein Magen schien sich einigermaßen beruhigt zu haben und ihm war wieder behaglich warm. Mit dieser Wärme setzte die Müdigkeit ein – bleierne, nicht zu beherrschende Müdigkeit. Seine ohnehin schon brennenden Augen fielen ihm zu, er nickte weg. Nur noch halb bewusst nahm er wahr, wie er aus der Wanne gehoben und auf eine trockene Decke gelegt wurde. Im Traum wurde er von Dämonen gejagt, die seine Seele wollten, er floh und floh und floh vor ihnen durch die eisige, winddurchfegte Nacht.

Als er wieder zu sich kam, war es bereits heller Tag. Er lag auf einer Pritsche in der Sklavenunterkunft. Löchrige Vorhänge aus alten Getreidesäcken waren um sein Lager aufgehängt. Es roch nach warmem Heu und ganz leicht nach Pferden. Er fühlte einen kratzigen Kragen in seinem Nacken, griff sich an die störende Stelle. Man hatte ihn mit einem alten Kittel notdürftig bekleidet.

Mühsam richtete er sich zum Sitzen auf, drehte sich zur Kante seines niedrigen Bettes. Sich an der Wand abstützend, kam er erst auf die Knie, dann schwankend zum Stehen. Wieder drehte sich die dämmrige Unterkunft um ihn. Erneute Übelkeit spülte in ihm hoch, doch schluckte er sie hinunter. Seine Kehle fühlte sich rau an.

»Master sein wach!«, rief Dean in seiner unmittelbaren Nähe. John schrak zusammen. Rasch stand Dean vor ihm. »Master jetzt besser?«

»Ja«, murmelte John, noch nach Orientierung suchend. Er räusperte sich und sagte dann mit klarerer Stimme: »Ja, danke, Dean.«

»Ich den bösen Geist auch gesehen«, vertraute Dean ihm an, die Augen dabei weit aufgerissen. »Und nicht nur ich, auch viel andere Sklaven hier. Haben gesehen Ungeheuer, das verschwinden, wenn näher kommen!«

»Ist das wahr, Dean?«, fragte John.

»Sein wahr, Master. Ich schwören auf Bibel, sein wahr!«

John nickte und stieß sich von der Wand des Verschlages ab wie ein Boot vom Ufer. So gerade er konnte, ging er hinaus in den sonnig-kalten Wintertag. Immer noch spürte er seine Füße kaum. Auch seine Hände waren sonderbar taub. Das würde schon besser werden, machte er sich selber Mut.

»Du hast barfuß zu lange im Schnee gestanden, John!«, schimpfte Lucy. »Und du hast auch deine Hände der Kälte ausgesetzt. Deine Nerven müssen sich erholen.«

Sie gab ihm einen Trank gegen die ständige Übelkeit, die ihn immer noch im Gefolge der Ereignisse der letzten Nacht begleitete. Und sie sorgte für warme Fußbäder mit anregenden Kräutern. Es duftete und seine Füße prickelten angenehm. Allmählich kehrte das Gefühl in seine Gliedmaßen zurück.

John lag am Abend dieses Tages auf seinem Bett, nicht in der Lage einzuschlafen. Sein Körper war müde und erschöpft, doch sobald er die Augen geschlossen hatte, war sein Geist hellwach und unruhig. Er konnte das Erlebnis in der letzten Nacht nicht recht einordnen. Er dachte darüber nach, was um des Himmels willen ihm denn wohl nicht bekommen wäre. Hatte er zu schwer zu Abend gegessen? War irgendetwas von seinem gestrigen Abendbrot verdorben gewesen? Er hatte mit allen Familienmitgliedern gesprochen, sie befragt. Nicht einer von ihnen hatte auch nur das leiseste Unwohlsein verspürt – was ja zu erwarten gewesen wäre bei Lebensmitteln, die nicht mehr gut waren. Sie hatten alle dasselbe zu sich genommen. Also konnte es daran nicht liegen. Aber woran sonst? Wenn er es recht bedachte, hatte ihn in letzter Zeit häufiger eine ihm unerklärliche Übelkeit befallen. In letzter Zeit hatte dieser Zustand zugenommen. Steckte vielleicht eine Krankheit dahinter? Immerhin stand er in seinem achtundsechzigsten Lebensjahr. Er nahm sich vor, das Problem mit dem Bezirksarzt zu besprechen, wenn dieser das nächste Mal ihn und seine Familie besuchen würde.

Als Doktor Hopson ein paar Tage später kam, erzählte John ihm von seinem nächtlichen Schrecken.

»Ist das noch einmal vorgekommen, Sir?«, fragte der Arzt. »Dieses Brennen an den Fußsohlen?«

»Nein, bislang nicht!«

»Lasst mich Eure Füße sehen.«

Der Doktor ging zum Fußende von Johns Lager und hob die schweren Decken an.

»Eure Füße tragen schwarze Flecken an den Sohlen!«, stellte er sachlich fest. Dann runzelte der Arzt die Stirn, seine Hände begannen zu zittern. Er nahm Lucy beiseite.

John schloss die Augen und lauschte.

»… schwarze Stellen … sehen aus … verbrannt«, flüsterte er.

Also doch! John hatte sich nicht geirrt. Der Geist hatte unter ihm ein höllisches Feuer entfacht in jener Nacht. Würde es das sein, was ihn in der Ewigkeit erwartete? Würden Flammen an seinen Füßen emporlecken und ihn verbrennen? War er denn so ein schlechter Christ, so ein schlechter Mensch?

Einen Augenblick später kehrte der Arzt an sein Lager zurück. Und plötzlich spürte er das Brennen wieder, so intensiv, so brutal, als stünde er inmitten glühender Kohlen. Der Schmerz riss ihm die Augen auf, er schrie, schrie sich die Lunge aus dem Hals. Er strampelte mit den Beinen. Es sollte ausgehen, dieses Feuer!

»Tut doch endlich was! Löscht diesen Brand!«

Dr. Hopson schlug erneut die Decke zurück. »Haltet ihn fest!«

Zwei seiner Söhne warfen sich auf ihn, sodass er sich nicht mehr bewegen konnte. Jetzt war er nur noch in der Lage zu schreien.

»Schnell, holt Schnee herein! Kühlt seine Füße in Eimern mit Schnee!«

Rasch wurde auch dieser Anweisung Folge geleistet. Und John verspürte allmählich Erleichterung, konnte sich wieder etwas entspannen. Er setzte sich auf die Bettkante und fuhr sich mit den Händen über sein Gesicht, fühlte glitschig den kalten Schweiß darauf und verklebte Haare.

»Halt, John!«, rief der Doktor, dunkle Panik in der Stimme. »Eure Hand – Eure rechte Hand!« Mit zitterndem Zeigefinger deutete er auf Johns Rechte.

Dieser betrachtete sich seine Finger … und erstarrte. Übelkeit durchflutete ihn in mehreren Wellen.

»Was … Was ist das?«, keuchte er heiser und hörte selbst, wie hoch seine Stimme klang.

Der Arzt zuckte hilflos mit den Schultern und schüttelte den Kopf. »So etwas ist mir noch niemals untergekommen!«

Mit großen Augen starrte der Doktor auf seine Hand, schien den Blick nicht lösen zu können. Johns Blick wanderte zurück zu seiner Rechten. Der Handteller hatte seine normale Farbe, doch seine Finger waren weiß, fast grünlich. Als hätte er seine Finger in Mehl getaucht.

»Geisterfinger!«, hauchte Drew.

Irgendetwas fiel mit großem Gepolter um.

Die Wochen vergingen, doch der Spuk kehrte jede Nacht wieder. Hohlwangig und mit Augen, die tief in ihren Höhlen lagen, bewegte sich John durch seine arbeitsreichen Tage. Irgendwann verschmolz ein Tag mit dem anderen in seiner Erinnerung, so furchtbar müde und erschöpft war er.

Die zweite im Haushalt, auf die der Geist es besonders abgesehen hatte, war die arme Betsy. John sah es mit Sorge, wie sie immer schmaler und ängstlicher wurde, wie sie bei jedem Lufthauch zusammenzuckte und erschrak. Er erkannte seine unbeschwerte Betsy nicht mehr wieder.

John war inzwischen zu der Überzeugung gekommen, dass nichts ihn davor retten konnte, sich an die Ältesten der Gemeinde zu wenden. Auch James war derselben Meinung und so nahm er sich vor, Alex und Thomas Gunn nach dem sonntäglichen Gottesdienst darauf anzusprechen.

Als er jedoch um eine Unterredung bat, ergriff zu Johns Erstaunen Thomas Gunn zuerst das Wort: »Es ist uns zu Ohren gekommen, dass bei Euch im Hause übernatürliche Wesen ihr Unwesen treiben. Ist das wahr?«

Verblüfft starrte John den Reverend an. Thomas Gunns Worte klangen sehr viel förmlicher als sonst, sogar steif.

»Just davon wollte ich Euch gerade rapportieren, Bruder Thomas«, erwiderte er mit aller Würde, die ihm die Situation noch ließ. Und dann berichtete er von den Erscheinungen, die ihm in seinem Hause das Leben zur Hölle machten.

Die Brüder hörten ihn mit ernster Miene an.

»Wir kommen heute Abend zu Euch, Bruder John«, versprach Thomas Gunn und legte ihm eine Hand tröstlich auf die Schulter. »Vielleicht können wir Euch behilflich sein, die Kreatur wieder loszuwerden. Schließlich sind wir ja über Martha und Euren Sohn Jesse miteinander verwandt.«

Bei diesen Worten huschte ein ungehaltener Gesichtsausdruck über Thomas Gunns Züge. John sah noch einmal hin, doch war jetzt von dem Mienenspiel nichts mehr zu entdecken. Hatte er sich den Blick eingebildet? Oder hatte Thomas sich nur schnell wieder im Griff? Bereute der Reverend es nun, dass er einer Verehelichung seiner Tochter ausgerechnet mit Johns Sohn zugestimmt hatte?

»Habt Dank«, sagte John müde. »Wir wissen nicht mehr ein noch aus.«

»Warum habt Ihr Euch denn nicht schon früher an uns gewendet?«, fragte Thomas.

John seufzte. »Ich weiß es nicht. Es ist schwierig.«

»Wen habt Ihr Euch denn dergestalt zum Feinde gemacht, dass er – oder sie – Euch noch als Geist zu verfolgen trachtet?«

Mit ungutem Gefühl im Magen zuckte John die Schultern, schüttelte den Kopf. Die Gunns beobachteten ihn genau. Und exakt das hatte er befürchtet, diese Fragen und dieses Beobachtetwerden.

»Sicher habe ich mir im Laufe meines Lebens Feinde gemacht«, gab er zu und runzelte die Stirn. »Wer aber mich über das Grab hinaus verfolgen wollte ...«

Natürlich fielen ihm da ein paar Menschen ein. Aber er war doch nicht umsonst damals fortgegangen aus seinem alten Leben, er hatte nichts davon mitnehmen wollen. Und jetzt verfolgten sie ihn doch – die unrühmlichen Ereignisse aus seiner Vergangenheit.

»Vielleicht Menschen, die ich im Krieg töten musste ...«, warf er probeweise ein. Wie viel wussten die Gunns über ihn?

Thomas nickte. »Das wäre eine Möglichkeit.« John fühlte seinen durchdringenden Blick auf sich ruhen. »Wer fällt Euch noch ein?«

John zuckte die Schultern und schüttelte den Kopf. Darauf wollte er jetzt nicht antworten. Er musste sich sehr genau überlegen, was er auf diese Frage erwiderte. Was die Ältesten wissen durften, ohne dass es seinem Ansehen schadete. Wer wusste schon, welche alten Geschichten im Laufe der nun zu erwartenden Untersuchung wieder ausgegraben wurden. Es gab Leute hier, die sich noch erinnern konnten, an damals in North Carolina. Hoffentlich war deren Gedächtnis kürzer, als er befürchtete. Mit ziemlich düsteren Gedanken fuhr er mit seinen Lieben zurück nach Hause.

Abends kamen tatsächlich die Brüder Gunn, im Gepäck eine Bibel, ein Glöckchen und ein paar hilfreiche Kräuter. Thomas bat um zwei Schalen, in die er Minze und Lavendel streute.

»Das lasst Ihr überall dort stehen, wo Ihr Euch aufhaltet. Die Gerüche vertreiben manche Spukerscheinungen.«

Dann versammelten sie den gesamten Haushalt nochmals zu einem Kreis am Tisch, wobei sie sich wieder an den Händen hielten. Thomas Gunn kannte noch andere Gebete und Formeln, die sie rhythmisch nachsprachen. Am Ende segnete Gunn jeden einzelnen Raum im Hause und besprengte alle Ecken und

Winkel mit Weihwasser. Zum Schluss gingen sie mit dem Glöckchen herum und läuteten es in jeder Ecke ein paarmal.

Der Geist erschien an diesem Abend nicht, doch später in der Nacht ging die Erscheinung doch noch um. Wer auch immer sie war – eine Kate oder jemand anderer – »sie« war noch da. Es war noch nicht vorbei.

Wiederum war John von den Ältesten in die Schreibstube der Kirche einbestellt worden. Er saß wie ein Angeklagter den Menschen gegenüber, die ihn wenige Wochen zuvor noch mit höchstem Respekt behandelt und zu einem Ältesten bestimmt hatten. Jetzt ruhten Blicke auf ihm, die ihm ein äußerst ungutes Gefühl bescherten. Was hatten sie mit ihm zu besprechen? Indes, er musste nicht lange warten.

Thomas Gunn richtete das Wort an ihn: »Wie ist das damals gewesen in North Carolina mit Eurem Aufseher, John Black?«

Die Frage traf ihn bis ins Mark. Woher hatten sie diese Geschichte? Natürlich gab es hier ein paar Menschen, die ihn noch von Edgecomb County kannten. Aber wer hatte diese alten Gerüchte wieder aufgerührt?

Er spürte, wie ein leichter Schwindel ihn erfasste, doch war er geistesgegenwärtig genug, um zu antworten: »John Black war ein gotteslästerlicher Mann«, stellte John klar. »Er war zuvor schon einmal mit dem Gesetz in Konflikt geraten, bevor ich ihm Arbeit und Brot gab. Doch seine Jugend sprach für ihn und er war mit einem meiner damaligen Nachbarn verwandt. Black war sehr tüchtig und sein Verwandter bat für ihn. Darum nahm ich ihn in meinen Dienst und ich nahm mich seiner an.«

John atmete tief durch, dann erzählte er weiter: »Es dauerte eine Weile, bis ich bemerkte, dass der Junge allzu viel trank und dass er spielte. Ich erwischte ihn sogar dabei, wie er mit Sklavinnen poussierte. Ich verwarnte ihn – er benahm sich eine Weile ordentlich. Doch eines Tages kam er zu mir in die Scheune und wollte mich erschießen.« John seufzte laut und gequält.

»Ich war gezwungen, ihn in Notwehr zuerst zu erschießen, bevor er mich erwischt hat. Der Sheriff hat das damals untersucht. Er hat jedes meiner Worte bestätigt gefunden.«

Streng ruhten die Augen der Ältesten auf John. Lastendes Schweigen breitete sich aus. John spürte, wie Schweißtropfen über seine Stirn rollten, ebenso über seinen Rücken. Er hatte das Gefühl, eine Ewigkeit wäre vergangen, bevor Thomas Gunn nickte. »Das habe ich auch so gehört.«

Wieder diese Stille, diese durchdringenden Blicke.

»Und Ihr seid sicher, dass der Geist nicht von daher kommen kann? Sicher, dass der Geist dieses Aufsehers Euch nicht gefolgt ist nach Red River? Dass Ihr ihn nicht durch Eure Anwesenheit hierher zu uns gelockt habt, in unsere kleine Gemeinde?« Ein bedrohlicher Tonfall hatte sich in Thomas Gunns Rede geschlichen.

John bemerkte es sehr wohl, rutschte auf seinem harten Stuhl hin und her und runzelte die Stirn, während er spürte, wie seine Achseln zu kleben begannen. »Er hätte keinen Grund dazu, Bruder Thomas«, erklärte er Gunn, wie er hoffte, im Brustton der Überzeugung.

»Nun gut, so seid Ihr für dieses Mal entlassen. Wir werden für Euch beten.«

John verneigte sich und ging hinaus. Auf dem Heimweg jedoch überfiel ihn die Erinnerung an den unseligen John Black und er sah die Landschaft von North Carolina vor sich, als wäre er gestern noch dort gewesen.

9: John Black
North Carolina, im Herbst 1803

Letztlich hatte ich mich doch entschlossen, im Frühjahr diesen Jahres einen Aufseher und Vorarbeiter einzustellen. Auf Empfehlung eines Nachbarn nahm ich für den Posten einen Mann namens John Black, den entfernten Verwandten eines Nachbarn. Trotz einiger Verfehlungen, die Black sich in jungen Jahren geleistet hatte, war der junge Mann sehr anstellig und ich kam mit seiner Hilfe deutlich besser zurande als vorher allein. Ich erwarb vom Gewinn der Farm weitere Landstücke, die ich ebenfalls mit Mais und mit Tabak bepflanzen ließ.

Ein paar Jahre lang liefen die Dinge so, wie sie sollten. Alles, was ich anfasste, entwickelte sich großartig und ich wähnte mich von Gott gesegnet. Fünf Söhne und zwei Töchter wuchsen für mich heran, der älteste Junge war inzwischen schon sieben Jahre alt, der jüngste zählte ein halbes Jahr und wurde noch von der Amme gestillt. Meine wachsende Familie brauchte Platz, um sich auszubreiten, und ich war in der Verantwortung, sie alle zu ernähren.

Mit der Zeit erwischte ich meinen Vorarbeiter jedoch immer öfter in Gesellschaft einer Branntweinflasche oder beim Spiel, Beschäftigungen, die ich beide nicht zu dulden gewillt war. Später kam noch dazu, dass Black wüst fluchte und den Sklavinnen hinterherstieg. So stellte ich meinem Vorarbeiter ein Ultimatum: Entweder er ließe diesen lästerlichen und liederlichen Lebenswandel sein und benähme sich anständig, wie es sich für einen Christenmenschen gehöre, oder er solle sich eine andere Stellung suchen. Dem anderen Mann lagen wohl ein paar derbe Worte auf der Zunge, aber er schluckte sie hinunter und versprach Besserung. Wie schwer ihm das fiel, konnte ich seiner finsteren Miene ansehen. So war ich äußerst skeptisch, was

Blacks Versprechen betraf, doch Lucy setzte sich wieder einmal für den Mann ein, den Säugling im Arm.

»Du brauchst ihn!«, beharrte sie. »Ohne seine Hilfe wäre die Arbeit für dich kaum zu bewältigen. Er arbeitet gut, das sagst du zumindest immer. Und er findet mit seiner Vorgeschichte kaum einen anderen Job. Du kannst doch mit ihm umgehen.«

»Das ist alles richtig, Lucy«, bestätigte ich ruhig. »Jedoch hatte ich nicht den Eindruck, er würde irgendetwas an seinem Lebenswandel bereuen oder bedauern.«

»Warum denkst du das?«

»Ich habe gesehen, wie er die Fäuste ballte. Er hat mir nicht in die Augen gesehen und ich habe vorhin wieder Branntwein an ihm gerochen.«

»Aber warum hat er dir dann versprochen, sich zu bessern?«

»Er will seine Arbeit nicht verlieren.«

Lucy schwieg und strich mir zärtlich über die Wange. »Du wirst das schon richtig machen, John«, sagte sie dann in einem Ton, der mir wohltat.

Ein warmes Gefühl breitete sich wie Sonnenschein in meiner Brust aus. Ich beugte mich zu meiner Frau hinunter und küsste sie auf das Haar. »Danke für dein Vertrauen, mein Herz«, flüsterte ich ihr zu und streichelte meinem neuen Sohn Zadock über das Flaumköpfchen.

Ein paar Monate ging alles gut. Black trank nur noch in Maßen, fluchte selten und hatte das Spiel allem Anschein nach völlig aufgegeben. Den Sklavinnen machte er zwar noch schöne Augen, aber er ließ sich zumindest nicht mehr bei Schäferstündchen erwischen. Ich atmete auf und ließ in meiner Aufmerksamkeit gegenüber Black nach. Ich nahm mir fest vor, Lucy zu sagen, dass sie wohl recht gehabt hatte. *Morgen Abend,* dachte ich. *Nach dem Fest. Dann wird es sich zeigen, ob Black sein Versprechen ernst gemeint hat.*

Am nächsten Nachmittag bogen sich die improvisierten Tische unter den Lasten der Leckereien aus Küche und Vorratskammer. Ich sah es mit Staunen. Ein köstlicher Duft stieg mir in die Nase und ließ mir das Wasser im Mund zusammenlaufen. Lucy, ihre Lieblingssklavin Cloe und mehrere weitere Dienerinnen hatten ein Festmahl gerichtet, das alle meine Erwartungen übertraf.

Heute waren alle Mitglieder des Haushalts geladen und bald schon saß jeder auf seinem Platz an der Tafel. Ich sprach ein kurzes Tischgebet, dann langten viele Hände zu und taten in ihre Näpfe, was bisher in den Schüsseln gedampft hatte. Die Speisen verschwanden rapide in den hungrigen Mägen. Scherzworte flogen hin und her, es war ein fröhlicher und angenehmer Abend.

»John, mein Lieber«, sprach Lucy mich an und berührte zärtlich meinen Arm. »Willst du nicht noch von dieser hervorragenden Pastete kosten?«

»Nein, meine Liebe, vielen Dank. Ich weiß, ihr habt euch in der Küche so viel Mühe gegeben und es hat mir köstlich gemundet, doch wenn ich jetzt auch nur noch einen einzigen Bissen esse, dann platze ich.«

Lucy lachte und küsste mich auf die Wange. Dann wendete sie sich wieder unserem kleinen Zadock zu, der gerade angefangen hatte zu greinen.

Ich streckte meine langen Beine weit unter den Tisch und vergnügte mich damit, meine Familie und alle übrigen Haushaltsmitglieder wohlwollend zu beobachten. Es war schön zu sehen, wie gut sie sich alle vertrugen.

Eine Stunde vor Mitternacht hob ich die Tafel auf. »Morgen ist viel Arbeit zu tun und der Herr liebt die, die fleißig sind. Also geht nun zu Bett.«

Am nächsten Morgen hatte ich gerade Bretter gesägt, um ein Loch in einer der Scheunenwände zu verschließen, da hörte ich, wie John Black hinter mir mit einem Pulk von Sklaven vorüberging.

»Ich habe gesehen, wie ihr Miss Mary angestarrt habt!«, tönte Black. »Wehe euch, wenn ihr das auch nur noch einmal tut! Ihr müsst nämlich wissen, sie ist ganz und gar mein, mit ihren schönen blauen Augen und mit ihrem herrlichem Haar. Sie hat es mir selbst gesagt, gestern, beim Fest!«

Ich erstarrte mitten in der Bewegung, die kurze Holzlatte mit beiden Händen umfasst in der Luft, auf dem Weg zu der Lücke. Das konnte doch wohl nicht wahr sein! Meine süße, vierjährige Tochter Polly sollte zu Black gesagt haben ...? Nein, das war nicht möglich, das war eine dreiste Lüge! Hatte Black meine Polly mit seinen dreckigen Fingern angefasst? Sie gar geküsst …?

Das Brett zitterte in meinen Händen. So fest drückte ich es, dass sich an den Seiten knackend Späne lösten. Die Beine wollten unter mir nachgeben. Blut pulsierte so laut in meinen Ohren, dass ich keine anderen Geräusche mehr wahrnahm. So vergalt der Kerl mir also meine Nachsicht, meine Güte!

Ich ließ die Latte aus den Händen fallen und stieß auf zwei Fingern einen lauten Pfiff aus. John Black blieb stehen und drehte sich um, bereits mehrere hundert Schritte von mir entfernt auf dem Weg nach den weiter draußen gelegenen Feldern. Auch einige der Sklaven schauten sich fragend um und blieben halten, Hacken und Körbe in den dunklen Händen.

Ich bedeutete meinem Vorarbeiter, zu mir zukommen, und zwar sofort. Der zuckte mit den Schultern und trabte zu mir zurück, die Sklaven hinter ihm drein schlendernd.

»Was ist denn, Boss?«, fragte Black und zog die Brauen hoch.

Stumm vor Zorn, deutete ich auf den Eingang der Scheune und ging hinein. Black folgte mir, das konnte ich hören. Im Dämmerlicht des Innern standen wir kurz darauf einander gegenüber.

»Was fällt Euch ein, in solch einer respektlosen Art von meiner Tochter, Miss Mary, zu reden?«, schnauzte ich. Meine Stimme zitterte vor Grimm, ich konnte es selbst hören.

»Respektlos?«, lachte Black und es klang nach blankem Hohn. »Im Gegenteil, ich habe Miss Mary beschützen wollen vor den geilen Blicken der Sklaven.«

»Ihr habt Euch gebrüstet, sie wäre Euer! Sie ist es nicht, könnte es nie sein! Ihr werdet nie mein Schwiegersohn! Dafür habt Ihr weder das Geld noch das Geschick. Und was habe ich Euch über das Lügen gesagt? Ihr habt Euer Versprechen gebrochen!«

Black grinste jetzt ganz offen. »Sie hat es mir gesagt, Sir, gestern, auf dem Fest.«

»Sie ist noch ein kleines Mädchen, noch nicht einmal fünf Jahre alt!«

»Also auf dem Weg zur junge Dame«, feixte Black. »Habt Ihr Eure Gattin nicht auch schon geheiratet, als sie erst zwölf Jahre zählte?«

Ich biss die Zähne aufeinander. Ganz von selbst krampften sich meine Hände zu Fäusten, ich machte einen Schritt auf Black zu und hob die Rechte. Black trat einen Schritt zurück, fummelte an der Seite seiner Hüfte herum, wo ich Blacks Pistole wusste. Schießen wollte der Kerl! Ohne auch nur einen Augenblick zu zögern, riss ich mein eigenes Schießzeug hoch und feuerte auf meinen Aufseher. Nicht einmal ein Schrei entfuhr dem Mann. Nur mit einem Ausdruck grenzenlosen Erstaunens auf dem Gesicht sackte er in sich zusammen. Noch einmal feuerte ich auf ihn und noch einmal, die letzte Kugel in den Kopf meines Aufsehers.

Ich fand mich auf den Knien neben Blacks Leiche wieder. Langsam breitete sich einer Lache aus Blut unter dem Körper des Aufsehers aus. Ich spürte die warme Flüssigkeit meine Hose durchtränken. Der Baumwollstoff saugte das Blut geradezu begierig auf. Die Pistole hatte ich neben mich auf den Boden gelegt. Es roch scharf nach Schießpulver. Black hatte die Finger immer noch an der Seite in der Hosentasche, jedoch nicht an seiner Pistole. Eisiger Schreck durchfuhr mich wie ein Blitz, der mein Herz traf. Rasch legte ich Blacks Rechte an den Griff von dessen Pistole, als wäre der andere Mann eben im Begriff gewesen, diese zu ziehen. Genau so hatte ich die Bewegung meines Gegners interpretiert. So sollte auch jeder andere die Situation beurteilen. Wir waren hier schließlich nicht mehr in wildem Land, es gab Gesetz und Ordnung. Der Sheriff musste zu der Überzeugung gelangen, ich hätte in begründeter Notwehr gehandelt – handeln müssen!

Kaum war ich mit der Positionierung von Blacks Hand fertig, da steckten auch schon die ersten Sklaven die Köpfe in die Scheune.

»Herr?«, fragte einer von ihnen mit zitternder Stimme. Ich hatte ihm den Namen Andy gegeben.

»Was sein passiert?«, erkundigte sich eine andere Stimme, die von Bob.

Ich räusperte mich, dann antwortete ich ruhig: »Black ist tot. Er hat versucht mich umzubringen und so musste ich ihn erschießen.« In das entsetzte Schweigen hinein nahm ich meinen Hut ab und sagte: »Gott sei seiner Seele gnädig!«

»Was wir jetzt sollen tun, Herr?«, fragte Andy ratlos.

»Holt den Sheriff. Er muss das hier sehen.« Ich seufzte und richtete mich auf. »Ich bleibe so lange bei dem unglücklichen Mr. Black.«

Eine Stunde später traf der Sheriff ein. Er examinierte den Leichnam sorgfältig und kam zu dem Schluss, dass ich in Notwehr gehandelt hatte.

Ich fühlte eine Erleichterung, als wäre eine Zentnerlast von mir abgefallen. Ich wusste zwar, ich hätte es nicht riskieren können, anders zu handeln, und ich hatte auch im Unabhängigkeitskrieg schon töten müssen, doch im zivilen Leben, das war mir bewusst, konnte der Sheriff mich hängen für das, was ich eben getan hatte. Gut, dass ich mir damals die Kaltblütigkeit angewöhnt hatte, die ich in meiner jetzigen Situation brauchte. Kurz schloss ich die Augen, im Geiste ein Dankgebet, dann gab ich meine Aussage zu Protokoll und atmete tief auf, als der Sheriff wieder fortritt.

»Mr. Bell«, sagte dieser zum Abschied. »Ich werde euch eine Vorladung schicken mit dem Zeitpunkt Eurer Anhörung in dieser Sache. Da habt Ihr dann zu erscheinen.«

Ich nickte. »Natürlich, Sheriff«, erwiderte ich verbindlich und sah zu, wie das Pferd mit dem Gesetzeshüter immer kleiner wurde, bis beide, Mann und Ross, in einer Staubwolke verschwunden waren.

Weil die Stelle des Vorarbeiters nun vakant war, suchte ich mit Sorgfalt nach einem neuen Mann für diesen Posten. Ich fand ihn in dem Mestizen Zacharias, der sich bestens dafür eignete. Über dessen indianische Mutter sah ich hinweg, da Zacharias ein genauso guter Arbeiter war wie John Black, ohne aber dessen Lastern zu frönen.

10: »Mein Name ist Kate«
Tennessee, Red River, April 1818

An einem Sonntagnachmittag erhielt John Besuch von James Johnston. Nach dem Austausch der ersten Höflichkeiten mischte sich die Kreatur unvermittelt in das Gespräch der Männer ein, begann urplötzlich eine Diskussion mit dem Besucher über verschiedene Bibelstellen.

Als das Wesen schließlich schwieg, sagte James beeindruckt: »Das ist erstaunlich! Ist es vielleicht der Geist eines Predigers, den Ihr hier unfreiwillig beherbergt?«

John schüttelte den Kopf. »Nein, das glaube ich nicht. Dann würde es ein angenehmeres Wesen an den Tag legen, als es das tut.«

»Wie sollen wir wissen, Kreatur«, rief James in den Raum, »ob du wirklich bist?«

Gleich darauf sah John, wie seinem Freund alle Farbe aus dem Gesicht wich. Auf einmal war James kreidebleich. Ein Kichern erfüllte den Raum, welches sich entfernte.

»Was ist geschehen?«, fragte John.

»Es hat meine Hand berührt!«, entgegnete James abwesend und hob langsam die Rechte.

Einige Herzschläge lang herrschte Schweigen. Dann jedoch ermannte sich James und stellte noch einmal die Frage, auf die der Geist bislang noch immer nicht eindeutig geantwortet hatte.

»Wer also bist du wirklich? Und was willst du?« Seine Stimme zitterte leicht.

»Willst du das wirklich wissen, Ol'Jake? Soll ich es James verraten?«

Leise wie ein Hauch streiften diese Worte Johns Ohr. Er zögerte kurz, nickte dann aber widerwillig. Was hatte diese schreckliche Kreatur vor? Was wollte sie James erzählen?

»Ich«, antwortete nun für alle hörbar eine Stimme, die in der Luft zu schweben schien, »bin Kate. Und ich werde Ol'Jake töten!«

John sah James in demselben Augenblick an, in dem dieser das Auge auf ihn richtete.

»Kate, warum willst du John Bell töten?«

»Weil er es verdient«, flüsterte es. Ein unheimliches Kichern folgte diesen Worten.

»Hat er dir etwas zuleide getan? Oder jemandem, den du kennst?«

»Nein«, versetzte Kate, der Geist. »Es macht mir Spaß. Ich töte ihn, weil ich es kann.«

»Nur deshalb?«, fragte James noch einmal nach.

»Nein. Ich hasse ihn.«

»Aber er ist ein einflussreicher und angesehener Mann, der sich nichts hat zuschulden kommen lassen.«

»Na, ist das denn kein guter Grund?« Wieder folgte ein Lachen, bei welchem sich bei John alle Härchen auf den Armen und im Nacken aufstellten.

»Angst, Ol'Jake?«, wisperte die Stimme nahe bei seinem Ohr.

John räusperte sich. Dicke Schweißtropfen liefen ihm über die Stirn. Sollte er es zugeben? Innerlich gab er sich einen Ruck. Hier half nur die Flucht nach vorn.

»Ja, du machst mir Angst. Bist du nun zufrieden?«

»Nein. Noch lange nicht. Erst, wenn du tot bist, vorher nicht …«

11: Kate Batts
Tennessee, im Sommer 1818

Vierzehn Tage nach der ersten Befragung, wieder nach dem sonntäglichen Gottesdienst, winkte Thomas Gunn ihn abermals beiseite und führte ihn in seine Schreibstube. Diesmal waren sie allein. Kaum hatte er Platz genommen, da fragte Gunn ihn auch schon, ohne Zeit mit Höflichkeiten zu vergeuden: »Mir ist zu Ohren gekommen, dass Euer Geist sich einen Namen gegeben hat. Kate, nicht wahr? Wie war das damals eigentlich mit Kate Batts?«

John schluckte. Halb hatte er diese Frage schon erwartet. »Ihr wisst doch, wie das war«, erklärte er und bemühte sich um eine ruhige Stimme. Doch ein leichtes Zittern konnte er nicht unterdrücken.

»So berichtet es mir noch einmal«, verlangte sein Gegenüber streng.

John holte Luft, da öffnete sich die Tür und der Bruder von Thomas, Alex Gunn, betrat die Kammer. Er setzte sich wortlos neben Thomas und sah John auffordernd an.

Und so begann John zu erzählen: »Kate Batts ist, wie Ihr wisst, die Base meiner Frau. Sie und der arme Frederic sind damals gemeinsam mit uns hierher nach The Barren Plains in diese Gemeinde Red River gekommen. Seit ein paar Jahren, also seitdem der unglückliche Frederic seine Beine verloren hat, muss Kate die meisten der Farmarbeiten übernehmen, denn ihr Mann … Nun, Ihr wisst sehr gut, wie er ist. In jenem unseligen Jahr 1816, in dem jede Ernte erfror, brauchte Kate dringend Geld für ihre Farm. So bot sie mir ein Stück ihres Landes zum Kauf an. Mehr aus Mitgefühl mit ihr als aus Bedarf nahm ich das Geschäft an. Sie benötigte dringend Geld und war mit der Kaufsumme einverstanden. Später behauptete sie, ich hätte sie übervorteilt und das Land wäre deutlich mehr wert gewesen.

Nur, weil es unter meiner Leitung mehr einbrachte als jemals unter ihrer.«

John machte eine Pause und betrachtete die ihm Gegenübersitzenden forschend, doch weder Alex noch Thomas Gunn ließen ihn in ihre Gedanken schauen. Sie schwiegen und warteten darauf, dass er seinen Bericht fortsetzte. So begann John von Neuem:

»Dazu kam in jenem Unglücksjahr das Geschäft um ein Sklavenmädchen, gerade zehn Jahre alt, welches ich mit Kates Schwager Benjamin Batts abschloss. Bei einhundert Dollar für das Mädchen wurden wir handelseinig. Nun ließ ich das Kind aber noch bei seiner Mutter und hätte es erst im letzten Jahr zu mir geholt. Da bekam Benjamin Batts ein höheres Gebot für das Mädchen und schlug ein. So wollte er denn unsere vorherige Vereinbarung lösen und ich war einverstanden. Da mir die Sklavin jedoch bereits gehörte, verlangte ich hundertfünfzig Dollar für den Rückkauf. Benjamin Batts beschwerte sich bei Euch, doch Ihr fandet es recht und billig. Daraufhin wendete sich Batts an das Gericht, welches gegen mich entschied. Ich bezahlte die Strafe und dachte, der Ärger wäre damit beigelegt.«

»Warum ist dann aber Kate Batts so erbost über Euch, Bruder John?«, fragte Alex Gunn. »Was hatte sie mit dem Handel zu tun, den Ihr mit ihrem Schwager hattet?«

John hob die Schultern. »Ich weiß es nicht«, erklärte er.

Alex tauschte einen Blick mit seinem Bruder, dann wendete er sich wieder John zu: »Wisst Ihr, dass Kate Batts Euch verflucht? Dass sie behauptet, sie würde alle Mächte der Hölle auf Euch herabbeschwören?«

John zog die Brauen hoch. »Tut sie das?«

»Ihr mögt gehen, Bruder John«, sagte Thomas Gunn abrupt und nickte zur Tür.

Dankbar machte John von dieser Erlaubnis Gebrauch.

Kate Batts war ein ganz besonderer Fall. John dachte an sie, während er sein Pferd bestieg. Sie war bereits wieder nach

Hause geritten und John hatte die Absicht, sie aufzusuchen. Alle Mächte der Hölle wollte sie auf ihn herabrufen? Sie sollte ihm Rede und Antwort stehen. Schließlich hatte sie sich zu einer wirklichen Hexe entwickelt. Hatte er vielleicht ihren Beschwörungen diesen hartnäckigen Geist zu verdanken? Das würde er schon aus ihr herausbekommen.

Die Vergangenheit stand vor seinem geistigen Auge auf und erhob mahnend ihren Finger gegen John. Dieser aber war sich keiner Schuld bewusst. Was hatte er denn schon Böses getan? Ganz im Gegenteil, er hatte geholfen, wo er konnte. Aber Kate war eine undankbare Hexe, genau das war sie …

Tennessee, Red River, Anfang 1812

Es war zu der Zeit, da Erdbeben die Gegend erschüttert hatten – auch im Sinne von »verstört«. In der Nacht vom Freitag zum Samstag hatte die Erde wieder gebebt. Dem Herrn sei Dank war nicht viel passiert. So konnten wir alle am Sonntagmorgen zum Gottesdienst fahren. Ich band meinen Fuchs hinten an den Wagen, warum, wusste ich selber nicht so genau.

Vor der Kirche hatte sich schon eine ganze Schar der Nachbarn versammelt. Sie redeten eifrig aufeinander ein.

»Hallo John, hallo Lucy!«, begrüßte uns Reverend Gunn. »Steht bei euch noch alles?«

»Ja, mit Gottes Hilfe!«, entgegnete ich ihm.

»Bei uns auch und bei den meisten hier«, nickte der Sprecher. »Aber bei den Batts ist die Scheune zusammengebrochen.«

»Bei Kusine Kate?«, fragte Lucy alarmiert. »Ist ihr oder ihrem Mann was passiert?«

»Nein, soweit ich weiß, nicht!«, ergriff der Reverend erneut das Wort. Ich hörte, wie Lucy aufatmete.

Das Getrappel von Pferdehufen näherte sich und ich sah auf.

»Da kommt sie ja, in all ihrer Pracht«, lachte Alex Gunn erleichtert.

Ja, tatsächlich, da war Kate Batts' Truppe: Voran ein Sklavenjunge mit einem Pferd, dahinter Kate mit zwei weiteren Sklaven.

»Nanu, Kate, diesmal nicht zu spät?«, fragte jemand.

»Das nächste Mal werde ich später kommen«, entgegnete Kate lachend. Sie war eine eindrucksvolle Erscheinung, groß und kräftig, aber auch wohlgenährt.

»Wie steht es bei euch?«, fragte ich.

»Die Scheune ist zusammengefallen.«

»Haben wir schon gehört. Könnt Ihr Hilfe gebrauchen?«

»Gerne, John. Wenn Ihr Zeit hättet, wäre ich Euch sehr dankbar. Ihr wisst ja, mein Gatte … Nun, Ihr kennt ihn ja: immer übellaunig, nichts geht ihm schnell genug – aber selbst kann er nicht mehr mit anpacken seit dem Unfall.«

Die Umstehenden nickten und sahen zu Boden, so auch ich. Ja, es war schon eine Plage mit dem alten Frederick.

Nach dem Gottesdienst schwang ich mich auf Nelsons Rücken und verstärkte Kates Truppe. Einige andere Nachbarn taten es mir nach. Tatsächlich war eine ganze Scheunenwand umgefallen und in einen Graben gestürzt, der sich in der Erde aufgetan hatte. Da war sofort nicht viel zu machen.

»Morgen bringen wir das nötige Werkzeug mit und stellen euch die Wand wieder auf«, versprach ich. »Ich bringe ein paar kräftige Sklaven mit.«

»Danke, John«, ließ sich Kates tiefe Stimme hören.

»Wo reitest du hin?«, rief Lucy am Montagmorgen, als ich mich erneut auf mein Pferd schwang und einen Wagen mit Drewey, fünf Sklaven und einigem Werkzeug ebenfalls mit mir nahm.

»Wieder hinüber zu den Batts«, antwortete ich. »Ich helfe, die Scheune zu reparieren. Hab's ihr doch gestern versprochen. Du kennst doch Kates Situation.«

Lucy nickte. »Grüß sie von mir!« Ich hob grüßend die Hand, dann gab ich meinem Pferd die Sporen und ritt los.

Die Farm von Kate und Frederick Batts war nur eine halbe Reitstunde von meinem Grund und Boden entfernt. Ich fand, Kate war eine sehr tapfere Frau, eine eindrucksvolle Frau. Sie mochte keine Schönheit sein und sie war bestimmt so schwer wie ein schlachtreifes Schwein, doch sie war eindrucksvoll. Ich bewunderte sie, wie sie es schaffte, als Weib so gut auf ihrer kleinen Farm zurechtzukommen. Ihr Ehemann war seit einem knappen Vierteljahr ein Krüppel, der nicht mehr viel ausrichten konnte, der vielmehr ständige Pflege brauchte und damit weit mehr Arbeit verursachte, als er selbst auf sich nehmen konnte.

Es war ein schrecklicher Unfall gewesen. Einer seiner Ochsen war bei dem ersten Erdbeben im vorangegangenen Dezember in Panik über ihn hinweggetrampelt, hatte seine Beine und seine Hüfte dergestalt zerbrochen, dass der Arzt ihm die Beine hatte abnehmen müssen. Nach langem Wundfieber war er jedoch entgegen aller Erwartungen nicht gestorben, sondern war wieder genesen. Seitdem jedoch war er ein Krüppel, der wegen der Stümpfe und der schlecht verheilten Hüfte ständig Schmerzen hatte. Weil sein Kopf bei dem Unfall nicht gelitten hatte, war ihm bewusst, dass er nicht mehr viel tun konnte – und er litt darunter. Doch seine wahren Gefühle zeigte er nicht. Und anstatt seinem Weib dankbar zu sein für alles, was sie seitdem für ihn und das Überleben der Familie tat, schien er sie zu hassen und machte sich ständig einen Spaß daraus, ihr Fehler nachzuweisen und sie zu beschimpfen. Ich hatte das schon oft miterlebt.

Kate hatte es wirklich nicht leicht in ihrem Leben. Ich konnte mich nur zu gut daran erinnern, wie Frederick sich einmal eine Pistole unter das Kinn gehalten hatte.

»Ich könnte jetzt gleich abdrücken, dann wärt ihr mich los«, hatte er gesagt. »Aber das wollt ihr ja nur erreichen, ist es nicht so? Den nutzlosen Krüppel loswerden, den unnützen Esser. Gib es nur zu, Kate, das willst du doch, oder? Und genau deshalb werde ich bleiben!«

Ich war mir sicher, Kates Gatte hatte sich nur aus Furcht vor der ewigen Verdammnis noch nicht umgebracht. Ein schrecklicher Gedanke. An diesem Punkt meiner Überlegungen bog ich schon in den Weg ein, der zu Kates Farm führte. Die Sklaven auf dem Wagen schwatzten fröhlich.

»He, John!«, rief Kate mir entgegen. Sie hatte mich schon erwartet.

»Wir brauchen deine Hilfe nicht!«, brüllte Frederick. Er war ganz rot im Gesicht und hatte ein Glas mit Branntwein vor sich stehen. Weder Kate noch ich beachteten ihn und seine Worte. Ich band mein Pferd am Fenz fest und stieg auf den Wagen. Ich nahm Dean die Zügel aus der Hand und lenkte das Gefährt zu der zerstörten Scheune.

Bis zum Nachmittag schufteten wir daran, eine neue Wand aufzubauen, doch schließlich hatten wir es gemeinsam geschafft. Gegen Mittag waren noch weitere Nachbarn eingetroffen und hatten ihren Teil zu den Arbeiten beigetragen. Kate baute einen großen Tisch auf und verteilte Kartoffelsuppe und selbst gebrautes Bier.

»Du fütterst hier die ganze Bande durch. Und ich kriege dann den Rest der Woche nur noch Maisbrei!«, schimpfte Frederick. Kate brachte auch ihm einen Holzteller mit Suppe. »Bleib mir bloß vom Leib mit deiner Suppe, Weib!«, schrie er und warf den Teller mitsamt des Inhalts in ihre Richtung. Aber entweder war er nach seinem stundenlangen Branntweingenuss nicht mehr treffsicher genug oder Kate war zu schnell – er warf daneben. Ein unflätiger Fluch entfuhr ihm wie ein Darmwind.

»He, Frederick, hier sitzen gottesfürchtige Menschen!«, rief Thomas Gunn ärgerlich.

»Na und?«, lallte Frederick. »Hab ich drum gebeten, dass ihr alle kommt?«

»Du bist betrunken, geh zu Bett!«, befahl Kate und stemmte die Fäuste in die Hüften.

»Gehen?« Frederick lachte bitter auf. »Gehen?«, wiederholte er. »Womit denn?« Und deutete auf seine Beinstümpfe. »Wenn ich gehen könnte, wäre ich schon lange nicht mehr hier! Dann wäre ich weit fort – von diesem verfluchten Land und von diesem zänkischen, grässlichen, hässlichen Weib. Weißt du was, Kate? Du bist ein Mann in der Gestalt eines Weibes, das Schlimmste, was der Satan ersinnen konnte, um mich für meine Sünden zu strafen.«

Einige Männer sahen einander unbehaglich an, ich sah viele auf ihren Plätzen auf der Bank hin und her rutschen. Kate schüttelte nur den Kopf.

»Hört nicht auf ihn«, sagte sie resigniert. »Er hat Schmerzen!«

»Schmerzen?«, lachte Frederick. »Schmerzen? Was weißt du von meinen Schmerzen, Kate!«

Doch diese winkte einem kräftigen Diener, welcher den Stuhl mitsamt dem Mann ins Innere des Hauses trug. Von dort ertönten noch eine ganze Weile Fredericks Protestrufe, jetzt allerdings gedämpft.

Ich war als Letzter noch da, alle anderen hatten sich schon verabschiedet. Drewey hatte ich mit den Sklaven schon vorausgeschickt. Der Nachmittag neigte sich dem Ende zu. Der alte Frederick schien inzwischen in einen branntweinseligen Schlaf gefallen zu sein, denn es war nichts mehr von ihm zu hören.

»Kate«, flüsterte ich. »Lass uns in die neue Scheune gehen.«

Kate strahlte mich an. Dieses Lächeln verwandelte ihr Gesicht und ich konnte dahinter wieder das anziehende junge Mädchen wahrnehmen, welches sie einst gewesen war. Das Mädchen, dessen Großmutter sie selbst und Lucy im Gebrauch der Kräuter unterwiesen hatte. Das Mädchen mit dem langen schwarzen Zopf und den exotischen Zügen, das ich seit so vielen Jahren kannte.

»Du bist so schön.«

Kate seufzte. »Wenn das doch nur wahr wäre, John. Doch ich bin eine alte Frau geworden.«

»Kate, du wirst nie alt sein. Denke doch nur, ich bin doch noch um zwanzig Jahre älter als du.« Ich streichelte ihren Arm. »Komm«, schmeichelte ich. »Lass uns in der Scheune einen gemütlichen Platz im Heu finden.«

»Ach, John«, lächelte sie, und dieses Mal sah sie sehr glücklich aus. Seit drei Monaten war Kate nun schon meine Geliebte – und ich genoss es, mit ihr zusammen zu sein, freute mich der gestohlenen Stunden.

Erst spät am Abend kam ich heim. Lucy wartete schon auf mich.

»Ich soll dich von Kate herzlich grüßen!«, sagte ich fröhlich.

Lucy sah mich zweifelnd an. »Wirklich?«

»Aber ja. Sie ist uns sehr dankbar, dass wir ihr in ihrer Not beigestanden haben. Nicht nur Drewey und ich, auch Thomas Gunn, der alte Parker und noch ein paar andere Leute. Der alte Griesgram ist ihr ja nun wirklich keine Hilfe!«

»Ja, das ist wohl wahr«, seufzte Lucy. »Aber sei'n wir barmherzig. Frederick ist verbittert wegen seines Schicksals – und er hat ständig Schmerzen.«

»Da hast du recht«, gab ich zu. Ich verabscheute Kates Ehemann zwar aus tiefster Seele und wünschte ihn in die Hölle, wo er hingehörte, aber heute war ich wegen der schönen Begegnung in der Scheune so gut gelaunt, dass ich geneigt war, selbst Frederick, diesem Waschlappen, zu vergeben.

Tennessee, Red River, Sommer 1818

John tauchte aus seinen Erinnerungen auf, als die Batts-Farm in Sicht kam. Das ganze Gelände sah furchtbar verwahrlost aus, schlimmer noch, als er es in Erinnerung hatte. Doch er war ja auch lange nicht mehr hier gewesen. Nicht mehr seit dem unseligen Sklavengeschäft. Danach war es zwischen Kate und John zum endgültigen Bruch gekommen. Sie hatte in dieser Sache zu ihrem Mann gehalten. Seitdem war sie nicht gut auf John zu sprechen. Doch John musste jetzt mit ihr reden. Er musste einfach herauskriegen, ob sie etwas mit den Erscheinungen in seinem Hause zu tun hatte. Es war eine verzweifelte Hoffnung, das wusste er sehr gut. Aber er musste es versuchen. Hatte Kate diese Macht? So sehr ihr Hexenkraft zugetraut wurde – er konnte das nicht so ganz glauben, obgleich ihm ein Schauer über den Rücken lief, wenn er daran dachte, was vielleicht in ihrer Macht stand.

Er hatte keine Zeit mehr, weiter darüber nachzudenken, denn Kate kam schon entschlossen und für ihre Körperfülle erstaunlich schnell auf ihn zu geschossen. Sie hielt ein Gewehr im Arm, so, dass sie es jederzeit auf ihn richten konnte.

»Was willst du hier, John?«, klang es drohend tief aus ihrem Mund.

»Mit dir reden, Kate.«

»Es gibt nichts mehr zu reden zwischen uns, John.«

»Doch«, behauptete John fest. »Das Gerücht hat bestimmt auch schon dein Ohr erreicht, dass ich einen üblen Geist bei mir im Hause habe. Dieser Geist quält meine Kinder und hält mich die halbe Nacht wach!«

Kate stieß ein böses Lachen aus, tief und volltönend.

»Haben dich deine Sünden endlich eingeholt, John?«, stieß sie hervor und ihre Augen funkelten schadenfroh. »Du hast doch genug auf dem Gewissen. Nicht nur das, was du mir angetan hast.«

»Was habe ich dir denn angetan, Kate?«, fragte John herausfordernd. »Wir haben beide Spaß gehabt. Und dann wusstest du nicht zu schätzen, dass ich dir in Zeiten höchster Not ein Stück Land abgekauft habe, obgleich das Geld auch für meine Familie und mich knapp war vor zwei Jahren.«

»Du hast mich betrogen, John!«, fiel sie ihm ins Wort. »Du hast unsere Notlage ausgenutzt, die Not einer armen Frau und ihres verkrüppelten Ehemanns. Du hast das Land unter Wert bekommen, musstest unbedingt deinen Willen durchsetzen, so, wie du es gewohnt bist.« Sie durchbohrte ihn mit Blicken. John antwortete nicht. So fuhr sie nach einer kleinen Pause fort: »Aber schweigen wir darüber. Das ist vorbei. Was willst du also von mir?«

»Man berichtete mir, du hättest ... Rituale ausgeführt, mit denen du die ganze Macht der Hölle auf mich herab gewünscht haben sollst. Sei nur froh, wenn die Ältesten dir nicht die Hölle heiß machen.«

Wieder stieß sie dieses unheimliche Lachen aus. Sie richtete sich zu ihrer vollen Größe auf und donnerte furchtlos: »Ja, das habe ich getan, mein Lieber. Meinst du also, dass mir der Höllenfürst gehorcht?«

Beinahe bewunderte er sie in diesem Augenblick, ihre stolze Haltung, ihre hoch aufgerichtete Gestalt. Genau das hatte ihn früher an ihr angezogen. Er dachte aber im gleichen Moment daran, dass sich ihr Zauber diesmal gegen ihn richtete. Und er hegte keinen Zweifel, dass sie ihm alles Mögliche angehext hätte – wenn sie es nur gekonnt hätte. Konnte sie?

»Ich weiß es nicht«, gab er offen zu.

»So nimm dich vor mir in acht, John Bell!«, rief sie und sah ihn mit einem Blick an, dass es ihm schwindelig wurde. Instinktiv ließ er sein Pferd ein paar Schritte rückwärts tänzeln.

»Geh, John Bell!«, sagte sie in drohendem Ton. »Geh, oder ich verteidige meinen Besitz. Ich habe dich nicht eingeladen!« Mit sprechender Geste nahm sie ihr Gewehr in Anschlag, lud es mit einem Knacken durch. John wendete sein Pferd und ritt fort, so schnell ihn die Hufe seines Fuchses tragen konnten. Hinter sich hörte er noch Minuten später ihr satanisches Lachen, begleitet von zwei Schüssen, die ihm in den Ohren dröhnten. Sein Kopf schmerzte auf einmal und er zog eine Grimasse.

Unwillkürlich musste er an die Erdbeben denken und an die grauenhafte Angst, die sie alle ausgestanden hatten, damals, im Jahre 1811 und 1812. Wie alle Dinge, hatte auch diese schlimme Prüfung sich vorher angekündigt.

12: Apokalypse
Tennessee, Red River, im März 1811

Alles hatte begonnen an jenem denkwürdigen Abend des 25. März Anno Domini 1811. Damals hatte ich auch so schreckliche Kopfschmerzen gehabt, die Lucy aber durch einen ihrer Heiltränke erträglicher gemacht hatte. Die Familie war gerade mit dem Nachtmahl fertig, da hörte ich die Sklaven laut singen. Rhythmisches Stimmgemurmel drang aus der Richtung der Hütten. Ich ging noch einmal hinaus, um nach dem Rechten zu sehen. Eine eigenartige Stimmung war das hier. Auf halbem Wege traf ich auf Dean.

»Master, schaut, was sein das für seltsames Licht am Himmel?«, fragte dieser aufgeregt und zeigte zum Firmament empor. Das Weiße in seinen Augen leuchtete unheimlich in der Dunkelheit, so weit hatte er seine Augen aufgerissen.

»Was für ein …«, setzte ich an, da war mein Blick schon Deans Arm gefolgt und ich konnte sehen, was der Diener meinte.

»Aber Dean«, versuchte ich ihm zu erklären. »Das ist nur ein Komet.«

»Wah, Master, das bringen Unglück, Unglück!«, lamentierte Dean. »Der Herr mögen uns und Euch beschützen!«

»Amen«, antwortete ich automatisch, indem ich mich auf den Weg zu den anderen Sklaven machte. Deren Sprechgesang wurde immer lauter, bis ich erkannte, dass sie gemeinsam beteten. Schrille Rufe unterbrachen die Gebete wie grelle Blitze, ein Gebaren, welches ich bei meinen Sklaven bisher nur bei Trauerfeiern beobachtet hatte. Wähnten sie sich alle dem Tode so nahe?

»Master kommen, Master kommen!«, rief Dean in die Menge. Sofort machten sie Platz für mich, erhoben sich ehrerbietig und es wurde still. Der Platz war in ungewöhnlicher Weise beleuchtet und ich konnte die Angst der Sklaven geradezu riechen.

»Habt keine Furcht!«, rief ich mit weithin schallender Stimme. »Es ist nur eine Himmelserscheinung. Man nennt es Komet!«

»Wah, Unglück wird über uns kommen, großes Unglück«, jammerten die Schwarzen.

»Aber nein!«, suchte ich sie zu beruhigen. »Als das Jesuskind geboren war, da hat Gott einen Kometen geschickt, damit die drei Weisen aus dem Morgenlande Ihn finden konnten. Ein Komet hat damals die Geburt des Heilands angekündigt. War das für uns ein Unglück?«

»Nein!«, entgegneten mir die Sklaven im Chor.

»Ihr sagt es!«, hielt ich ihnen entgegen. »Es war ein Glück für alle Menschen. Wie könnt ihr also sagen, ein Komet bringt immer Unheil?«

Eine Weile war es still, doch dann wagte Sam es, zu erwidern: »Herr, Ihr wisst natürlich viel mehr als wir. Aber wir denken, es ist schon so lange her, dass der Heiland geboren wurde. Damals konnte der Komet Gutes bringen, weil Gott ihn gesandt hatte. Heute aber bringt er nichts als Unglück über uns. Das sagen alle, Herr.«

»Herr«, setzte Andy an. »Wir erbitten Eure Erlaubnis, noch ein wenig weiter zu beten und zu singen. Was kann es schaden, wenn etwas Gutes kommen will? Vielleicht aber ist es nützlich, wenn es etwas Schlechtes ist.«

Andy und Sam waren die einzigen unter meinen Sklaven, die lesen und schreiben konnten. Sie halfen mir oft beim Auflisten meiner Bestände. Resigniert schüttelte ich den Kopf.

»Gut«, sagte ich. »Wenn es euch beruhigt, so betet und singt noch eine Weile. Aber nicht länger als eine Stunde. Ich werde mit euch das Vaterunser beten und wir werden gemeinsam um die Gesundheit und das Leben aller Menschen und Tiere in dieser Gemeinde beten.« Ich nahm den Hut ab und sprach das Vaterunser mit den Sklaven, indem ich immer eine Zeile vorbetete, die die Schwarzen dann wiederholten. Ich schloss eine allgemeine Fürbitte an und spürte die Erleichterung der Sklaven nach diesen Gebeten. Dann setzte ich den Hut gegen den kalten Nachtwind wieder auf und nahm ihn erst ab, als ich im warmen Haus war. Ich sollte mich ein halbes Jahr später an diesen Abend erinnern.

Tennessee, 16. Dezember 1811

Mitten in der Nacht erwachte ich von einem sonderbaren Traum. Ich stand wieder in der Schlacht von Cowpens, hörte das Krachen der Kanonen. Schweißgebadet und schwer atmend fuhr ich aus seinem Bett auf, froh darüber, dass es nur ein Traum gewesen war – da rollte ein ohrenbetäubender Donner über das Land, über meine Farm.

Ich lauschte mit angehaltenem Atem, während mein Herz einen Trommelwirbel in meiner Brust vollführte. Ja, da war es wieder! Was konnte das sein? Eine Schlacht konnte hier wohl kaum stattfinden, zumal mitten in der Nacht. Ein Blick durch die hölzernen Läden und ich sah die tiefschwarze Nacht durch einen grellen Blitz erleuchtet. Also Donner? Das war ungewöhnlich. Am Abend war der Himmel noch klar gewesen. Waren so schnell die Wolken eines Unwetters aufgezogen? Noch war ich in diese verwunderten Überlegungen vertieft, da hörte ich den Donner erneut. Da fühlte ich auf einmal ein raues Schütteln, welches mein Haus erfasste und in den Grundfesten erschütterte. Wie war das nur möglich, dachte ich benommen. Ich war doch an Land und nicht auf … Jeder weitere Gedanke erstarb in meinem Geiste, während erneut ein Wackeln des gesamten Hauses einsetzte. In den Schränken klapperte das Geschirr. Instinktiv wich ich vor den Fenstern zurück in die Mitte meiner Kammer. Dinge fielen zu Boden und zerbrachen, den Geräuschen nach zu urteilen. Die Glocke des Kirchleins läutete dünn in weiter Ferne wie eine Mahnung. Ich registrierte das nur am Rande, während sich Übelkeit und eine schreckliche innere Kälte meiner zu bemächtigen drohten. *Weg hier*, war mein erster Gedanke, *das Haus stürzt ein und begräbt mich unter sich.*

Aus dem ganzen Haus ertönten Hilfeschreie. Lucy kreischte, die Kinder weinten. Die Verantwortung für meinen Hausstand ernüchterte mich, holte mich aus meiner Panik. Entschlossenheit füllte meinen Geist, während ich unter Mühen meine Geschäftsräume zu verlassen trachtete. Die Tür hatte sich im Rahmen verklemmt. Es kostete mich ein paar kräftige Tritte, bis die Tür nachgab. Ich stürzte in den Flur, weiter zur Treppe, empor zu meinen Kindern. Baby Richard war in der Obhut der Amme, welche ich zitternd und Gebete stammelnd neben der Wiege vorfand. Es kostete mich erhebliche Mühe, die schwere Frau zum Verlassen des Zimmers zu bewegen. Ich führte sie hinunter zur Eingangshalle, wo ich sie zurückließ, um noch weitere Familienmitglieder aus ihren Kammern zu holen. Als nächstes holte ich die kleineren Kinder, dann eilte ich zu Lucy, welche in heller Panik nach mir rief. Sie fragte mich, ob das Ende der Welt nun gekommen sei, und ich entgegnete ehrlich, das könne schon sein. Sie hatte mit dieser Befürchtung meine Ängste in Worte gekleidet.

Noch einmal erbebte das ganze Haus. Lucy stürzte und verletzte sich am Kopf und ich führte sie hinaus aus ihrer Kammer. Sie bestand darauf, zu den älteren Jungs zu gehen, ich holte die Mädchen. So trafen wir uns unten wieder, wo wir alle gemeinsam auf die Knie sanken und zu beten begannen.

Ich zitierte, was mir in diesem Moment einfiel: »Du weidest mich auf einer grünen Aue und es wird mir nichts mangeln …« Ich kniete neben Lucy, umgeben von der Schar meiner Kinder, hielt die Zaghaften und Weinenden fest in meinen Armen und betete, was mir in den Sinn kam. Alles wirbelte durcheinander in meinem Kopf, doch meine Gebete halfen mir. Und auch meiner Familie schien es besser zu gehen, als sie in den Rhythmus meiner Worte eingefallen waren.

Wieder lief eine Welle der Erschütterung durch das Haus. Der Kaminaufsatz brach ab, stürzte krachend auf den Boden der Halle und eine Wolke von Kalkstaub verbreitete sich im ganzen Raum. Die Kinder husteten und sahen aus wie die Pfefferkuchenmänner. Es wäre komisch gewesen, wenn nicht eine nie gekannte Panik uns alle fest im Griff gehalten hätte.

Mein Gott, dachte ich, sobald ich wieder einen Gedanken fassen konnte, *warum tust du mir das an? Wenn du meine Sünden an mir rächen willst, so begnüge dich bitte mit meinem Leben und verschone meine Kinder und mein Weib. Was habe ich bloß getan, als ich meine Familie hier in dieses Land brachte?*

Lucy hatte damals recht damit gehabt, gegen den Umzug hierher nach Tennessee zu sein. Hätte ich doch nur auf sie gehört! Nun war es zu spät. Nun hatte ich meine Lieben in den Untergang geführt. Oder waren es doch die Vorboten für das Jüngste Gericht? War das Ende aller Tage wirklich angebrochen?

Gerade war das Schütteln wieder vorbei. Ich öffnete die Haustür, um einen Blick ins Freie zu wagen. Ich musste einfach wissen, wie es dort aussah, ob die Apokalypse hereinbrechen würde. Es war unheimlich still draußen. Die üblichen Geräusche der Nacht waren verstummt, kein Nachtvogel, nicht mal eine Zikade ließ sich hören. Der Himmel war sternenklar. Plötzlich durchzuckte ein Blitz aus heiterem Himmel die Nacht, erhellte die Szenerie für einen Augenblick – die danach wieder in vollkommene Schwärze und Stille fiel. Nur über dem Horizont lag ein unirdischer grüner Schimmer über den Bäumen. Aus Richtung der Sklavenunterkünfte drangen jetzt schrille Schreie. In mir stieg ein lähmendes Grauen empor. Ich konnte ihnen nicht helfen, sie waren auf sich allein gestellt.

Wieder ertönte dieses Dröhnen. Waren das die Posaunen des Jüngsten Gerichts? Mir war, als wäre ich gerade im Begriff, in einen Abgrund zu stürzen. Ein schrecklicher Gedanke war mir gerade gekommen. Es war schließlich spät im Jahr, kurz vor

Weihnachten. Würde der Heiland an seinem Geburtstag wiederkehren? Und plötzlich wusste ich, dass es richtig war, was ich soeben gedacht hatte, und ich hielt mich am Türrahmen fest, um überhaupt einen festen Halt zu finden. Es fühlte sich genau wie Fallen an, Fallen in eine endlose Tiefe.

Ein erneutes Dröhnen ließ das Land zittern und holte mich in die Gefahr der unmittelbaren Gegenwart zurück. Augenblicklich schlug ich die Tür wieder zu. Kaum war das geschehen, wackelte das Haus erneut und ich wurde zu Boden geworfen, wo ich zitternd liegenblieb.

O Herr, vor deinem Angesicht liege ich hier im Staube, betete ich und mein Herz schnürte sich zusammen. *Nimm mich zu dir, ich bin ein elender Sünder. Ich habe mehr auf meinem Gewissen, als ich ertragen kann. Wenn du mich also erschlagen willst, so tu es, ich werde es ruhig dulden. Hier liege ich zu deinen Füßen und werde mich nicht wehren noch mich verstecken, denn wo, o Herr, sollte ich hin? Wo könnte ich mich vor dir verbergen? Doch bitte, auch wenn ich der ewigen Verdammnis anheimfallen muss, bitte, nimm meine unschuldigen Kinder in dein Paradies auf. Auch meine Frau, die immer gut zu mir war. Aber vielleicht, nur, wenn ich durch meinen Glauben an dich auf Gnade hoffen darf, werde ich meine Familie eines Tages wiedersehen. Diese Hoffnung will ich in meinem Herzen tragen.*

Eine neue Schockwelle lief durch Erde und Haus. Ich fühlte einen harten Schlag gegen meinen Schädel. Es wurde dunkel um mich.

Das erste, was ich wahrnahm, war ein Stöhnen. Ich brauchte eine Weile, bis ich erfasste, dass es aus meinem eigenen Munde kam. Vorsichtig blinzelte ich mit einem Auge. Der Raum verschwamm um mich, legte sich in wunderliche Wellen, schwankte hin und her, aber diesmal ohne die Posaunenklänge und auch ohne das Rütteln. Die Erinnerung daran ließ mich schaudern. Mein Kopf schmerzte und als ich danach griff, fühlte ich ein kühles Tuch auf meiner Stirn. Wie unter Wasser erkannte ich die in liebevoller Besorgnis über mich gebeugten Gesichter meiner beiden ältesten Söhne, Jesse und John Jr. Unter mir spürte ich zu meiner Verwunderung eine weiche Unterlage.

»Vater, seid Ihr wieder wach?«, ließ sich Jesse vernehmen. Ich konnte wohl seine Erleichterung wahrnehmen, doch Jesses Stimme klang dumpf und wie aus seltsam weiter Ferne, obgleich er doch neben mir stand. Little John blickte mich nur forschend an, als könne er sein Glück nicht fassen.

»Was ist passiert?«, fragte ich und machte Anstalten, mich aufzusetzen.

Jesse hielt mich mit der Hand zurück, drückte mich wieder auf das Lager. »Nein, Vater«, sagte er fest, doch ich hörte die Sorge in seiner Stimme. »Ihr müsst Euch schonen, wenigstens noch eine Stunde. Euch ist ein Stück von der Decke auf den Kopf gefallen.«

Ermattet nickte ich. Das hätte ich besser nicht tun sollen, denn sogleich erfasste mich ein so heftiger Kopfschmerz, dass ich die Augen schloss. Als ich sie wieder öffnete, drehte sich die ganze Kammer um mich, abwechselnd tauchte Jesses und Johns Gesicht näher bei mir auf. Sauer und ätzend stieg Flüssigkeit aus meinem Magen in meinen Mund. Ich beugte schnell den Kopf über die Kante meines Lagers und pladdernd entleerte sich mein Mageninhalt auf die Dielen. Geistesgegenwärtig zog Jesse den Nachttopf unter dem Bett hervor und fing wenigstens einen Teil darin auf.

Erschöpft ließ ich mich auf mein Lager zurücksinken. Ich schloss die Augen und kaum war das geschehen, wusste ich nichts mehr von mir.

Später, als düster der Morgen anbrach, waren die Kopfschmerzen weitgehend abgeklungen. Ich durchstreifte mein ganzes Haus, um die Schäden zu begutachten, die das Erdbeben verursacht hatte – und ein solches musste es gewesen sein, das war mir jetzt klar. Der Kaminaufsatz lag in Trümmern in der Halle.

Vasen waren umgefallen und zerbrochen, Geschirr und Gläser waren angestoßen, ein Regal war von der Wand gefallen, ein Schrank in die Mitte des Raumes gerückt. An sich hielten sich die Schäden in Grenzen. Lucy und zwei der Kinder waren ebenfalls von Trümmerstücken getroffen worden, die blutigen Beulen jedoch würden heilen.

Nach meinem Rundgang im unteren Bereich war ich nun auf dem Weg nach oben. Da drehte sich der ganze Flur um mich. Beinahe wäre ich die Treppe hinabgestürzt, die ich eben im Begriff war hinaufzusteigen. Ich musste mich mit beiden Händen am Geländer festhalten, wobei ich die Augen fest geschlossen hielt.

»Was ist Euch, Vater?«, hörte ich Jesses Stimme. Ich öffnete die Augen wieder. Jesse stand am Fuße der Treppe und blickte mich einen Augenblick fragend an. Im nächsten Moment stand er neben mir und hielt mich mit kräftigen Armen fest.

»Ihr seid zu früh aufgestanden, Vater«, redete Jesse auf mich ein. »Ihr solltet Euch wieder hinlegen. War es ein Drehschwindel eben auf der Treppe?«

»Ja, nur eine kurze Schwäche, die vorübergeht«, antwortete ich ihm. »Ich wollte noch oben nachsehen …«

Doch Jesse führte mich die Treppe hinunter anstatt hinauf, brachte mich zu meiner Pritsche im Arbeitsraum und half mir, mich niederzulegen.

»Vater, bitte pflegt ein wenig der Ruhe.«

»Ich muss die Schäden am Haus anschauen, nach den Tieren sehen«, protestierte ich schwach.

»Das kann ich doch für Euch tun und Euch dann Bericht erstatten.«

Als ich dennoch wieder aufstehen wollte, wurde ich von einem weiteren Schwindel erfasst, der mir klar machte, dass ich tatsächlich besser liegen blieb und meinem Ältesten diese Arbeiten übertrug. Ein warmes Gefühl von Dankbarkeit stieg auf in meiner Brust. Jesse konnte mir mit der Kraft eines jungen

Mannes aushelfen. Auch wenn ich es mir selten eingestand: Ich wurde allmählich alt und meine Kräfte ließen nach. Immerhin stand ich bereits im einundsechzigsten Lebensjahre. Aber kam es darauf denn überhaupt noch an? Durfte ich denn noch an eine Zukunft auf dieser Farm glauben? Ächzend drehte ich mich um und schloss die Augen. Im nächsten Augenblick war ich eingeschlafen.

Als ich die Augen wieder aufschlug, sah ich als erstes in Jesses Gesicht. Mein Ältester saß an meinem Lager.

»Gott sei Dank, dass Ihr wieder bei Euch seid, Vater«, sagte Jesse, und die Erleichterung war seinem Ton deutlich anzuhören. »Ich war schon in Sorge um Euch.«

Ich stöhnte leise und griff mir an den Schädel. Zischend zog ich die Luft ein, als ich die hühnereigroße Beule berührte, die ich an der schmerzenden Stelle mit den Fingern fühlen konnte. Es klingelte merkwürdig in meinen Ohren.

Ich richtete mich vorsichtig im Liegen auf, tatkräftig gestützt von meinem Sohn. »Hast du die Schäden untersucht?«, fragte ich. Diese Sorge drängte mich am meisten. »Was ist mit den Sklaven? Gibt es da Verletzte?«

Jesse lächelte beruhigend. »Die Sklaven sind allesamt hierher zum Haus hinübergeeilt, sobald die Erde sich beruhigt hatte«, berichtete er. »Die meisten von ihnen waren in heller Panik. Einige waren leicht verletzt. Aber Mutter und ich unternahmen es, sie wieder zu beruhigen. Ich war auch bei den Ställen, um nach den Tieren zu schauen. Unter dem Hühnerstall ist die Erde weggesunkenen und die Hühner scheinen sich überall versteckt zu haben. Ein paar Federn liegen da herum und es gackert aufgeregt aus allen Ecken.«

»Habt ihr sie wieder eingefangen?«, fragte ich und wollte die Beine über die Bettkante schwingen.

Jesse hielt mich zurück. »Beruhigt Euch, Vater. Ihr müsst gar nichts mehr tun, es ist alles schon erledigt. Ich habe ein paar

Sklavinnen die Aufgabe gegeben, alle Hühner wieder einzufangen. Den übrigen Dienerinnen gab ich den Auftrag, die Scherben aufzukehren und aufzuräumen. So haben sie etwas zu tun und das hilft ihnen, sich zu beruhigen.«

Ich schloss die Augen, vor denen sich jetzt feurige Kreise drehten. »Das hast du gut gemacht.«

»Die Pferde und Kühe haben in ihrer Panik mit den Hufen ausgeschlagen und große Löcher in der Stallwand hinterlassen. All das muss repariert werden. Ich habe ein paar weiteren Sklaven diese Arbeit zugewiesen. Die Pferde, welche nicht fortgelaufen sind, haben wir so lange auf die Koppel gelassen. Da sind sie auch jetzt noch, damit beim nächsten Rütteln der Erde nicht der Stall über ihnen zusammenbricht.« Jesse fuhr sich mit der Hand über sein Gesicht, strich ein paar schweißverklebte Strähnen beiseite. »Viel ist also auch draußen nicht passiert«, schloss Jesse seinen Bericht. »Ach ja, alle Katzen sind fortgelaufen oder haben sich versteckt, hoffentlich nicht da, wo die Hühner Zuflucht gesucht haben. Das Fundament des Hauses scheint unversehrt zu sein.«

Ich lächelte. »Die Katzen kommen gewiss wieder«, sagte ich. »Und die Pferde auch.«

Jesse nickte und drückte ermutigend meine Hand.

Ich zog mich an Jesses Hand hoch und ging gemeinsam mit Jesse und John Jr. hinaus. Ich hatte keine Ruhe mehr, musste mich mit eigenen Augen davon überzeugen, dass nicht viel mehr passiert war, als mein Sohn mir berichtet hatte.

Schon von Weitem sah ich am Flussufer einige umgestürzte Bäume liegen. Gerade standen wir auf einem brachliegenden Maisfeld, da begannen all unsere Hunde auf einmal zu heulen und die Gänse, die sich in den Flussauen niedergelassen hatten, flogen mit einem gigantischen Schlagen und Rauschen wie eine weiße Wolke gleichzeitig auf, als hätten sie ein Signal erhalten. Mit durchdringendem Wiehern gingen meine Pferde auf der Koppel in einer Staubwolken treibenden Stampede durch, sprangen über den Weidezaun und rannten davon, als wäre der Leibhaftige hinter ihnen her. Wir schauten einander erschrocken an. Dann war keine Zeit mehr für Gedanken, denn ein erneutes Rollen erfüllte die Luft, ein Lärm wie Kanonendonner, gefolgt von einem Beben, welches uns die Beine unter dem Körper wegriss. Auf dem Acker liegend fanden wir uns wieder.

Scheinbar alle Tiere, die uns noch verblieben waren, flohen und suchten das Weite. Meine Söhne und ich taten es ihnen nach, wir flüchteten uns aber ins Haus. Kaum hatten wir die Tür hinter uns zugeworfen, erzitterte die Erde noch einmal, dieses Mal so kräftig, dass wir alle auf den Boden der Halle stürzten. Dann war es wieder vorbei.

Ich rappelte mich als Erster wieder auf die Beine.

»John, Jesse, geht es euch gut?«, versicherte ich mich, zu John Jr. und Jesse schauend.

Meine Söhne blickten mich, noch auf dem Boden liegend, an. Sie waren kreidebleich und dreckverschmiert, aber offensichtlich nicht verletzt. Beruhigt wendete ich mich dem Fenster zu – und trat einen Schritt zurück. Mein Hirn weigerte sich zu begreifen, was da draußen geschehen war.

»Vater, Ihr habt ja alle Farbe aus dem Gesicht verloren! Was seht Ihr da draußen?«, fragte Jesse und seine Stimme war nicht ganz fest.

Ich brachte kein Wort hervor, deutete nur stumm nach draußen. Ich konnte nicht erfassen oder gar beim Namen nennen, was meine Augen da sahen. Jesse war nur Augenblicke später an meiner Seite – und ergriff meinen Arm, diesen so fest drückend, dass ich beinahe aufschrie.

»Vor dem Haus hat sich die Erde geöffnet. Das Loch scheint tief zu sein und Staub und Rauch quillt daraus hervor ...« Jesse flüsterte diese Worte heiser. Er schien mehr zu sich selbst zu sprechen als zu mir und seinem Bruder. »Es riecht furchtbar aus diesem Loch. Vater, hat sich die Hölle aufgetan, uns alle zu verschlingen?«

Ein Blick aus den hinteren Fenstern entdeckte uns noch ein weiteres Loch in der Erde. John Jr. warf vom Fenster aus einen Stein hinein, wir konnten aber nicht hören, wie dieser auf Grund traf.

Staub und Rauch hatten sich allmählich verzogen. Ich versammelte meine Familie mitsamt der Sklaven in der vorderen Halle und wir brachten die Zeit bis zum Mittag betend zu. Inzwischen war ich in meinem tiefsten Innern zu der Überzeugung gekommen, dass uns allen nur noch das Jüngste Gericht bevorstand.

Als zur Mittagszeit die tiefe Posaune erneut zu hören war, warfen wir uns alle flach auf den Boden. Wieder schüttelte es das Haus, diesmal so heftig, dass etwas Schweres vom Dach fiel. Es knackte beunruhigend in den Fundamenten und wieder fielen Gegenstände um. Doch dieses Mal kümmerte sich keiner von uns darum. Das Seelenheil war schließlich wichtiger als alles Irdische, Vergängliche. Ein paarmal wurden wir durchgerüttelt, dann war es wieder vorbei, so plötzlich, wie es begonnen hatte.

Jesse stürzte zu den Fenstern, blickte hinaus. »Vater, seht doch, die Ziege!« Er sagte das in solch einem ungläubigen, fassungslosen Ton, dass ich zu ihm hinlief. Die Ziege hatte sich offenbar losgerissen und eben wohl gerade noch auf der festen Erde gestanden. Jetzt aber hatte sich an dieser Stelle ein Riss aufgetan. Das Tier meckerte jämmerlich, es versuchte mit einem Sprung zu entkommen, doch die Erde gab unter seinen zierlichen Hufen nach und die Ziege war verschwunden. Einfach so in das Loch gerutscht. Strampelnd hinabgeglitten in die Tiefen der Erde. Noch ein letztes Meckern drang aus diesem Höllenschlund, dann war es still. Betroffen sahen wir einander an.

Den ganzen restlichen Tag und die ganze folgende Nacht verbrachten wir auf Knien. Die kleineren Kinder sanken nach und nach in einen Schlaf der Erschöpfung, erwachten weinend und mussten getröstet werden. Doch die Posaunen erschallten nicht mehr, die ganze Nacht nicht und auch am Morgen war Ruhe. Unheimliche Ruhe. Nicht einmal ein Vogel war zu hören. Dichter schwarzer Qualm zog über das Land und es roch würgend nach Schwefel. Im Stall war nur noch eine hoch trächtige Stute verblieben, die sich an einem Huf verletzt hatte.

Quälender Durst hatte sich meiner bemächtigt. Ich holte einen Eimer Wasser aus dem Brunnen. Doch kaum hatte ich einen Schluck davon im Mund, spie ich ihn wieder aus. Der Geschmack ließ mich würgen. Scharfe Flüssigkeit stieg bis in meinen Rachen. Es kratzte in meinem Hals.

»Das Wasser ist ungenießbar!«, krächzte ich Jesse zu, der im Augenblick mit besorgter Miene neben mir stand. »Es schmeckt verdorben und bitter.«

»Was sollen wir denn nun trinken?«, gab mein Sohn zurück. »Die Krüge in der Vorratskammer sind nur noch ein Haufen Scherben.«

Ich räusperte mich, um meine Kehle zu klären und spuckte aus. »Kommen wir noch zum Fluss?«

»Wir müssten es schaffen«, sagte Jesse, indem er die Augen zusammen kniff.

Und so machten wir uns auf den mühevollen Weg, mit Sam und Andy in unserer Begleitung. Die Sklaven trugen ein paar leere Beutel für das Wasser. Wir umgingen einige tiefe Trichter, wo der Boden an einigen Stellen abgesunken war. Sand rieselte in ihnen nach unten. Je näher wir dem Fluss kamen, desto höher hatten diese Löcher sich mit Wasser gefüllt. Und es stank daraus widerlich nach faulen Eiern.

Ich stolperte über diese wohlbekannte Strecke dahin wie im Traum – oder vielmehr wie im Albtraum, das traf es besser. Dies hier war mein Land – seit sechs Jahren kannte ich jeden Inch davon. Zumindest hatte ich das gedacht. Zwei meiner Kinder waren hier geboren – und doch erkannt ich dieses Land nicht wieder. Gestern noch hatte hier überall Gras gestanden. Doch wie sah es jetzt aus? Die Grasnarbe aufgewühlt und zerstört und überall waren diese Krater im Boden. Die ganze schreckliche Szenerie der Zerstörung gemahnte mich an den Krieg. Es sah hier aus wie an einem Kampfplatz nach einer Schlacht. Und wie nach einer solchen zogen diese schwarzen Qualmwolken über die Landschaft und behinderten die Sicht. Der Schwefelgestank war unerträglich und würgte mich in der Kehle.

Irgendwann erreichten wir tatsächlich den Fluss. Ich hätte nicht sagen können, wie lange wir für den Weg gebraucht hatten. Vom Gefühl her waren es Wochen gewesen. Am Flussufer setzte ich mich auf einen der umgestürzten Bäume, dessen Krone in den Fluss ragte. In den Ästen hatte sich etwas verfangen. Es war ein großer Körper, den der Cumberland River angespült hatte, ein Pferd oder so.

Irgendetwas kam mir hier sehr sonderbar vor, obgleich ich nicht den Finger darauf legen konnte, was genau es war. Fische trieben den Fluss hinab, die Bäuche nach oben, tot. Ich hatte damit gerechnet. Ich beugte mich zum Wasser hinunter und sammelte ein paar von den Fischen ein, die sich an dem Baumstamm gesammelt hatten. Dabei schöpfte ich mit den hohlen Händen etwas von dem Wasser und nahm probeweise einen Schluck davon in den Mund. Es war in Ordnung und ich nickte Jesse zu, der ein paar Bocksbeutel mit Flusswasser füllte und diese an die Sklaven zum Tragen weiterreichte. Ich schlug die Fische in mein Umschlagtuch und so beladen wollten wir uns wieder auf den Rückweg machen, als mich Jesse plötzlich kräftig am Ärmel zog. Als ich ihn anschaute, war mein Sohn weiß wie Kreide.

»Was hast du?«, fragte ich, beunruhigt durch Jesses Gebaren.

Doch der zeigte nur auf den Fluss hinaus. Sein Finger zitterte und ebenso seine Stimme, als er flüsterte: »Sieh doch!«

Ich folgte der Richtung von Jesses Arm. Und auf einmal konnte auch ich sehen, was meinen Sohn so verstört hatte – und was auch mir selbst ungewöhnlich vorgekommen war: Der Cumberland River hatte seine Fließrichtung geändert: er floss nun zurück in die Richtung seiner Quelle! Die Beine gaben unter mir nach und ich setzte mich abrupt wieder hin. Auch Jesse plumpste neben mir zu Boden.

»Gott im Himmel!«, stöhnte Jesse. »Ist dies ein erneutes Zeichen der Apokalypse?«

Ich nickte kraftlos. »Ich kann es mir nicht anders erklären. Und du?«

Jesse bewegte langsam seinen Kopf hin und her. Es sah eher ratlos aus als nach einer Antwort. Die Sklaven sahen einander fragend an, wagten jedoch keine Frage und hockten sich einfach an Ort und Stelle nieder.

Wieder am Haus angekommen, sah ich, dass der Schornstein fehlte. Das also war das Krachen vorhin gewesen. Er lag in Ziegeltrümmern hinter dem Haus, wie ich schnell feststellte. Dabei nahm ich auch Risse im Fundament meines Hauses wahr. Ich nahm es mit einer Gleichmut hin, die sonst nicht meinem Naturell entspricht. Hatte es überhaupt noch Sinn, etwas zu reparieren, wenn wir vielleicht nur noch wenige Tage zu leben hatten? Zumindest in der Form, die mir bekannt war. So galten meine Sorgen weniger dem Haus und meinem irdischen Besitz als vielmehr meinem Konto im Himmel. Wenn die Taten eines jeden Menschen im großen Buche niedergeschrieben wurden, so waren meine Chancen auf das Paradies nicht sehr groß, das wusste ich genau. Was blieb mir also in meiner restlichen Zeit noch Sinnvolleres, als Buße zu tun? Buße für meine unendlich schweren Sünden, die an meinem Gewissen zogen wie Steine. Ich hatte Menschenleben zerstört, sie beendet, und jetzt belastete mich diese Schuld so sehr, dass ich kaum noch atmen konnte.

Obgleich ich selbst die meisten Sünden auf mich geladen hatte, musste ich auch meine Liebsten zur Buße anleiten. Schließlich war ich der Hausvorstand, auf dem auch in dieser Beziehung die Verantwortung lag. Schließlich hatte ich als Familienoberhaupt dieselbe Rolle inne, wie Priester sie hatten. Ich beschloss, einen Gottesdienst abzuhalten, denn ein Kirchenbesuch war mir in der momentanen Situation nicht möglich. Auch die Seelen meiner Sklaven waren meiner Obhut anvertraut, auch an sie musste ich denken.

Mir fielen voll Sorge die anderen Menschen in der Gemeinde ein. Bisher hatte ich nur an mich und an meine Familie gedacht. Wie war es den anderen ergangen? Hatten sie es alle überlebt? Die Erschütterungen, die Löcher, die sich plötzlich überall im Boden aufgetan hatten? Doch wie sollte ich mir Gewissheit verschaffen? Meine Pferde waren alle durchgegangen. Resigniert ließ ich die Schultern sinken. Ich war zum Nichtstun und Abwarten verurteilt. Ich konnte nicht nach den Nachbarn sehen. Meine Aufgaben lagen jetzt nur bei meiner eigenen Familie.

»Keiner von euch geht hinaus ins Freie, habt ihr mich verstanden?« Ich hatte mich vor meiner Familie zur vollen Größe meiner langen, sehnigen Gestalt aufgerichtet.

»Jawohl, Vater!«, flüsterten die Kinder, die eingeschüchtert zu mir empor schauten.

»Ja, John«, sagte auch Lucy und blickte dabei zu Boden, als hätte sie etwas Falsches getan.

»Diese Löcher im Boden – sie könnten einen von uns verschlingen. Die Ziege ist ins ewige Feuer hinabgestürzt, Jesse und ich, wir haben es beide gesehen.« Die Seinen schwiegen und nickten. »Gut«, sagte ich befriedigt. »Ich werde morgen für unser aller und für der Sklaven Seelenheil zwei Messen lesen.«

Nach den beiden Gottesdiensten fielen mir die Augen zu. Je mehr ich mir Mühe gab, sie offen zu halten, desto schwerer wurden meine Lider. Mir träumte, ich wäre im Krieg. Ein lieber Kamerad von mir, fast noch ein Kind, stand an meiner Seite. Wir pirschten uns auf das feindliche Lager zu. Da zerriss ein ohrenbetäubendes Donnern die Luft – und da, wo eben noch der Kleine gestanden hatte, war jetzt nur noch Blut. Nur sein Bein lag noch dort, immer noch bekleidet mit Strumpf und

Schuh. Als ich hinter mich schaute, war da ein rauchendes Loch in der Erde. Eine Hand lag am Rande dieses Loches. Der Rest des Jungen war fort, einfach so in Stücke gerissen und nicht mehr zu finden. Das Entsetzen stellte sich jedoch erst ein, als ich das viele Blut auf meiner eigenen Kleidung, auf meiner eigenen Haut fühlte, warm und nass. Als ich es an mir sah … Der Magen kehrte sich in meinem Körper um. Ich erbrach mich heftig, ich schrie auf … Irgendetwas rüttelte mich am Arm. »Lasst mich!«, rief ich, voller Schmerz. Wieder dieses Rütteln an meinem Arm.

»Vater, wacht auf!«, rief eine helle Stimme nahe an meinem Ohr.

Ein Kind? Wo kam denn hier ein Kind her. Und »Vater«? Ich riss die Augen auf. Ich fand mich in meinem Hause am Cumberland River wieder. All die Jahre, die zwischen dem furchtbaren Geschehen, welches ich gerade noch einmal erlebt hatte, und dem heutigen Tage lagen, eilten in meinem Geiste an mir vorbei. Ich war Vater und Ehemann. Das hatte der arme Junge damals auf dem Schlachtfeld nicht die Gelegenheit gehabt zu werden. Bedauern war da in meinem Herzen, Bedauern und Trauer. Ich fuhr mir über die Augen. Alle meine Lieben starrten mich an und so riss ich mich gewaltsam zusammen.

»Was ist mit dir, John?«, fragte Lucy. Sie klang besorgt.

»Es ist nichts«, entgegnete ich müde.

»Hast du wieder vom Krieg geträumt?«

Sie fragte so leise, dass nur ich es vernehmen konnte. Ich nickte und Lucy fasste mich tröstend beim Arm. Bald sank mein Kopf wieder auf meine Brust. Diesmal schreckte mich ein Traum von dem durchsichtigen Mann, der seine Zähne bei uns gesucht hatte. »Ihr habt mich geweckt«, sprach er drohend im Traum zu mir. »Fürchtet meine Rache!«

Entsetzt riss ich die Augen auf. Erleichtert, dass kein Gespenst bei mir war, sondern seine Familie, atmete ich tief auf. Ich streckte meine langen Arme aus.

»Kommt her, meine Kinder«, sagte ich dabei. Und sie kamen. Drewey, Ester, Zadock und Betsy. Lucy drückte mir noch den kleinen Richard in den Arm, der geschlafen hatte und nun protestierend schrie. Sie alle kuschelten sich in meine Arme. Es war so ein gutes Gefühl, doch ich wusste, es konnte jeden Augenblick vorbei sein. Wir lebten alle nur noch von Flusswasser und Mehlbrei. Ich zählte die Tage nicht mehr. Von nun an war jeder Tag ein Sonntag und damit dem Herrn geweiht.

Ich erwachte. Meine ganze Familie war in tiefen Schlaf gefallen. Ich hörte die Kinder leise atmen.

Mein Magen knurrte laut, schmerzhaft stach mich der Hunger. Das ignorierend, blickte ich auf meine Kinder hinab, zählte sie, um mich zu vergewissern – und siehe da, eines fehlte.

»Zadock«, sprach ich den Namen meines Sohnes aus. Wo konnte er nur sein? Natürlich, dachte ich, der Junge war sicherlich in den Stall gegangen. Die trächtige Stute! Er musste nach ihr gesehen haben. Ich hatte ihm das Fohlen versprochen. Bestimmt machte er sich Sorgen um die Stute und ihr Fohlen.

Ich sprang auf die Füße und lief hinaus, hinüber zu den Pferden. Die Tür war nur angelehnt und von hier aus hörte ich schon die helle Knabenstimme beruhigend auf die Stute einreden.

»Da bist du, Zadock!«, sagte ich erleichtert und betrat den Stall. »Wie geht es der Stute?«

»Sie bekommt gerade ihr Fohlen, seht Ihr?«

Zadock machte mir Platz und in diesem Moment geschah das Wunder des Lebens erneut. Das Fohlen fiel auf das Stroh und die Stute schnaubte, drehte sich um und leckte ihr Kind sauber. Sie beschnupperte es und stieß es an, damit es aufstehen sollte. Das Jungtier blieb ein paar Minuten liegen, dann versuchte es, auf die Beine zu kommen, erst hinten, dann vorne. Ein paarmal brach es in die Knie, dann stand es zwar erst noch wackelig, aber auf seinen eigenen dünnen Beinen. Ein paar staksige

Schritte und es trank bei seiner Mutter, als hätte es nie etwas anderes getan.

»Es ist ein kleiner Hengst«, sagte ich mild. »Gib gut auf ihn acht.« Für den Fall, dass die Welt jetzt nicht untergeht, dachte ich traurig. Aber mit diesem Gedanken wollte ich meinen Sohn jetzt nicht belasten.

»Das werde ich, Vater«, gab Zadock feierlich zurück.

Ich nickte und drückte meinem Sohn die schmale Schulter. Dieser strahlte mich an.

»Mein eigenes kleines Pferd! Danke, Vater!«

Ich lächelte auf meinen Sohn hinab. Zadock war ein Wildfang und oft ungehorsam, doch ich liebte dieses Kind.

»Komm, wir wollen es deiner Mutter sagen und deinen Geschwistern. Und wir wollen uns gegenseitig festhalten auf dem Weg.« Damit nahm ich Zadock bei der Hand.

Als wir gerade zwischen Stall und Haus waren, bebte die Erde erneut. Es donnerte und ein tiefer Riss tat sich vor uns in der Erde auf, lief auf uns zu wie eine klaffende Wunde. Zadock klammerte sich an mir fest, blieb unvermittelt stehen. Ich verharrte einen Augenblick zu lang, da rutschten wir beide auf den stinkenden Abgrund zu. Ich warf Zadock nach oben, auf die Tür zu. Der Junge schrie vor Angst: »Vater!«

Als ich mich mühsam aus dem Loch gearbeitet hatte, war mein kleiner Sohn schon in einem zweiten Graben verschwunden, der sich aufgetan haben musste, als ich ihn schon nicht mehr hatte sehen können. Die Angst um mein Kind verlieh mir Kräfte, die ich niemals für möglich gehalten hätte: Ich stürzte auf den Graben zu, warf mich an dessen Rand nieder. Zadock lag mehr als einen Meter unter mir, außerhalb der Reichweite meiner Arme.

»Zadock«, rief ich voller Verzweiflung.

»Vater!«, schrie der Junge angstvoll und warf einen Arm empor, um meine Hand zu erreichen. Ich lehnte mich noch ein Stück weiter vor – und bekam die kleine Hand zu fassen.

»Ich hab dich, ich ziehe dich rauf!«, rief ich. Da schüttelte uns ein weiterer Erdstoß und Zadocks Hand entglitt meinem Griff.

»Nein!«, brüllte ich.

»Vater!«, kreischte Zadock mit überschnappender Stimme.

»Nein! Gott, nein!«, rief ich voller Verzweiflung aus.

Da waren auch schon Jesse und John Jr. zur Stelle, die beide nach ihrem Bruder griffen. Little John bekam ihn beim Kragen zu fassen, zog ihn aus dem Loch, Jesse erhaschte die Beine und gemeinsam brachten sie den zitternden Zadock in Sicherheit. Wie betäubt blieben wir alle vier am Rand der Erdspalte liegen, heftig keuchend wie nach einem langen Lauf. Drewey kam uns zu Hilfe, zog seine Brüder auf die Beine und gemeinsam halfen sie mir und einander zurück ins Haus. Aufgeregt schwatzten die Frauen auf uns ein. Ich jedoch war innerlich so von Dankgebeten erfüllt, dass ich von der Außenwelt nicht mehr viel wahrnahm.

Ein paar Tage später hatten die Erdbeben immer noch nicht aufgehört. Der Boden war in steter Bewegung, wenn auch die Anzahl und die Stärke der Erschütterungen zunächst im Abnehmen begriffen war. Unsere ganze Gemeinde betete noch intensiver als sonst. Wochenlang gab es keine Vergnügungen mehr, dafür ständige Anrufungen des Allerhöchsten. Auf allen Farmen wurden gleichzeitig Gottesdienste abgehalten, so auch bei mir und meiner Familie. Inbrünstig beteten wir alle um noch ein paar zusätzliche Tage, ein paar Monate, ein paar Jahre. Doch die ständigen Erschütterungen drohten uns allen in einer unmissverständlichen Sprache. Irgendwie lebte ich von Tag zu Tag, leitete alle, die mir anvertraut waren, zur Buße an. Wenn die Erde einmal länger als ein paar Stunden schwieg, so verrichtete ich die notwendigsten Dinge, um uns allen den Leib zu erhalten, solange es dem Herrn gefiel, mir und den Meinen das Leben zu lassen. Mit dem Gefühl ständiger Bedrohung überlebten wir alle den Jahreswechsel, vielleicht den letzten in der Geschichte der Menschheit.

Tennessee, 23. Januar 1812

In der Ferne hörte ich Grollen. Ich schaute gen Himmel, sah dort ein paar dunkle Wolken sich zusammenziehen. Ich würde mich beeilen müssen, damit ich fertig würde, bevor sich des Himmels Schleusen öffneten. Ich stand mit einigen meiner Arbeiter und Sklaven vor meinem Räucherschuppen, um einige Schinken und anderes Räucherwerk zu holen. Das heißt, eben hatte ich noch gestanden – bis mir ein raues Schütteln der Erde die Beine unter dem Leib beiseite gefegt hatte. Schneller, als ich es wahrnehmen konnte, saß ich auf der schneenassen Erde – ebenso alle meine Begleiter. Einen Moment lang herrschte eine vollkommen unnatürliche Stille, dann brach das Geschrei der Menschen los, das Brüllen des Viehs, das panische Bellen der Hunde. Hunderte von Vögeln waren aufgeflogen und erfüllten die Luft mit dem Rauschen ihrer Schwingen. Die Pferde brachen aus ihrer Koppel aus und galoppierten mit donnernden Hufen davon. Für mich fühlte sich die Situation unwirklich an wie im Traum – und gleichzeitig auch schrecklich vertraut.

Ich zitterte, meine Zähne klapperten aufeinander. Ich saß einfach auf der Erde und konnte mich nicht rühren. Unter mir vibrierte es, ich konnte es in meinen Beinen und den abstützenden Handflächen deutlich spüren. Ein Rumpeln wie von einer Wagenkolonne, ein Knacken und Krachen überall um mich herum – und Risse und Gräben brachen auf, tiefe Wunden in der Erde, die vom letzten Beben ja kaum verheilt waren. Einer davon verlief keinen Klafter von mir entfernt, als schnitte der Teufel mit einem riesigen Messer meine Äcker auseinander. Ich hatte den Eindruck, als liefen Wellen über die Erde, als bestünde sie aus Wasser.

Grauen stieg in mir auf, ich schluckte und es schmerzte mich in meiner Kehle. Unwillkürlich schauderte ich zusammen, fühlte mich ganz zittrig. Wieder stieß mich die Erde, als säße ich auf einem bockenden Maulesel. Ich spürte, wie mir der Mund offen stand, sah, dass auch meine Diener ängstlich verharrten, jeder dort, wo er niedergestürzt war. Sie alle lauschten – und jetzt schien auch die Natur zu lauschen. Da bewegte sich der Boden unter mir erneut in mehreren harten Stößen. Blitze krachten und erhellten die Landschaft um uns in gleißendem Licht. Es verbreitete sich ein ekelhafter Gestank nach höllischem Schwefel … und plötzlich quoll ein beißender, schwarzer Qualm aus allen Rissen, so viel Tintenschwärze, dass ich binnen kürzester Zeit nicht einmal mehr meine eigenen Hände, geschweige denn meine Diener sehen konnte. Gottergeben schloss ich die brennenden Augen. Ich hustete und würgte. Nun war es also soweit. Die Apokalypse hatte begonnen. Mit brüchiger Stimme begann ich zu beten.

Um mich herum hörte ich das panische Stimmgewirr meiner Sklaven, die scheinbar wie kopflos umherirrten. Immer wieder stießen sie gegeneinander, sie riefen um Hilfe – doch ich konnte ihnen keine Hilfe mehr sein. Das einzige, was ich tun konnte, tat ich gerade: um unser aller Seelenheil beten. Die Furcht stieg mir sauer aus dem Magen empor – ich schluckte sie wieder hinunter. Uns würde nichts geschehen. Unsere Leiber waren vom Heiligen Geist versiegelt. Und obwohl ich das wusste, zitterte ich doch bei dem Gedanken an die bevorstehenden Ereignisse. Wie befanden sich Lucy und die Kinder? Ich konnte auch ihnen nicht beistehen. Tränen liefen heiß über meine Wangen. Mein Wort und meine Kraft zählten jetzt nicht mehr im Angesicht der göttlichen Macht.

Ein lautes Krachen erreichte mein Ohr, ein Knacken wie von Holz. Ein Dröhnen folgte und etwas peitschte mir schmerzhaft gegen die Beine. Als ich danach tastete, fühlte ich zu meiner Verwunderung Zweige. Ein Baum – da musste ein Baum umgefallen sein. Lauter betete ich nun, drehte mich auf die Knie und kroch ein paar Schritte weit fort von der Stelle, auf der ich soeben noch gehockt hatte. Ich tat dies wider besseres Wissen, doch der Drang, diesen Ort zu verlassen, war stärker als jeder Verstand. Einmal in Bewegung, kroch ich blindlings weiter, wohin, das wusste ich selber nicht. Überall war nur schwarzer Qualm. Ich hatte vollkommen die Orientierung verloren und die Richtung schien mir gleichgültig in dieser Finsternis. Nur fort. Später war ich nicht mehr in der Lage, mich daran zu erinnern, was genau danach geschehen war, oder auch nur die Reihenfolge der Ereignisse zu bestimmen. Ich hörte ein eigenartiges Brüllen, das sich mir unauslöschlich ins Gedächtnis brannte. Später war ich sicher, dass es der Cumberland River gewesen war, der wie ein Tier unter Schmerzen geschrien hatte. Kaltes Wasser musste mich erfasst und fortgeschwemmt haben, denn ich kam zu mir eine ganze Strecke weit von meinem Räucherhaus entfernt. Ich war vollkommen durchnässt und schlotterte vor Kälte, denn nun schneite es auch noch eisige Flocken. Es war immer noch dunkel um mich herum, doch nicht mehr so finster wie vorhin. Wieder begann ich zu beten. War ich denn zu nachlässig gewesen? Ich hatte doch nur einmal an das leibliche Wohl der Meinen gedacht, nur einen Gang zum Räucherhaus unternommen. Doch Gott verlangte von uns allen offenbar, dass wir fasteten. Das hatte ich nun begriffen. War ich alleine übrig geblieben? *Herr, warum strafst du mich so furchtbar? Wenn ich nur noch einen Tag leben könnte und den Meinen wäre nicht Schlimmes widerfahren, so wollte ich dir ein großes Fest ausrichten, einen Gottesdienst über viele Stunden. Wir alle würden dich ehren und lobpreisen und uns vorbereiten auf das Ende aller Tage.*

Von weitem hörte ich plötzlich menschliche Stimmen, die etwas zu rufen schienen. Ich hielt einen Augenblick mit dem Beten inne und lauschte – suchten sie nach mir? War das die Antwort auf meine Gebete?

»Herr!«, rief es, gar nicht so weit von mir entfernt. Meine Lebensgeister begannen sich wieder zu regen, ich hob den Kopf und spähte in die Richtung, aus der die Rufe kamen. War das da vorne das Licht einer Laterne?

»Hier!«, krächzte ich, jedoch kam der Ruf so leise aus meiner Kehle, dass sie es da vorne unmöglich hören konnten.

»Herr!«, erscholl es erneut. »Wo Ihr sein?«

Ich nahm meine letzten Kräfte zusammen, rappelte mich vom Boden auf und erhob mich zu meiner ganzen Länge. Dazu schwenkte ich die Arme und stolperte auf die Helfer zu.

Als ich diesmal das Bewusstsein wiedererlangte, lag ich auf einer weichen Unterlage. Das sanfte Licht einer Kerze erhellte die Kammer. Aus dem Fenster schauend, erblickte ich einen riesigen rötlichen Mond.

Ich schauderte immer noch vor Kälte, doch wurde es allmählich besser. Irgendjemand, vermutlich Lucy, hatte dafür gesorgt, dass ich heiße Steine an meinen Füßen im Bett hatte. Ich hustete und kuschelte mich enger in die warme Decke. Die Bewegung rief Jesse herbei, der wohl in der Nähe Wache gehalten hatte.

»Wie geht es Euch, Vater?«, fragte er und ich hörte die Sorge in seiner Stimme. »Wir fanden Euch mitten auf dem Acker, völlig durchnässt und eiskalt. Hättet Ihr Euch nicht bewegt, so hätten wir Euch für tot gehalten.«

»Mir geht es gut«, antwortete ich ungeduldig. »Wie habt ihr das alles überstanden? Wie geht es deiner Mutter und deinen Geschwistern? Was ist mit den Sklaven?«

»Sie sind alle wohlauf, Gott sei es gedankt. Einer der Sklaven erlitt einen Beinbruch, aber gestorben ist keiner.«

Ich stieß die Luft schnell aus vor Erleichterung und atmete tief ein. Wieder überkam mich ein Hustenreiz. Jesse holte einen Becher herbei.

»Hier, Vater, trinkt«, sagte er und hielt mir das Getränk an die Lippen. Es roch süß nach Honig. Begierig trank ich Schluck um Schluck den heißen Honigseim. Wunderbare Wärme durchflutete mich. Ich sank, die Augen wieder schließend, auf mein Kissen zurück, erfüllt von tiefster Dankbarkeit. Mein Gebet kam diesmal jedoch nicht zu Ende, denn ich wurde vom Schlaf so schnell davongeschwemmt wie vorhin vom Wasser.

Der Tag dämmerte grau herauf, als ich die Augen wieder aufschlug. Irgendwie schien mir das Licht sehr gedämpft zu sein, selbst für einen Wintertag. Ich konnte, im Gegensatz zu gestern, wieder mehrere hundert Schritte weit sehen. Überall lag Schnee, welcher offenbar die ganze letzte Nacht über gefallen war. Doch der Schnee konnte nicht leuchten, wie sonst an einem Wintertag.

Der Schnee war schwarz.

Nicht eine Minute länger hütete ich das Bett, es litt mich nicht mehr länger untätig darin. Ich stand auf und bereitete mich auf den Gottesdienst vor, den ich versprochen hatte. Es war mir noch ein Tag geschenkt worden. Diesen würde ich mit den Knien im Schnee verbringen – und mit mir alle, die zu mir gehörten. Ich würde sie alle zu Buße, Fasten und Gebet anleiten, das war ich ihnen schuldig.

Es war kalt im Freien vor dem Haus, wo ich meinen Altar für den Gottesdienst errichtet hatte. Von immer neuen Erschütterungen in der Erde unerbittlich angetrieben, hielt ich eine wortgewaltige Predigt, bei der ich aus der Offenbarung des Johannes vorlas: »Und ich sah, dass es das sechste Siegel auftat, und siehe, da ward ein großes Erdbeben und die Sonne ward schwarz wie ein häherner Sack, und der Mond ward wie Blut und die Sterne des Himmels fielen auf die Erde, gleichwie ein Feigenbaum seine Feigen abwirft, wenn er von großem Wind bewegt wird.«

Ich machte eine kurze Pause, damit die Worte der Bibel wirken konnten. Über einen Mangel an Aufmerksamkeit konnte ich mich nicht beklagen. Mein gesamter Haushalt stand vor mir und starrte mich an. Kaum, dass ich irgendwen atmen hörte.

»Wir alle haben es gesehen, gestern, als der Qualm aus den Gräben entwich und die Sonne verdüsterte«, fuhr ich fort. »Und heute Nacht sah ich den Mond: blutrot und größer als sonst. Bestimmt gab es auch fallende Sterne …«

Die Meinen murmelten Zustimmung und Dean rief: »Ja, Herr, ich haben gestern Nacht sehen Sterne fallen.«

»Ich auch!«

»Ich auch!«

Ich gebot den Leuten mit einer Armbewegung Ruhe. Dann fuhr ich fort: »Gestern, als mich die Fluten des Flusses davontrugen, da schwor ich Gott, ich würde einen Gottesdienst halten, der den ganzen Tag währt, sollte ich noch einen Tag erleben und ihr alle wohlauf sein. Der Herr hat mir meine Bitte erfüllt. Nun werden wir alle beten und aus Seinem Buch lesen, bis der Morgen graut.«

Wieder machte ich eine Pause. Dann las ich weiter: »›Und der Himmel entwich, wie ein Buch zusammen gerollt wird, und alle Berge und Inseln wurden bewegt von ihrer Stätte.‹ Auch davon habe ich gehört, von Nachbarn, die berichteten, ein ganzer Ort sei um mindestens fünfzehn Fuß verschoben worden auf dem Angesicht der Erde.« Die Sklaven drückten sich dichter aneinander, vor Furcht waren ihre Augen weit aufgerissen. »›Und da das Lamm das siebte Siegel auftat, ward eine Stille im Himmel. Und ich sah die sieben Engel, die da stehen vor Gott, und ihnen wurden sieben Posaunen gegeben. Und ein anderer Engel kam und trat an den Altar und hatte ein goldenes Räuchergefäß. Und der Engel nahm das Räuchergefäß und füllte es mit Feuer vom Altar und schüttete es auf die Erde. Und da geschahen Donner und Stimmen und Blitze und Erdbeben.‹« Ich schaute in die Runde. »Wer von euch hat sie nicht gesehen und gehört, diese Zeichen?«, fragte ich laut. »All dies haben wir bezeugt. Es ist wahr.« Diesmal sagte keiner etwas. Doch ließen sie mich alle nicht aus den Augen. »So will ich euch weiter vorlesen von dem, was bereits hinter uns liegt: ›Und der dritte Engel posaunte und es fiel ein großer Stern vom Himmel, der brannte wie eine Fackel und fiel auf den dritten Teil der Wasserströme und über die Wasserbrunnen. Und der Name des Sterns heißt Wermut. Und der dritte Teil der Wasser ward Wermut und viele Menschen starben von den Wassern, denn sie waren bitter geworden.‹«

Die Augen meiner Familie wurden womöglich noch größer. Ich wusste, sie erinnerten sich alle an das erste Erdbeben, als das Wasser ungenießbar geworden war.

Wieder wendete ich mich der Bibel zu: »›Und der vierte Engel posaunte und es ward geschlagen der dritte Teil der Sonne und der dritte Teil des Mondes und der dritte Teil des Tages, dass Licht nicht schien und in der Nacht desgleichen.‹ Das sagt uns die Heilige Schrift. Und nun schaut einmal gen Himmel, seht ihr auch, wie dunkel es ist?« Ich ließ ein paar Herzschläge vergehen, bevor ich weiterlas: »›Und der fünfte Engel posaunte und ich sah einen Stern, gefallen vom Himmel auf die Erde. Und ihm ward der Schlüssel des Brunnens zum Abgrund gegeben. Und er tat auf den Brunnen des Abgrunds und es ging auf ein Rauch aus dem Brunnen wie der Rauch eines großen Ofens und es ward verfinstert die Sonne und die Luft vom Rauch des Brunnens.‹ Dies ist nun gestern geschehen. Unsere Sünde war es, an den sterblichen Leib zu denken, doch Gott hat uns gehindert und uns noch einmal Gelegenheit zur Buße gegeben. Er will, dass wir fasten. So kehret denn um von allen bösen Wegen und tut Buße, solange ihr es noch könnt. Nur noch wenige Tage trennen uns vom göttlichen Königreich. Habt Vertrauen in Gott, den Allmächtigen, denn er hat uns erwählt zu den Versiegelten. Wir tragen das Siegel des Heiligen Geistes. Uns wird nichts geschehen, solange ihr nur alle fest an unseren Herrn Jesus Christus glaubt. In wenigen Tagen werden wir ihn alle sehen. Amen.«

Ich und die Meinen beteten draußen in Schnee und Kälte noch den ganzen Tag und die ganze Nacht. Das fahle Morgengrauen fand uns schlafend vor dem Altar, doch kaum waren wir wieder munter, gingen die Gebete weiter.

Am 7. Februar schüttelte sich die Erde erneut, und auch diesmal war es so heftig wie die beiden Male zuvor. Mich bestärkten die nimmermüden Erdbewegungen in meiner Meinung, das Ende sei nahe. In stetigem Gebet verbrachten wir diese Tage.

Doch danach geschah über Wochen nichts mehr und die Erde beruhigte sich allmählich – ebenso wie die Seelen der Menschen. Jetzt waren es vor allem Dankgottesdienste, die abgehalten wurden. Gott schien den Menschen auf Erden doch noch eine Gnadenfrist zu lassen, bevor das Jüngste Gericht begann. Die Kinder begannen wieder im Sonnenschein zu spielen und sie lachten auch wieder. Zadocks kleines Fohlen wuchs und gedieh zu unserer aller großer Freude. Er nannte es Mercy – Gnade. Und wir sahen, dass all dies geschehen konnte, ohne dass der Herr erneut ein Erdbeben schickte. Wir waren voller Erleichterung und vergaßen allmählich unsere Angst über unsere täglichen Geschäfte. Das Leben normalisierte sich wieder.

13: Kate aus Upper Town Creek Tennessee, im Spätsommer 1818

»John, wir besuchen Euch diesmal als Komitee!«, hob Reverend Alex Gunn an. Plötzlich stand er bei John in der Stube, gefolgt von Thomas und James Gunn, James Johnston und Surgy, einem Geistlichen der Methodistischen Gemeinde.

»Wir wollen Euren Geist vertreiben, der Euch so plagt.«

John nickte. Er lag im Bett, fühlte sich zu schwach zum Aufstehen. Ein Unwohlsein hatte ihn gepackt.

»Zuerst jedoch haben wir noch eine Frage an Euch«, erklärte Alex ernst. »Fühlt Ihr Euch stark genug, sie zu beantworten?«

»Fragt nur«, erwiderte John. Furcht kribbelte in seinen Eingeweiden.

»Es gab damals Gerüchte wegen einer Frau in Edgecomb County, Kate Walters.« Er zögerte weiterzusprechen und John rutschte das Herz ein gutes Stück tiefer. *O Gott, du ersparst mir aber wirklich nichts,* dachte er bitter. Seit Jahren hatte er nicht mehr an diese Geschichte gedacht.

»Was für Gerüchte?«, fragte er nüchtern. Er musste erfahren, was sie zu wissen glaubten.

»Nun, sie war eines Tages verschwunden. Und es gab Gerüchte, Ihr hättet eine Affäre mit ihr gehabt ...« Wieder schaute er tief in Johns Augen, als ob er die Wahrheit in ihnen würde lesen können.

John fuhr sich nervös mit der Zunge über die Oberlippe. Er schmeckte salzigen Schweiß in feinen Tröpfchen. »Es ist aber nicht wahr!«, antwortete er endlich. »Ich war ... Wir waren mit Kate befreundet. Wir haben ihr geholfen, als ihr Mann zu Tode gekommen war. Und auch ich habe nach ihr gesucht, als sie verschwunden war. Wir haben Fetzen ihrer Kleidung in einem Waldstück entdeckt, neben einer Bärenfährte ...« Traurig ließ er den Satz verklingen.

Alex nickte. »Gut«, sagte er. »Wir fangen jetzt mit den Beschwörungen an. Nach unserer Ansicht beherbergt Ihr hier einen bösartigen und hartnäckigen Poltergeist.«

Die nächsten vier Stunden gingen an John vorüber wie ein böser Traum. Die Männer murmelten Gebete, segneten alle Ecken und brannten Kräuter ab, so, wie er selbst es auch schon versucht hatte. Viel Erfolg erwartete er nicht – doch er hoffte natürlich gegen jede Wahrscheinlichkeit darauf, dass der unangenehme Hausgast doch vertrieben würde.

Irgendwann glitt er hinüber in einen Dämmerschlaf, eingelullt vom stetigen und gleichförmigen Klang der Gebete.

Als John wieder zu sich kam, wüteten brennende Schmerzen in seinem Leib und er schwitzte. Er krümmte sich auf seiner Lagerstatt, doch nichts konnte sein Befinden bessern. Weder hörte das Schwitzen auf noch die Pein in seinen Eingeweiden oder der grausame Durst. Vorsichtig nahm er einen Schluck von Lucys ausgezeichnetem Bilsenbier. Gut tat das. Er schloss die Augen.

Ein eisiger Luftstoß traf seine nur mit dem Hemd bedeckte Brust und er zog die Decke weiter ans Kinn, entblößte dabei seine Füße, zog die Beine an den Leib.

»Na, Ol'Jake, wie gefällt dir das? Hier ist Kate wieder ...« Die Stimme flüsterte hinter seiner Stirn. Ihr Ton schien schmeichlerisch, doch hatte sie einen hinterhältigen und bösartigen Beiklang. John spähte um sich. Kein Mensch war in der Nähe. Die Stimme war körperlos. *Kate,* dachte John, *immer wieder Kate.*

»Was soll mir denn gefallen, Kate?«, fragte er müde.

»Die Schmerzen, die ich dir bereite«, lachte der Poltergeist höhnisch.

»Also du bist das? Was habe ich dir getan?«

»Ich denke, das weißt du ganz genau.«

Gelächter hallte wider in seinem Kopf. Mit beiden Händen griff er sich an die Schläfen, glitt mit gekrümmten Händen nach hinten und barg seinen ganzen Schädel zwischen seinen Unterarmen und stöhnte gequält. Konnte es denn sein, dass ihn dieser eine ganz bestimmte Geist aus seiner Vergangenheit verfolgte? Er hatte viele Kates in seinem Leben gekannt. Und es gab nur eine, die Grund hatte, ihm in dieser Weise übel zu wollen. Nur eine Kate, nämlich Kate aus North Carolina.

Er hatte bei der Befragung vorhin das erste Mal seit Jahren wieder an sie gedacht.

North Carolina, Upper Town Creek, 1798

Sie war so schön gewesen, sie hatte meine Nähe gesucht. Ich schloss die Augen und mein Geist reiste zurück nach Edgecombe County, nach Upper Town Creek, zurück zu Kate. Zu jener Zeit war ihr Mann gerade gestorben. Sie stand mit fünf Kindern und einer Menge Schulden allein da. Die Farm hatte bisher immer das Nötigste abgeworfen, doch darum hatte sich Kates Gatte Solomon gekümmert, und der war jetzt tot. In den ersten Wochen hatten alle Nachbarn geholfen, hatten gemeinsam die Felder abgeerntet, das Korn gedroschen, alles in die Scheunen eingelagert. Und dort lag es nun.

Eines Abends klopfte es heftig an meine Haustür. Ich öffnete einer völlig aufgelösten Kate. Lucy war mit den Kindern zu ihren Eltern gefahren und Kate traf mich allein bei einem hastigen Abendbrot an. Gastfreundlich lud ich sie dazu ein, mit mir mein Brot zu teilen, doch sie war so aufgewühlt, dass sie nichts herunterbrachte. Sie saß nur da auf der Bank mir gegenüber und starrte in ihre Hände, die in ihrem Schoß lagen. Ihre Haare waren zerzaust, das Kleid war schmutzig und am Saum eingerissen.

»Was ist denn los, Kate?«, fragte ich behutsam. »Ist etwas mit den Kindern?«

Sie schüttelte stumm den Kopf. »Nein«, würgte sie heiser hervor. Tränen begannen unter ihren langen schwarzen Wimpern hervorzuquellen wie aus einem Born.

»Kate«, versuchte ich es noch einmal, auf eine bedächtige Art. »Was ist geschehen?«

Wie unter einem plötzlichen Entschluss hob sie den Kopf und blickte mich direkt an, auf eine irritierend nackte Weise. Ich meinte, in ihre Seele schauen zu können, und was ich da sah, erschreckte mich gleichermaßen, wie es mich faszinierte.

»Das Korn verrottet in den Scheunen«, erklärte sie hart. »Und die Ratten besorgen den Rest.« Wieder begann sie laut zu weinen. »John«, stieß sie hervor. »Bitte, hilf mir! Ich bin doch nur eine Frau, kein Händler will Geschäfte mit mir machen. Der erste hat mir schon angeboten, mir die Farm abzukaufen, für einen elend niedrigen Preis. Und die Bank will nur noch zwei Monate warten, dann gehört alles der Bank! John, was soll ich nur machen? Meine Kinder hungern, ich kann ihre elenden Gesichtchen nicht mehr ertragen. Was soll ich nur tun?«

Ich atmete tief durch. Dann sagte ich: »Liebe Kate, es ist gut, dass du zu mir gekommen bist. Ich werde mit den anderen Nachbarn reden, zusammen werden wir es schon ...«

»Nein, John!«, flehte Kate, in höherer Stimmlage als ohnehin schon. »Bitte, tu das nicht!«

Ich zog die Brauen zusammen. »Warum denn nicht?«

»Weil einige meiner Nachbarn mir schon Kaufangebote unterbreitet haben. Ich glaube, die eine Hälfte meiner Nachbarn möchte billig mein Zuhause kaufen und mich und die Kinder fortjagen - und die andere Hälfte möchte mich für ihre Hilfe zu ihrer Hure machen, da ich kein Geld bezahlen kann. Du bist der einzige, der mir kein solches Angebot gemacht hat. Der einzige, der mir selbstlos und aus Freundschaft helfen will.«

Ich starrte ihr ins Gesicht. Eine ganze Weile war es so still, dass nur das Ticken der Standuhr im Nebenraum zu hören war.

»Was sagst du da?«, erwiderte ich fassungslos. »Wer hat dir das angetan? Wer von unseren Nachbarn nutzt deine Notlage so unverschämt aus?«

Kate seufzte tief. Ohne auf meine Frage einzugehen, fuhr sie leise fort: »Einer hat mich sogar ganz direkt gefragt, ob es denn für mich nicht einsam wäre in meinem Bett. Ob ich die Wärme eines Mannes nicht vermissen würde.« Wieder schaute sie in ihre Hände.

Es litt mich nicht mehr länger am Tisch. Ich sprang auf und wanderte mit schnellen, zornigen Schritten in der Küche auf und ab.

»Sag mir die Namen, sag mir, wer dich so respektlos behandelt! Ich werde mit den Ältesten in der Kirche über diese Männer reden. Sie werden sich nicht nur bei dir entschuldigen, sie werden dir mit ihrer Arbeitskraft so lange dienen, bis du ein vernünftiges Angebot für deine Farm oder für eine neue Ehe bekommen hast. Darauf hast du mein Wort!«

Kate schüttelte nur ungeduldig den Kopf. »Nein, John«, erwiderte sie leise. »Ich werde keinen von diesen Männern vor ihren Ehefrauen und Kindern bloßstellen. Auch nicht vor den Ältesten in der Kirche. Das war nicht der Grund, warum ich dir davon erzählt habe. Ich wollte dir nur meine Lage klar machen. Ich bitte dich um Hilfe, John. Kannst du mein Korn mit verkaufen, wenn du demnächst in die Stadt fährst? Du bekommst einen Anteil am Gewinn, mehr kann ich dir nicht anbieten. Mehr habe ich nicht.«

Ich war mitten im Zimmer stehengeblieben und schaute Kate in ihre tiefen blauen Augen, was mich nicht wenig verwirrte. Langsam schüttelte ich den Kopf und räusperte mich, um meine Stimme zu klären, denn mir saß ein Kloß im Hals.

»Kate, ich lasse dich nicht im Stich. Ich werde deine Lage auch nicht ausnutzen. Ich werde morgen Nachmittag zu dir kommen. Ich bringe ein paar Sklaven mit und wir werden dir mit dem Korn helfen. Wir sortieren aus, was verdorben ist, wir legen Köder aus gegen die Ratten und wir machen eine Bestandsaufnahme davon, was sich noch verkaufen lässt. Wenn ich dann in drei Wochen nach Wilson fahre, so werde ich auch deine Ernte mit anbieten und sie zu einem möglichst hohen Preis verkaufen. Von diesem Geld möchte ich nichts haben. Du brauchst es nötiger als ich. Eher soll mir die Hand verdorren, als dass ich einer armen Witwe etwas nehme, das sie für ihre Kinder und sich selbst braucht. Wie uns der Herr gebietet: ›Lernt Gutes tun. Trachtet nach Recht, helft den Unterdrückten, schafft den Waisen Recht, führt der Witwen Sache.‹« Ich sagte das mit solch einer Endgültigkeit, dass Kate mir nicht widersprach. Sie sah mich an und ihr Blick wurde warm.

»Danke, John«, sagte sie einfach. »Ich sehe, ich habe mich nicht in dir getäuscht. Dann sehen wir uns morgen.« Sie stand auf und verließ die Küche.

Ich hörte das vertraute Quietschen meiner Haustür in ihren Angeln und erst in dem Moment war ich in der Lage, mich aus meiner Erstarrung zu lösen und hinter ihr herzulaufen. Draußen war es dunkel. Der Herbstwind fuhr raschelnd durch die Bäume. Ich nahm Kates Schatten unweit des Hauses wahr.

»Kate«, rief ich in die schwärzer werdende Nacht. »Warte!«

Der Schatten drehte sich zu mir um. Mit ein paar langen Schritten hatte ich sie eingeholt.

»Ich bringe dich nach Hause«, sagte ich in so entschlossenem Ton, dass Kate nur nickte.

Am nächsten Nachmittag hielt ich mein Wort. Bis zum Mittag war Lucy auch wieder von ihren Eltern zurück und ich erzählte ihr, was am Abend zuvor geschehen war. Empört hatte Lucy mich angestarrt.

»Was sagst du da, John?«, fragte sie kaum vernehmbar. »Die Nachbarn drangsalieren die Arme? Aber das ist … Das ist … unglaublich …«, schloss sie atemlos. »Du hast ihr natürlich deine Hilfe zugesagt?«

»Natürlich!«

Sie schloss kurz die Augen und stieß die Luft aus, die sie angehalten hatte. Dann sah sie mich an und ihr Blick war von solch einer Zärtlichkeit, dass mein Herz schmolz.

»Du bist ein wunderbarer Mensch, John.« Sie küsste mich auf die Wange, indem sie sich auf die Zehenspitzen stellte. »Ein wunderbarer Mensch – und ein wunderbarer Mann!«

Gemeinsam beluden wir unseren Wagen mit wichtigen Grundnahrungsmitteln wie Mehl und ein wenig Ahornsirup – und mit Lebensmitteln, die Lucy bereitet hatte. Sie vergaß auch nicht die eingelegten Früchte für die Kinder und ein wenig Trockenfleisch. Auch lud sie drei ihrer besten Legehennen in Weidenkäfigen mit auf. Deren aufgeregtes Gackern übertönend, rief sie mir zu: »Kate soll nicht hungern müssen – und schon gar nicht die Kleinen!«

Ich staunte, welch eine herrliche Frau ich an ihr hatte. Nie war sie schöner gewesen als in diesem Augenblick.

Lucy und ich hielten bald darauf vor Kates etwas heruntergekommenem Haus. Drei ihrer Kinder spielten im Schlamm, bewarfen sich gegenseitig damit, ohne dass sie jemand daran hinderte.

»He, Kinder, wo ist eure Mutter?«, rief ich.

Die Kleinen erstarrten in der Bewegung und verschwanden scheu um die Ecke des Hauses.

»Mom, Mom, die Bells sind gekommen!«, kündigten sie laut rufend an.

Kate öffnete die Haustür und kam heraus, die Hände an der Schürze abwischend.

»O, John und Lucy, seid mir herzlich willkommen!«, strahlte sie uns entgegen. »Ich bin gerade dabei, einen Mirabellenkuchen zu backen. Es gibt so viele dieses Jahr!« Mit ausgestreckten Händen lief sie Lucy und mir entgegen.

Ich half meiner Frau vom Wagen herunter. Dann drehte ich mich zu Kate um, die heute einen sehr viel manierlicheren Anblick bot. Ihr Kleid war nicht neu, aber sauber, und ihr Haar war gekämmt und frisiert.

Vier kräftige Sklaven sprangen von unserem Wagen und hielten sich in respektvoller Entfernung, darauf wartend, dass sie gerufen würden.

Ich lächelte der Witwe zu. »Ich habe dir gesagt, ich würde kommen und hier sind wir nun. Meine Frau Lucy kennst du ja. Sie hat sich nicht davon abhalten lassen, dich ebenfalls zu unterstützen. Schatz, zeig ihr, was du ihr mitgebracht hast.«

Lucy umarmte Kate, dann nahm sie die andere Frau bei der Hand und zog sie zu den Sachen im Wagen, die wir beide für Kate zusammengestellt hatten.

»Hier hast du Mehl genug für Brot. Und ein paar Hühner habe ich dir mitgebracht.«

»Aber Lucy, das kann ich nicht …«

»Unsinn, natürlich kannst du!«, bestimmte Lucy resolut. »Wir haben viel zu viele Hühner, so viele können wir gar nicht unterbringen. Du tust uns einen Gefallen, wenn du uns ein paar abnimmst!«

»Danke«, flüsterte Kate und eine Träne rann einsam über ihre eingefallene Wange.

»Du brauchst dich nicht zu bedanken, meine Liebe. Nachbarn lassen einander nicht im Stich, niemals würden wir dich mit alledem allein lassen! Wir haben dir noch ein paar andere nützliche Dinge mitgebracht. Du brauchst nicht zu hungern. Und vor allem deine Kinder nicht. Eine Kuh hast du noch?«

»Ja«

»Und die gibt noch Milch? Sag die Wahrheit!«

Kate schwieg beschämt.

Ich erklärte: »Morgen bringe ich dir eine von unseren Kühen. Versorge sie gut und deine Kinder haben genug Milch. Wenn du sie nicht mehr brauchst, weil du dir nach dem Verkauf deines Korns eine neue Milchkuh kaufen kannst, dann gibst du sie uns zurück.«

»O John!«, schluchzte Kate. Mehr bekam sie nicht heraus.

Stumm vor Glück besah sie noch die anderen Dinge, die wir ihr gebracht hatten. Sie wollte nicht alles annehmen, doch ich sagte kategorisch: »Andy und Thomas, meine besten Sklaven, werden die Sachen jetzt bei dir einlagern. Danach schauen wir mal nach deinem Korn, deinem Mais und deinem Tabak. Lucy leistet dir so lange Gesellschaft.«

Die nächsten Stunden vergingen für mich äußerst geschäftig. Wir prüften die Früchte des Ackers, sortierten die verdorbenen Anteile aus, bestimmten einen Anteil für die Saat, legten Rattenköder aus und bestimmten die Menge dessen an Ackerfrüchten, welche auf dem Markt ihren Preis bringen würden. Darüber vergingen mehrere Stunden, bis ich mich schließlich müde und erschöpft und hungrig den Damen zugesellte. Es wartete ein leckeres Stück Kuchen auf mich und eine Limonade, die Kate gemacht hatte.

»Wunderbar, meine Liebe!«, schwärmte Lucy. »Gibst du mir das Rezept? Es schmeckt köstlich.« Und nach einem Blick auf mich, der ich mit sichtlichem Behagen das zweite Glas voll herunterstürzte, lächelte sie: »Auch meinem Gemahl schmeckt es, wie du siehst.«

Kate lächelte schüchtern. »Das ist ein altes Familienrezept. Ich gebe es dir aber gerne, Lucy. Ihr seid so gut zu uns, zu mir und meinen Kindern. Seit Solomon nicht mehr da ist …« Sie verstummte und Kummer trat wieder in ihre Miene.

»Ich weiß, meine Liebe, ich weiß …«, sagte Lucy mitfühlend und streichelte der Witwe die Hand.

»Kate, hast du denn noch genug Helfer auf deiner Farm?«, fragte ich. »Ich sehe hier kaum Diener oder Sklaven, die dir zu Diensten sein können.«

Kate senkte beschämt den Kopf. »Ich musste ein paar Sklaven verkaufen, sonst wären wir jetzt schon bankrott. Es sind nicht mehr viele übrig …«

Ich nickte. »Das macht nichts. Ich werde kommen, wann immer ich Zeit entbehren kann. Du sollst nicht noch mehr leiden. Es wird schon gehen, du wirst es sehen.«

In den nächsten Tagen hatte ich viel zu tun. Ich leitete die Arbeiten auf meiner eigenen Farm und mit einigen Besuchen bei Nachbarn, mit denen ich persönlich befreundet war, organisierte ich ein effektives System, um der Witwe Kate zu helfen. Der erste, den ich in diesem Rahmen besuchte, war mein Freund James Johnston.

Als ich schließlich nach der Stadt Wilson fuhr, die Listen mit den Gütern von Kates Farm im Gepäck, war ich mir sicher, ich würde auch für sie gute Preise erzielen. Meine Geschäftspartner ließen mich denn auch nicht im Stich. Mit gutem Gewinn kehrte ich zu Lucy zurück.

Schon einen Tag später ritt ich zu Kate hinüber und brachte ihr das ihr zustehende Geld. Die Witwe war vor Freude außer sich.

»John, du musst einfach auch etwas davon nehmen. Du hast es verdient!«

»Nein, Kate. Ich nehme nichts. Mir reicht das Bewusstsein, dir geholfen zu haben. Das werde ich nicht gegen Geld eintauschen.«

Sie schob mir ein paar Münzen zu. »Bitte, nimm das Geld. Wie soll ich dir denn sonst danken?«

»Das musst du nicht«, sagte ich bestimmt und drückte ihr die Geldstücke fest in die Hand. »Denk an deine Kinder, an die Bank, die Schulden. Du brauchst dieses Geld notwendiger als ich.«

»John«, flüsterte sie, stellte sich auf die Zehenspitzen und hauchte mir einen Kuss auf die Wange. Dabei kam sie so dicht an mich heran, dass ich ihre weichen Brüste an meinem Arm fühlen konnte.

Leicht benommen trat ich einen Schritt zurück und berührte meine Wange an der Stelle, an der ich noch die Wärme ihrer Lippen spürte. Abrupt drehte ich mich um, bestieg mein Pferd und ritt davon, als wäre mir der Leibhaftige auf den Fersen.

Drei Tage später kam ich müde von der Arbeit vom Feld und sah schon von weitem Lucy mit einer anderen Frau auf der Terrasse sitzen. Im Näherkommen erkannte ich Kate. Ich spürte jähe Hitze in meine Wangen steigen.

»John, mein Lieber«, begrüßte mich meine Frau. »Schau mal, wer uns heute besucht.«

Ich fuhr mir mit der Hand über Gesicht und Nacken. Ich atmete tief durch. Der Kuss brannte wieder auf meiner Wange. Mein Schlaf war in den letzten Nächten durchzogen gewesen von wilden Fantasien rund um Kate und es fiel mir schwer, sie normal zu begrüßen. So nickte ich ihr nur zu und küsste Lucy auf die Wange.

»Bitte, setz dich ein wenig zu uns. Kate hat wunderbaren Kuchen mitgebracht. Schau nur. Du musst doch Hunger haben.« Lucy strich mir ein paar schweißverklebte Haarsträhnen aus dem Gesicht. »Willst du ein Stück probieren?«

»Ja, gerne«, brachte ich hervor. Dann konzentrierte ich mich mit ganzer Kraft auf den Kuchen, aß vier Stücke hintereinander, wobei ich darauf achtete, dass ich die ganze Zeit den Mund voller Kuchen hatte, damit ich kein Wort sagen musste. Kate beschäftigte meine Fantasie ohnehin schon genug und ich hätte nicht gewusst, was ich zu ihr hätte sagen können. So stand ich hastig auf, wischte die letzten Krümel aus den Mundwinkeln und verschwand in meinem Arbeitszimmer.

»Ja, so sind die Männer!«, lachte Lucy hinter mir her. »Sie nehmen sich wenig Zeit für Konversation.«

Eine Woche später, nach weiteren Nächten voll wilder Träume, machte ich mich auf den Weg zu Kate. Mehrere Male schon war ich versucht gewesen, zu ihr zu reiten, war jedoch immer wieder umgekehrt. Doch dann befielen mich die Tagträume erneut und meine Nächte wurden zur Qual. Ich wusste selbst nicht, was mich trieb oder was ich erwartete, ich wusste nur, dass ich keine Wahl hatte.

Kate begrüßte mich freundlich. »John, habe ich dich in Verlegenheit gebracht, als ich dich auf die Wange küsste?«, fragte sie lächelnd.

Ich spürte, wie ich errötete. Doch ich brachte jetzt kein Wort heraus. Kate war schöner denn je und schaute mich herausfordernd an. Der Wind spielte mit ihren schwarzen Haaren und sie hatte die Hände in die Hüften gestemmt.

Es war unnatürlich still bei Kate. Der Wind rauschte in den Bäumen, die Vögel zwitscherten und sie stand einfach da und schaute zu mir auf. Ich räusperte mich. »Wo … Wo sind deine Kinder?«

»Bei den Großeltern«, sagte sie leise. »Wir sind allein.«

Allein? Allein mit Kate? Hatte ich mir das gewünscht? Was war es, das ich mir wünschte? Eben war ich im Begriff, ihr zu sagen, dass ich einen Fehler gemacht hätte, dass ich jetzt wieder umkehren müsse, heim zu Lucy, meiner Frau. Ich hatte bereits den Mund geöffnet, da trat sie langsam an mich heran, ganz dicht. Ich spürte, wie die Spannung zwischen uns knisterte. Ich konnte nicht anders, ich nahm sie behutsam in die Arme und küsste sie und sie erwiderte den Kuss leidenschaftlich.

Es war, als hielte ein Zauber mich gefangen. Ich kam erst wieder zu mir, als ich mit Kate eng umschlungen im Bett lag, mir der Schweiß der Leidenschaft noch am ganzen Körper klebte. Ich hatte die Ehe gebrochen. Es war geschehen, ich konnte es nicht rückgängig machen. Doch es würde sich nicht wiederholen, das schwor ich mir.

»Kate«, setzte ich an. »Wir dürfen das nicht wieder tun. Es tut mir leid. Ich liebe meine Frau.«

»Ich weiß«, seufzte Kate vieldeutig. »Das hier war falsch. Reite nach Hause, John, lass mich allein.«

Es dauerte keine Woche, da war ich wieder bei ihr. Wir liebten uns und danach kämpfte ich mit meinem schlechten Gewissen. Ich war in dieser Zeit besonders aufmerksam gegenüber Lucy, pflückte ihr Blumen, unterhielt mich länger mit ihr als sonst. Dann aber trieb es mich wieder zu Kate.

Mit der Zeit hatte ich mich in Kate verliebt und es zerriss mich innerlich, denn ich wollte Lucy ja nicht aufgeben. Ich liebte sie, sie war die Mutter meiner Kinder. Aber Kate – o, Kate, leidenschaftliche, wunderbare Kate! Wie hätte ich sie aufgeben können? Wie? Das Neue dieser Beziehung, das Aufregende, die Schmetterlinge in meinem Bauch, all das wollte ich nicht mehr missen. Kate war so ganz anders als Lucy und so hatte ich nicht das Gefühl, Lucy etwas wegzunehmen. Die beiden Frauen waren so grundverschieden und dennoch beide so liebenswert. Wie hätte ich mich entscheiden können? Ich konnte es nicht. Drei wunderbare, erfüllte Monate lang konnte ich es nicht. Doch als der Winter sich langsam dem Frühjahr näherte, da wusste ich, dass ich mich würde entscheiden müssen. Denn Kate vertraute mir an, dass sie schwanger von mir sei. Das ernüchterte mich schlagartig.

»Du kannst kein Kind von mir bekommen«, sagte ich hart. »Ich bin verheiratet!«

»Das hättest du dir eben eher überlegen müssen«, entgegnete sie und die Wut der Enttäuschung bebte in ihrer Stimme. »Jetzt ist es zu spät.«

»Kann man es nicht ...?«

Sie fuhr vor ihm zurück wie vor einer Klapperschlange. »Nein, das kann man nicht! Das ist eine Todsünde!«, rief sie aus. »Auch Ehebruch ist eine schwerwiegende Sünde.«

Ich überlegte hastig. »Ich gebe dir Geld, genug Geld, um von hier fort zu gehen. Wenn du willst, kaufe ich dir die Farm ab. Es muss doch eine Lösung geben, bei der wir beide unser Gesicht wahren können.«

Kate stemmte die Fäuste in die Hüften und starrte mich wütend an. »Das ist deine einzige Sorge, nicht wahr? Du willst dein Gesicht wahren. Deine Frau soll nichts von uns erfahren, nichts von uns und nichts von diesem Kind!« Dabei legte sie die Hand auf ihren Bauch.

»Kate, versteh doch ...«, setzte ich an, doch sie fiel ihm ins Wort:

»Du wirst es sehen, ich werde allen Nachbarn und natürlich auch Lucy von unserer Affäre erzählen. Auch in der Kirche werde ich nicht den Mund halten. Du wirst mich nicht von hier fort bekommen und schweigen werde ich auch nicht. Du hast mir Unrecht getan und das werde ich jedem sagen, der es hören will!«

Ich hatte das Gefühl, mir hätte jemand vor den Kopf geschlagen. Ich starrte Kate an, als sähe ich sie heute zum ersten Mal.

»Das meinst du nicht ernst ...«

»Todernst meine ich das. Du wirst es sehen!«

Blitzschnell packte ich Kate, drückte ihr die Arme an den Leib und schüttelte sie.

»Das wirst du bleiben lassen!«, schrie ich sie an.

»Mitnichten!«, schrie sie zurück. »Es ist das einzige Mittel, dich zu zwingen, dich mir gegenüber anständig zu benehmen.«

Ich ließ sie los und fuhr mehrere Schritte vor ihr zurück. Ich musste mir schnell etwas überlegen.

»Lass uns das heute Abend in Ruhe besprechen. Treffen wir uns in der Räucherscheune, die schon öfter unser Treffpunkt gewesen ist. Kannst du mir versprechen, bis dahin nichts zu unternehmen?«

Kate atmete tief durch und schaute mich durchdringend an, als wollte sie meine Seele durchforschen. Dann nickte sie. »Einverstanden. Ich werde nichts überstürzen. Ich will nur, dass du deiner Verantwortung gerecht wirst.«

»Werde ich das nicht immer?«, fragte ich und ein leises Lächeln schlich sich in meine Mundwinkel.

Am Abend erwartete ich Kate bereits in meinem Räucherhaus. Ich hatte einige wenige Vorbereitungen getroffen, bevor sie kam. Als es dann soweit war, ging alles sehr schnell. Ich wartete hinter der Tür und als Kate die Scheune betrat und nach mir rief, stülpte ich ihr den Getreidesack über den Kopf, den ich zu diesem Zweck bereitgehalten hatte, und schnürte ihre Arme mit einem Lederriemen fest. Ein dumpfer Schreckenslaut drang durch die Leinwand, doch ließ ich mich davon nicht beirren. Ich zog Kate in einen dunklen Winkel der Scheune, wo die Ketten für ungehorsame Sklaven tief im Boden eingelassen waren, und kettete sie fest. Dann nahm ich ihr den Sack vom Kopf. Sie schnappte nach Luft und ich steckte ihr ein Taschentuch in den Mund und band ein anderes um ihren Kopf.

»Damit du dich nicht durch Schreien bemerkbar machen kannst!«, zischte ich meiner Gefangenen zu. »Du bleibst so lange hier gefesselt, bis du es dir anders überlegst. Du wirst schon spuren, wenn Hunger und Durst dir zu sehr zusetzen!« Mit diesen Worten ließ ich sie in der Scheune allein.

Tief aufatmend, ritt ich nach Hause.

Nach einer unruhigen Nacht und einem geschäftigen Tag zog es mich am Abend wieder zu Kate. Sie würde es sich bestimmt anders überlegt haben, sie würde sich fügen. Mit dieser Gewissheit im Herzen betrat ich die Scheune. Ich fand sie an dem Ort, wo ich sie gestern verlassen hatte. Sie hatte sich die Hand- und Fußgelenke wund gescheuert, um aus den Eisen zu kommen. Roh und blutig waren sie, geschwollen und bereits von Fliegen und Bremsen bedeckt.

»Dummes Weib!«, lachte ich. »Meinst du, du kannst aus diesen Ketten entkommen?«

Ihre irritierend blauen Augen starrten mich nur an und sie sprachen von ihrem Hass. Ich wartete, ob sie mich einer Antwort würdigen würde, doch sie tat es nicht. Sie bat um nichts und sie sprach nicht mit mir, nur ihre Augen bohrten sich in die meinigen.

»Nun, Kate«, begann ich. »Du hast nur die eine Chance, nämlich mir zu schwören, auf die Bibel zu schwören, dass du fortgehen wirst, ohne auch nur einem Menschen etwas zu sagen. Ich werde dann dafür sorgen, dass deine Kinder zu dir kommen werden, das verspreche ich dir.« Sie wendete den Blick und den Kopf ab, starrte in das Stroh zu ihrer Rechten. »Du wirst schon mürbe werden, mach es uns doch beiden nicht so schwer. Kein Mensch hält das lange aus. Lass uns doch jetzt eine Einigung finden, dann mache ich dich sofort los und lasse dich deiner Wege ziehen – nur die meinen dürfen sie dann nie mehr kreuzen.«

Sie schwieg.

»Starrsinniges Weib!«, schrie ich sie jetzt an. »Dann verbringe doch noch ein paar Tage in dieser Lage. Aber vergiss dabei nicht, dass du es so gewollt hast.«

Zornig wie selten verließ ich den Schuppen, drückte meinem Braunen Shadow die Fersen in die Weichen und machte einen größeren Umweg, bevor ich mich daheim einfand. Und dort zog ich mich so lange in mein Arbeitszimmer zurück, bis ich mir sicher war, dass alle schliefen.

Am nächsten Tag kam Jacob McMurray, einer meiner Nachbarn, zu mir geritten. Ich sah ihm an, dass etwas nicht stimmte, denn der Mann machte einen äußerst aufgeregten und besorgten Eindruck.

»Was ist passiert, Jacob?«

»Die Witwe Walters ist verschwunden, Kate Walters.«

»Solomons Witwe?«, tat ich überrascht. »Kate? Ich habe vor ein paar Tagen noch nach ihr gesehen.«

Jacob bedachte mich mit einem sonderbar durchdringenden Blick, schwieg aber.

Ich zog die Brauen zusammen. »Wie lange wird sie denn schon vermisst?«, fragte ich und fuhr mir mit der Hand von oben nach unten über mein Gesicht. Am Ende dieser Bewegung hielt ich meine Finger einen Moment lang um mein Kinn geschlungen.

»Seit gestern früh«, berichtete Jacob. »Ihr Vater brachte ihr die Kinder wieder und alle haben auf der ganzen Farm nach ihr gesucht. Sie war verschwunden. Der Alte hat die Kinder wieder zu sich geholt. Als Kate dann gestern Abend immer noch nicht wieder da war, hat Kates Vater uns nächste Nachbarn alarmiert. Vielleicht ist sie in den Wald gegangen und ein Raubtier hat sie angefallen. Vielleicht ist sie auch gestürzt und kann nicht mehr nach Hause kommen, weil sie ein Bein gebrochen hat. Er war ganz außer sich, der arme Alte.«

Er ahnte nicht wie recht er hatte, dachte ich befriedigt. Kate konnte nicht mehr nach Hause, nie mehr.

Ich nahm mich zusammen und fragte in möglichst besorgtem Ton: »Ist sie vielleicht in die Stadt gefahren und dort geblieben?«

»Nein!«, erwiderte Jacob und schüttelte dabei vehement den Kopf, dass seine grauen Zotteln hin und her schwangen. »Ihr Vater beschwört, Kate hätte es ihm gesagt, wenn sie hätte fortziehen wollen. Sie hätte in diesem Fall den Wagen genommen, aber der stand noch hinter dem Haus. Auch hätte sie die Kinder niemals im Stich gelassen. Die Kleinen hören nicht mehr auf zu weinen, seit ihre Mutter fort ist.«

Der Wagen! Ich hätte mich ohrfeigen mögen. Warum hatte ich nicht an den Wagen gedacht? Ich hätte ihn fortbringen müssen. Jetzt war es dafür zu spät. Intensiv dachte ich nach.

»Wir müssen nach ihr suchen. Die Gegend durchkämmen. Vielleicht hat sie Feuerholz gesucht? Ich habe letztens die Fährte eines Bären gesehen. Hoffentlich ist sie wohlauf. Ich hole nur eben Shadow, dann komme ich mit dir, Jacob.«

Wir waren zu fünft und wir suchten den ganzen Tag. Jedoch ohne Erfolg, denn ich wusste die Helfer geschickt von meinem Räucherhaus fernzuhalten.

»Du warst doch einige Male bei Kate, oder, John? Sie hat ihrem Vater gegenüber einmal so was erwähnt.«

Ich zog die Brauen zusammen. Hatte sie das? Leugnen brachte mich nicht weiter, hier half nur die Flucht nach vorn.

»Ja, das stimmt«, räumte ich ein. »Ich habe ein paar Mal bei ihr nach dem Rechten gesehen. Ihr geholfen, wo ein Mann gebraucht wurde.«

Zwei der Männer lachten rau auf. Hatte ich zu viel gesagt? Wütend wendete ich mich zu den Lachern um: »Es ging immer alles mit rechten Dingen zu. Ich habe nur in aller Freundschaft geholfen. Ich war bei ihr, weil sie ihre Farm an mich verkaufen wollte. Es war viel zu besprechen und wir waren uns einig geworden. Deshalb dachte ich, sie wäre vielleicht in die Stadt gefahren. Wie kommt ihr nur auf den Gedanken, es könnte sich anders verhalten?«

»Es gab Gerüchte, John«, klärte Jacob mich auf. »Schon lange.«

»Mein Gewissen ist rein«, log ich. »Ich habe mir nichts zuschulden kommen lassen.« Dabei kam mir das Bild der Geliebten vor Augen, wie ich sie verlassen hatte, mit blutig geriebenen Gelenken und in Ketten. Meine Zähne knirschten auf einander, warum musste sie auch solch ein stures Weibsbild sein?

»Gott helfe dir, wenn es anders wäre«, murmelte Jacob, wendete sich von mir ab und sprengte den anderen voraus in Richtung von Kates Vater.

An dessen Tür hing ein schwarzer Trauerflor. Er hatte die Tochter also schon aufgegeben. Als wir ihm berichteten, dass wir nichts gefunden hatten, was auf Kates Verbleib hätte schließen lassen, barg er das Gesicht in seinen faltigen Händen.

»Mein armes Kind!«, schluchzte er. »Mein armes, armes Kind!«

Zwei Tage lang widerstand ich der Versuchung, am Abend zu Kate zu reiten, denn immer noch durchkämmten Suchtrupps die ganze Gegend. Finster starrte ich vor mich hin, die Frau in der Scheune ließ mir keine Ruhe. Ich schlief mit vielen Unterbrechungen, machte mir Vorwürfe. Niemals hätte ich mich so gehen lassen dürfen. Hatte Kate sich versprochen, dass ich Lucy aufgab? Dass ich sie zu mir holen würde? Dass dieses Kind eine Eintrittskarte in mein Leben wäre? Ich wollte es nicht, dieses Kind. Ich hatte es nie gewollt. Als Geliebte hatte sie meinem Leben Glanz verliehen. Mehr hatte ich nie beabsichtigt. Wie war sie nur zu der Überzeugung gekommen, dass es für mich mehr wäre als das? Hatte ich ihr Hoffnung gemacht? Ihr zu viel versprochen in den Augenblicken der Leidenschaft, in denen ich halb besinnungslos vor Lust alles Mögliche gesagt hatte? Ich durchforstete mein Gedächtnis, konnte mich jedoch beim besten Willen an nichts erinnern, was sie zu solchen Hoffnungen, ja, Erwartungen berechtigt hätte. War es ihre unsichere Lage? Ich atmete tief und langsam durch. Eine Frau brauchte einen Mann, das stand außer Frage. Doch musste ihr doch klar gewesen sein, dass ich bereits vergeben war. Sie hätte sich einen passenderen Mann auswählen sollen, der als ihr neuer Gemahl taugte. Allein zwei der Nachbarn waren selbst verwitwet und hatten sich noch nicht wieder neu vermählt.

Warum hat sie sich nicht einen von diesen ausgewählt? Warum ausgerechnet mich?

Morgens stand ich völlig zerschlagen auf für mein Tagewerk. Schon gegen drei Uhr nachmittags war ich so müde, dass ich mich ganz gegen meine sonstige Gewohnheit niederlegte, um eine Stunde zu schlafen. Mir träumte, Kate käme mit ihren Ketten klirrend hinter mir hergerannt und ich floh vor ihr und fand kein Versteck. Schweißgebadet schreckte ich aus dem unruhigen Schlummer. Keine Kate war in Sicht und meine Erleichterung ließ mich aufatmen.

Jetzt ließ sich der Besuch bei meiner Gefangenen nicht länger verschieben. Ich nahm Wasser mit und ein paar Scheiben Brot und ritt zu besagtem Unterstand. Shadow flogen Schaumflocken vom Maul, als wir den Verschlag erreichten. Schwungvoll sprang ich von meinem schnaubenden Tier, tätschelte ihm dankend den Hals und betrat die Scheune.

Ich musste meine Augen erst an das Dämmerlicht im Innern gewöhnen, blieb einen Moment stehen. Es roch fürchterlich und ich musste würgen. Die reglose Gestalt meiner Geliebten lag dort im Stroh in ihrem eigenen Schmutz. Ich ging hinüber zu ihr, betrachtete sie aus sicherer Entfernung. Sie hielt die Augen geschlossen und rührte sich nicht. War sie gar schon tot? Vorsichtig, wie ich es vielleicht mit einem verletzten Bären gemacht hätte, stieß ich sie mit dem Fuß an. Da entrang sich ihr ein leiser heiserer Seufzer und sie wendete den Kopf in meine Richtung. Den Knebel hatte sie inzwischen aus dem Mund gestoßen.

»Wirst du von hier fortgehen?«, fragte ich, als ich sicher war, sie würde mich hören.

Tonlos bewegte sie die rissigen Lippen. Sie musste halb verschmachtet sein. Blitzschnell kniete ich neben ihrem Kopf nieder, flößte ihr Wasser ein. Langsam und krampfhaft schluckte sie, es sah so aus, als bereitete es ihr Schmerzen. Nachdem sie fast die ganze Wasserflasche ausgetrunken hatte, schlug sie ihre Augen auf. Doch wie sahen ihre einst so strahlenden Augen aus! Rot gerändert, blutunterlaufen – erschrocken fuhr ich zurück. Sie bewegte wieder die Lippen, doch ich konnte die Worte nicht verstehen, die sie sprach. Ich beugte mein Haupt näher zu ihrem Mund hinab, begierig zu hören, was sie mir mitteilen wollte – und stolperte rückwärts ins Stroh.

»Ich werde dich heimsuchen«, hatte sie geflüstert. »Dich und deine Familie … Ich werde dich jagen … jagen … jagen.« Und dann hatte sie mich angespuckt.

Fassungslos starrte ich sie an. Wieder lag sie ohne Regung, dann zuckte ihr Leib und sie wand sich, scheinbar unter Schmerzen. Auf einmal zitterte sie, schrie gequält auf. Blut durchtränkte ihren schmutzigen Rock, etwas bewegte sich unter dem Rock. Sie zuckte noch ein-, zweimal, dann sank ihr

Kopf zur Seite und ihre Augen starrten mich anklagend an. Ihr Mund war halb geöffnet, doch ihre Züge entspannten sich.

Ich wagte kaum, mich zu bewegen. Es war unglaublich still in der Scheune. Ich spürte, ihre Seele war gegangen. Ich war allein. Mit der Faszination des Grauens hob ich ihren Rock an. Ein winziges, blutiges Kindchen lag da zwischen den erkaltenden Beinen seiner Mutter. Es war mit ihr gestorben.

Ich barg mein Gesicht in den Händen. Das war meine Schuld. Aber nein, korrigierte ich mich, es war allein Kates Schuld. Sie hätte ja bloß auf meine Wünsche eingehen müssen. Sie hatte es nicht getan. Wütend zog ich die Brauen zusammen. Ich kettete den Leichnam los, schleifte ihn ein Stück im Stroh fort, nahm einen Spaten und begann ein Loch zu graben, in welches beide, Kate und ihr totgeborenes Kind, hineinpassen würden. Ich legte die beiden Leichen umstandslos hinein und schaufelte das Grab zu. Jetzt musste ich mir nur noch überlegen, wie ich Kates Verschwinden erklären konnte. Ich würde einen Vertrag für Kates Farm vorbereiten, bei ihr siegeln und mit ihrem Zeichen unterschreiben. Ihre Kinder waren bei den Großeltern in guter Hut. Eine Erklärung für ihr plötzliches Verschwinden würde sich schon finden. Vielleicht nahm ich eines ihrer verwaisten Kleider und riss es in Fetzen. Ich musste diese ja nur über den Rand einer Schlucht legen oder ein paar Fetzen verteilen und etwas Tierblut darüber versprengen. Ich hatte tatsächlich eine Bärenfährte entdeckt. Wenn die Fetzen nun in der Nähe dieser Spuren gefunden würden? Jeder würde denken, der Bär hätte sie geholt. Und ihre Angehörigen würden Frieden finden. Die Gerüchte um Kate und mich würden verstummen. Besonders, wenn ich den Vertrag vorlegte, mit dem ich Kates Land und Farm »gekauft« hatte. Ich würde die Kaufsumme, die ich einzutragen bereit war, an Kates Vater zahlen und dann war ich aus der Sache heraus.

Ob ich aber jemals Frieden würde finden können? Mein Herz jagte, als ich an Kates letzte Worte dachte. Sie wollte sich rächen

– an mir und an meiner ganzen Familie. Konnte sie das? Hätte ich von jetzt an einen Geist auf meinen Fersen? Was würde sie tun?

Ein kalter Windhauch streifte meinen Nacken. Ich zuckte zusammen und schaute mich unbehaglich um. War sie das schon? Würde ich von nun an nie wieder Ruhe bekommen?

Am Sonntag suchte ich nach dem Gottesdienst das Gespräch mit dem alten Reverend Martens, der sich mit ruhelosen Geistern auskannte.

»Geister sind an die Plätze gebunden, wo sie gelebt haben und wo sie begraben sind«, erklärte der Reverend bedächtig, während seine kleinen weiß bewimperten Augen mich forschend musterten.

»Also kann man ihnen entkommen, wenn man nur weit genug fortgeht?«, fragte ich.

»Vielleicht, ja«, gab Martens nachdenklich zu. »Hast du einen Grund zu fragen, Bruder John?«

»Nein, keinen konkreten. Es interessiert mich einfach, was mit rachsüchtigen Geistern geschieht. Neulich hat ein Geschäftspartner mir erzählt, ein Geist sei hinter seinem Bruder her.«

»Der arme Mann!«, versetzte Martens. »Womit hat er denn den Geist dermaßen verärgert, dass er dessen Rache herausgefordert hat?«

»Das weiß ich nicht.« Ich zuckte mit den Schultern. »Das hat er nicht berichtet.«

Jäh riss ein Krampf John aus seinen Erinnerungen, es würgte ihn und er übergab sich in die Schüssel, die dafür bereitstand. Viel kam nicht, aber das Würgen und die Krallen in seinem Magen quälten ihn noch ein paar Herzschläge lang weiter, bis es vorbei war. Er spie aus, um die bittere Galle loszuwerden. Erschöpft und schweißüberströmt sank er in seine Kissen zurück. War es diese Kate, Kate aus Upper Town Creek, die ihn tot sehen wollte? Hatte sie ihn endlich gefunden?

14: »Gestatten, Mr. Mize, Magier«
Tennessee, Red River, im Spätsommer 1818

Im April, sobald das Wetter das Reisen wieder zuließ, kamen die ersten Besucher, die John nicht kannte. Reporter hatten sich unter seinem Dach eingeschlichen, es hatte Zeitungsberichte über den Spuk auf der Bell-Farm gegeben, und nun schienen die Menschen sich einen angenehmen Schauder zu erhoffen. Jeder von ihnen war begierig darauf, den Poltergeist zu erleben, und manchmal tat Kate ihnen den Gefallen. Oft jedoch blieb sie stumm und zeigte keine Spur ihrer Anwesenheit. Die Gaffer störte das nicht. Sie hatten sich Essen mitgebracht und sie harrten der Dinge, die da kommen würden, indem sie vor Johns Haus ein abendliches Picknick nach dem anderen veranstalteten.

John kamen sie vor wie Theaterbesucher, die zu ihrer Unterhaltung auf den Auftritt von Kate warteten. Als ob es sich um ein harmloses Vergnügen handelte und nicht um einen Fluch, der eine ganze Familie in Schach hielt und ins Unglück gestürzt hatte. Wenn John doch nur nicht so schrecklich schwach gewesen wäre, dann hätte er den Besuchern schon heimgeleuchtet. Aber auch das hätte vermutlich den unaufhörlichen Strom der Menschen nur verlangsamt, jedoch nicht aufgehalten. Resigniert schickte er sich drein, dass sich jeden Abend, den Gott werden ließ, eine gewisse Menge an Schaulustigen einfand, so wie die Menschen sich auch von schlimmen Unfällen und von Opfern von Überfällen angezogen fühlten, immer unter dem Deckmantel der Besorgtheit und des Mitgefühls, in Wahrheit aber, um etwas Würze in ihre langweiligen Leben zu bringen. Aus purer Sensationsgier.

John fand das widerlich und die meisten im Haushalt waren seiner Anschauung. Auch Lucy sagte immer wieder, wie schrecklich sie das fände. Doch in unbewachten Augenblicken sah John sie lächeln, wann immer sie die Menge draußen wahrnahm. Genoss sie die Bekanntheit, die die Bell-Farm inzwischen erlangt hatte? Die Zeitungsberichte? Die Leute, die das Haus umlagerten? Beinahe schien es ihm so. Doch John konnte sich beim besten Willen nicht vorstellen, warum das so war.

Er musste zurückdenken an den Anfang dieser Ereignisse, an das widernatürliche Tier damals in seinem Maisfeld. Wie hätte er auch nur ahnen können, dass dieses Tier die erste von unzähligen unheimlichen Erscheinungen war, die ihm bis heute das Leben schwermachen sollten. Wenn er damals gewusst hätte, was er heute wusste, so hätte er früher Gegenmaßnahmen ergriffen. Zu dem Zeitpunkt wären sie vielleicht noch wirksam gewesen. Jetzt allerdings befand er sich in einer vollkommen verfahrenen Situation.

Es fanden sich unter den Besuchern auch Geisteraustreiber und Detektive, welche sich an dem »Fall« versuchen wollten. Einer der ersten, der zu diesem Behufe eintraf, war der bekannte Magier Mr. Mize. Seit drei Tagen hatte dieser sich mit seinen Instrumenten und einem Stapel Papier für seine Aufzeichnungen hier breitgemacht. Little John hatte ihn auf einer Geschäftsreise getroffen und ihn mitgebracht, da Mize sich rühmte, bisher noch jeden Geist vertrieben oder ein übles Spiel entlarvt zu haben. Jede Hoffnung war mittlerweile besser als gar keine, also hatte John Sr. zugestimmt. Geduldig hatte er das Eigenlob dieses Menschen ertragen und gehofft, es möge auch nur ein Zehntteil Wahrheit in dessen Erzählungen stecken.

Körperlich eher zierlich, war Mr. Mizes Meinung von sich selbst eher aufgeblasen und unbescheiden. An diesem dritten Abend nun nach Mr. Mizes Ankunft hatte sich wieder die übliche Menge an Schaulustigen versammelt, um den Geist zu erleben. Kate konnte die Menge sehr gut unterhalten, tat dies auch recht gerne. Doch nun war es bereits der dritte Abend, an dem sie sich nicht rührte.

»Ja, ja«, feixte Mr. Mize vergnügt und strich sich über seinen Schnurrbart. »Die Kreatur wagt es nicht, sich vor mir zu zeigen. Das ist mir schon öfter vorgekommen. Geister fürchten sich vor mir. Und Scharlatane wagen es nicht, ihr unwürdiges Schauspiel vor meinen geschulten Augen auszuführen. Ich würde sie ja doch entlarven …«

Lucys Bilsenbier war gerade fertig, also reichte sie dem zahlreich erschienenen Publikum ein paar Krüge zur Erfrischung in dieser warmen Sommernacht. Sie war sehr stolz auf ihre Braukünste, die sie einer Schwester abgelauscht hatte, deren Familie einst Brauer aus dem Großherzogtum Thüringen gewesen waren. John hielt sich damit ein wenig zurück, denn es war stark, doch schätzte er es sehr seit seinem ersten Bier in Wilson.

Auch Mize nahm einen großen Schluck davon. Selbstgefällig lächelte er und strich sich über den Pomadenpanzer, der sein Haar durchtränkte. Und dann begann er mit einer weitschweifigen Geschichte, bei der er ein Komplott ausgehoben hatte, wo die Bewohner eines Hauses durch einen angeblichen Geist in Angst und Schrecken versetzt worden waren – und schließlich war es nur der neidische Nachbar gewesen, der das Grundstück gerne für sich erworben und es beinahe um einen Spottpreis bekommen hätte – wäre da nicht der berühmte Magier Mr. Mize gewesen.

Kaum war er mit seiner Erzählung am Ende und die Zuschauer, welche seinen Worten begierig gelauscht hatten, wollten sich bereits enttäuscht murmelnd zum Gehen wenden, sicher, dass Kate heute wohl keine Lust verspürte, sie zu unterhalten, da erschien ein grünliches Leuchten und ein anderes Höllengeschöpf erhob sich vor den Augen des Publikums. Es drehte sich in einem Tornado aus Licht und ein Lallen drang daraus hervor wie das eines Betrunkenen.

»Wer bist du?«, fragte Mr. Mize, nun schon nicht mehr ganz so selbstbewusst wie eben noch während seiner Erzählung.

John konnte ein feines Zittern in seiner Stimme wahrnehmen und das erfüllte ihn mit nicht geringer Befriedigung.

»Blackdog«, antwortete die Erscheinung mit der Stimme einer alten Frau, dünn, hoch und hämisch. Mize erbleichte und taumelte ein paar Schritte rückwärts.

»B... Bist du ein b... böser Geist?«

Wieder erscholl das hässliche Lachen.

»Ja, ich bin dein schlimmster Albtraum!«

»Gib nicht so an, du Schwächling!«, keifte da auf einmal eine zweite Stimme, tiefer zwar als die erste, jedoch ebenfalls unverkennbar weiblich. »Du und Albtraum? Na, das schaffe ich doch besser!«

Johns Hände zitterten. Es musste in der Hölle wahrhaft viele boshafte Weiber geben, dass sich bereits zwei davon in seinem Hause ein Stelldichein gaben. Im Grunde sogar drei, wenn er Kate mitzählte. Denn diese Stimmen waren beide nicht ihre. Erschrocken drehte sich Mize um seine eigene Achse.

»Und du? Wer bist du?«

»Mathematics«, stellte die zweite Erscheinung sich vor.

»Mathematics?«, wiederholte Mize verständnislos.

»Hörst du schwer?«

Mize arrangierte mit zitternden Händen seine Instrumente, doch schien er viel zu nervös, um etwas damit aufzuzeichnen oder Hinweise zu erkunden, die nicht ohnehin schon offensichtlich waren.

»Warum seid ihr zu zweit?«, fragte Mize schließlich tapfer, sich rasch umsehend und darüber bewusst, dass er einen Ruf zu verlieren hatte.

»Wieso zu zweit?«, entgegnete da eine weitere Frauenstimme. »Hier ist auch noch Cypocryphy!«

Wieder beschrieb Mize eine Drehung auf dem Absatz, Augen und Mund weit aufgerissen vor Schrecken. Ein Tropfen Schweiß perlte von seiner Stirn.

»Die beiden sind nichts gegen mich!«, tönte es in derselben Stimmlage noch einmal.

»Ach Unsinn, halt doch dein dummes Maul, Cypocryphy!«

Diese Stimme klang wie die eines kleinen Jungen.

»Jerusalem.« Diesmal klang es überrascht aus Cypocryphys Ecke.

»Jaaa …«, dehnte die vierte Erscheinung.

John beobachtete das Schauspiel mit einem mulmigen Gefühl. Hatte anfangs noch das Amüsement über die Hilflosigkeit des Aufschneiders Mize überwogen, so kroch ihm jetzt bei der neuen Geisterinvasion ein Schauder nach dem anderen über den Rücken, durchdrang ihn mit eisiger Kälte. Und diese Kälte drang auch von außen zu ihm vor: Geisterkälte.

Lichttornados verschiedener Farbschattierungen wirbelten umeinander. Ein scharfer Branntweingeruch breitete sich im ganzen Hause aus und John konnte sich vorstellen, dass nicht nur er und seine Familie den Schnaps rochen. Die Leute vor dem Haus mussten es genauso wahrnehmen. Sollte das denn immer so weitergehen? Erst ein Geist und nun fünf? Jede Nacht?

Gerade hatte er das gedacht, da wagte Mize, genau die Frage zu stellen, die John auf der Zunge lag: »Wo ist Kate? Und was habt ihr mit diesem Haus zu tun?«

»Wir«, hob Mathematics mit etwas verwaschener Stimme an, »gehören alle zur Hexenfamilie.«

Mize erstarrte, während die Geister um ihn lebendig wurden. Sie jagten einander, sangen unverschämte Lieder, schlüpften immer wieder durch Mizes Körper hindurch. Der stand eine ganze Weile teilnahmslos da, ein Tummelplatz für die Geister. Nur hin und wieder erschauerte er hilflos.

Das Publikum lachte verhalten, und das brachte ihn wieder zu sich.

»Ihr verfluchte Höllenbrut, fort mit euch!«, brüllte er, unverkennbar Panik in der Stimme. Auch die Geister schienen das zu bemerken.

»Nein, fort mit dir!«, rief Jerusalem boshaft.

»Benimm dich, Jerusalem!«, schimpfte Blackdog. »Wir wollen doch noch ein wenig Spaß mit ihm haben, oder?«

»Ja …«, riefen die beiden anderen Geister wie im Chor.

»Und noch ein bisschen Whisky!«, rief Mathematics.

»Wo … Wo habt ihr denn … Whisky her?«, fragte Mize mit ziemlich zittriger Stimme.

»Haben wir gefunden.«

»In der Scheune.«

»Beim alten John Gardner …«

Ein lauter Rülpser drang durch das Haus. Die anderen Geister kicherten und machten sich gleichfalls ans Werk, ebensolche Geräusche zu erzeugen. Damit vergnügten sie sich eine ganze Weile, bis Blackdog es ihnen verbot.

»Du hast uns … gaaar nix … zu ver… hicks … verbieten!«, lallte Jerusalem.

Sofort erschollen die Geräusche einer wüsten Prügelei.

»Euch werd' ich helfen!«, schrie Blackdog.

»Gar nichts kannst du!«, höhnte Mathematics.

»Ich bring dich um!«

Und nun beschränkte sich die wilde Jagd nicht nur auf das Haus, sondern die Lichtkugeln fuhren in die Zuschauer, die bislang atemlos und mit offenem Mund dem Spektakel gelauscht hatten. Nun stoben sie kreischend auseinander und einige von ihnen suchten schleunigst das Weite.

John fühlte sich wie betäubt. Aber sowohl er als auch Lucy und Drew und einige wenige Unerschrockene aus dem Publikum wurden Zeugen, was danach geschah, und konnten es den geflüchteten Nachbarn erzählen. Als wäre plötzlich eine Tür aufgegangen, erschien auf einmal Kate wieder.

»Was macht ihr denn hier?«, fragte sie ärgerlich.

Und schneller, als John es mit seinen Augen erfassen konnte, eilte sie von Farblicht zu Farblicht, drehte sich in die Lichter hinein und ließ sie flackern und erlöschen, saugte sie alle in sich auf. Stärker denn je wandte sie sich an Mize, der eifrig an einem seiner Apparate herumfummelte: »Und wer bist du?« Ein höhnisches Lachen erfüllte den Raum. »Weißt du überhaupt, was du da tust?«

»Das geht dich nichts an!«, gab Mize patzig zurück. John war erstaunt, wo der kleine Magier auf einmal so viel Frechheit hernahm.

Kate schien dasselbe zu denken, denn sie lachte: »Du alter Narr, du Angeber, du eingebildeter Tor! Glaubst du wirklich, du kannst es mit mir aufnehmen?« Mize antwortete nicht, drehte nur hektischer an seinen Rädchen. »Nur Unwissen kann dich dazu verleiten, so zu denken!«, schrie sie, zog ihn in die Luft und ließ ihn dort eine Weile hilflos zappeln. Er klappte den Mund auf, schien aber keines Lautes fähig zu sein.

»Na, bist du immer noch so mutig?«

Der kleine Magier fiel und landete unsanft auf dem Boden. Von dort rappelte er sich auf und floh in die nebenliegende Kammer, gefolgt von Kate, die wie ein Windstoß hinter ihm herfegte. Jetzt fand Mize auch seine Stimme wieder und er brüllte, was seine Lungen hergaben, stürmte hinaus, sprang auf sein Pferd und bohrte diesem voller Panik die Hacken in die Weichen. Doch das Tier weigerte sich, ihm zu gehorchen, es wieherte und schlug aus. Der kleine Magier landete zum zweiten Mal auf der Erde. Die Zuschauer lachten. Mize schimpfte laut, rappelte sich auf, kletterte wieder auf sein Pferd. »Du verfluchter Gaul!«

»Schimpfe nicht mit dem Pferd. Ich wollte es noch nicht fortlassen, ohne mich von dir zu verabschieden!« Mize warf einen panischen Blick um sich. »Ich kann dich natürlich auch begleiten, was hältst du davon?«

Niemand wusste hinterher zu sagen, ob das Pferd vor dem Geist gescheut hatte oder wegen Mizes panischen Fluchtversuchen, jedenfalls jagte es auf einmal wiehernd davon, den schimpfenden Mize im Sattel mit sich nehmend. Die Zuschauer japsten vor Lachen. Drew rief, wie um noch einen drauf zu setzen, hinter ihm her: »He, Mr. Mize, Ihr habt Eure Ausrüstung vergessen!«

Jetzt kannte die Heiterkeit des Publikums keine Grenzen mehr. Mr. Mize wurde in der Gegend nie wieder gesehen.

John verstand nicht, was die Menschen dazu trieb, Reisen von vielen Meilen zurückzulegen, nur um sich eine Sensation zu verschaffen. Noch allzu lebhaft hatte er seine eigene Reise nach Tennessee in Erinnerung. Es waren furchtbare Strapazen gewesen, die er damals auf sich genommen und auch seiner Familie auferlegt hatte. Niemals hätte er sich den Gefahren einer solchen Fahrt ausgesetzt um einer dummen Unterhaltung willen. Zumal nicht mit diesen stechenden Kopfschmerzen, die ihn heute plagten.

Um sich abzulenken und weil diese Gedanken ihm ohnehin die Bilder dieser Fahrt vor Augen riefen, gab er sich seinen Erinnerungen hin.

15: Von North Carolina nach Tennessee 1804 bis 1805

Ich hatte damals, gemeinsam mit den Familienvorständen von zehn weiteren Familien, die Reise vorbereitet. Und so waren es dann fünfunddreißig Wagen, die den Treck gebildet hatten. Ich schloss die Augen und sah den Tag des Aufbruchs wieder vor mir, als wäre es gestern gewesen.

Sonnig war es an dem Tag gewesen, die Pferde hatten geschnaubt und die Ochsen gebrüllt. Alles lief so, wie ich es geplant hatte. Die tränenreichen Abschiedsszenen hielt ich kurz und drängte auf eiligen Aufbruch, damit wir noch ein paar Meilen zwischen uns und unsere alte Heimat bringen würden. Lucy heulte und war zu nichts zu gebrauchen. Das aber würde sich bald ändern, das schwor ich mir. Wütend knallte ich die Peitsche, um die Ochsen in Bewegung zu setzen. Dean, Cloes Sohn, führte den zweiten Wagen mit seiner Mutter, seinen Geschwistern und einigen Vorräten. Ich hatte vor der Reise alle anderen Sklaven verkauft. Nur Cloe und ihre Kinder kamen mit uns. Und mein Aufseher Zacharias, der den dritten Wagen lenkte. Hier waren der restliche Proviant und auch Wasser verstaut.

An der verabredeten Stelle trafen wir auf die anderen Wagen, von denen die meisten bereits warteten. Vor der zweiten Abfahrt sammelten sich alle Männer, Frauen und Kinder zu einem Gebet, welches wir vor Antritt unserer großen Reise sprachen: »Vater, wir bitten Dich um Deinen Schutz und Schirm während dieser langen Fahrt, welche uns bevorsteht. Halte Deine schützende Hand über jeden Mann, jede Frau und jedes Kind. Amen!« Dann fuhren wir los.

Wir kamen an diesem ersten Tag gut voran. Noch waren wir schließlich auf bebautem Land mit seinen gut ausgebauten Wegen. Ich wusste, dass sich das spätestens in den Bergen ändern würde, hatte unser Treckführer uns doch gesagt, dass diese

Passage trotz der abgesteckten Wilderness Road mit ihren Wagen schwierig werden würde. Doch heute wollte ich mir noch keine Gedanken darüber machen. Heute machten wir fast zwanzig Meilen, bevor wir vom Kutschbock stiegen und das abendliche Feuer am Tar River entzündeten.

Das erste Ziel unserer Reise war Wilson, welches wir erreichten, indem wir dem Fluss einige Tagesreisen nach Südwesten folgten und dann mit frisch befüllten Wasserbehältern nach Süden abschwenkten. Ich war den Weg schon oft geritten, denn Wilson war damals das Zentrum der Tabakverarbeitung. Innerlich Abschied nehmend, fuhr ich an der mir so vertrauten Silhouette der Stadt vorbei und machte in der Nähe Lager. Mit mehreren Männern ritt ich in den Ort hinein, um Vorräte zu ergänzen und mich von langjährigen Geschäftspartnern und Freunden zu verabschieden. Ein paar Tage ruhten wir und genossen die Annehmlichkeiten der Stadt, bis es Zeit wurde, erneut aufzubrechen. Die Zeit drängte.

Weiter ging es nach Westen, zunächst bis Raleigh und dann der Sonne folgend bis nach Salem, wo wir gastfreundlich aufgenommen und genötigt wurden, eine Woche Pause zu machen. Von Salem aus folgten wir dem Yadkin River bis Salisbury, wo wir wiederum eine mehrtägige Rast einlegten. Die Frauen wollten die Kleider waschen, die Männer gingen auf die Jagd. Alles Fleisch, welches wir nicht sofort verbrauchten, trockneten die Frauen in Streifen und nahmen es mit. Ich drängte schließlich zum Aufbruch, denn bis hierhin hatten wir schon sechs Monate gebraucht.

Weiter ging es den Cold Water Creek entlang bis Concord und Charlotte. Jetzt bereiteten wir uns auf die schwierige Route durch die Berge vor. Ich hatte zusammen mit den anderen Männern den bisherigen Weg gut bewältigen können. Die Wilderness Road jedoch erforderte einen erfahrenen Führer. Mit solch einem Mann, einem Mr. Brown, waren wir in Shelby's Fort verabredet. Nach der Ergänzung der letzten Vorräte wagten wir den Weg ins Gebirge, dessen erste Ausläufer wir in den letzten Tagen bereits hatten bemerken können. Die Wege führten immer steiler bergauf, durch dichte Wälder, deren Hänge bis ins Unendliche zu reichen schienen. Dunst waberte morgens in den Bäumen, ein unwirklich scheinendes, bis ins Ungewisse verschwimmendes Grün.

Die letzte Station vor den Smokey Mountains war Blockhouse.

Das wichtigste Ziel unserer schwierigen Reise durch die Wilderness Road war der Cumberland Gap, ein Pass, der uns auf die westliche Seite der Berge brachte, die vor uns noch kaum ein Mensch gesehen hatten – von den Wilden einmal abgesehen. Von dort war es dann nicht mehr weit im Vergleich zum ersten Teil der Reise. Über Ashville, Fort Loudoun und Fort Nashborough würden wir nach Nordwesten hin unser endgültiges Ziel erreichen: die Red River Siedlung in der Nähe von Fort Adams.

An allzu viele Details der Reise kann ich mich heute nicht mehr entsinnen. Je weiter wir gekommen waren, umso mehr ließ die wachsende Erschöpfung einen mühevollen Tag in den anderen übergehen, eine unbequem zugebrachte Nacht wechselte die andere ab. Nur einzelne, besonders einprägsame Szenen standen mir heute noch klar vor Augen. Dazu gehörten die vielen Gelegenheiten, bei denen wir die steileren Wegabschnitte mittels Seilwinden bewältigten mussten. Zwanzig, dreißig zerlumpte und ausgezehrte Männer und Frauen zogen die Wagen mit ihren letzten Kräften hinauf und ließen sie nach Überwindung des jeweils höchsten Punktes an der anderen Seite wieder hinab. Das dauerte bei der Anzahl der Planwagen oft mehrere Tage. Am häufigsten fluchten wir alle in diesen Phasen der Reise über die Anzahl der mitgenommenen Sachen, denn die Wagen mussten vor dem Hinaufwinden komplett entladen werden. Jedermann war gezwungen, sein mitgeführtes Hab und Gut einzeln auf dem Rücken die Berge hinauf und auf der anderen Seite wieder hinunter zu transportieren. Den größten Teil des Weges, so erinnerte ich mich mit Schaudern, hatten wir auf Schusters Rappen bewältigt. In den Bergen gab es kaum mehr eine Strecke, die befahrbar war und auf der wir nicht alle laufen und klettern mussten. Auch die Kinder machten da keine Ausnahme. Es war viel zu gefährlich, sie in den Wagen zu lassen, während diese von den erschöpften Ochsen durch die Felspfade gerissen wurden. Also trugen ihre Mütter, Väter und älteren Geschwister die Kleinen zusätzlich zu dem übrigen Gepäck und ihrem eigenen Gewicht.

Ich hatte nur noch einzelne Szenen vor Augen, spürte in der Verbindung damit immer noch den Taumel an Erschöpfung, die bis zum Rand des Todes ging.

Im Laufe der Zeit nahm die Anzahl der Wagen und der Habseligkeiten ab, bis viele Familien nur noch einen oder gar keinen Wagen mehr besaßen. Da konnte ich mich glücklich preisen, dass ich zwei Wagen bis ans Ziel gebracht hatte. Irgendwann waren die Achsbrüche in der Wildnis nicht mehr zu beheben, Räder nicht mehr zu ersetzen. Fünfmal verloren wir die Kontrolle über hinauf- und hinabgelassene Wagen, die dann polternd und staubend die Abhänge hinunterrollten. Dabei wurden zwei Männer und eine Frau mitgerissen in die bodenlose Tiefe. Auch mein Aufseher Zacharias und einer meiner eigenen Wagen stürzten hinunter, unwiederbringlich verloren, jenseits aller Rettungsversuche in den unzugänglichen Klüften dieses Gebirges.

Ich hörte das Quietschen und das rasende Rollen der Wagenräder erneut, den vielstimmigen Aufschrei des Entsetzens. Und ich sah den Staub, der emporgequollen war, als beides, Mann und Wagen, in der Tiefe verschwunden waren.

Ohne uns eine lange Trauer um die Verunglückten leisten zu können, pressten wir Übrigen die Lippen zusammen und machten umso entschlossener weiter. Verletzungen und Unfälle gab es jeden Tag. Einmal wurde ein kleiner Junge von einer

Klapperschlange gebissen. Lucy rettete ihm mit ihren Kräutern das Leben. Ein anderes Mal rutschte ein Wagen im Regen weg und legte sich auf die Seite, die neben ihm hergehende Frau mitsamt ihrer drei Kinder begrabend. Kaum ein Tag verging ohne solche betrüblichen Ereignisse, doch sowohl die Erschöpfung wie auch die Entschlossenheit von uns Überlebenden waren so groß, dass wir einen Tag nach dem anderen bewältigten, ohne viel nachzudenken. Besonders in den Bergen mussten wir wegen der Indianer und der umherstreifenden Banditen jede Nacht Wache halten. Nach einem langen, knochenschüttelnden Tag auf dem Kutschbock wurde es uns doppelt schwer, nicht auf der Wache einzuschlafen.

In den Brown Mountains wurden wir Zeugen unheimlicher Lichter, die aus den nächtlichen Wäldern in den Himmel aufstiegen. Ich befahl all die Meinen zu mir und verbot ihnen, sich vom Lager zu entfernen. Zu unheimlich sahen diese Lichter aus! Die einzigen, die sich nicht daran gehalten hatten, waren Lucy und ihre vermaledeite Base Kate gewesen. Diese beiden waren auf die Felsen gestiegen, um das Schauspiel zu beobachten. Die Cherokee – so Kate – erzählten die Legende, dass es sich bei diesen Lichtern um die Geister unglücklicher, in einer großen Schlacht gefallener Krieger handelte, die gezwungen waren, ohne jemals Ruhe zu finden auf der Erde einherzustreifen. Nun, da galt es, vorsichtig zu sein. Einen wütenden Totengeist hatte ich mir nicht auf den Leib jagen wollen. Das hatte nur mein blödes Weib riskiert. Kein Funken Verstand!

Noch eine lebhafte Erinnerung von der Reise stellte die Begegnung mit den Indianern dar. Eines Tages, bereits kurz vor unserem Ziele, tauchten auf einmal lautlos ein paar Rothäute auf. Ich ließ die Wagen halten. Bei allem Schrecken, der mich zunächst zu meinem Gewehr greifen ließ, waren dies doch harmlose Jäger, die ihre erjagte Elenkuh gegen ein paar Decken und Glasperlen eintauschten. Ich hatte vorsorglich extra solcherlei Krimskrams mitgeführt.

Und an noch etwas erinnerte ich mich von dieser Reise: Lucy wurde krank. Fast die Hälfte der Zeit war sie so krank, dass sie nicht zu gebrauchen war. Ihre Arbeitskraft fehlte – das war die Folge ihrer nachgiebigen Erziehung! Ich hatte dafür gesorgt, dass sie ihren Widerstand gegen mich und diese Reise ein für alle Mal aufgab – damit sie mir in Tennessee eine bessere und gehorsamere Ehefrau sein würde. Und damit hatte ich Erfolg gehabt. Noch heute musste ich bei dem Gedanken daran lächeln. Das Verwöhnte hatte ich ihr gründlich ausgetrieben in all den Jahren hier in Tennessee. Und den Anfang hatte ich auf dieser Reise gemacht.

Ich war immer ein guter Christ und ein verantwortungsvoller Familienvorstand. Das sagten alle, die mich kannten.

Und dennoch musste ausgerechnet mir solch eine Schmach widerfahren, dass höllische Wesen bei mir aus- und eingingen. War eines davon vielleicht ein indianischer Totengeist? War es der ruhelose Geist meines Aufsehers Zacharias? Ich verstand einfach nicht, womit ich diese Strafe verdient hatte.

16: Gift?
Tennessee, im Herbst 1818

John lag auf einer Bettstatt, die seine Söhne extra für ihn im Wohnraum aufgestellt hatten. Im Kamin prasselte ein wärmendes Feuer, doch John fühlte sich so elend, dass er aufstöhnte. Lucy blickte zu ihm auf. Sie hatte sich mit einer Strickarbeit neben sein Lager gesetzt und hielt sich bereit, falls er etwas brauchte.

»Möchtest du Wasser, mein Lieber?«, fragte sie ihn jetzt.

John nickte. Seine Kehle war rau und er konnte kaum sprechen. Geduldig flößte Lucy ihm das Getränk ein – und ein paar Löffel Getreidebrei, den sie mit etwas Ahornsirup verfeinert hatte, damit er weniger fad schmeckte.

John drehte nach einem Löffel voll den Mund weg. Jetzt schon begann sein Magen wieder zu rebellieren.

»Du brauchst etwas zu essen, mein Lieber«, sagte Lucy ruhig. »Du warst zwar immer schon lang und schlank – aber jetzt wirst du mir zu dünn. Der Doktor sagt das auch.« Sie lächelte.

John öffnete den Mund für einen weiteren Löffel voll Brei. Er hatte absolut keinen Hunger und sein Appetit war ihm schon seit Tagen abhandengekommen. Sein Magen und seine Eingeweide brannten, als hätte er ein heißes Brenneisen verschluckt. Seine Kehle war wund vom Erbrechen. Er fühlte sich sterbenselend.

Auch jetzt machte jeder Löffel Brei sofort Anstalten, ihm die Kehle wieder emporzusteigen. Oder er verließ seinen Körper in die andere Richtung – nahezu unverdaut! Er konnte nur schwer etwas bei sich behalten. Außerdem war er mittlerweile so schwach, dass sein Weib ihn füttern musste wie ein kleines Kind – ihn, den Mann im Haus. Das fühlte sich ganz einfach falsch für ihn an. Es war alles eine furchtbare Qual für ihn, körperlich wie seelisch.

Er schluckte. Und er schluckte noch einmal und noch einmal, jeden Löffel voll dreimal. Ein Schluck Wasser. Ein Löffel Brei. Der letzte Löffel Brei.

»So, nun ruh dich aus, mein Lieber«, lächelte Lucy und wischte ihm den Mund mit einem feuchten Tuch ab – wie einem kleinen Kind. John wusste, er hätte dankbar sein sollen. Aber er hasste es, hasste Lucy, weil sie gesund war.

Lucy brachte die Breischüssel nach draußen – und John tat dasselbe mit dem Brei. Er konnte es nicht verhindern, hatte keine Kontrolle darüber. *Hoffnungslos,* dachte er und wischte sich den Mund wieder ab. *Absolut hoffnungslos.*

Er strich sich die verklebten Haare aus dem Gesicht, blieb mit der Hand darin hängen – und hielt plötzlich eine ganze Strähne davon leblos in der Hand. Sie war einfach zwischen seinen Fingern hängen geblieben. Ein Gefühl von Panik befiel ihn, als er jetzt auf seine Hand starrte, die umwickelt war mit den letzten Bewohnern seines Kopfes. Was war das nur für eine Krankheit?

Die gegrölte Melodie eines alten Trinkliedes erklang auf einmal direkt neben ihm. Und danach ein meckerndes Lachen, welches sich entfernte. Eine Vase stürzte um und kippte einen See von Wasser über den Boden. Es gluckerte. Und dann folgte Stille.

John stöhnte. Wem hatte er diesen Spuk zu verdanken? Er hatte doch nun schon fast alle Möglichkeiten durch … außer … wenn Lucy …?

John wusste, dass sie seine Erziehungsversuche gar nicht gut aufgenommen hatte – und sie hatte alle Möglichkeiten. Sie bereitete ihm ja die Mahlzeiten. Sie kannte sich mit den Kräutern aus. Wenn sie nun etwas Schädliches in seinen Tee, seinen Brei getan hatte? War sie eine Hexe? Vollführte sie Schadzauber? Gab sie ihm … Gift? Er musste bei dem Gedanken schlucken. Hatte er eine Schlange an seinem Busen genährt? Auf einmal schien alles einen Sinn zu geben: Immer nach dem Essen ging es ihm schlecht – nur ihm! Warum wohl?

Dieses verfluchte Weib! Noch nie hatte sie sich ihm unterordnen wollen. Aber Mord? Traute er ihr das zu? Sie konnte doch nicht einmal den Hühnern den Hals umdrehen. Würde sie das mit einem Menschen tun können? Und gar mit ihm? Ihn über eine so lange Zeit pflegen und ihn gleichzeitig vergiften? Er nahm sich vor, ihr Verhalten genau zu beobachten. Irgendwann würde sie die Maske ja einmal fallen lassen müssen – kein Mensch konnte ewig etwas vorspielen. Wenn sie die Schuld trug … nun, dann würde er sich zu schützen wissen. Sein Testament lag in der abgeschlossenen Lade in seinen Geschäftsräumen. Er würde es nur ändern müssen. Falls sich sein Verdacht bestätigte.

Und es ging ja nicht allein darum, ob Lucy ihm Gift einflößte – es ging auch um das Phänomen »Kate« in seinem Hause. Wäre sie in der Lage, das vorzugaukeln? Er schüttelte langsam den Kopf, was sofort den ganzen Raum um ihn in eine stetige, langsame Drehbewegung versetzte, als würde er in einem Boot sitzen und über Wellen treiben, in einem Kahn, der sich steuerlos um sich selbst drehte. Er wartete, bis es vorbei war, so konnte er nicht denken. Nein, Lucy konnte unmöglich alle Dinge erschaffen, die der Geist tat. Oder hatte sie ihn beschworen, ihn zu strafen? Zusammen mit ihrer unseligen Cousine Kate? Die Frauen mochten sich schon lange nicht mehr. Das wusste er doch. Wusste er es wirklich? Was war echt, was war gespielt?

Er konnte es nicht mehr unterscheiden. Die Gedanken gingen in seinem Kopf um und um wie Mühlsteine. Alles drehte sich und sein Schädel schmerzte entsetzlich. Er legte sich zurück, suchte eine bequemere Position im Bett. Die Augen fielen ihm zu.

Gerade hatte er sich ein wenig entspannt, da verkrampfte sich sein ganzer Leib, seine Muskeln wurden hart und er schrie vor unsäglicher Pein, er schrie und schrie und schrie, während sein Körper eine Brücke bildete, die nur auf seinem Scheitel und seinen Fersen ruhte.

Alarmiert kamen Jesse und Lucy herbeigestürzt. Beinahe verlor John das Bewusstsein. Er hörte, wie beide auf ihn einredeten, doch den Sinn ihrer Worte konnte er nicht verstehen. Er sah ihre besorgten, ja, ihre erschrockenen Gesichter, fühlte einen kühlen Lappen auf seiner Stirn. Und dann war es vorbei. Er sank erschöpft auf sein Lager zurück. Lucys warme braune Augen ruhten auf ihm – sie lächelte. Warum lächelte sie? Und während er in den Schlaf hinüberglitt, kam ihm ohne sein Zutun wieder in den Sinn, wie das damals gewesen war, als er Lucy kennenlernte. Mit einem Gefühl zwischen Sentimentalität und Bedauern bauten sich die Bilder wieder auf in seinem Kopf und er reiste zurück in eine andere Zeit.

17: Eheanbahnung
North Carolina, zu Trinitatis a. D. 1780

Es war so unendlich lange her, doch in diesem Moment stand mir alles wieder klar vor Augen: Wie ich Lucy damals kennengelernt hatte.

Ich sah das alte Gebetshaus noch vor mir, konnte mich auf die vielen Menschen besinnen, die an diesem friedlichen Trinitatistag im Jahre des Herrn 1780 darauf zustrebten. Tautropfen hingen an den Blättern und Kelchen der ersten Blumen des Jahres, ein herrlich blauer Himmel wölbte sich über grünen Auen, in deren Mitte die Kapelle stand. Heute war sie sicher schon lange abgerissen und durch ein neueres, größeres Gebetshaus ersetzt worden, aber an diesem 21. Mai 1780 stand es noch genauso da, wie meine Erinnerung es mir wieder vor Augen führte. Auch ich eilte damals zum Gottesdienst, denn ich hatte wahrlich allen Grund, meinem Herrn zu danken.

Ich war in die Kriegshändel in North und South Carolina verwickelt gewesen, ohne schwerere Verletzungen davongetragen zu haben. Im letzten Jahr hatten die Briten trotz des gut geplanten Angriffs unserer Kontinentalarmee Savannah gehalten und vor gerade einmal einer Woche mussten meine Kameraden und ich die Niederlage nach der Britischen Belagerung von Charleston hinnehmen. Die Briten schienen auf der Siegerstraße zu sein, doch nein, diesen düsteren Überlegungen wollte ich mich jetzt nicht hingeben. Trotz all der militärischen Schlappen seit Bunker Hill – wo unseren Patriotentruppen nur die Munition ausgegangen war und wir den Briten so blutige Verluste beigebracht hatten, dass die Zeitungen von einem Pyrrhussieg sprachen – war ich fest davon überzeugt, dass Gott auf unserer Seite war, der der Patrioten. Schließlich hatte Er uns ja vor drei Jahren den so wichtigen Sieg von Saratoga geschenkt. Nun, eigentlich nicht geschenkt, aber Er hatte es zugelassen, dass die richtige Seite siegte. Und nicht zuletzt diesem Sieg – und Benjamin Franklin in Paris – hatten wir im Februar 1778 das Bündnis mit den Franzosen zu verdanken gehabt, die nur durch den Sieg von Saratoga zu überzeugen gewesen waren. Im vorletzten Sommer hatten die Franzosen den Hummerrücken den Krieg erklärt und sich seitdem offen zu den Zielen der Revolution bekannt. Dieses Bündnis, das ahnte ich, würde uns noch einmal sehr von Nutzen sein.

Ich dankte Gott, dass ich nicht in Charleston eingeschlossen gewesen war. Und unsere Generäle schienen sich im Moment mehr auf eine Taktik der feinen Nadelstiche verlegt zu haben, wobei sie kleinere britische Einheiten angriffen, wann immer sich die Gelegenheit bot, um sich danach gleich wieder in die Wälder und Sümpfe zurückzuziehen, die den Briten unbekannt waren und in die sie sich nur ungern wagten.

Aber zu den Feinden von außen kamen in dieser Zeit die Feinde in den eigenen Reihen. Damals, daran konnte ich mich nur zu gut entsinnen, gab es viele Männer, die sich zwar gegen die überhöhten Steuerforderungen der Kolonialherren wehrten, jedoch die Herrschaft des Königs nicht abschaffen wollten. Wer hätte denn schließlich schon einmal von einer zivilisierten christlichen Nation gehört, die nicht von einem König regiert wurde? Wer sollte denn für Recht und Ordnung sorgen, wenn nicht ein Herrscher von Gottes Gnaden? Diese Debatte wurde immer wieder geführt, und das auf allen Ebenen, und sie spaltete die Truppen in zwei Lager.

Nun war ich für den Feiertag beurlaubt worden und in meine Heimatgemeinde zurückgekehrt. Genau wie viele andere Gläubige lief ich nun also auf dieses alte Gebetshaus zu, mitten im Grünen, über mir die Schäfchenwolken eines blauen Frühjahrshimmels. Die Bauern hatten die Saat schon ausgebracht und die Menschen wollten Gott dafür danken, dass ihre Äcker und Häuser bislang vom Kriegsgeschehen verschont geblieben waren – und Ihn bitten, dass es so bleiben möge. Ihn anflehen, Er möge den Rebellen den Sieg schenken, hatte doch jeder einen Bruder, einen Sohn, einen Vater bei dieser Truppe. Unter solcherlei Gedanken und Vermutungen betrat ich das feierliche Dämmerlicht des Gebetshauses, welches von einer großen Zahl von Kerzen erhellt wurde. Ich stellte mich nach rechts zu den Männern, während die Weiber mit den Kindern auf der linken Seite Platz genommen hatten. Ein erwartungsvolles Murmeln erfüllte den Raum, Kinder weinten und wurden beruhigt, die verheirateten Männer, Väter zumeist, warfen nervöse Blicke zu den Frauen hinüber.

Endlich begann der Gottesdienst, welchen ich als besonders schön und friedlich erlebte. Weder im Getümmel der Kriegswirren noch im Kriegslager mit seinem rauen Ton war für mehr Zeit gewesen als für kurze Feldgottesdienste, immer in Eile, immer unter der Maßgabe, dass die Schlacht jeden Augenblick beginnen konnte. Dass keiner wusste, ob er abends noch dastehen und Gott danken konnte für den Erhalt seines Lebens, seiner Gesundheit. Oder ob er zu dem Zeitpunkt tot inmitten eines Berges von Leichnamen liegen würde, unbegraben und ungesegnet, sodass er am Tage des Jüngsten Gerichts nicht mehr würde auferstehen können. Oder ob er unter den grausamen Händen eines Feldschers schreien würde, weil man ihm seine Beine amputieren musste.

Die Schrecken des Krieges waren vielfältig. Noch schlimmer als das war das Schicksal jener, die gefangen genommen wurden. Kein Kriegsrecht schützte die Truppen von General Washington. Den Briten zufolge waren wir Rebellen. Auch zu diesem Punkt kursierten jede Menge Gerüchte, eines grausiger als das andere. Ich jedoch hielt es für am wahrscheinlichsten, dass Gefangene nach einer gründlichen peinlichen Befragung, sobald die Briten sicher waren, dass kein Geheimnis mehr mit ihnen starb, hingerichtet würden. Wie auch immer das in einem umherziehenden Armeekorps bewerkstelligt wurde. Vermutlich knüpfte man sie einfach an den nächsten Baum. Sicher war ich mir jedoch in diesem Punkt nicht. Die offizielle Strafe für Hochverrat war ein sehr qualvoller Tod. Und auch wenn sie als Hängen, Ausweiden und Vierteilen seit fast einhundert Jahren nicht mehr praktiziert wurde, gab es diese Strafe noch in der englischen Gesetzgebung. Und sie traf fast ausschließlich Rebellen. Vor hundert Jahren war man mit über zweihundert Männern auf diese Weise verfahren. Es hatte sich die Nachricht verbreitet, die Briten hätten seit Anfang dieses Krieges ihre Gefangenen auf Schiffe vor unserer Küste verlegt und dort an Hunger und Seuchen elend sterben lassen. Die Pocken, die Ruhr, der Typhus und andere Krankheiten hatten unserer Armee in den Winterlagern oft mehr zu schaffen gemacht als der Feind. Und die Pocken hatten von jenen Gefangenenschiffen aus auf die Küste übergegriffen, das schien mir sicher zu sein.

Herr, betete ich, *bitte, nimm mir lieber mein Leben, als dass Du es zulässt, dass ich jemals in britische Gefangenschaft gerate. Doch wenn es Dir gefällt und Du noch etwas mit mir vorhast, so verschone bitte meine Gliedmaßen.*

Ich konnte nicht anders, als solcherlei Stoßgebete emporzuschicken bei dieser ersten und vorerst einzigen Gelegenheit, die ich für mich sah. Die Predigt rankte sich um die Kriegsgeschehen, um die Fürsorge für Witwen und Waisen und um die Hoffnung, dass der Krieg bald zu einem Ende käme und es nicht an der hier versammelten Gemeinde ausgehen möge, was immer die Sieger auch tun würden, um ihren Sieg zu feiern. Besonders für den Fall eines britischen Sieges.

Ich spürte, wie meine Aufmerksamkeit ständig abirrte, wie ich mich nicht so, wie ich gewollt hatte, auf die Predigt konzentrieren konnte. Im Falle eines britischen Sieges waren wir sowieso alle verloren, dachte ich müde. Dann konnte uns niemand mehr helfen. Diese Sieger würden uns bis zum letzten Rebellen jagen, wie sie es einst, vor nicht einmal vierzig Jahren, mit den schottischen Jakobiten gemacht hatten. Es war kein Stein auf dem anderen geblieben, etliche Clans waren ausgelöscht worden – für immer. Die Frauen waren zu Huren gemacht, lebendig gefangen genommene Jakobiten verbannt worden. Die Kinder waren verhungert. Uns allen stand ein ähnliches Schicksal bevor, wenn wir uns besiegen ließen.

Ich ballte die Fäuste. Nein! Das durfte nicht geschehen, niemals. Wir würden kämpfen müssen bis in den Tod, wenn es sein musste. Die weiße Fahne war keine Lösung, ein Sieg war unsere einzige Chance.

Wieder hatte ich den Worten des Geistlichen kein Gehör geschenkt. Um mich herum standen plötzlich alle Leute auf und der Reverend erteilte der Gemeinde seinen Segen. Der Gottesdienst war vorbei und die Menschen zogen langsam aus der Kapelle hinaus, schwemmten mich mit nach draußen. Männer und Weiber sammelten sich auf der Wiese in Grüppchen, hielten ein Schwätzchen, führten ernste Gespräche, leiteten geschäftliche Vereinbarungen ein.

Wie friedlich es hier doch war. Wie ahnungslos und naiv waren die Menschen hier geblieben, da sie nicht in die Gräuel des Krieges und des Tötens verwickelt worden waren. Ich seufzte. Gerne hätte ich selbst meine Unschuld zurückgehabt. Doch das war unmöglich. In solcherlei Gedanken versunken, schlenderte ich zwischen den Gruppen hin und her, schnappte mal hier, mal dort einen Satz auf, einen Scherz, ein tröstendes Wort, eine Mahnung. Nichts davon war an mich gerichtet, und so ging ich weiter, zur nächsten Gruppe von Männern.

Mit meinen Geschwistern hatte ich kaum noch Verbindung, sie waren alle viel älter als ich und lebten zum Großteil in Virginia. Angenehme Gesellschaft hatte ich in den Jahren, bevor ich mich der Kontinentalarmee anschloss, immer bei meinen Nachbarn gefunden. Ich hatte mir die Heimkehr so oft vorgestellt, doch jetzt fühlte ich mich fremd inmitten meiner vertrauten Nachbarn, von denen keiner in den Krieg gezogen war, fremd und nicht mehr zu ihnen gehörig. Im Feldlager hatte ich mich nach diesen Menschen gesehnt, die ich bereits so viele

Jahre kannte, doch hier begann ich mich nach meinen Kameraden zu sehnen. Was war das nur, dass ich mich in meiner eigenen Heimat wie ein Fremder fühlte?

Schon wollte ich mich enttäuscht auf den Heimweg machen, da rief jemand meinen Namen: »John, John Bell! Wie geht es Euch, mein Lieber?« Ein kräftiger, untersetzter Mann kam mir mit ausgebreiteten Armen und einem breiten Lächeln entgegen.

»John Williams!«, entgegnete ich erfreut. Etwas aufmerksamer betrachtete ich den Nachbarn jetzt, sah, dass dessen Neigung zur Fettleibigkeit sich in den letzten Jahren verstärkt hatte. Williams, der einer der reichsten Farmer der ganzen Gegend war, packte mich beim Ärmel meines Rockes und zog mich zur Seite. »Wie ist es Euch im Krieg ergangen, John?«, fragte er dabei. »Wie ich sehe, habt Ihr noch alle Eure Gliedmaßen.«

Ich lächelte unwillkürlich und wartete, welche Art von Gespräch Mr. Williams mit dieser sonderbaren Einleitung beginnen wollte. Ein ganzes Stück abseits der anderen Gruppen blieb Williams stehen. *Außer Hörweite*, dachte ich belustigt.

»John, ich sehe es mit Freuden, dass es Euch wieder zu uns zieht, Euren alten Nachbarn und Freunden. Viele kehren der alten Heimat den Rücken, sobald sie sich weit genug davon entfernt haben.« Hier machte er eine bedeutungsvolle Pause und sah mich fragend an.

»Ja, da habt Ihr recht, Mr. Williams«, bestätigte ich. Mein Gegenüber nickte und schien nach Worten zu suchen, denn er schwieg einige Herzschläge lang. Worauf wollte mein Gesprächspartner hinaus? Was konnte ein solcher Mann von mir wollen?

Williams atmete tief ein, als rüste er sich für ein heikles Thema, dann sprach er weiter: »Tragt Ihr Euch mit dem Gedanken, Euch nach dem Kriege wieder bei uns anzusiedeln? Oder werdet Ihr Euer Land verkaufen und Euch anderswo ankaufen?«

Ich stutzte. Warum wollte Williams das wissen? Nicht einmal ich selbst hatte mir bisher darüber ernsthafte Gedanken gemacht. Wieso also sollte mein Nachbar dies tun?

Williams schien mir mein Befremden anzusehen und hob die feisten Hände in einer Geste der Beschwichtigung.

»Es muss Euch seltsam anmuten, dass ich Euch etwas so Persönliches frage. Ich bitte Euch, hört mir nur einen Augenblick zu.«

Ich neigte den Kopf und schwieg. Williams ließ ein paar Augenblicke vergehen, da ich jedoch nicht antwortete, fuhr der reiche Farmer fort, indem er mich abschätzend musterte: »Wie alt seid Ihr, John?«

»Ich stehe jetzt in meinem dreißigsten Jahr«, antwortete ich und zog die Brauen zusammen. Worauf lief das hier hinaus?

»Habt Ihr schon einmal in Erwägung gezogen, Euch zu verehelichen, Mr. Bell?«, fragte Williams nun. Noch bevor ich etwas entgegnen konnte, ergriff Williams erneut das Wort: »Wie Ihr Euch vielleicht erinnert, habe ich eine Tochter namens Lucy. Sie wird im nächsten Februar ihr elftes Lebensjahr erreichen, so Gott will. Ich muss mir so langsam Gedanken darüber machen, mit wem ich sie vermählen kann.« Das also war es, was dem alten Fuchs so viel Verlegenheit bereitet hatte. Das Bild eines dunkelhaarigen kleinen Mädchens mit einem dicken Zopf ging mir durch den Sinn. »Oder seid Ihr bereits verheiratet oder habt Euch versprochen?«, setzte Williams hinzu, während er mein Mienenspiel genau beobachtete.

»Nein, nein«, wehrte ich ab. »Ich habe mir in dieser Hinsicht bisher ebenso wenig Gedanken gemacht wie über meinen Wohnsitz nach dem Krieg.«

»Nun«, lächelte Williams. »So bitte ich Euch, jetzt darüber nachzudenken. Geschäftlich wäre eine Verbindung für beide Seiten von großem Vorteil. Ihr besitzt einige Ländereien, wie mir zu Ohren kam.«

»Das ist wahr«, antwortete ich abwesend, während ich die geschäftliche Seite der Angelegenheit rasch überschlug. Von Vorteil wäre es tatsächlich! Eine Williams-Tochter bekam sicher keine geringe Mitgift mit in die Ehe. Und ein zweiter Gedanke fasste Platz in meinem Hirn. War dieses Angebot die Antwort auf meine Gebete vorhin im Gottesdienst? Hatte der Herr mit mir doch noch Größeres vor? Ein warmes Gefühl von Dankbarkeit und Genugtuung breitete sich in meiner Brust aus. Mit einem Lächeln fühlte ich es mein Gesicht erreichen.

Williams, der mich immer noch genau im Auge hatte, lächelte auch, schlug mir vertraulich gegen die Schulter. »Ihr erkennt auch, was ich Euch hier antrage?«

»Ja, das erkenne ich.« Ich hörte selbst, wie träumerisch meine Stimme klang.

»Wie lange seid Ihr beurlaubt?«

»Bis Mittwoch kann ich bleiben. Am Freitag muss ich mich wieder bei meiner Einheit melden.«

»So kommt am Dienstagnachmittag zu uns zu Besuch, Mr. Bell. Um fünfzehn Uhr? Dann kann ich Euch schon ein paar geschäftliche Vorschläge unterbreiten und Ihr könnt Euch ein erstes Bild von Eurem zukünftigen Weibe machen. Lucy ist ein gutes Kind. Sie wird Euch gewiss eine wunderbare und gehorsame Ehefrau sein.«

»Ich werde kommen«, nahm ich die Einladung an, nickte Williams freundlich zu und machte mich auf den Heimweg.

Am Dienstag hatte ich seit dem Vormittag Stunden damit zugebracht, mich auf den Besuch bei der Familie Williams vorzubereiten. Ich hatte mein bestes Hemd und meinen Sonntagsrock angelegt und ich hatte meine Stiefel so lange geputzt, bis sie glänzten. Ein kritischer Blick in den Spiegel belehrte mich, dass ich so selbst militärischen Standards mit meiner Kleidung genügt hätte. Also sollte es auch für einen Besuch bei meinem zukünftigen Schwiegervater gut genug sein.

Ich nahm den Wagen, weil meine Sonntagskleidung sich nicht für einen Ritt eignete. Mein Herz schlug ungewohnt schnell und ich fühlte eine Aufregung, die ich so nicht erwartet hatte. Schließlich war Williams ja auf mich zugekommen, diesem lag also ebenso viel daran, dass eine Vereinbarung zustande kam, wie mir selbst. Doch so oft ich mir das auch sagte, die Aufregung blieb. So traf ich kurz vor der Zeit auf der Williams-Farm ein. Diener standen bereit, mein Gespann entgegenzunehmen, die Pferde zu füttern, mich zu einem schöngedeckten Tisch zu geleiten. Dort wurde ich bereits vom Hausherrn erwartet. Unauffällig wischte ich meine schweißigen Hände an der Hose ab.

»Schön, dass Ihr es einrichten konntet, Mr. Bell«, begrüßte mich Williams jovial, stand auf und reichte mir eine fleischige Hand.

»Wollt Ihr Euch nicht setzen?«, lud er mich ein und deutete auf den Platz neben sich. »Meine Frau kommt auch gleich, sie macht sich noch zurecht, Ihr wisst ja, wie die Frauen so sind …« Er lachte dröhnend über seine eigene Feststellung.

Etwas beklommen setzte ich mich auf den mir zugewiesenen Platz, auch wenn ich wusste, dass es für solche Gefühle keinen Grund gab. Ich griff mir in den steifen Kragen, der mir plötzlich zu eng war. Doch dann spürte ich die prüfenden Blicke meines Gastgebers und lächelte, versuchte, meine angenehmen Gesellschaftsformen wieder vom Dachboden meiner Erziehung zu holen, sie abzustauben und in Anwendung zu bringen. Das war nicht so einfach. Der Krieg hatte mich sehr viel direkter werden lassen, als die gesellschaftliche Etikette es erlaubte.

Plötzlich wurde mir bewusst, dass Williams mir erwartungsvoll ins Gesicht blickte. Die Augen meines Gastgebers ruhten womöglich bereits seit geraumer Weile auf mir. Hitze stieg in meine Wangen. Was hatte ich gerade verpasst? Warum musste ich auch ständig in Gedanken sein?

»Bitte verzeiht mir, es geht mir so viel durch den Kopf, seit Ihr mir Euren Vorschlag unterbreitet habt. Fragtet Ihr mich soeben etwas?«

Hoffentlich war Williams nicht verärgert. Doch nein, der schlug wieder sein lautes Lachen an und klopfte mir kräftig auf den Rücken. »Ich fragte, wie Ihr Euch befindet und ob Ihr schon einmal einen so prächtig geschmückten Tisch gesehen habt«, wiederholte der Farmer gut gelaunt. »Und ich kann mir vorstellen, was Euch alles im Kopf herumgeistert.«

Ich sah meinen Gastgeber direkt an. »So? Was denn?«, kam es schärfer heraus, als ich beabsichtigt hatte. Doch Williams schien sich nicht daran zu stören.

»Nun«, dehnte er und setzte ein breites Lächeln auf. »Ich denke, Ihr werdet über mein Angebot nachgedacht haben. Außerdem habt Ihr noch die Sorgen des Krieges in Eurer Seele.« Sinnend blickte er einen Moment vor sich in den blühenden Garten, ohne wirklich etwas zu sehen. Ich schwieg. »Wie stehen unsere Chancen gegen die Briten, was meint Ihr?«, fragte Williams dann in verschwörerischem Ton.

Ich zuckte mit den Schultern. »Ich weiß es nicht«, antwortete ich ehrlich. »In manchen Schlachten obsiegen wir, die letzten jedoch gingen fürchterlich schlecht für uns aus. Das Kriegsglück ist launisch. Dennoch fühle ich, dass unsere Sache die richtige ist. Ich weiß, dass der Herr auf unserer Seite ist.«

»So ist es recht, mein Lieber. Ihr habt eine gute patriotische Gesinnung, das gefällt mir.« Dabei klopfte mir Williams wieder auf den Rücken und diesmal hatte es etwa die Wirkung eines Prankenhiebes. Ich musste husten. Williams ging darüber hinweg und sprach weiter: »Was denkt Ihr, wer sollte nach dem Kriege hier das Land regieren? Seid Ihr für einen neuen König? Oder für eine Republik nach römischem Vorbild?«

Nicht schon wieder diese unselige Diskussion. Ich hatte sie schon viel zu häufig geführt in den letzten Jahren. Und in der Hälfte der Fälle hatte ich mir damit im Nachhinein grimmige Feinde geschaffen.

Nach römischem Vorbild? Alle Achtung. Der Mann war erstaunlich gebildet, das hatte ich ihm gar nicht zugetraut. Ich atmete tief durch. Was sollte ich darauf antworten? Mein Gastgeber sah mich auf eine Weise an, die ich nur als lauernd bezeichnen konnte. War Williams gegen einen König? War er Loyalist? Wie stünden meine Chancen um Lucy, wenn ich zugab, dass dieses Land meiner Meinung nach keinen König brauchte? So gab ich eine diplomatische Antwort: »Ich finde, alle Menschen in den Kolonien sollten darüber abstimmen. Wenn die meisten Menschen hier einen König wollen, so sollte es einen geben.«

»Hahaha!«, dröhnte Williams wieder. Ich starrte ihn verblüfft an. Was bitte war daran so komisch? »Mein Lieber!«, japste mein Gastgeber, als er wieder Luft bekam, und wischte sich die Lachtränen von den vollen Wangen. »Ihr habt damit Eure republikanische Gesinnung ja schon verraten!«

Ich straffte mich und entgegnete steif: »Das darf auch jeder wissen, Sir! Jawohl, ich unterstütze die Idee einer Republik.«

Immer noch lachend entgegnete mir Williams: »Macht Euch keine Sorgen um Eure Chancen, mein Schwiegersohn zu werden. Auch ich denke, wir brauchen keinen König. Wozu führen wir denn diesen Krieg, wenn wir uns am Ende erneut einem König unterwerfen?«

»Na, das fängt ja gut an!«, konstatierte eine weiche Frauenstimme. »Schlagt euch bloß nicht die Köpfe ein wegen der Politik!«

Wir erhoben uns beide, als die Dame des Hauses jetzt an den Tisch trat.

»Oh, Mourning, meine Liebe, da bist du ja«, strahlte Mr. Williams. An mich gewendet, fuhr er fort: »Darf ich Euch Mourning, meine Frau, vorstellen?« Und an seine Frau gewendet: »Liebes, darf ich dir meinen geschätzten Gast, Mr. Bell, vorstellen?«

Mrs. Williams war eine kleine rundliche Erscheinung mit immer noch tiefschwarzem Haar. Sie reichte mir ihre Hand und ich hauchte die Andeutung eines Kusses darauf.

»Oh, ein Gentleman«, stellte sie lächelnd fest. »Das ist selten geworden dieser Tage.«

Wir setzten uns alle wieder. Nach und nach trafen noch drei halbwüchsige Söhne und zwei Töchter an der Tafel ein. Sie wurden mir alle vorgestellt, doch ich hatte nur Augen für Lucy.

Diese hatte einen lebhaften, beinahe mutwilligen Ausdruck in den Augen. Jetzt aber, in dieser Situation, war sie sehr zurückhaltend, fast scheu. Ich fragte mich, ob sie wohl wusste, dass ich als ihr Gemahl ausersehen war.

Die Diener trugen nun allerlei Köstlichkeiten auf, die weit von dem entfernt waren, was ich bei der Truppe zwischen die Zähne bekam. So nutzte ich die seltene Gelegenheit und aß mich ordentlich satt. Es gab süßes Backwerk und eingelegtes Obst, frisches Brot mit Butter und Käse, Kaffee und Kakao. Und immer nötigte die Gastgeberin mir noch ein Häppchen mehr auf: »Das müsst Ihr probieren, mein Lieber, es ist allzu köstlich.«

Und wenn ich darauf verwies, dass mein Magen voll sei, dann tat sie meine Einwände einfach ab: »Ach, Unsinn! Ein junger Mann muss ordentlich essen, damit er nicht vom Fleische fällt. Ihr seid doch bald wieder bei Eurer Truppe. Ich möchte bezweifeln, dass Ihr da so gut verpflegt werdet wie hier.«

Ich musste lachen. »Ja, da habt Ihr recht, Mrs. Williams«, gab ich zu. »Was es dort zu essen gibt, ist eine Schande.«

Wieder warf ich einen Blick auf Lucy. Bei all dem Geplänkel verlor ich sie nie aus den Augen. Sie gefiel mir mit ihrem schwarz glänzenden Haar und den warmen braunen Augen. Ihre noch kindlichen Züge waren regelmäßig und sie versprach, eine schöne Frau zu werden.

Nun, da die Frau des Hauses erwähnt hatte, dass ich bei der kämpfenden Truppe war, konnte ich mich der Fragen der halbwüchsigen Jungen kaum erwehren.

»Wie viele Feinde habt Ihr denn schon erschossen, Sir?«, fragte der Jüngste eifrig, den ich auf etwa acht Jahre schätzte.

»Frag ihn doch nicht so was!«, wies ihn sein älterer Bruder zurecht. »Das tut man nicht. Er soll uns lieber was von den Kanonen erzählen! Sind sie wirklich so groß? Habt Ihr schon mal eine abgefeuert?« Erwartungsvolle Blicke aller Jungen trafen mich. Geduldig beantwortete ich alle Fragen, die ich für wert befand, beantwortet zu werden.

»So, jetzt ist aber Schluss!«, sagte ihre Mutter schließlich energisch. »Ihr fragt dem Herrn ja ein Loch in den Bauch!«

»Aber Mutter!«, protestierte der älteste ihrer Söhne, der vielleicht vierzehn Jahre zählte. »Wann bekommen wir denn schon mal Gelegenheit, einen echten Soldaten zu befragen?«

»Jetzt ist Schluss. Ihr habt heute alle noch einiges zu erledigen, soweit ich weiß. Also macht euch nützlich, na los!« Dabei klatschte sie in die Hände. Murrend zogen die Jungen ab, doch die Blicke, die sie ihrer Mutter zuwarfen, zeigten, dass sie alles andere als einverstanden waren.

»So, meine Liebe, bitte entschuldige Mr. Bell und mich nun, wir haben noch etwas Geschäftliches zu besprechen, bevor Mr. Bell wieder abreist oder du ihn mir noch totfütterst.« Damit stand er auf und ich tat es ihm nach.

Williams führte mich in seine Geschäftsräume, wo wir bis zum Abend miteinander verhandelten. Unter anderem kamen auch Mitgift und Morgengabe zur Sprache.

»Ihr werdet Euch sicher nicht zu beklagen haben, Mr. Bell«, versprach der reiche Farmer mir. »Dass Ihr ein Kind heiraten werdet, welches Euch noch nicht die Gefährtin sein kann, die Ihr Euch wünscht, werde ich auszugleichen wissen durch eine Sklavin, die Euch in dieser Hinsicht von der Hochzeit mit Lucy an zur Verfügung stehen wird, bis die Ehe vollzogen werden kann. Sie ist fast vierzehn Jahre alt und heißt Cloe.«

Ich nickte. Das war mir sehr recht. In früheren Jahren hatte ich hin und wieder ein Bordell aufgesucht – heute tat ich dies nicht mehr, denn ich befürchtete, mich mit irgendeiner unliebsamen Krankheit anzustecken. Ich hatte einmal erlebt, wie ein Kriegskamerad, der es wild getrieben hatte, an Franzosenkrankheit verstorben war. Mit Schaudern dachte ich daran, wie furchtbar dessen Tod gewesen war. Und wie dem armen Mann die hochgelobte Quecksilberkur den Rest gegeben hatte. Nein, darauf konnte ich verzichten. Und eine Affäre mit einer verheirateten Frau? Auch das hielt ich weder für klug noch für ehrenhaft. Es schadete mir nur bei meinen Geschäften. »Darf ich die Sklavin sehen?«, fragte ich in geschäftsmäßigem Ton.

»Natürlich!«, entgegnete Williams und klatschte zweimal in die Hände. Nur einen Augenblick später öffnete sich die Tür hinter mir und ein schwarzer Diener erschien.

»Master haben gerufen?«, fragte er.

»Hol mir Cloe, Cäsar«, befahl der Hausherr.

Der Diener verneigte sich und verschwand eilig, nachdem er die Tür leise hinter sich geschlossen hatte. Ich hörte die Standuhr im Arbeitsraum einige wenige Male ticken und dann schlagen. Ich zuckte zusammen.

Williams lachte auf. »Daran müsst Ihr Euch hier bei mir gewöhnen, mein Lieber. Das war der Schlag zur vollen Stunde. Ich bin gerne über den Verlauf der Zeit orientiert.« In diesem Moment klopfte es zaghaft an der Tür. »Komm herein, Cloe«, rief Williams. Ein junges Mädchen betrat die enge Kammer. Ich hatte mich interessiert umgedreht und musterte sie unverhohlen. Sie war groß für ihr Alter, dabei gertenschlank. Dennoch machte sie einen robusten, kräftigen Eindruck. Williams war mit dieser Gabe sehr großzügig.

»Richte dich gerade auf, Mädchen«, ordnete der Farmer an. »Dreh dich einmal ... So, ja!«

»Ist Euch das genug?«, richtete er nun die Frage an mich, der ich den forschenden Blick des anderen Mannes fühlte.

»Ja, Sir. Danke.«

»Es ist gut, Cloe, du kannst dich wieder an deine Arbeit begeben.«

Cloe hielt den Blick gesenkt, knickste und verließ den Raum.

»Ihr müsst wissen, Mr. Bell«, hob Williams nun an, »Cloe ist Lucys Lieblingsdienerin. Die beiden verstehen sich gut.«

»Wenn wir erst verheiratet sind, so wird sie an manchen Abenden auf sie verzichten müssen«, lächelte ich.

Der andere Mann nickte. »So gefällt sie Euch, und das ist gut.«

Noch eine weitere Stunde lang verhandelten wir zäh miteinander, dann hatten wir uns über die wichtigsten Dinge geeinigt. Das Ergebnis war eine Liste mit Vereinbarungen, die Mr. Williams durch einen Notar in eine rechtsgültige Form bringen lassen wollte.

»Ich lasse Euch den fertigen Vertrag zukommen, sobald mein Anwalt ihn vervollständigt hat. Ihr könnt ihn dann von Eurem Anwalt überprüfen lassen.«

Ich lächelte. »Es könnte sich für Euch als schwierig erweisen, mich im Feld aufzufinden, um mir Post zustellen zu lassen.«

»So gebt mir die Anschrift Eures Anwalts.«

»Gut.« Ich kritzelte die verlangte Anschrift auf ein Blatt Papier und reichte es meinem zukünftigen Schwiegervater, der es entgegennahm und zu den Vereinbarungen steckte.

»Dann überlassen wir die Nachverhandlungen unseren Anwälten, denn höchstwahrscheinlich werde ich nicht zugegen sein können.«

»Aber Mr. Bell«, lachte Williams. »Meint Ihr wirklich, dass Nachverhandlungen nötig sein werden? Stelle ich Euch etwa unerfüllbare Bedingungen?«

»Nein, das nicht«, gab ich zu. »Doch kann ich nicht versprechen, immer hier in North Carolina zu bleiben. Vielleicht werden wir eines Tages fortziehen.«

Williams schaute mich nachdenklich an. »Das mag schon sein, mein Lieber«, sagte er dann. »Doch stelle ich diese Bedingung nicht ohne Grund. Lucy soll ihre ersten Ehejahre nicht weit fort von uns leben. Deshalb wünsche ich auch, dass Ihr Euch Besitz in unserer unmittelbaren Nähe anschafft.«

Ich überlegte kurz. »Ist es Lucys Wunsch?«, erkundigte ich mich dann. »Der naheliegende Wunsch eines Kindes?«

»Nein, mein Lieber. Lucy weiß nichts davon, dass sie die Eure werden soll, noch nicht. Es ist mein Wunsch – und der meiner lieben Frau.« Er sagte es freundlich, doch ich spürte den Stahl dahinter.

»Warum reicht Euch nicht die Nachbarschaft, die wir jetzt zueinander haben?«

»Nehmt es mir nicht übel, Mr. Bell, aber Eure jetzige Farm ist zu klein für eine Familie und zudem in einem schlechten Zustand, das werdet Ihr doch wohl einsehen.«

In diesem Punkt würde ich nachgeben müssen. In gewisser Weise hatte Williams ja auch recht mit seiner Einschätzung. Ich hatte mich während der letzten Jahre, in denen ich in der Kontinentalarmee gedient hatte, nicht genügend um die Farm kümmern können. Also nickte ich zustimmend. »Ich werde mich darum kümmern, sobald der Vertrag unterzeichnet ist.«

Auch Williams nickte. »Nichts anderes erwarte ich von Euch, Mr. Bell. Wenn Ihr das nächste Mal hier seid, dann können wir beide vielleicht schon unterzeichnen. Sobald es keine strittigen Punkte mehr gibt.«

»Ihr seid ein harter Verhandlungspartner, Mr. Williams.«

Williams lachte. »Das will ich doch hoffen! Nur so kommt man zu Besitz, mein Lieber.«

Und das war ein Satz, den ich mir merken wollte.

Ich war erst Monate später wieder in der Gemeinde, Ende Oktober. Selbst heute noch, im Rückblick auf diese Begebenheiten, balle ich die Fäuste und knirsche vor Wut mit den Zähnen, wenn ich an diesen unseligen Sommer und Herbst im Jahre des Herrn 1780 denke. Zuerst die Niederlage bei Camden, wo ich eine zum Glück nur leichte Verletzung durch eine feindliche Kugel davongetragen hatte – die ich im Eifer der Schlacht gar nicht bemerkt hatte. Und dann der schreckliche Verrat eines Generals unserer eigenen Truppen – Benedict Arnold! Ein Name, der für immer aus der Reihe der Ehrenmänner getilgt werden sollte! Dieser Haderlump hatte sich für Geld auf die Seite der Briten gestellt und hätte diesen Fort Arnold mit dreitausend Mann Besatzung samt Kanonen und der wichtigen strategischen Lage über dem Hudson River übergeben! Ich konnte es bis heute nicht fassen, wie ein Mann derartig seine eigenen politischen Ziele verraten konnte, für die er sich doch vorher so heldenhaft eingesetzt hatte! Aufgeflogen war der Verrat nur durch die Gefangennahme des britischen Geheimagenten John André, der die unterzeichneten Papiere noch im Stiefel bei sich trug, just von einem Treffen mit Arnold kommend. Wenigstens diesen Mann hatten sie vor ein paar Wochen gehenkt. Arnold jedoch war entkommen, und das empört mich bis heute. Damals war nichts weiter bekannt geworden, aber heute weiß ich, dass der Verräter auf Seiten der Briten weiter gekämpft hatte und dann später nach London gegangen war, wo er scheinbar von den Früchten seines widerwärtigen Verrats herrlich und in Freuden gelebt hatte. Bis auch ihn vor sechzehn Jahren der Tod ereilt hatte. Hoffentlich briet er jetzt in den ewigen Feuern der Hölle!

Ende Oktober 1780 beschränkten sich die Kriegsaktivitäten an der Front auf Winkelzüge, die mehr hinter den Linien als in einer offenen Schlacht sich äußerten, und ich hatte Gelegenheit, Urlaub zu bekommen. Als erstes organisierte ich ein Treffen mit Williams und den beiden Anwälten.

»Also, Mr. Bell, ich fasse noch einmal zusammen«, erklärte Mr. Pennywater, der Anwalt von Mr. Williams, mit seiner näselnden, leiernden Stimme. Er war ein kleines vertrocknetes Männchen mit einem riesigen Zwicker auf der Nase, den er dauernd abnahm, um sich die roten Druckstellen links und rechts auf dem Nasenrücken zu reiben. Genau das tat er in diesem Augenblick wieder. »Punkt eins: Ihr schafft Euch Land an in unmittelbarer Nachbarschaft zur Williams-Farm. Punkt zwei: Ihr ehelicht die Tochter von Mr. Williams, Lucy Mourning Williams, wenn sie zwölf Jahre alt ist. Punkt drei: Die Ehe wird erst vollzogen, wenn genannte Lucy neunzehn Jahre alt ist. Bis dahin wird Eure Frau weiter bei ihren Eltern wohnen, Euch aber regelmäßig besuchen, so wie Ihr sie besuchen werdet. Seid Ihr soweit einverstanden?«

»Wir sind mit diesen Punkten einverstanden«, nahm mein Anwalt, Mr. Myers, jetzt das Wort. »Jedoch sollte die Vereinbarung abgeändert werden, in der von verpflichtendem dauerhaften Wohnen in Edgecomb County die Rede ist.«

Williams und dessen Anwalt tauschten einen Blick. Sie sprachen leise mit einander. Dann hob Mr. Pennywater erneut an: »Mein Mandant beschränkt diesen Punkt auf mindestens zwanzig Jahre, in denen Euer Mandant mit seiner Frau schon zusammen lebt. Also siebenundzwanzig Jahre ab der Eheschließung.«

»Unser Vorschlag ist zehn Jahre Bleiben in Edgecombe County ab Vollzug der Ehe, das entspricht siebzehn Jahre ab der geplanten Hochzeit.«

Wieder beriet sich die Gegenpartei. Dann sagte Pennywater fest: »Einigen wir uns doch auf der Mitte: Mr. Bell verpflichtet sich, mindestens zweiundzwanzig Jahre nach der Eheschließung, entspricht fünfzehn Jahre nach Vollzug der Ehe, hier in diesem Land zu bleiben.«

Ich nickte. Ja, dem konnte ich zustimmen. Dann wäre ich fünfundfünfzig Jahre alt. Es war der späteste Zeitpunkt, mein Leben noch einmal zu ändern, anderswo noch einmal anzufangen, etwas Neues aufzubauen. Das wusste der alte Fuchs ganz genau, deshalb hatte er die Bedingung ja so und nicht anders gestellt. Es wurden noch einige weitere Punkte erörtert, unter anderem die Mitgift und die Morgengabe. All das waren wir schon unzählige Male durchgegangen und ich fand nichts daran zu beanstanden. So hörte ich denn auch nur noch mit halbem Ohr zu. Jetzt waren die beiden Anwälte gefragt. Hin und wieder hakte mein Rechtsbeistand ein und verhandelte über weitere kleine Änderungen. Schließlich wurden alle Änderungen noch einmal sauber formuliert und niedergeschrieben.

»Ich werde den Kontrakt in meiner Kanzlei in doppelter Ausführung abschreiben lassen, In einer Woche ist er zur Unterzeichnung bereit«, leierte Pennywater trocken.

»Dann also in einer Woche hier«, entgegnete ich, nickte Williams und dessen Anwalt freundlich zu und verließ die Kanzlei.

Die letzten Formalitäten fanden eine Woche später statt, um dem ausgehandelten Vertrag Gültigkeit zu verschaffen. Wir beide unterzeichneten, danach kam Williams auf mich zu und schlug mir auf den Rücken, dass ich drei Schritte vorwärts stolperte. »Komm, Schwiegersohn, lass uns bei mir den Abschluss feiern«, schlug er vor.

Wie hätte ich da ablehnen können?

Ich entschloss mich schnell, als mir eine Farm in direkter Nachbarschaft zum Williams-Grundstück angeboten wurde. Ich verkaufte meine eigene, etwas heruntergekommene Farm und bezog bald darauf mein neues Haus.

Das Kriegsglück wendete sich zunehmend der Seite der Kontinentalarmee zu. Das Jahr 1781 wurde zum Wendepunkt des Krieges, besonders im Lichte des Bundes mit den Franzosen.

Noch trunken vom Sieg bei Cowpens im Januar, war wie ein Tiefschlag die Niederlage von Guilford Court House über meine Kameraden und mich hereingebrochen, unerwartet und mit Schrecken. Aber General Greene, der die Truppen großartig befehligte, war dabei, die enormen Verluste durch Aushebungen im Hinterland wieder auszugleichen. Ich empfand es als sehr tröstlich, dass in den vergangenen vier Wochen der General nicht untätig gewesen war: Hinter den Linien von Cornwallis Armee, die nach Florida gezogen war, arbeitete Greene daran, den britischen Sieg in eine Niederlage zu verwandeln. Etliche Erfolge bei dieser Taktik zeigten mir, auf wessen Seite der Herr wirklich war – und ich war froh darüber, mich damals freiwillig gemeldet zu haben. In Florida schließlich, so lauteten die neuesten Gerüchte, trieben die verbündeten Spanier die Briten zu Paaren, um sie von den strategisch wichtigen Standorten an der Küste fortzujagen.

Die Schlacht von Guilford Court House war ein schlimmes Gemetzel gewesen, jedoch konnten die zurückgebliebenen Toten die hohe Zahl an verlorenen Männern nicht erklären. Gerüchte machten die Runde, Gerüchte, Gott wäre nicht auf unserer Seite, der englische König sei im Recht, da er ja von Gott durch Geburtsrecht für die Herrschaft ausersehen sei. Da es ja nun einmal eine britische Kolonie sei, in der wir alle lebten. Ich vermutete, dass von den fehlenden Männern helle Scharen desertiert waren und ich war nicht der einzige, der das dachte. Bei dieser Erinnerung ballte ich im Hier und Jetzt des Krankenlagers die blassen Hände zu Fäusten. Der lang schon vergessene Zorn auf die Verräter erfasste mich erneut.

Anfang September gelang den Franzosen mit ihren Kriegsschiffen ein Sieg auf See über die Briten, was diese nicht wenig verstörte, bildeten sie sich doch ein, sie wären auf See unbesiegbar. Nun, in der Chesapeake Bay bei Baltimore, wurden sie eines Besseren belehrt. Und das Schönste dabei war, dass die Franzosen es dem verfluchten Verräter Benedict Arnold gründlich heimzahlten, denn schon bald wurde bekannt, dass dieser das Kommando auf den britischen Schiffen geführt hatte. Die siegreiche Flotte blockierte anschließend den Eingang zur Bucht und machte es den dahinter befindlichen Briten unmöglich, ihre Truppen auf Schiffe zu verladen und zu evakuieren.

Vor vier Wochen schließlich war es den vereinten Bemühungen der Franzosen und Washingtons Truppen gelungen, den britischen General Cornwallis in Yorktown zusammen mit achttausend Mann einzuschließen und zu belagern. Nach nicht einmal einem Monat hatte Cornwallis aufgegeben und kapitulierte am 19. Oktober 1781 in Yorktown. Welch ein Sieg! Und nicht nur die Franzosen, auch die Spanier, die ebenfalls berechtigte Interessen in Amerika hatten, waren bei der Ausführung der amerikanischen Kriegspläne hilfreich gewesen, wenn wohl auch nicht immer freiwillig. Ich vermutete, dass die Spanier sicher auf der einen Seite die Briten loswerden wollten, doch auch der Besiedlung des Landes durch die neue Nation von Osten her in Richtung ihrer eigenen Hoheitsgebiete nur allzu gerne Einhalt gebieten würden.

An einem sonnigen Samstag Ende Oktober klopfte es am frühen Vormittag an meiner Tür. Meine Haushälterin öffnete. Kurz darauf kam diese zu mir in die Stube, wo ich gerade beim Frühstück saß.

»Der älteste von Lucys Brüdern steht vor der Tür, Jesse, mit einer Nachricht.«

»So bitte ihn herein«, sagte ich und warf meinen Hausmantel über einen Stuhl.

»Kommt herein, Mr. Williams, und seid willkommen«, hörte ich die Dienerin sagen.

Die Stube betrat ein schlaksiger, etwa fünfzehnjähriger Bursche, der linkisch mit einem Brief hantierte. »Guten Morgen, Mr. Bell«, sagte er artig und verbeugte sich vor mir. »Dies hier soll ich Euch geben, mit herzlichen Grüßen von meinem Vater.« Damit reichte er mir das Schreiben. Es war mit rotem Siegellack verschlossen, in welches Williams seinen Siegelring gedrückt hatte.

»Lieber John, am morgigen Sonntagnachmittag feiern wir alle gemeinsam in der nahen Stadt den Sieg unserer Truppen nach der Kapitulation der Briten in Yorktown. Es findet auch ein Tanzvergnügen statt. Wir würden uns freuen, wenn Ihr Euch dort ebenfalls einfinden würdet. Lucy wird uns begleiten und es wäre eine unverfängliche Gelegenheit, wie sie Euch besser kennenlernen könnte.

Damit verbleibe ich Euer ergebenster Diener John Williams.«

Ich überflog diese Zeilen, blickte auf. Der Junge beobachtete mich die ganze Zeit.

»Sagt Eurem Vater, ich komme gern«, teilte ich Jesse mit. Dieser nickte und machte Anstalten zu gehen. »Halt, mein Lieber. Kann ich Euch eine kleine Erfrischung anbieten?«

Die Augen des Jungen leuchteten auf. »Ja, gerne«, stimmte er begeistert zu.

»Ich habe hier einen wunderbaren Kürbissaft. Mögt Ihr ein Glas voll?«

Der Junge nickte. Ich goss aus meinem Krug ein großzügiges Glas voll Saft für Jesse ein, der sich bedankte und den Inhalt schnell hinunterstürzte.

»Da habt Ihr aber Durst gehabt!«, bemerkte ich lächelnd. »Mehr?«

Jesse trank drei volle Gläser und dann war mein Krug leer.

Jetzt schien er sich wieder auf seine Aufgabe zu besinnen, denn er sagte: »Habt Dank, Mr. Bell, für den köstlichen Tropfen. Jetzt muss ich aber wieder los, mein Vater wartet auf mich.«

Damit war er schon zur Tür hinaus und ich hörte ein Pferd davongaloppieren. Ich lachte in mich hinein. Die Wortwahl des Jungen war allzu köstlich gewesen.

Am Sonntag machte ich mich ausgehfein und fuhr mit meinem Wagen in die Stadt. Die Feier war bereits in vollem Gange, als ich mich bei den festlich geschmückten Tischen einfand. Die Familie Williams entdeckte ich schnell. Lucy stand vor dem Tisch, an dem ihre Familie saß, und spähte sehnsuchtsvoll zur Tanzfläche hinüber. Sie war hübsch anzusehen mit ihrem gelben Kleid und dem langen schwarzen Zopf.

Ich nickte meinem zukünftigen Schwiegervater grüßend zu und ging zu Lucy: »Miss Williams, darf ich Sie um diesen Tanz bitten?«, sprach ich sie artig an. John Williams blinzelte mir zu. Ich nahm es aus dem Augenwinkel wahr.

Lucy warf einen fragenden Blick hin zu ihrem Vater. Dieser nickte ihr ermutigend zu. Also nahm sie den Tanz mit mir an.

Von da an ging alles glatt. Ich führte Lucy auf die Tanzfläche, behandelte sie wie eine junge Dame und wurde mit leuchtenden Blicken aus ihren tiefbraunen Augen belohnt. Nach dem Tanzen lud Williams mich ein, am Tisch bei der Familie Platz zu nehmen. Bald unterhielt ich mich mit Lucys Vater über neue Methoden, mit denen sich die Ernte steigern lassen sollte.

Als ich das Fest verließ, zum gleichen Zeitpunkt wie die Familie meiner Braut, war es sicher schon elf Uhr nachts.

Drei Tage später sprach ich bei meinem Schwiegervater in spe vor. Wir reichten uns die Hände zur Begrüßung. Nach dem Austausch von ein paar Artigkeiten fragte ich ihn geradeheraus das, was mich schon seit Tagen beschäftigte: »Habt Ihr meiner Braut gesagt, dass ich ihr Gemahl sein werde? Und wie hat sie es aufgenommen?«

Williams lächelte verlegen. »Lucy ist noch mehr Kind als Frau. Lasst ihr ein wenig Zeit, sich an den Gedanken zu gewöhnen.«

»Weiß sie es denn schon?«

»Nein, sie weiß es noch nicht«, gestand Williams mir offen. Bevor ich etwas dazu sagen konnte, hob der reiche Farmer beide Hände beschwichtigend in die Luft, die Handflächen zu mir gerichtet. »Seht Ihr, das ist etwas, das Ihr erst verstehen könnt, wenn Ihr selbst eine Tochter zu verheiraten habt.« Der ältere Mann blickte einen Augenblick sinnend vor sich nieder, als suche er nach den richtigen Worten, einem Blinden die Farben zu erklären. »Schaut«, setzte er noch einmal an. »Kinder haben ihren eigenen Willen. Natürlich kann man sie brechen, doch dann werden sie seelenlos. Sie tun dann zwar immer, was von ihnen verlangt wird, doch ihre eigene, wunderbare Seele, die Gott ihnen geschenkt hat, die sie von klein an in sich tragen, die nimmt Schaden. Ihr werdet selber irgendwann feststellen, dass es immer besser und einfacher ist, den Willen der Kinder mit dem eigenen zu vereinen, wann immer das möglich ist. Sie auf die eigene Seite zu ziehen, sie von der Vorteilhaftigkeit dessen zu überzeugen, was wir von ihnen verlangen. Und bei Mädchen ist es noch einmal komplizierter. Sie sollten den Mann mögen, den sie heiraten. Natürlich sollten die Eltern sie einem guten Mann anvertrauen, versteht mich da nicht falsch. Doch gerade dieser gute Mann …« – dabei blickte er mir durchdringend in die Augen – »… gerade ein solcher Mann sollte sich mit Charme und Freundlichkeit nähern, mit Witz und Verstand. Denn auch er hat es dann später viel leichter. Oder wollt Ihr in einem halben Jahr eine verängstigte und weinende Braut vor dem Altar?«

»Nein, Sir, nicht, wenn es sich vermeiden lässt. Meint Ihr denn, ein halbes Jahr reicht aus, sie zu überzeugen?«, entgegnete ich und dachte an die vielen Hochzeiten, auf denen ich gewesen war und wo die kindliche Braut einem oft viel älteren Gatten zugeführt worden war wie ein Opferlamm der Schlachtbank. Ich dachte an die vielen Bräute, die die Feier mit verweinten Augen und im Stehen zugebracht hatten, weil sie offenbar gerade eine harte Züchtigung hinter sich hatten. So notwendig eine gute Verehelichung auch war, wenn mein Schwiegervater eine bessere Methode gefunden hatte als die Rute, so war mir das nur recht.

Williams grinste verschwörerisch. »Natürlich reicht ein halbes Jahr, mein Lieber«, sagte er augenzwinkernd. »Wenn Ihr Euch langsam annähert, so lernt Ihr gleich von Anfang an die rechte Kunst, mit Frauen umzugehen. Glaubt mir, in meiner ganzen mehr als vierzigjährigen Ehe habe ich meine Mourning nur ein einziges Mal züchtigen müssen. Und da hat sie selbst eingesehen, dass das notwendig war.«

»Wirklich?«, staunte ich und zog eine Braue hoch. Meine Achtung vor diesem Mann wuchs mehr und mehr. »Und was ist Euer Geheimnis, Sir?«

Mein Gegenüber nahm den Zeigefinger an die Lippen und fuhr in gedämpftem Ton fort: »Nähert Euch einem Weibe stets mit freundlichem Sinne. Wenn Ihr schlechter Laune oder verärgert seid, so lasst das um Gottes willen nicht an Eurer Frau aus. Zieht Euch dann zurück, hackt Holz oder unternehmt einen Spaziergang, das ist besser für Eure Ehe. Nähert Euch einer Frau immer mit kleinen Geschenken – nichts Großes, ein paar Blumen reichen vollkommen, dafür habt aber öfters etwas für sie. Wenn Ihr mit Humor gesegnet seid, so ist auch das sehr hilfreich, denn so ist ein Streit schnell abgebogen. Fragt sie, was sie sich wünscht, redet mit ihr. Bezieht sie in Eure großen Entscheidungen mit ein, anstatt nur über sie zu bestimmen. Dass sie Euch untertan ist, heißt nur, dass im Zweifelsfall Ihr die Verantwortung für eine endgültige Entscheidung tragt, nicht jedoch, dass Ihr immer die Entscheidungen, die euch beide betreffen, alleine treffen solltet. Hütet Euch auch, im Schlafzimmer über sie zu verfügen wie über eine Sklavin. Überzeugt sie und Ihr habt sie auf Eurer Seite. Behandelt sie wie ein Stück Vieh und ihr bekommt an ihr eine Feindin im eigenen Haus.« Williams sah mich ernst an. »Glaubt mir, ich habe solche Ehen gesehen. Weder das Weib noch der Mann können in solch einer Luft atmen. Beide werden unglücklich, anstatt sich in Gottes schöner Welt ihres Lebens zu erfreuen und einander mit Zuneigung zu beschenken. Die Liebe ist es, die über alles triumphiert, nicht die Gewalt. Auch unser Herr Jesus Christus lehnt die Gewalt ab, wie Ihr sicher wisst. Warum sollte Er sie in der heiligen Ehe gutheißen, wo Er doch beide geschaffen hat, Mann und Weib?«

Ich nickte höflich, auch wenn ich noch nicht wirklich überzeugt war. Meine Erfahrungen mit Frauen waren beschränkt. Mein Schwiegervater in spe war verstummt und schien in Gedanken.

»So meint Ihr, ich soll sie besuchen und ihr Blumen mitbringen?«

»Ja, das würde ihr Herz sicher erfreuen. Lucy liebt die Blumen. Ihr könntet ihr auch ein schönes Haarband aus der Stadt mitbringen, wenn Eure Geschäfte Euch dorthin führen.«

Ich nickte. »Gut, ich will es auf diese Weise versuchen, Sir«, versprach ich.

»So ist es recht. Ihr werdet sehen, es ist die beste Methode.«

»Wann werdet Ihr Eurer Tochter die Hochzeit mit mir schmackhaft machen?«

»Bis nächsten Sonntag«, versprach Williams mir.

»Darf ich dann Euch am nächsten Sonntag nach der Messe besuchen? Eure Familie und Lucy?« Ich erhob mich.

»Immer tut das. Wir würden uns freuen. Ihr gehört ja schon so gut wie zur Familie.« Damit erhob sich auch der Hausherr und reichte mir die Rechte zum Abschied. Ich drückte diese kräftig.

»So gehabt Euch wohl.«

Ich verneigte sich vor Williams, öffnete die Kammertür, bestieg draußen mein Pferd und ritt davon.

Mein Besuch am Sonntag verlief recht zufriedenstellend. Lucy zeigte sich freundlich und wissbegierig, wenn auch ein wenig schüchtern, da sie nun wusste, wer der »Geschäftsfreund ihres Vaters« war. Öfters fühlte ich ihre schönen dunklen Augen forschend auf mir ruhen. Mit den Augen tastete sie über meine ganze Gestalt. Sie fragte mich nach meinen Kriegsabenteuern, in diesem Punkte ganz Kind. Ich beschränkte mich auf die komischen Episoden und brachte sie tatsächlich mehr als einmal zum Lachen. Lucy war wirklich ein reizendes Kind.

Drei Monate später feierten wir Verlobung. Alle Nachbarn waren eingeladen, denn sie alle mussten den Vertrag bezeugen, der da zwischen unseren Familien geschlossen worden war. Ich wurde mit Glückwünschen überhäuft und Lucy bekam ein paar Geschenke für ihre Aussteuertruhe.

Unsere Hochzeit fand 1782 statt, im September, wie geplant. Ich hatte dafür von meinem Regiment drei Tage Urlaub erhalten und viele – zumeist zotige – Glückwünsche von meinen Kameraden. Wir hatten zurzeit ohnehin nicht mehr viel zu tun. Die Briten hatten ja schließlich kapituliert und, wie ich in der Zeitung las, ihren Premierminister Lord North entlassen. Im Moment waren sie mit der Bildung eines neuen Kabinetts befasst, welches dann die Friedensverhandlungen einleiten sollte. Ich war dieser Tage glänzender Laune und meine Hochzeit mit Lucy setzte dieser Stimmung die Krone auf.

18: Lucy
North Carolina, 1782 bis 1789

Ich erinnere mich gerne an diese ersten Ehejahre. Wann immer ich danach verlangte, stand mir Lucys Sklavin Cloe zur Verfügung, und ich stürzte mich voller Feuereifer in den Aufbau meiner neuen Farm. Der Erfolg gab mir recht. Beinahe an jedem Sonntag besuchte ich meine heranwachsende Frau bei ihren Eltern. Manchmal wurde sie auch zu mir auf die Farm gebracht, damit sie sich an ihr zukünftiges Zuhause gewöhnte. Ich hatte schon ein eigenes Zimmer mit Ankleideraum für sie eingerichtet.

Als Eheleute, obgleich im Alter so weit auseinander, verstanden wir uns gut. Ich nahm mir viel Zeit für meine junge Frau und befolgte den Rat meines Schwiegervaters im Umgang mit Lucy. Die Ergebnisse übertrafen meine Erwartungen bei weitem. Ich merkte, wie Lucy sich in mich verliebte. Ich las ihr vor. Besonders Gedichte schienen ihr zu gefallen. Unter großen Mühen hatte ich einen Poesieband in Wilson aufgetrieben, dem Zentrum des Tabakhandels. Die Stadt war so reich geworden, dass dort auch die Kunst langsam an Boden gewann.

Viel Zeit verbrachte ich auch mit James Johnston. Dieser war mir bald nicht nur mehr ein geschätzter Nachbarn und Geschäftspartner, er wurde mir ein lieber Freund. Häufig kam James mich besuchen oder wir unternahmen gemeinsame Reisen nach Wilson, in der gegenseitigen Sicherheit eines zuverlässigen Gefährten, denn Wilson lag mehrere Tagesreisen von Upper Town Creek entfernt. James freute sich mit mir über meinen Ehekontrakt und leistete mir auch abends oft Gesellschaft.

Manchmal kam Lucy mit ihrer Cousine Kate zu Besuch. Dann hatte ich es schwer, denn die beiden Mädchen steckten die Köpfe zusammen, tuschelten und kicherten vor sich hin. Damit konnte ich nicht allzu viel anfangen, ich zog mich dann zurück. Oft bat Lucy mich, mit ihr und Kate einen Ausflug in die Umgebung zu unternehmen, auf dem die beiden jungen Frauen Kräuter suchten und sammelten. Kates Großmutter, wie sie nie müde wurde zu betonen, war nämlich eine Cherokee mit Namen Winter Leaf und lehrte die beiden Mädchen ihr umfangreiches Wissen über Heilpflanzen. Auch Lucys Großmutter gehörte zum gleichen Stamm. Ihr Name war Summer Moon und sie lebte schon so lange Lucy denken konnte bei ihren Eltern.

Lucy erzählte mir immer wieder, welche Pflanzen wo wuchsen und wann sie gepflückt werden mussten, um wirksam zu sein. Ich unterstützte dieses Studium, denn solches Wissen war meiner Ansicht nach sehr wichtig und nützlich. Es kam mir bald selbst zugute.

Eines Tages hatte ich mir in die Hand geschnitten, als Lucy bei mir war. Da war sie schnell in ihren kleinen Kräutergarten geeilt, hatte mir ein Kraut aufgelegt und auf meiner Verletzung festgebunden, welches die Blutung im Handumdrehen stoppte. Mit ihren seelenvollen dunklen Augen blickte sie mich liebevoll an und bereitete mir noch eine Paste, die den Schmerz fast vollständig zum Verschwinden brachte. Das nötigte mir einigen Respekt ab.

Ich bemerkte schnell, dass sie munter drauflos plapperte, wenn es ihr gut ging und sie sich wohlfühlte. Wenn es nicht so war, fand ich sie einsilbig und ihre Augen ruhten nachdenklich auf mir, als fragte sie sich, ob sie mir vertrauen oder auch etwas anvertrauen könne. Ich drängte sie nie, das zu tun, hörte aber geduldig zu, wenn sie mir von ihren Sorgen erzählte.

Cloe, meine nächtliche Gefährtin, erwartete zwei Jahre nach ihrer ersten Begegnung in der Nacht nach meiner Hochzeit ein Kind von mir. Sie gebar mir einen Sohn. Im Laufe der Jahre, bis Lucy zu mir ziehen durfte, hatte Cloe mir bereits drei Kinder geschenkt.

Und dann war es soweit: Lucy zog bei mir im September 1789 ein, kurz nachdem in Europa die Franzosen ihren König gefangengesetzt und das Adelspack ihrer Ämter und Würden entkleidet hatten. Der Kriegsheld George Washington war seit einem halben Jahr als erster Präsident der neuen Vereinigten Staaten vereidigt worden. Dazu passte auch dieses ganz private Ereignis ganz gut. Alles entwickelte sich prächtig in dieser Ära.

Mein ganzes Haus war festlich geschmückt, ich hatte alles sorgfältig schrubben lassen, um Lucys Einzug vorzubereiten. Sie kam auf einem Festwagen zu mir, in Begleitung ihrer ganzen Familie.

Ich hatte ein großes Mahl vorbereiten lassen, welches dem bei unserer Hochzeit in nichts nachstand. Danach wurden wir Eheleute ins Brautgemach geleitet und daselbst alleingelassen.

Lucy lächelte verschämt. Ich hatte Wein und zwei Gläser bereitstellen lassen. »Wie fühlst du dich, Lucy?«, erkundigte ich mich sanft, während ich ihr die Locken aus dem Gesicht strich.

»Wird es sehr wehtun?«, fragte sie schließlich leise.

»Ich hoffe, ich werde dir mehr Freude bereiten als Schmerz, geliebtes Eheweib«, erklärte ich freundlich. »Beim ersten Mal ist es für die Frauen etwas unangenehm. Das geht allerdings schnell vorbei.«

Lucy schaute zu Boden. »Was soll ich jetzt tun?«

»Trinke erst einmal einen Becher Wein mit mir. Dann werde ich dir die Freuden der Liebe zeigen. Keine Angst, ich werde sehr sanft sein.«

Sie nickte, blickte mich verstohlen von unten an.

Nach dem Wein bat sie mich, ihr bei ihrem Kleid zu helfen, und ich tat es. Eine Lage Kleider nach der anderen fiel zu Boden, bis sie ganz nackt vor mir stand, wie Gott sie geschaffen hatte. Und sie war wirklich schön.

Ich merkte, wie mich die Situation gleichzeitig hemmte und erregte. Ich hob Lucys Kinn, sah in ihre Augen und küsste sie, immer leidenschaftlicher und leidenschaftlicher, bis sie von ganz alleine mittat. Bald lagen wir gemeinsam auf dem ehelichen Lager, ganz vertieft ineinander und in die Erkundung des jeweils anderen. Ich küsste sie von ihrer Schulter aus abwärts bis zu ihrem Nabel, fuhr mit meinen Händen über ihren ganzen Leib, bis sie vor Wonne stöhnte und leise Schauder ihren Körper durchzuckten. Ich passte den Moment, in dem ich in sie eindrang, so sorgfältig ab, dass sie kaum Schmerz wahrzunehmen schien. Ein kurzes Verkrampfen, aufgerissene Augen – dann gab sie sich mir wieder hin. Ich hatte einen leichten Widerstand in ihr gespürt so wie einst bei Cloe.

Wir liebten uns die halbe Nacht. Am nächsten Morgen waren die Gäste noch da und das blutige Laken wurde zum Beweis von Lucys verlorener Jungfernschaft draußen aufgehängt.

Weil dieser aufregenden ersten Nacht noch viele weitere folgten, rechnete ich bald mit einem süßen Geheimnis, welches Lucy mir anvertrauen würde. Ein halbes Jahr nach Lucys Einzug erbrach sie sich eines Morgens in ihre Waschschüssel.

»Bist du vielleicht guter Hoffnung, mein Liebes?«, fragte ich behutsam.

»Vielleicht«, krächzte Lucy und spülte sich den Mund mit Kräutersud. »Oder ich habe mir den Magen verdorben.«

»Wir haben gestern beide dasselbe gegessen. Mir geht es gut.«

Lucy erwiderte nichts, legte sich nur wieder ins Bett.

Cloe brachte ihr Tee und bis zum Mittag ging es ihr wieder gut. Aber am nächsten Morgen war es dasselbe und am darauffolgenden Morgen wieder.

Eine Woche später suchte sie das Gespräch mit mir.

»Ich denke, wir bekommen ein Kind«, sagte sie geradeheraus.

Ich jubelte auf und nahm sie fest in den Arm.

In der nächsten Zeit sorgte ich dafür, dass sie sich schonte. »Denk an unseren Sohn«, pflegte ich zu sagen.

Lucy hob jedes Mal die Augenbrauen. »Es kann auch eine Tochter werden.«

»Es sei willkommen, was Gott uns schenkt«, lächelte ich dann gewöhnlich und Lucy nickte.

Ihre Schönheit wurde immer strahlender, ihre Figur immer voller und ihr Haar glänzte wie poliertes Ebenholz. Ich war so stolz auf meine junge Frau.

Seit sie schwanger war, ging ich wieder öfter zu Cloe, wenn ich meine Bedürfnisse stillen wollte. Ich achtete jedoch sehr auf Diskretion.

North Carolina, 1790 – 1804

1790 gebar Lucy mir einen Sohn, den wir Jesse nannten, nach ihrem Bruder. Im gleichen Jahr noch kam auch Cloe mit einem Sohn nieder, dem ich den Namen Dean gab. Er wuchs gemeinsam mit seinen schwarzen Geschwistern in den Sklavenbaracken mir zum Diener heran.

Aus dieser ersten Zeit habe ich nicht mehr viel in Erinnerung. Es waren alles in allem gute Jahre – für mich selbst, für meine wachsende Familie und vermutlich auch für Lucy. Meine junge Frau, auf die ich so lange hatte warten müssen, besuchte mit den Kindern oft ihre Familie und diese mischte sich für meinen Geschmack viel zu häufig in meine Ehe ein.

Lucy war ein fröhliches Mädchen und sie hatte angenehme Umgangsformen. Das einzige, was ich gar nicht an ihr mochte, war ihr Widerspruchsgeist. Sie war zwar fromm und verpasste keinen Gottesdienst, aber sie hatte in zu vielen Dingen ihren eigenen Kopf. Immer wieder sagte sie mir offen ihre Meinung, oft genug auch vor anderen Leuten. Das missfiel mir sehr, hatte ich dann doch das Gefühl, von ihr verbessert oder brüskiert zu werden. Einmal – Jesse war gerade ein paar Monate alt – mischte sie sich ungebeten in ein Gespräch ein, welches ich mit einem wichtigen Geschäftspartner führte. Ihr Einwurf zeitigte zwar letztendlich für mich einen besseren Abschluss, doch das ärgerte mich noch mehr, gab es mir doch ein Gefühl von Unterlegenheit. Und um all dem die Krone aufzusetzen, lobte mein Geschäftsfreund denn auch noch die Klugheit und den Charme meiner Frau, die Eleganz ihrer Kleider. Diese Bemerkungen gaben mir einen Stich, ohne dass ich dieses Gefühl so genau hätte einordnen können. So kam es an diesem Abend zum Streit – dem ersten heftigen Streit in meiner noch kurzen Ehe.

»Lucy, ich dulde es nicht, dass du dich in meine Geschäftsabschlüsse einmischst. Das war nicht recht von dir!«

Ich sah immer noch vor mir, wie Lucy mich angesehen hatte. Wie eine neunmalkluge Lehrerin. Hätte sie sich jetzt bei mir entschuldigt, so hätte ich es ja noch dahingehen lassen können. Sie aber hatte mit ihrer Antwort alles noch schlimmer gemacht anstatt besser.

»Aber mein Lieber«, hatte sie gesagt und dabei ungläubig gelächelt. »Wir haben doch auf die Weise ein viel besseres Geschäft gemacht als ohne das, was du meine Einmischung nennst. Ich habe gehofft, du bringst mir dafür das nächste Mal, wenn du in der Stadt bist, Stoff für ein neues Kleid mit. Dieses hier ist schon so abgetragen.«

Damit hatte Lucy mich so tief getroffen, dass ich nach Luft schnappte. Ich zog die Brauen drohend zusammen und baute mich in meiner ganzen Länge vor ihr auf. Erschrocken blickte sie zu mir empor, ihr Körper verspannte sich sichtlich.

»John!«, brachte sie halb erstickt hervor.

Ich holte tief Luft, bevor ich gefährlich leise fragte: »Willst du damit sagen, dass ich dich nicht gut genug versorge?«

»Nein, John, ich …«, setzte sie an, doch ich unterbrach sie rüde:

»Willst du damit sagen, du müsstest selbst dafür sorgen, dass mehr Geld reinkommt?« Während dieser Worte schwoll die Lautstärke meiner Stimme an wie die Wasser eines Bergbachs nach der Schneeschmelze.

»Nein, John …«

Wieder schnitt ich ihr das Wort ab: »Du verwöhntes Weib!«, schrie ich sie jetzt an. »Du bist eitel und putzsüchtig! Solche Frauen gefallen dem Herrn nicht. Hast du noch nie davon gehört, dass ein Weib sich in Bescheidenheit üben soll? Dass es sich nicht für sie ziemt, mehr als drei oder vier Kleider zu besitzen? Und du, wie sieht deine Bescheidenheit aus? Wie?« Dabei zog ich ruckartig am Ärmel ihres Kleides, welcher nicht für solche Belastungen gedacht war. Er riss mit einem fauchenden Geräusch ein.

»John!«, protestierte Lucy weinerlich. Sie sprang auf und wich vor mir zurück. Ihr Gesicht hatte jede Farbe verloren.

»Wo ist deine Demut, deine Unterordnung, dein Gehorsam, den du mir bei der Hochzeit geschworen hast? Das Weib sei dem Manne untertan. Du bestimmst nicht, wie ich mein Geld ausgebe! Wollen doch mal sehen, wie viele Kleider du besitzt!«, schrie ich und eilte schnurstracks zu Lucys Kleidertruhe.

»John, nein!«, schrie Lucy und stellte sich davor, doch ich fegte sie beiseite.

»Fort mit dir, Weib!«

Meine Sinne schwammen vor Zorn, als ich den Deckel der Truhe hochriss. Ich packte die Gewänder, die ordentlich darin gestapelt waren, und warf sie aus der Truhe hinaus und auf den Fußboden. Dabei ging ich alles andere als vorsichtig vor. Mehr als einmal hörte ich den zarten Stoff reißen.

»Zu … viele … Kleider!«, brüllte ich sie an. »Ich such dir drei einfache aus, den Rest werde ich verbrennen!«

»Das wirst du nicht!«

»Und ob ich das werde! Zuerst aber werde ich den ganzen überflüssigen Zierrat von diesen Lumpen entfernen, diese ganzen Rüschen« – ratsch – »und Perlen« – ratsch – »Und Paspeln« – ratsch.

Lucy schrie, doch jetzt schrie sie vor Wut. Sie stürzte sich auf mich und bearbeitete mich mit ihren kleinen Fäusten. Mühelos hielt ich ihre Arme fest wie in einem Schraubstock.

»Du willst mich schlagen?«, fuhr ich sie an. »Das werden wir ja sehen, wer hier wen schlägt!« Damit legte ich die zappelnde und kreischende Lucy umstandslos übers Knie und verabreichte ihr eine gehörige Abreibung. Hinterher stieß ich sie zu Boden, wo sie mit weit aufgerissenen Augen rückwärts von mir fort robbte, bis in die hinterste Zimmerecke.

Ich verfolgte sie nicht. Ein sonderbares Gefühl von Befriedigung, von Genugtuung durchströmte mich. Ich hatte das Gefühl, dass diese Prügel für Lucy schon lange fällig gewesen war. Und dieser Meinung bin ich auch heute noch, so viele Jahre später. Lucy hatte diese Schläge verdient. Die einzige, die anderer Ansicht war, war natürlich Lucy.

Mit schnellen Schritten verließ ich Lucys Räume. Ich war auf einmal furchtbar müde. *Nur einen Moment die Augen schließen,* dachte ich, als ich mich zu Bett legte, doch da musste ich wohl schon eingeschlafen sein.

Am nächsten Morgen schaute ich als Erstes nach Lucy. Ich klopfte bei ihr an, öffnete leise die Tür. Doch als ich um die Kante guckte, war Lucy nicht da. Ich schaute in der Küche nach, von wo sonst immer ihre fröhliche Stimme kam, manchmal sang sie auch. Aber auch hier war alles still.

Ich fasste mir an die Stirn. Wohin konnte Lucy gegangen sein? Da gab es nur eine Möglichkeit: zu ihren Eltern! Warum hatte ich mich damals doch nur darauf eingelassen, eine Farm in so großer Nähe zu meinen Schwiegereltern zu erwerben?

Mein nächster Weg führte zur Kammer meines Sohnes. Die Wiege war leer, der Kleine mitsamt seiner Amme fort.

»Cloe!«, rief ich und lief zur Kammer, die die Sklavin bewohnte, damit sie stets schnell zur Stelle sein konnte. Keine Antwort. Noch einmal schrie ich: »Cloe, komm sofort her zu mir!« Doch ohne Erfolg. Jetzt packte mich die heiße Wut. Dass meine Frau fortgegangen war, das war eins. Dass sie aber meinen Sohn und Cloe mitgenommen hatte, das durfte nicht sein. Das stand ihr nicht zu! Ich musste ihr folgen und ihr mal ordentlich die Leviten lesen!

Gerade als ich auf dem Weg in den Stall war, um Shadow zu satteln und hinüber zur Williams-Farm zu reiten, da hörte ich ein Ross in vollem Galopp auf meine Farm zustürmen. Geistesgegenwärtig legte ich die restlichen Schritte zum Stall springend zurück und griff mir die dort hängende Büchse.

»Kein Schritt weiter!«, drohte ich dem Ankömmling.

»Haltet ein, Schwager!«, rief es mir da entgegen. »Ich bin's, Benjamin Williams.«

Das Gewehr gesenkt, aber mit finsterer Miene trat ich um die Stallecke meinem Schwager entgegen. »Was willst du?«

Benjamin blieb auf dem Pferd halten und erzählte einfach: »Meine Schwester kam gestern mitten in der Nacht wieder zu uns. Sie war völlig außer sich und sie hat geweint. Ihr Kleid war zerrissen und wir haben stundenlang kein vernünftiges Wort aus ihr herausbekommen. Erst heute Morgen hat sie erzählt, was geschehen war. Du weißt es ja am besten, John.« Das sagte er in solch einem sarkastischen Ton, dass in mir wieder neuer Zorn entbrannte.

»Jawohl, ich habe ihr eine Tracht Prügel verabreicht. Na und? Nichts, worüber sie sich so hätte aufregen müssen. Sie hatte es reichlich verdient!«

»Du solltest dich bei ihr entschuldigen, John. Sie war so verängstigt, dass sie hinausgelaufen ist, auf ihr Pferd stieg und zu ihren Eltern ritt. Den kleinen Jesse nahm sie mit. Die Sklavin Cloe hatten sie übrigens auch bei sich.«

»Ja, ich weiß«, entgegnete ich eisig. »Und auch das hätte sie nicht tun dürfen.«

»Das ist deine Ansicht, John.«

Ich knirschte mit den Zähnen.

»Das ist durchaus nicht nur meine Ansicht!«

Benjamin zuckte mit den Schultern.

Ich atmete einmal tief durch, um meine Contenance zu wahren. »Noch einmal, was willst du, Benjamin?«

»Dir mitteilen, wo sich deine Frau und dein Sohn befinden, damit du dich nicht um die beiden sorgst. Und dich bitten, heute Abend zu uns zu kommen. Ihr Eheleute sollt schließlich wieder zueinanderfinden.«

Ich fühlte die nur schlecht gezähmte Wut in meiner Brust vibrieren. Das musste sich wohl in meiner Miene widergespiegelt haben, denn unwillkürlich ließ mein Schwager sein Pferd einen Schritt zurückweichen.

»Gut.« Ich hörte selbst, wie grimmig ich knurrte. »So werde ich die beiden heute Abend bei euch abholen.«

»So ist es nicht gedacht«, sagte Benjamin ruhig. »Ihr sollt zuerst in Ruhe miteinander reden. Vater wird den Vermittler machen.« Benjamin schaute mich einfach an und machte eine Pause, doch ich schwieg. »Soll ich Lucy etwas von dir ausrichten? Oder Vater?«

»Ja!«, schnappte ich. »Sag deinem Vater, dass ich mir seine Einmischung verbitte! Er hat sie verzogen, doch nun ist sie mein Weib. Und ich erwarte von ihr, dass sie mir gehorcht. Und Lucy kannst du ausrichten, wenn sie wieder daheim ist, wird sie die Rute zu spüren bekommen für die Demütigungen, die sie mir angetan hat.«

»Der Zorn spricht aus dir, Schwager«, nickte Benjamin. »Wir werden sehen, wie du heute Abend sprichst.« Damit wendete er sein Pferd und ritt von dannen, eine Staubwolke hinter sich lassend.

Ich seufzte, als ich diese Erinnerung Revue passieren ließ. Es fiel mir wieder ein, wie dieser Abend verlaufen war, ein Abend nach einem arbeitsreichen und einsamen Tag. Ich hatte Lucy vermisst, ihre Fröhlichkeit, die vielen lieben Kleinigkeiten, mit denen sie mich zu verwöhnen pflegte, fehlten mir auf einmal. Ich wurde sehr traurig, als ich daran dachte. Hatte ich doch überreagiert? War ich Lucy gegenüber zu weit gegangen? Oder dachte nur mein Schwiegervater so wegen seiner weichen Art, mit Frauen umzugehen. Ich wusste es selbst nicht mehr.

In ziemlich bedrückter Stimmung machte ich mich also am Tagesende auf den Weg zur Williams-Farm. Dort wurde ich schon erwartet. Mein Schwiegervater hatte einen Tisch und zwei Stühle auf die Terrasse stellen lassen. Auf einem von beiden saß er selbst, ein Glas mit einer dunkel-goldenen Flüssigkeit vor sich, ein leeres Glas vor dem leeren Stuhl. Eine schöne Karaffe stand auf einem gehäkelten Deckchen in der Mitte des Tisches. Langsam und etwas zögerlich näherte ich mich dem Hausherrn.

»Setz dich zu mir, John«, lud dieser mich ein. Und dann begann ein Gespräch, das sich tief in meine Seele eingeprägt hat. Und ich spürte immer noch die Hitze der Scham, die mir rot in meine Wangen gestiegen war, damals, an diesem Spätsommerabend. Zwar war mir der genaue Wortlaut entfallen, doch drang mein Schwiegervater darauf, dass ich meine junge Frau nicht schlagen solle, wenigstens nicht wegen solcher Kleinigkeiten.

»Kleinigkeiten!«, war ich aufgefahren.

»Beruhige dich, mein Junge«, sagte Williams dann.

Ich funkelte ihn böse an. *Mein Junge?*

Williams bewegte langsam den Kopf hin und her und seufzte. »Du musst mir diesen Ausdruck nachsehen John. Ich bin ein alter Mann.« Noch einmal atmete er tief durch. »Sieh mal, du lebst deine Ehe erst so kurze Zeit, während ich die meine bereits seit mehr als vierzig Jahren mit Leben erfülle – und mit Liebe.« Er lächelte versonnen. »Das ist nämlich das wichtigste: die Liebe. Es geht nicht darum, dass du deiner Frau mit deiner überlegenen Kraft Gehorsam einprügelst. Es geht darum, dass du ihr Vertrauen einflößt, nicht Furcht. Dass sie sich dir freiwillig unterordnet, nicht, dass du sie in diese Rolle zwingst.« Wieder seufzte er laut. »Ich habe wirklich gedacht, du wärest besonnener, John. Habe ich mich in dir getäuscht?«

Ich nahm einen Schluck aus dem Glas, welches inzwischen gefüllt vor mir stand. Es war ein guter, rauchiger Whisky. Einen Moment ließ ich den Tropfen auf meiner Zunge rollen, genoss die feurige Spur, die der Alkohol in meiner Kehle hinterließ.

»Lucy hört nicht mehr auf zu weinen«, sagte Williams leise. »Du hast sie schockiert mit deinem Handeln. Sie weiß nicht, was sie falsch gemacht haben soll, sie versteht dich nicht.«

Diese ruhige, einfache Art drang durch meine innere Abwehrstellung wie ein heißes Messer durch Butter. Und so begann ich die Geschehnisse des Vorabends aus meiner Sicht zu schildern.

»So hat es dich also aufgebracht, dass sie sich in ein Männergespräch gemengt hat?«

Jetzt war es an mir zu seufzen. »Ja«, gab ich zu.

»Wie war das überhaupt möglich?«, erkundigte sich Lucys Vater.

»Ich hatte Lucy dazugebeten. Ich habe mein Geschäft bei einem hervorragenden Mahl besprechen wollen. Lucy sollte nur die Atmosphäre lockern.«

»So ...«

»Und dann hat sie dreist ein neues Kleid verlangt, obgleich sie doch schon solche Unmengen davon hat. Es ist auch viel zu viel Schmuck daran, mehr, als ich es von Frauenkleidern gewohnt bin. Ich habe das ganze überflüssige Zeug abgerissen, um sie für ihre Eitelkeit zu bestrafen. Ich habe versucht ihr klarzumachen, dass ich nicht wünsche, dass sie so herausgeputzt herumläuft.«

Williams zog die Augenbrauen hoch. »Warum nicht? Sie macht sich doch nur schön für dich.«

»Und für meine Geschäftsfreunde!«, platzte es aus mir heraus.

Mein Schwiegervater schaute mich mit einem wissenden Lächeln an. »Wirklich? Bist du sicher? Könnte es nicht auch sein, dass sie sich gut angezogen hat, um einen ordentlichen Eindruck zu hinterlassen als deine Frau? Um nicht ärmlich zu wirken?«

Ich dachte nach. Doch, das konnte sein. Aber hatte es mein Geschäftspartner auch so verstanden? Da war ich mir nicht so sicher. Ich senkte den Blick auf mein Glas und zuckte die Schultern. »Möglich«, brachte ich heraus. Hitze brannte auf meinen Wangen als hätte ich gerade eine Maulschelle erhalten.

»Eifersucht kann einem Manne schon hart zusetzen«, gab Williams philosophisch zu bedenken und trank einen Schluck aus seinem Glas. »Aber die Eifersucht soll dich nicht dazu verführen, deine Frau zu schlagen.«

»Ich schlug sie erst, als sie auf mich losgegangen ist.«

»Sie ging auf dich los?«

Weiter als jetzt konnten die Augenbrauen von Williams nicht die Stirn hinaufwandern, als wie sie nun standen.

»Ja. Hat sie das nicht erzählt?«

»Mir nicht.« Williams zuckte die Schultern. »Vielleicht ihrer Mutter. Warum tat sie das denn?«, erkundigte er sich interessiert.

»Sie tat es, als ich das Zierwerk von ihren Kleidern riss ...«

»Ah, und diese auf dem Boden ihrer Kammer verteiltest?«, fiel der reiche Farmer ein und lachte leise.

»Ja«, gab ich zu. Wenn ich es so erzählte, klang es reichlich lächerlich. Ich hätte mich besser im Griff haben sollen. Ich war doch kein Kind mehr. Ich hatte mich aufgeführt wie ein unbeherrschter Jüngling, nicht wie der reife Mann, der ich mir doch schmeichelte zu sein.

Williams hatte meine Gedanken nicht unterbrochen. Jetzt nickte er weise. »Ich sehe, du bist innerlich zu einem Ergebnis gelangt?«

»Ja, das bin ich.«

»Das ist gut. Ein Mann sollte wissen, was er will – und was er tut«, erklärte Williams. »Ich denke, Lucy hat die Abreibung an dir verdient, nicht wegen ihrer Vorliebe für hübsche Kleider, nein. Aber wegen ihrer eigenen Unbeherrschtheit, nach dir zu schlagen. Doch, das war nicht recht von ihr. Aber dir kann ich auch kein besseres Zeugnis ausstellen. Schließlich kann ein Mann eine Frau kaum mehr reizen als auf solch eine Weise.«

Ich seufzte.

»Zumal eine schwangere Frau«, fügte er an.

»Eine … schwang…«, brachte ich hervor. Der Mund blieb mir offen stehen.

»Eine schwangere Frau«, bestätigte Williams und nickte bekräftigend.

Ich schlug die Hände vors Gesicht. »Ich Esel!«, schalt ich mich. »Wie renke ich das alles nur wieder ein?«

Ein tiefer, tiefer Atemzug entrang sich der Brust meines Schwiegervaters. Er wirkte erleichtert. »Das solltet ihr untereinander klären. Wenn ich dir einen Rat erteilen darf: Erkläre ihr, was du empfindest, wenn sie Kleider mit so viel Schmuck trägt. Einigt euch. Und wenn du nicht willst, dass sie sich einmischt in deine Geschäfte, so bitte sie nicht dazu. Sonst benutzt du sie nur – während sie denkt, sie solle etwas zur Verhandlung beitragen, etwas mehr, als nur hübsch auszusehen. Redet miteinander. Eure Ehe ist noch jung, ihr kennt euch noch nicht so gut, sodass es Missverständnisse gibt. Wenn ihr miteinander im Gespräch bleibt, so werden es im Laufe der Zeit immer weniger. Lass die Liebe über deiner Ehe leuchten gleich der Sonne, die die Erde erwärmt. Wenn ihr euch einig seid, so ist es für euch beide leichter. Sonst habt ihr bald einen Krieg in eurem eigenen Haus.«

Ich nickte. Williams hatte recht. Ich wollte eine gute Ehe führen und keinen Krieg. Und so wurde Lucy dazugebeten. Ihre Augen waren rot und verschwollen vom vielen Weinen und sie sah so erschöpft aus, als hätte sie die ganze Nacht kein Auge zugetan. Das rührte mich. Und eingedenk von Lucys neuer Schwangerschaft und meinem Willen, aus der Ehe keinen Kampf zu machen, entschuldigte ich mich für meine harten Worte, das Kleiderchaos – und sogar für die Schläge.

»Ich lasse die Kleider wiederherstellen. Und wo das nicht möglich ist, werde ich dir neue machen lassen. Das bin ich dir schuldig«, versprach ich zerknirscht.

»Mich trifft ja eine Mitschuld. Hätte ich mich nicht in ein Männergespräch gemischt … und dich nicht daran zu hindern gesucht, meine Kleider zu ruinieren ... das war dumm. Und ...«, sie blickte vorsichtig in mein Gesicht, »und ich habe dich geschlagen ...«, flüsterte sie und Schamröte überzog ihre Wangen. Sie sah einfach reizend aus.

»Scht«, sagte ich sanft. »Ich habe die Kontrolle verloren wie ein Jüngling. Und das muss nicht noch einmal geschehen. Ich werde mich besser zu beherrschen lernen.«

»So wie ich«, brachte sie heraus. »Willst du mich zu Hause noch einmal schlagen, so wie du es meinen Bruder hast ausrichten lassen?«

»Nein, keine Sorge.«

»Jesse geht es gut«, beeilte sie sich zu sagen. »Und Cloe auch.«

»Bist du wirklich guter Hoffnung?«

Lucy errötete noch tiefer. »Ja«, hauchte sie. »Woher ...?«

»Dein Vater«, gestand ich und warf einen Seitenblick auf den Platz, an dem mein Schwiegervater eben noch gesessen hatte. Doch der war nicht mehr da.

Nur ein halbes Jahr später kam Benjamin zur Welt, dem 1793 John Jr. folgte. Wiederum drei Jahre später erblickte Drewry das Licht der Welt, im Jahre 1799 Mary, ein weiteres Jahr danach Esther und 1803 Zadock. Lucy brachte ihre Kinder leicht zur Welt.

Ich hatte diesmal nachgegeben, ich hatte Lucy zu Hause eine ganze Weile so behandelt, wie ich das nach Ansicht meines Schwiegervaters tun sollte. Doch das war nicht die Art und Weise, wie ich den Umgang mit Frauen kannte. So kam es immer wieder zu Streitigkeiten, sobald ich von meiner Frau den schuldigen Gehorsam verlangte. Da ich nicht gewillt war, das so hinzunehmen, blieb es natürlich nicht bei dieser ersten Einmischung in meine Eheangelegenheiten. Wann immer es für sie eng wurde, lief Lucy zu ihrer Familie und stellte mich bloß. Als ob sie vor mir beschützt werden musste. Schlimmer noch als ihr

Vater waren ihre Brüder, die sich bedingungslos vor sie stellten, ja, mich sogar dann und wann bedrohten.

»Wenn du Lucy nicht in Ruhe lässt …«, knurrte Jesse mich einmal an, als ich wieder Streit mit meinem aufsässigen Weib hatte.

»Sie ist meine Frau!«, konterte ich. »Ich habe jedes Recht dazu, sie zu schlagen, wenn sie mir nicht gehorchen will.«

»Und sie ist meine Schwester, kein Hund und keine Sklavin! Rühre sie noch einmal auf die falsche Weise an und du bekommst jeden Schlag zehnfach von mir zurück!«

Ich hatte mich einfach umgedreht und war gegangen. Gegen Lucys viele Brüder kam ich allein nicht an. Es war tatsächlich ein Fehler gewesen zu unterschreiben, dass ich nicht aus der Gegend fortziehen würde, bevor ich fünfundfünfzig Jahre alt wäre. Nur der Herr allein wusste, ob ich dieses Alter überhaupt erreichen würde. Es war eine ständige Plage mit der Familie Williams. Ich schwor mir nicht zum ersten Mal: Sobald mein Vertrag erfüllt war, würde ich Lucy und die Kinder von hier fortbringen. Es gab noch viel Land im Westen, das ein tüchtiger und gottesfürchtiger Mann zu einem fruchtbaren Acker machen konnte.

Und dann kam das Jahr 1792. Dem alten John Williams ging es immer schlechter. Im März hatte er seinen Letzten Willen verfasst und bei seinem Anwalt hinterlegt. Lucy war ständig bei ihm, anstatt sich um ihre eigenen Pflichten zu kümmern. Ich knurrte vor Wut. Wieder einmal hatte ich sie unter der Androhung von Gewalt vom Krankenbett ihres Vaters gelöst und mit zurück in unser gemeinsames Haus genommen. Dort hatte ich ihr diesmal gezeigt, was sie alles vernachlässigt hatte. Ich hatte sie in der Küche auf die Knie gezwungen, ihre Haare um meine Hand geschlungen und ihr Gesicht in den Schmutz auf dem Fußboden gedrückt.

»Da, mach das sauber, sofort!«, verlangte ich und drückte ihr eine Wurzelbürste in die Hand.

Mit großen Augen starrte sie mich an, verängstigt und hilflos. Ich schüttete einen Zuber voll Wasser in die Ecke, in der sie hockte. Sie kreischte auf, ihre Röcke blähten sich, als das Wasser sie traf.

»Los, schrubben!«, befahl ich ungerührt.

Zitternd bewegte sie die Bürste auf dem Boden hin und her, auf eine derart zaghafte und langsame Art und Weise, dass in mir erneut heiße Wut aufstieg.

»Kräftiger, los!«

Lucy weinte auf, sank schluchzend in sich zusammen. Dieses verfluchte Frauenzimmer war wirklich zu nichts zu gebrauchen. Ich würde ihr schon noch zeigen, wer hier das Sagen hatte, unmissverständlich sollte es ihr klarwerden. Wenn ich das nicht jetzt sofort klarstellte, so hatte ich für immer verloren. So würde sie immer nur das machen, was ihr beliebte, ohne auf mich und meine Bedürfnisse auch nur die geringste Rücksicht zu nehmen.

»Wage es nicht, dich da wegzubewegen!«, schnauzte ich sie an. Dann stürmte ich hinaus, holte einen Ledergürtel aus meinem Schlafraum und rauschte wieder in die Küche. Lucy saß immer noch am gleichen Fleck auf dem Boden, starrte bebend und mit tränenverschleiertem Blick zu mir empor, in den Augen einen Ausdruck absoluten Grauens ...

Der Junge starrte mich an. Ganz plötzlich war Lucys Gesicht überblendet mit dem des jungen Soldaten in der roten Uniform der Briten, der zu mir aufblickte, seine Eingeweide in seinem Schoß, voller Furcht, was ich nun mit ihm tun würde. Und ich hatte ihn erschossen – einen Jungen, nicht älter als sechzehn Jahre. Dann sah ich wieder Lucy sich ängstlich in die Ecke drücken, mit genau demselben Ausdruck in den Augen. Das brachte mich schlagartig wieder zur Besinnung, als hätte soeben ich den kalten Guss abbekommen. Was war ich hier eigentlich gerade im Begriff zu tun? Ich ließ den Gürtel fallen, kniete mich zu ihr auf den harten Dielenboden, machte den Versuch, meine

Arme um sie zu schlingen – sie wich vor mir zurück wie vor einer Klapperschlange. So ließ ich denn auch meine Arm hilflos sinken. Jetzt, in diesem Augenblick, fühlte ich brennende Scham.

»Bitte, verzeih mir«, flehte ich sie an.

Doch sie floh in die äußerste Ecke, raffte ihre nassen Röcke zusammen, kam irgendwie auf die Beine und verließ die Küche, eine Fährte von Tropfen hinter sich lassend wie eine Blutspur.

»Lucy!«, rief ich hinter ihr her, doch sie antwortete mir nicht. Nur ihr lautes Weinen schallte durch das ganze Haus. Als ich mich vom Boden erhob, fühlte ich die Nässe kalt auf der Haut meiner Beine, wo meine Hose die durchfeuchteten Stellen berührte. Ich achtete jedoch kaum darauf, mein Trachten ging in Richtung der Tür, durch welche Lucy soeben geflüchtet war. Den Blick auf den Boden geheftet wie ein Spürhund, folgte ich den nassen Flecken bis zu ihrer Kammertür.

»Lucy!«, rief ich und drückte die Klinke nieder. Doch fand ich die Tür verschlossen. »Lucy, mein Liebling, mach auf! Bitte, mach mir auf.«

Ich erhielt keine Antwort. Traurig ging ich zu meiner eigenen Kammer und legte mich auf mein Bett. Warum musste sie auch nur so sturköpfig sein? Warum konnte sie nicht einfach tun, was ich von ihr verlangte? Ich verstand dieses Weib nicht.

Sie war aufgewachsen in dem Bewusstsein, sie wäre etwas ganz Besonderes. Und das war sie ja auch zweifellos. Doch für mich fühlte es sich immer an, als wollte sie sich grundsätzlich über andere Menschen erheben. Als fühlte sie sich als etwas Besseres – auch als etwas Besseres als ich. Und das konnte ich ihr doch nicht durchgehen lassen. Sie würde mir sonst auf der Nase herumtanzen, für den Rest meines Lebens. So wollte ich das nicht dulden, sie benahm sich mir gegenüber respektlos. Ich würde sie mir erziehen müssen, solange sie noch jung genug dafür war. Und solange ich noch Kraft dafür hatte. Ich musste ihr den Platz zeigen, den sie in meiner Welt einzunehmen hatte. Den Platz, an den sie sich als meine Frau zu gewöhnen hatte. Und da konnte es ihr durchaus nicht schaden, von ihrem hohen Ross hinuntergestoßen zu werden und auf dem harten Boden der Tatsachen zu landen.

Solange ich Farmen bewirtschaftet hatte, war ich mir darüber bewusst gewesen, wie wichtig eine Hierarchie, wie notwendig Anweisungen waren von einem Mann, der die Übersicht über das Ganze zu bewahren in der Lage war. Und dieser Mann war ich. Eine Frau konnte sich nur in meine Welt einfügen, wenn sie exakt den Platz einnahm, den ich ihr zuwies. Ich bestimmte, wo genau sie mir am meisten nützlich sein konnte. Lucy war schließlich nur ein Weib und als solches mehr von ihren Gefühlen beherrscht als von so etwas wie einem Verstand. Dazu war sie viel zu jung, um über mehr die Übersicht zu behalten als über ihren Nähkorb. Mehr verlangte ich ja auch gar nicht von ihr. Das war der natürliche Platz des Weibes. Ich konnte das so akzeptieren. Warum konnte sie das nicht?

Und jetzt war mein Schwiegervater krank auf den Tod. Wieder mischten sich Scham und Bedauern in mein Denken. Warum hatte ich Lucy bloß vom Krankenlager ihres Vaters fortgebracht? War jetzt wirklich der geeignete Zeitpunkt, ihr ihren Platz in meinem Leben zuzuweisen, wenn sie doch krank war vor Trauer um ihren baldigen Verlust? Ich seufzte. Morgen würde ich mit ihr darüber zu reden versuchen. Sofern ich sie einem Gespräch zugänglich fand. Und dann würde ich sie selber zur Farm ihres Vaters bringen, damit sie seine letzten Tage auf Erden noch mit ihm verbringen sollte. Ich hatte ja auch noch Cloe. Und mit diesem beruhigenden Gedanken schlief ich ein.

Am nächsten Morgen war ich mit dem ersten Hahnenschrei schon wieder auf den Beinen. Als erstes schaute ich nach Lucy, die mir jedoch auf mein Klopfen nicht antwortete. Immer noch war die Kammer verriegelt. Einem Verdacht folgend, lief ich um das Haus herum bis zu ihrem Fenster. Und richtig, es stand offen. Ich schaute hinein. Einsam wehten die Schals, die sie innen angebracht hatte. Lucy war fort.

Kaum war ich draußen, bereit fortzureiten, um mein Weib zurückzuholen, da kamen Lucys Brüder Benjamin und Jesse, sprengten auf ihren Pferden auf mich zu. Ich fühlte, wie ich an meinen Armen ergriffen und zwischen den beiden Gäulen emporgehoben wurde. Noch bevor ich auch nur an Gegenwehr denken konnte, saß ich im Schweinepferch, mitten im Dreck. Ohne ein einziges Wort gesagt zu haben, sprengten die beiden Reiter wieder von dannen, heim, in Richtung der Williams-Farm. Die Schweine stießen mich grunzend an. Ich sprang auf meine Füße, ich spürte, wie weißglühende Wut mein ganzes Wesen erfüllte, jeden Denkprozess vollkommen ausblendete. Ein kehliger Laut entrang sich meiner Brust und ich war schneller über die Umzäunung aus dem Pferch hinaus, als ich hineingeraten war. Keine fünf Minuten später war ich auf Shadow aufgesessen und sprengte den Brüdern hinterher.

Es kostete den alten John Williams einiges an Diplomatie, um den Familienfrieden wiederherzustellen. Na ja, vielleicht eher einen Waffenstillstand. Zu mehr war ich im Moment auch nicht bereit – und meine Gegner genauso wenig. Mit finsteren Blicken musterten wir einander, verzichteten jedoch – wenigstens im Moment – darauf, unsere Auseinandersetzung mit Tätlichkeiten fortzuführen. Williams saß auf seinem Lieblingsplatz auf der Veranda, eine warme Decke um sich geschlungen, im Kreise seiner Söhne. Ich hatte bei meiner Ankunft nur noch Lucys Rockzipfel kurz aufblitzen sehen, bevor die Haustür sich geschlossen hatte. Sie war also ins Haus geschickt worden.

»Warum tust du meiner Schwester so etwas an, Schwager?«, fragte Jesse mich finster.

»Sie soll ihren Platz kennen. Ein Weib sollte ...«

»Ja?«, Jesses Ton wurde drohend. »Was sollte ein Weib?«

»Sie ist überheblich, sie ist mir gegenüber nicht demütig genug.«

»Sie ist eine geborene Williams«, knurrte Benjamin. »Und sie ist unsere Schwester. Wenn du ihr nicht den gehörigen Respekt erweist, dann werden wir ihr diesen zu verschaffen wissen!« Damit trat er einen Schritt auf mich zu.

»Halt!« Scharf war dieses Wort vom alten Williams gekommen. Sein Sohn zögerte, schaute zu seinem Vater hin. »Wir sind jetzt eine Familie. Hört auf zu streiten!« Er schien sich einen Moment zu sammeln, dann schlug er mit kräftiger Stimme vor: »Lasst uns ein paar klare Regeln festlegen für deinen Umgang mit Lucy. Ihre diesbezüglichen Wünsche hat sie mir mitgeteilt, so werde ich in dieser Sache ihr Anwalt sein.«

Es kostete uns einige Stunden, eine Übereinkunft zwischen beiden Parteien auszuhandeln. Sowohl ich als auch der alte Williams unterschrieben den Kontrakt, ebenso sein ältester Sohn Jesse. Alle taten wir dies mit finsteren Mienen. Ich, weil ich das Gefühl hatte, in meinem eigenen Hausstand Vorschriften gemacht zu bekommen, und mein Schwiegervater und Schwager, weil sie ihre Art des Umgangs mit Frauen für selbstverständlich hielten und mir klar zu verstehen geben mussten, dass sie mir nicht trauten.

Lucy blieb etwa einen Monat bei ihren Eltern und Brüdern, bis ihr Vater gestorben war. Erst nach der Beerdigung durfte ich sie wieder zu mir holen. Ich schenkte ihr einige Tage lang nicht mehr Aufmerksamkeit als meiner Hutablage, doch das schien sie nicht zu stören. Es schien sie im Gegenteil eher zu erleichtern. Ich versuchte nicht mehr, ihr Vorschriften zu machen. Dafür nahm ich ihre Anwesenheit jetzt gar nicht mehr zur Kenntnis und strafte sie zusätzlich damit, dass ich ihr Bett mied und mich in Cloes Arme flüchtete. Jeden Abend lag ich in meinem Bett, die Arme unter dem Kopf verschränkt und grübelnd. Wie konnte ich der immer noch anhaltenden Kontrolle durch meine Schwäger entgehen? Diese ständigen Besuche, die häufigen Einladungen, bei denen Lucy von mir getrennt befragt wurde. Und der Ärger mit Jesse, wenn ich es gewagt haben sollte, meine Frau auch nur im Geringsten zu kritisieren oder gar für Fehlverhalten zu bestrafen. Unmöglich war das, ich fühlte mich nicht mehr als Herr im eigenen Hause. Hatte ich damals nicht dafür gekämpft, mündig und frei zu sein von der Aufsicht durch andere? Damals waren es die Briten gewesen, die mir hatten Vorschriften machen wollen, heute waren es meine Schwäger – was es noch schlimmer für mich machte. Denn damals hatten sie alle unter der Kolonialverwaltung gelitten, heute waren alle anderen frei – bis auf mich. Das ging einfach nicht.

Heute war wieder ein Brief eingetroffen, der mich sehr nachdenklich machte, denn er bot mir einen Ausweg. Nur noch ein paar Jahre würde ich ausharren müssen, denn so lautete der Passus in meinem Ehekontrakt. Aber dann konnte ich fort von hier – endlich. Der Brief nun war von meinem Freund und ehemaligem Nachbarn James Johnston. Seit James Johnston um 1800 aus North Carolina fortgezogen und nach Westen gegangen war, fühlte ich mich einsam. James fehlte mir. Mein einziger Trost waren Briefe aus James' Feder, die mich drei- oder viermal im Jahr erreichten. James berichtete darin vom Fortschritt der neuen Siedlung Red River in The Barren Plains, welches im neuen Bundesstaat Tennessee lag, immer noch im Indianergebiet, hinter der Bergkette der Appalachen. Der Staat hatte sich dem neuen Staatenbund Anno Domini 1796 angeschlossen und James hatte beinahe ein Jahr für die Reise gebraucht. In seinen Briefen berichtete er als Reverend begeistert von der Gemeindearbeit in seiner neuen Heimat. Er lud mich in jedem seiner Briefe ein, ihn zu besuchen, mich vielleicht ebenfalls dort anzusiedeln. Und diese Überlegung nahm immer mehr Raum ein in meinem Denken und in meinen Wunschträumen. Oft stellte ich mir vor, ein großes Stück von dem neuen Siedlungsland im Westen für mich und meine Familie zu sichern, ein größeres, als ich mir hier in der schon seit so langer Zeit bebauten Fläche leisten könnte – und bekommen würde. Hier war alles Land ja bereits aufgeteilt. Dort begann die Verteilung gerade erst – eine verlockende Aussicht. Dem gegenüber standen die wilden Indianer und das Verwandeln der Wildnis in ein neues Paradies, in einen Garten Eden. Hatte ich noch die Kraft dazu? James schien es mir ja immer noch zuzutrauen.

James lud mich auch in diesem Brief wieder ein: Falls ich je unzufrieden sein sollte mit dem Leben in North Carolina, könne auch ich kommen und die kleine Gemeinde verstärken. Meine Familie und ich seien jederzeit willkommen.

Was sollte ich dem Freund nun antworten? Ich beschloss, ihm mitzuteilen, ich würde es mir überlegen. Aber meine Wünsche reisten schneller und ich stellte es mir vor, sehr konkret, in ein paar Jahren. Schließlich wuchs meine Familie – und auch die Zahl meiner Gegner hier war beträchtlich angestiegen.

Ich hatte gehört, dass das Land im Westen, jenseits der Appalachen, durch das Militär stückweise erobert worden war. Und nachdem diese aufsässigen Wilden vor einigen Jahren endlich vor der Überlegenheit der weißen Rasse kapituliert hatten, war das Gebiet auch für Familien sicherer geworden. James schrieb begeistert, wie wunderbar der Mais dort wachse, wie saftig die Wiesen seien, auf denen sich seine Pferde sattfressen konnten. Seit den Siebzigerjahren des vorigen Jahrhunderts, also schon bevor James Johnston dorthin gegangen war, stand das neue Land unter der Gerichtsbarkeit von North Carolina – James war also nicht in einen rechtsfreien Raum gezogen. Und jetzt, seit Tennessee ein eigener Staat war, gab es eigene Instanzen, an die man sich wenden konnte. Ja, das hörte sich gut an.

Wann immer ich mich hier in North Carolina über irgendetwas ärgerte – und das geschah beinahe täglich – erwischte ich mich bei dem Gedanken an ein freieres Land, in dem mir weder so viele Vorschriften das Leben schwer machen würden noch so viele Konkurrenten. Vor allem nicht die Brüder meiner Frau, die mir zunehmend lästiger wurden.

Als ich im Jahre 1803 Missernten auf meinen Feldern zu beklagen hatte – eigenartigerweise traf es nur mich und nicht auch meine Nachbarn – da war ich sehr nachdenklich geworden. Ich hatte offenbar Feinde. Es war zu viel hier geschehen, was bei anderen Rachewünsche, Neid und Missgunst zu wecken schien. Ich musste fort – so bald wie möglich.

»Gott hat uns dieses Land gezeigt. Es ist an uns, es zu zähmen, es zu bestellen und zu zivilisieren. Das ist unsere Aufgabe!« So stand es in James' letztem Brief. Ja, das war richtig, dachte ich. Sehnsucht packte mich nach diesem neuen, gelobten Land. Dorthin wollte ich mit meiner Familie ziehen, sobald es mir möglich war. Und genau das schrieb ich meinem Freund in meinem Antwortbrief. Endlich würde ich der Kontrolle durch meine Schwäger entkommen können. Und auch allen anderen, die mir hier Übles wollten. Das schrieb ich jedoch wohlweislich nicht.

Angeregt durch James Johnstons Briefe, traf ich mich von nun an öfter mit Greg und Tom, zwei Kleinbauern, die mit den starren Verhältnissen hier auch nicht mehr zufrieden waren. Sie brauchten mehr Land – und das war nicht verfügbar. Mit diesen beiden, mit Frederick, dem Gatten von Lucys Cousine Kate, und mit einigen anderen Männern schmiedete ich des Abends Pläne, nach Tennessee zu gehen. Schließlich wurde ich im nächsten Jahr fünfundfünfzig und dann war mein Vertrag zu bleiben erfüllt.

Die anderen Männer weihten ihre Frauen – zumindest teilweise – in ihre Pläne ein. Allein ich tat dies nicht. Ich beließ Lucy so lange wie möglich darüber im Unklaren, was ich vorhatte. Sie hätte meine Pläne doch nur hintertrieben, da war ich mir sicher. Und das wollte ich auf keinen Fall riskieren. Wenn sie denn darüber verwundert war, dass ich beinahe an jedem Abend noch geschäftliche Besprechungen hatte, so ließ sie mich das nicht merken.

James hielt ich natürlich über meine Aktivitäten auf dem Laufenden, er sollte mich ja schließlich in die neue Gemeinde einführen.

Als meine Vorbereitungen so weit gediehen waren, dass sich nichts mehr umkehren ließ, machte ich eines Morgens beim Frühstück Lucy und den Kindern von dem bevorstehenden Umzug Mitteilung, stellte sie einfach vor vollendete Tatsachen. Ich wusste selbst nicht, warum, doch ihre Reaktion und ihr Entsetzen erfüllten mich mit großer Genugtuung. Schließlich war es mein gutes Recht, diese Dinge für die Familie zu entscheiden, und Lucy war nur ein dummes Weib, welches mir durch das Ehegelübde zum Gehorsam verpflichtet war. Es war nur gut, wenn sie wieder einmal daran erinnert wurde.

In diesem Fall gaben mir sogar meine Schwiegermutter und meine zahlreichen Schwäger recht. Sie nahmen mich nur beiseite, um mich zu fragen, wieso ich das nicht rechtzeitig mit Lucy und ihnen besprochen hatte. Ich schwieg dazu, denn schließlich waren meine Schwäger einer meiner Gründe fortzuziehen.

Auch die merkwürdigen Missernten auf meinen Feldern gaben mir zu denken. Ich hatte mir in nunmehr über zwanzig Jahren hier einige Feinde gemacht und Neider geschaffen, die es mir schwer machten, hier geschäftlich weiterzukommen. Ebenso wie das Land waren auch die Möglichkeiten und Geschäftsverbindungen bereits vergeben – und die jetzigen Inhaber dieser Verbindungen waren nicht bereit, weitere Profiteure mit hineinzulassen. Ich hatte zwar die Verbindungen meines Schwiegervaters geerbt, aber wachsen konnte ich hier nicht mehr. Nein, ich hatte mich hinreichend viele Jahre in diesem Teil des Landes abgeplagt. Es wurde Zeit für eine Veränderung.

Ich verkaufte meine Farm an William Rawls, einen Mann aus dem Osten, und organisierte mit den anderen Männern Planwagen. Ich brütete mit ihnen über verschiedenen Karten, plante Reiserouten, besorgte einen zuverlässigen Führer für den Treck, der schließlich im Ganzen aus elf Familien mit fünfunddreißig Wagen bestand.

Unser Aufbruch im Spätsommer war tränenreich, doch hatte ich der aufbegehrenden Lucy klar gemacht, dass ich auf jeden

Fall fahren würde – und es ihr anheimgestellt, mich und meine Kinder zu begleiten – oder bei ihrer Mutter zurückzubleiben. Sie entschloss sich, mir zu folgen. Das war gut. Es war der erste von vielen Schritten, die ich vorhatte, sie zu lehren.

Langsam kehrten seine Gedanken wieder in die unmittelbare Gegenwart des Jahres 1818 zurück. Wieder spürte er die stechenden Kopfschmerzen. Er atmete tief durch und schloss die Augen. Von einem Augenblick auf den anderen war er eingeschlafen.

19: Das Buch Tobis
Tennessee, Red River, Winter 1818

John war gerade vom Feld nach Hause gekommen, da klopfte es an der Tür.

»Tretet ein«, rief John.

Die Pforte öffnete sich und herein kamen Thomas und Alex Gunn nebst fünf weiteren Ältesten der Gemeinde der Red River Baptist Church. Mit ihnen strömte ein sonderbarer Geruch ins Haus.

»Thomas, Alex, seid mir willkommen!«

Johns Gruß verhallte, als wäre er gar nicht gesprochen worden. Ein unangenehmes Kribbeln durchlief ihn, als er die Abordnung betrachtete, alle in Schwarz gekleidet und mit ernsten Mienen. Was wollten sie nur alle von ihm, das nicht bis zum nächsten Sonntag warten konnte? John beschloss, das Schweigen nicht zu unterbrechen, sondern zu warten, bis Thomas Gunn sich erklären würde.

»John Bell, wir haben äußerst ernste Dinge mit Euch zu besprechen. Nachdem wir erlebt haben, welche Geister Euch jagen – und wir wissen, dass Ihr nicht ganz unschuldig daran sein könnt – wollen wir Euch mitteilen, dass wir nur noch einen Versuch machen werden, den Dämon zur vertreiben.« Er machte eine Pause und blickte John forschend an. John schwieg. Also fuhr Thomas fort: »Mein Bruder Alex hier kam auf die glänzende Idee, nach weiteren Bibelstellen zur Geistervertreibung zu suchen – auch bei den Apokryphen. Und beim Buch Tobis wurde er fündig. Tobis fing einen Fisch, der ihn fressen wollte. Auf Rat des Erzengels Raphael bereitete er heilsame Salben aus dem Körper des Tieres. Die Leber des Fisches jedoch, auf glühende Kohlen gelegt, sollte alle Dämonen und bösen Geister vertreiben, dass sie niemandem mehr schaden könnten, keinem Manne und keinem Weib.«

Nun holte Alex Gunn einen blutigen Beutel hinter seinem Rücken hervor. Der Gestank verstärkte sich. »Wir haben einen großen Fisch aus dem Fluss gefangen und seine Leber entnommen. Mit eurer Erlaubnis, John, wollen wir dem Rat des Engels ebenfalls folgen und schauen, ob der Dämon, welcher Euer Haus befallen hat, durch dieses Mittel weicht. Denn vor den Ratschlägen der Engel, die Gottes Zunge sind, weichen alle Höllenmächte.«

»Sollte es uns allerdings nicht gelingen, die Kreatur zu verjagen, so müssen wir davon ausgehen, dass Gott es zulässt, dass dieses Wesen Euch quält und bedrängt – das Er Euch also strafen will, Euch und eure Familie«, setzte Thomas Gunn die Rede fort.

»Und was werdet Ihr in dem Fall tun?«, erkundigte sich John voll böser Vorahnungen.

Die Ältesten tauschten unbehagliche Blicke und schwiegen eine ganze Weile.

Schließlich war es wieder Thomas Gunn, der auf Johns Frage antwortete: »In dem Fall müssen wir Euch exkommunizieren!« Dieses Urteil klang donnernd in der Stille nach.

John schluckte, fuhr sich mit der Zungenspitze über die rissigen Lippen. Exkommunizieren? Ausgerechnet ihn? Ein Schwindel erfasste ihn, machte ihn matt und kraftlos. Er öffnete den Mund, um etwas zu sagen, doch er wusste nicht, was. Also schloss er ihn wieder.

Sein Blick irrte zu seiner Frau hinüber. Lucy schien es genauso zu gehen wie ihm und ebenso seinen Söhnen. Alle saßen sie mit offenen Mündern da wie die Karpfen.

»Exkom...«, stotterte John dann doch noch.

Die Ältesten neigten zustimmend den Kopf.

Etwas verspätet bot Lucy den Besuchern Getränke an, wie um sie gnädig zu stimmen. Doch Thomas Gunn lehnte mit bedauernder Miene ab.

»Wir dürfen von euch nichts annehmen, bis ihr reingewaschen seid. Und das kann nur geschehen, wenn der Dämon vertrieben ist.«

Sie begannen mit gemeinsamen Gebeten, welche die Gunns vorsprachen und die übrigen Anwesenden nachbeteten. Sie riefen auch die Engel zu Zeugen an, besonders Raphael, der denselben Rat einst dem Tobis gegeben hatte. Dann legte Thomas die Fischleber in eine der Glutschalen auf die glimmenden Kohlen. Es zischte. Sofort verbreitete sich ein unangenehmer Trangeruch, gefolgt vom Gestank nach verbranntem Fleisch. Schwarzer Qualm füllte den Raum, sodass John husten musste.

Thomas wedelte den Qualm in alle Ecken und murmelte dabei: »Mach dich von hinnen, Dämon oder Geist oder was immer du seist, wenn die höllischen Mächte dich hierher entsandt haben. Vor den Augen der Engel musst du gehen!«

»Mach dich von hinnen, Kreatur des Bösen, lass diese gottesfürchtigen Menschen in Frieden!«, ergänzte Alex Gunn.

Ein jeder aus der Delegation hatte sich einen eigenen Segensspruch überlegt und sprach ihn jetzt aus. Und als die Fischleber vollständig verbrannt war und der Qualm die ganze Stube füllte, niemand mehr seinen Nachbarn erkennen konnte und es in den Augen brannte und in der Lunge biss, da öffnete Thomas alle Fenster und die Tür.

»Gehe fort mit dem Rauch!«, befahl er mit tragender Stimme, ein Ausspruch, der von allen wiederholt wurde, bis die Stube wieder frei war von Qualm.

Wie eine Schar von Raben hockten die Ältesten noch zwei weitere Stunden bei John in der Stube, abwechselnd schweigend und Gebete murmelnd. Keiner der Bells wagte es, den Raum zu verlassen, bis die Delegation gegangen sein würde. Sie warteten, warteten auf ein Zeichen des Wesens, welches im Hause umging.

Und am Abend war es soweit: Die grässlichen Töne eines Saufliedes durchschnitten die Luft, so plötzlich, dass alle Anwesenden zusammenfuhren.

»Er fiel von der Leiter und brach sich den Hals, und sie betteten ihn auf saubere Laken, mit einer Buddel Whiskey zu seinen Füßen ...« Schauerliches Gelächter folgte diesem Gegröle.

Die Ältesten fassten einander bei den Gewändern, blickten ängstlich in alle Richtungen, doch die Quelle des Liedes ließ sich nicht ausmachen.

»Ich bin noch da!«, lachte die Entität. »Ich werde erst gehen, wenn Ol'Jack tot ist.«

Zwei Tage später stellte die Gemeinde John Bell eine Urkunde zu, in der ihm mitgeteilt wurde, dass er aus der Gemeinde ausgeschlossen worden war – exkommuniziert! Johns Beine gaben unter ihm nach und er brach in die Knie.

»O Herr!«, rief er laut. »Womit habe ich das verdient?«

Zwei Tage später hielt John zwei Gottesdienste auf seinem Grund und Boden ab, voller Trotz und Auflehnung gegen die Entscheidung der Exkommunikation. Einer davon war für seine Familie, der andere für die ihm anvertrauten Sklaven. Er selbst war und blieb das Familienoberhaupt und in dieser Funktion der Priester der Seinen, und das würde sich auch nicht ändern. So lange es ihm gut genug ging, dass er stehen konnte, wollte er diese Tradition nicht brechen.

20: John verliert seine Schuhe
Tennessee Winter 1819

Endlich war es etwas stiller im Haus. Die Kinder waren draußen, Lucy war bei einer kranken Nachbarin. Betsy hatte die Nacht bei ihrer Freundin Rebecca Porter zugebracht.

Der Poltergeist hatte sich seit vorgestern nicht mehr blicken lassen. John genoss es, sich etwas zu entspannen, nicht ständig auf einen Angriff vorbereitet sein zu müssen. Nur Drew und John Jr. waren noch da, ihm zur Seite zu stehen. Heute fühlte sich John kräftig genug, um aufzustehen und vor die Tür zu gehen, ein paar Schritte draußen in der frischen, kalten Luft zu tun. Immer in der Stube zu liegen, entsprach so gar nicht seinem Naturell. Außerdem schmerzte ihn der Rücken.

»Wirklich, Vater?«, fragte Drew und sah ihn besorgt an.

»Ja. Hilf mir, mich aufzusetzen!«

Drew beugte sich herunter und tat, wie er geheißen worden war.

»Draußen liegt Schnee«, gab er zu bedenken.

»Na und?«, knurrte John. »Das hat mich doch noch nie gestört.«

Drew zuckte mit den Schultern und tauschte einen Blick mit seinem Bruder, der gerade dazugekommen war und mitbekommen hatte, was sein Vater vorhatte. Little John nickte. Also holte Drew seines Vaters Schuhe und half ihm hinein, band sie sorgfältig zu. John zog sich langsam hoch an Drews Hand, warf seinen Mantel über und verließ das erste Mal seit ein paar Wochen die Stube.

Draußen ging er prüfend ein paar Schritte, gestützt auf einen Gehstock und auf Drew. Es ging besser, als er erwartet hatte. Wieder tat er einen Schritt und dann noch einen, da flog ihm mitten in der Schrittbewegung auf einmal sein rechter Schuh vom Fuß. Nicht in der Lage, rechtzeitig seine Bewegung zu unterbrechen, trat John mit dem nun nackten rechten Fuß in den Schnee. Er hätte die Kälte fühlen sollen, doch John spürte zu seinem eigenen Erstaunen nichts.

»Wartet, Vater!«, sagte Drew, holte den Schuh und stülpte ihn wieder über Johns gefühllosen Fuß. Sehr sorgfältig band er ihn fest.

Doch kaum waren sie ein paar weitere Schritte vorwärtsgekommen, da flog ihm der andere, der linke Schuh vom Fuß.

Wiederum band Drew ihn fest an Johns Fuß, doch nach ein paar Schritten flog abermals der rechte Schuh von Johns Fuß, dann der linke, der rechte, der linke, der rechte. Und ganz plötzlich erfüllte ein furchtbares Gelächter die Luft, das hämische Lachen der Hexe Kate.

»Du scheinst dich ja prächtig zu amüsieren, Höllenbrut!«, schimpfte Drew. John war viel zu sehr außer Atem, um etwas zu rufen. Er beugte sich instinktiv nach vorne, brach in die Knie.

»Vater, Eure Lippen sind ganz blau!«, stellte Drew fest, nach einem Blick in Johns Gesicht.

Dieser schnappte nach Atem wie ein Fisch auf dem Trockenen. Vor seinen Augen tanzten bunte Ringe. Fest klammerte er sich an Drew. Er verstand das nicht, schließlich war er doch gar nicht so lange gelaufen. Oder gar schnell. In der letzten Zeit brauchte es nicht mehr viel Anstrengung, ihn an den Rand des Erstickens zu bringen.

Drew stand hilflos dabei, wie John nach Luft rang. Er redete auf John ein, doch dieser war in seiner Not und mit dem ängstlichen Dröhnen des eigenen Herzschlages in seinen Ohren nicht in der Lage, auch nur ein einziges Wort davon zu erfassen. Er hörte nur die Besorgnis im Tonfall seines Sohnes.

Erst nach einer ganzen Weile bekam John wieder ausreichend Luft und sein Herzschlag verlangsamte sich auf Normalmaß. Mit einem tiefen Atemzug richtete John sich auf und stützte die Hände in die Hüften. Er fühlte nur noch Knochen, wo einst

Muskeln und Fleisch gewesen waren. Er hatte stark abgenommen, seit ihn seine Nahrung so schnell wieder verließ. Sinnend blickte er Drew an, der ihn seinerseits betrachte, voller Kümmernis und Sorge.

»Ich werde mich wieder erholen, hörst du, Kate?«, keuchte John voller Trotz. »Und ich werde wieder hingehen, wohin ich möchte, nicht nur krank in der Stube liegen.«

»John Bell, du wirst nirgendwohin mehr gehen. Nicht in diesem Leben!«, tönte die unheimliche Stimme in seinem Kopf.

»Und ob ich das werde!«, krächzte John.

Nur das Lachen antwortete ihm. Und plötzlich riss es ihn von den Beinen. Die Krämpfe befielen ihn erneut, hier draußen, vor aller Augen. John wälzte sich im Schnee, wieder ohne die Kälte zu fühlen. Heißer Schmerz durchzuckte ihn stoßweise, sein ganzer Körper bäumte sich auf, er schrie. Er fühlte seine Gesichtsmuskeln unkontrolliert zucken und sich verkrampfen, der Fluch lief weiter über seine Arme, seinen Leib, seine Oberschenkel und Waden, seine Füße und Hände. Drew kniete neben ihm, doch er konnte nicht helfen, bis es vorbei war. Dann zogen seine Söhne ihn wieder ins Haus. Der Anfall hatte John sehr geschwächt. Wieder auf seinem Lager fiel er augenblicklich in einen tiefen Schlaf.

Als er wieder zu sich kam, war es schon dunkel. Betsy war wieder da und er hörte mit, was sie erzählte. Die Kreatur war ihr gefolgt und die Porters hatten darunter zu leiden gehabt. Deshalb also war es hier so ruhig gewesen. Resigniert schloss John die Augen. Bei all ihren Anfällen, die jenem ersten gefolgt waren, hatte es eine Gemeinsamkeit gegeben, das wurde ihm jetzt klar: Wenn Betsy ohnmächtig war, schwieg auch Geist Kate. Über das Warum zu grübeln, fehlte ihm jedoch die Kraft. Vielleicht hatte es gar keinen Zusammenhang.

Er hörte seine Familie Abendbrot essen, er roch Kaffee und andere angenehme Gerüche, die früher immer Appetit in ihm wachgerufen hatten. Jetzt jedoch löste Essensgeruch eher Übelkeit bei ihm aus. Er schluckte. Warum hatte er unbedingt hierherkommen wollen mit seiner Familie? Warum nur? Alles in allem hatte es ihm kein Glück gebracht. Die Kirche hatte ihn ausgestoßen. Die eigene Frau war ihm ungehorsam und tat, was sie wollte. Alles, was er sich aufgebaut hatte, wendete sich gegen ihn. Damals war es ihm richtig erschienen. Er war aus der eng begrenzten Welt North Carolinas ausgebrochen, aus der Bevormundung anderer Männer, aus der Enge der Tatsache, dass die Geschäftswege alle schon festgelegt waren. Und seine Gedanken schweiften zurück zu der Zeit, als sie nach der langen Reise hier angekommen waren …

21: Ankunft und Neuanfang in Tennessee 1805

Mühevoll zerrten die Ochsen den Wagen durch den schwarzen Schlamm am Flussufer. Die Tiere brüllten gequält – ich konnte sie immer schwerer vom Wasser des Flusses fernhalten. Ich beschloss, eine kurze Rast einzulegen, damit die Tiere verschnaufen und etwas Wasser saufen konnten.

»Brrr – halt!«, rief ich laut schallend. Hinter mir hörte ich Dean dasselbe rufen.

Als beide Wagen zum Halten gekommen waren, kletterten meine Söhne John Jr. und Jesse vom Wagen und begannen, die Tiere mit dem Nötigsten zu versorgen, vor allem mit Wasser. Die Ochsen soffen geräuschvoll und auch die Pferde schlürften gierig Wasser.

»Jesse, reich mir auch ein wenig Wasser!«, rief ich meinem Ältesten zu. Dieser blickte zu mir auf, füllte einen ledernen Bocksbeutel im Fluss und brachte ihn mir. Ich spülte mir zweimal den Mund, trank ein paar Schlucke und goss mir dann den Rest des kühlen Nasses über den Kopf. Ich nickte Jesse dankend zu und warf ihm den leeren Beutel wieder zurück, welchen dieser erneut füllte. Nach dieser Erfrischung fühlte ich mich etwas besser und nutzte die Pause, um mich ein paar Minuten zu entspannen.

Heute Morgen hatte ich mich von den anderen Männern im Treck verabschiedet, ihnen eine gute Weiterreise gewünscht. Jeder sollte bei einer anderen Familie unterkommen. Wir waren natürlich auf dem Weg zu den Johnstons. Ich bemühte mich, mein Ochsengespann zu deren Land zu lenken, dorthin, wo ich das Farmhaus vermutete. Ich hatte Lucy noch nicht gesagt, wie nahe ich die Familie dem gemeinsamen Ziele wähnte. Zumindest hoffte ich, dass es nicht mehr weit war. Die Beschreibung im letzten Brief von James Johnston hatte ich in meiner Brusttasche verwahrt. So häufig hatte ich die mitgeschickte, gezeichnete Karte inzwischen studiert, dass das Papier ganz zerknittert und die Tinte im Regen schon ein wenig verlaufen waren. Doch wie einen Talisman fühlte ich den Brief in meiner Innentasche.

Hinter mir schob sich die Leinwand auseinander. Lucys dunkler Kopf tauchte neben mir auf. »John, warum halten wir an?«

»Die Tiere«, antwortete ich und deutete müde nach vorne.

»Werden wir denn schon heute bei den Johnstons ankommen?«

»Ich hoffe heute. Aber vielleicht auch erst morgen oder übermorgen«, entgegnete ich ihr ehrlich und klopfte auf James' Brief. Entzückt blickte ich in ihre dunklen Augen, die mich immer an die eines Rehs erinnerten. Ich strich ihr eine Strähne ihres lockigen schwarzen Haares hinter das Ohr. »Mach dir keine Sorgen, weit kann es nicht mehr sein«, fügte ich hinzu.

»Machen wir den Leuten denn nicht zu viele Umstände?«, fragte Lucy, wohl zum hundertsten Male. »Du hast doch vorgelesen, James habe sich neu vermählt«, sprach Lucy weiter. Eine steile Falte bildete sich zwischen ihren Augen.

Ich seufzte, griff mit meiner Hand beruhigend nach der ihren. Dabei bemerkte ich, wie grob und schwielig sie geworden waren.

»Keine Sorge. James hat mir versichert, das ginge in Ordnung. Sie haben noch keine eigenen Kinder, nur James' Söhne aus erster Ehe leben bei ihnen. Außerdem soll noch eine Nichte bei ihnen aufwachsen, Waise, armes Ding.«

»Ja, ich erinnere mich«, sagte Lucy kurz.

Ich warf einen prüfenden Blick auf ihr Gesicht, da erschollen von hinten aus dem Wagen streitende Kinderstimmen. Mit einem »Ich muss mich jetzt um die Kinder kümmern« zog Lucy sich in den Wagen zurück und überließ mich wieder meinen Gedanken.

»Herr, bitte, lass uns die Farm schnell finden«, murmelte ich und blickte kurz gen Himmel. »Ich verspreche euch eine grüne Weide und viel Ruhe, wenn wir am Ziel angekommen sind«, nuschelte ich und ich wusste nicht, ob ich das den Ochsen zusagte oder mir selbst und meiner Familie.

Vom Kutschbock aus konnte ich die Muskeln der Tiere arbeiten und zucken sehen, den Schweiß auf ihrem struppigen Fell. Die Ochsen waren abgemagert und abgetrieben, kaum dass sie ihren eigenen Leib fortschleppen konnten, geschweige denn den Wagen. Doch mussten sie genau das noch einmal tun, die armen Tiere, bevor ich sie von ihrem Joch erlösen konnte. Wir hatten es doch nun schon so weit geschafft.

Ich band das Seil, mit dem ich mich auf meinem Sitz gesichert hatte, fester um meinen Leib und nahm die Zügel in die Hand, entschlossen jetzt.

»Ho!«, rief ich, atmete tief durch »Los, zieht an!«, und trieb die Tiere durch Schnalzen und Peitschenknallen noch einmal zu einer hoffentlich letzten Anstrengung.

Hinter mir hörte ich wie ein Echo das vertraute, antwortende »Ho« von Dean, der den anderen Planwagen lenkte. Ein Ruckeln ging durch mein Gefährt, die Tiere brüllten, ob aus Protest oder vor Schmerz, hätte ich nicht sagen können. Ich musste die Tiere schinden, um die Menschen zu schonen.

Dean, Cloes Sohn, hatte sich tapfer gehalten für seine fünfzehn Jahre, dachte ich, während ich die Tiere unter Aufbietung aller meiner Kräfte fort vom Flussufer lenkte. *Nur noch einmal, dieses Mal,* schwor ich mir und biss die Zähne zusammen. Die Zügel hatten sich tief in meine Hände eingegraben, der Schmerz war mir inzwischen vertraut. Jede Unebenheit des Weges, jede Wurzel, über die wir fuhren, schickte weitere Stöße in mein schmerzendes Rückgrat. Ich hatte das Gefühl, ich wäre den ganzen Weg auf einem bockenden Maulesel festgebunden gewesen, anstatt auf einem Kutschbock zu thronen.

Besorgt sah ich die Ochsen vor dem Gefährt herstolpern. Ich nahm mir vor, mindestens zwei Stunden am Stück weiterzufahren, denn ich wagte es nicht, die Tiere ohne größere Rast noch einmal anzuhalten. Solange sie sich bewegten, war alles gut.

Noch einmal würde ich sie heute nicht dazu bringen können, wieder anzuziehen. Vielleicht würde eines der Tiere auch zusammenbrechen, sobald es nicht mehr angetrieben würde. Und das konnte ich nun wahrlich nicht gebrauchen.

Nie wieder, das schwor ich mir, *nie wieder werde ich mich und meine Familie solchen Strapazen aussetzen!* So gut meine Aufgabe als Ochsenlenker das gestattete, hielt ich Ausschau nach Rauch, dem ersten Anzeichen eines Farmhauses, welches ein Herdfeuer unterhielt, und nach bestellten Feldern. Noch quietschten und knarrten die Räder zwischen den Bäumen eines dünnen Uferwaldes, dessen Ende ich aber weiter vorn schon sehen konnte. Hier war Wildnis, soweit mein Auge reichte, von der ordnenden Hand eines Menschen konnte ich nichts erkennen. Hatte ich mich getäuscht? Hatte James nicht geschrieben, ich solle immer am Fluss entlang nach Norden fahren, dann könne ich sein Haus nicht verfehlen?

Es war seit dem letzten Halt vielleicht eine weitere Stunde vergangen. Gerade lenkte ich die Ochsen um eine besonders große morastige Stelle herum, die Augen nur bei den Tieren und einem gangbaren Weg.

»He ho!«, rief da eine tiefe Stimme vor mir.

Ich zuckte zusammen, stutzte, hielt durch meine unwillkürliche Bewegung die Ochsen an, die sofort ausbrachen und sich dem Flussufer zuwendeten.

»Brrr!«, rief ich und zerrte an den Zügeln, doch die Tiere schienen das Zaumzeug nicht mehr zu spüren oder sie hatten solch einen furchtbaren Durst, dass ihnen der Schmerz egal war. Die Ochsen ignorierten alle meine Anstrengungen und stürzten dem Wasser entgegen. Trotz meines Sicherungsseils hatte ich alle Mühe, nicht von meinem schwankenden Sitz geschleudert zu werden. Das Gefährt ächzte, der Horizont kippte mal in die eine, mal in die andere Richtung und der Wagen bockte wie ein Maulesel. Ungeduldig strich ich mir eine nasse Haarsträhne aus den Augen, die ohnehin vor Schweiß schon brannten. Hinter mir hörte ich einen Reiter heransprengen, der Mann von eben, wie ich vermutete. Ich griff nach meiner Pistole, nur für den Fall …

Doch der Reiter, ein noch junger Mann, griff mutig in die Zügel und verstärkte meinen Zug. Das Brüllen der Ochsen steigerte sich um ein Mehrfaches, doch wurden die Tiere langsamer, sodass bei der holprigen Fahrt wenigstens nicht der Wagen umzustürzen drohte. Am Ufer war ohnehin Schluss mit der rasenden Stampede. Muhend stampften die Tiere in den Fluss, um ihren Durst zu löschen. Ihre Flanken schlugen und ich sah den Ochsen an, dass sie kurz vor dem Zusammenbrechen waren. Ich selbst lehnte mich mit pulsierendem Körper zurück und schickte ein stilles Dankgebet gen Himmel. Dann richtete ich das Wort an den Jungen, der jetzt auch sein eigenes Pferd saufen ließ.

»Habt Dank für die Hilfe, junger Mann!«, sagte ich bedächtig, hielt aber meine Hand in der Nähe meiner Pistole, wohl bemerkend, dass der Reiter ebenfalls mit einer Schusswaffe ausgestattet war. »Doch wer seid Ihr?«

Der Junge lachte, wendete sich zu mir um und neigte den Kopf, was alles heißen konnte, einschließlich einem »Gern geschehen«.

»Ihr seid John Bell?«, fragte er statt einer Antwort.

»Der bin ich«, bestätigte ich, immer noch skeptisch. Schließlich wusste ich ja immer noch nicht, wem ich da gerade begegnet war.

Der Mann lüftete seinen Hut in einer erstaunlich eleganten Bewegung. »Ich bin George, Reverend Johnstons Schwiegersohn. Ihr werdet seit Tagen erwartet, Mutter hat schon alles vorbereitet.«

»Endlich seid Ihr da!« James kam mit ausgestreckten Armen auf mich zugeeilt.

Wir waren am Fluss halten geblieben, denn die Tiere waren durch nichts dazu zu bringen gewesen, den Wagen das letzte Stück weiterzuziehen. Schließlich war George nach Hause geritten und hatte seinen Schwiegervater und ein paar frische Pferde geholt. Außerdem einen kleinen leichten Wagen für Lucy und die Kinder. In ihrer Begleitung hatten die Johnstons vier kräftige Sklaven, die auf die Wagen und die Gespanne aufpassen sollten, und frische Ochsen, um sie ins Geschirr zu spannen für ihre entkräfteten Artgenossen.

»Diese frischen Tiere hier werden willig Eure Planwagen das letzte Stück bis zu meiner Farm ziehen. Wenn sich Eure Tiere über Nacht ein wenig erholt und genug gefressen und gesoffen haben, so werden wir sie morgen auf meine Weiden bringen. Dort können sie sich wieder fett und rund fressen. Schließlich haben sie Euch und Eure Familie über die Berge bis zu uns gebracht.«

Ich warf einen dankbaren Blick auf meine ausgemergelten Tiere.

»Mit Gottes Hilfe, Bruder James. Die Ochsen haben Ruhe und Weide redlich verdient«, bestätigte ich. »Mit sechs Ochsen und zwei Milchkühen sind wir losgezogen. Alle waren sie rund und kräftig, mit glänzendem Fell. Nun schaut Euch die armen Kreaturen jetzt an. Auch sie sind Geschöpfe Gottes und sie sind uns Menschen anvertraut. Wie haben wir sie schinden müssen für diesen langen Weg …« Ich schüttelte den Kopf.

James streifte die Tiere mit einem bedauernden Blick. »Unsere Ochsen sahen damals genauso aus. Beinahe mussten wir die Wagen selber ziehen, als wir hier in diese Gegend kamen.« James atmete tief auf und fuhr sich mit der Hand über die Augen. »Das ist nun schon ein paar Jahre her. Und nicht nur die Tiere, auch die Menschen müssen sich erholen nach solch einer langen Wanderung. Wie wäre es für Euch mit einem richtigen Federbett in der Nacht? Und zuvor einem guten, nahrhaften Abendbrot?«

»Das wäre in der Tat wunderbar. Doch als erstes möchte ich den Staub der Reise herunterwaschen und dann dem Herrn dafür danken, dass Er uns während der letzten zehn Monate alle beschützt hat. Nicht jeder in unserem Treck hatte so viel Glück.«

Sinnend blickte ich zu Boden, in den Staub, dachte an all die Opfer der Fährlichkeiten auf der Reise. *Dies ist der Staub, zu dem wir alle werden,* dachte ich und fuhr mit der Stiefelspitze sanft darüber.

James Hand lag plötzlich schwer und tröstlich auf meiner Schulter. Ich blickte auf, dem Freund in die blauen Augen. James Blick sagte mir, dass der Freund genau wusste, was in mir vorging. *Ich kenne deine Gedanken,* schien er zu sagen, *ich hatte damals dieselben. Aber es geht voran, Bruder.*

Und ohne weiteres Wort drehte James sich um, bestieg sein Pferd und hielt mir die Zügel eines jungen Fuchses entgegen, eines Fuchses mit einer schönen breiten Blesse auf der Stirn. Ich nickte, nahm meine letzten Kräfte zusammen und schwang mich aufs Pferd. Dann folgte ich James, der im Schritt voranritt, zum Farmhaus.

Die Sklaven hatten Lucy und den Kindern in den Wagen geholfen. Die kleineren waren fest eingeschlafen und Lucy schien die Augen auch nur mit Mühe offenhalten zu können. Sie hielt Baby Zadock im einen Arm und die kleine Esther im anderen.

Es dauerte keine halbe Stunde, da hatten wir das Farmhaus erreicht. Überall waren die Menschen fleißig bei der Arbeit, unterbrachen aber sofort, was sie taten, um die Familie willkommen zu heißen. All die Leute, die uns zur Begrüßung entgegeneilten, all die Arme und Hände, die sich uns entgegenstreckten – das machte mich verlegen. Zumal als mir auffiel, wie sauber und ordentlich sie alle gekleidet waren. Ich blickte an mir herab, bemerkte plötzlich mit übergroßer Deutlichkeit, wie sehr meine Hose und mein Hemd in Fetzen hingen. Meinem Rock war es nicht viel besser ergangen. Ich senkte den Kopf, schämte mich für diesen Anblick, den ich mit meiner Familie bot. Wie die Bettler zogen wir in das neue Land ein.

Durch den Trubel aufmerksam geworden, hinkte eine kleine dicke Frau, gestützt auf eine Krücke, aus dem Hause heraus.

»Was hat dieser Lärm zu bedeuten? Geht wieder an eure Arbeit ...«, rief sie, stützte den Ellenbogen auf die Krücke und klatschte in die Hände. Dann fiel ihr Blick auf mich und die Meinen und ihr blieb der Mund offenstehen. Ihre Hände verharrten in der Luft, ohne erneut zu klatschen.

»Meine neue Gattin, Jane«, stellte James sie mit hörbarem Stolz vor.

Ich verneigte mich im Sattel, so gut mir das möglich war. »Euer Diener, Mrs. Johnston.« Die Hausherrin nickte, noch immer wie erstarrt.

»Bitte verzeiht unseren unwürdigen Aufzug«, bat ich.

Die Frau des Hauses löste sich aus ihrer Erstarrung und lächelte etwas gezwungen.

»Nichts, was ein Bad, Nadel und Faden und etwas Schonung nicht wieder richten könnten«, antwortete Jane Johnston. Es sollte wohl freundlich klingen, hörte sich aber eher mürrisch an.

James bewies das größere Einfühlungsvermögen. Er führte uns als seine Gäste zum Waschplatz, wo ich mehrere hölzerne Waschzuber mit frischem Wasser gefüllt vor mir sah. Einer davon war mit einer hölzernen Trennwand versehen, für die Damen. Dankbar drückte ich meinem Freund die Hand.

Eine weitere Stunde später waren auch die Insassen des zweiten Wagens, Cloe mit Dean und dessen schwarze Geschwister, vom Flussufer eingetroffen. Erst wenn für alle in der Reisegesellschaft gesorgt war, wollte ich etwas zu mir nehmen, das hatte ich James gegenüber gesagt.

Nach dem notwendigen Bad und nachdem ich von James mit frischer Kleidung versorgt worden war – »Ich betrachte die Sachen als geborgt.« – eilte ich in die kleine Kapelle, die James neben seinem Heim erbaut hatte. Dort sank ich schwer auf eine

Kniebank nieder und hielt eine Unterredung, die mir jetzt das größte Bedürfnis war, noch vor der Befriedigung von Hunger und Durst.

»Da seid Ihr, Bruder John!«, sprach eine Stimme ganz in meiner Nähe.

Ich schreckte hoch. Mein Kopf hatte auf der hölzernen Lehne geruht und ich spürte eine jähe Hitze in den Wangen. Ich musste eingeschlafen sein – eingeschlafen, obgleich ich hatte beten wollen, dem Herrn meinen Dank abstatten. Mein Herz schlug wild und schnell in meiner Brust und ich wünschte, ich wäre früher aufgewacht, bevor James hereingekommen war.

»Es tut mir …«, setzte ich an.

James ergänzte: »Leid?«

Seine Augenbrauen kletterten bis zum Haaransatz und er lächelte nachsichtig. »Das muss Euch nicht leid tun. Ihr verlangt zu viel von Euch, Ihr habt auch einen Körper. Da der Herr Euren Körper geschaffen hat, weiß Er, was Ihr diesem Leib in den letzten Monaten abverlangt habt. Er hat Euch den Schlaf geschickt, Euch zu erquicken. Wollt Ihr noch in der Kapelle bleiben, so tut es. Dann jedoch gesellt Euch zu uns und labt Euch an Speis und Trank. Das ist Euch ebenso notwendig wie die Zwiesprache mit dem Allmächtigen, der Euch zu uns geführt hat.«

Wie zur Antwort knurrte mein Magen. Ich ignorierte das Geräusch, neigte den Kopf und vernahm die leisen, gemessenen Schritte, mit denen James die Kapelle verließ.

Das Mahl war köstlich gewesen und ich hatte herzhaft zugegriffen, wenn ich mich auch an der lebhaften Unterhaltung kaum beteiligt hatte. Wie im Traum ging das Essen vorüber und nun ließ sich die Erschöpfung nicht mehr länger verleugnen, denn sie war in eine bleierne Müdigkeit übergegangen. Ohne Umstände hatte ich mich zurückgezogen in die Kammer, die James mir und Lucy überlassen hatte. Dort hatte ich kaum das weiche Kissen berührt, schon musste ich eingeschlummert sein.

Ich erwachte mit einem Ruck, mitten in der Nacht – plötzlich hellwach. Mein Herz schlug heftig und schnell und ich schwitzte. War das eben ein Geräusch gewesen? Wovon war ich bloß erwacht? Aus alter Gewohnheit tastete ich nach dem Nachtlicht, welches aber ausgegangen war. Also ließ ich die Kerze stehen und tappte mit bloßen Füßen suchend durch die unbekannte Stube, bis ich die Tür fühlte. Leise, um Lucy nicht zu wecken, öffnete ich diese und trat hinaus auf den kleinen Flur. Von irgendwo konnte ich noch andere Schritte vernehmen, leise Schritte von nackten Füßen. Ich tastete mich in die Wohnstube, wo ich James fand, der mir mit einem Finger am Mund Schweigen bedeutete und gleichzeitig nach draußen lauschte. Ohne ein Geräusch zu verursachen, nahm James seine Flinte von der Wand, nahm sie in Anschlag und öffnete die Haustür einen Spalt breit. Wortlos blickte er hindurch, hinaus in die Nacht, doch außer den Zikaden war kein Laut zu vernehmen. Langsam schloss der Hausherr die Tür, schob den eisernen Riegel davor.

»Ein Bär treibt sich seit Neuestem hier bei uns in der Gegend herum«, erklärte James, wieder entspannt. »Ich warte schon lange darauf, Meister Petz einen auf den Pelz zu brennen. Er hat mir in den letzten Wochen zwei Rinder gerissen.« Bedächtig lehnte er die Waffe an den grob gezimmerten Holztisch, setzte sich auf die Bank. »Habt Ihr ihn also auch gehört.«

Ich nickte. »Wollt Ihr den Bären nicht jagen? Dann habt Ihr vor ihm Ruhe.«

»Das will ich. Die Nachbarn sind hier jedoch weit entfernt und haben jetzt alle zu viel zu tun – das sagen sie zumindest …« James grinste vielsagend und ich fühlte, wie auch meine Mundwinkel sich unwillkürlich hoben.

»Ich bin Euer Mann, wenn es um die Bärenjagd geht«, versprach ich und streckte James die Hand entgegen.

James schlug ein. »Danke, Bruder John«, sagte er ernst. »Aber nicht um diese Stunde. Lasst uns beide noch ein bisschen Schlaf finden. Es sind nur noch wenige Stunden bis zum Morgen.«

Schwerfällig und gähnend erhob er sich und ging zurück in seine Schlafkammer, ohne sich nach mir umzuschauen. Auch ich erhob mich und legte mich wieder neben Lucy zu Bett. Ich schloss die Augen, aber der Schlaf wollte nicht kommen. Ich dachte an den Bären, daran, wie ich James seine Güte und seine Gastfreundschaft vergelten könnte. Dann wanderten meine Gedanken zurück zu der Reise, die wir alle gerade überstanden hatten. Wir waren gut durchgekommen, so gut wie jeder von uns. Bis auf den bedauernswerten Zacharias. Friede seiner Seele. Doch so hart das klang, der Aufseher war kein Mitglied meiner Familie gewesen. Und die war mit Gottes Hilfe heil hier angekommen. Sicher, die Erschöpfung hielt uns alle jetzt in bleiernem Griff, doch das würde vergehen. Die Haare der Kinder waren verfilzt, ich würde darauf bestehen müssen, dass sie alle geschoren wurden. Ich zog den Kopf ein bei dieser Vorstellung. Das würde ein fürchterliches Theater geben, besonders bei meinen Töchtern. Aber die Haare würden schließlich wieder wachsen, es war ein geringer Preis dafür, dass wir alle hier neu würden anfangen können. Keiner meiner Geister konnte mir bis hierher gefolgt sein. Und für Zacharias hatte ich noch oben in den Bergen eine Begräbnisfeier abgehalten und für seine Seele gebetet.

Ich schwor mir, von nun an ein einwandfreies, gottesfürchtiges Leben zu führen. Der Herr hatte mich und die Meinen schließlich beschützt, Er hatte mir diesen Neuanfang ermöglicht. In meiner Reisegruppe hatten sich die Unfälle in Grenzen gehalten. Keiner, der zu mir gehörte, würde dauerhaft beeinträchtigt bleiben, anders, als es bei anderen Wagen meines Zuges gewesen war. Alle meine Kinder waren am Leben, ebenso ich selbst und meine Gattin. Keinem der Sklaven war mehr widerfahren als ein paar Kratzer. Die Meinen würden sich gewiss wieder erholen. In ein paar Monaten würden alle Strapazen vergessen sein. Der Herr schien zu wollen, dass wir diese neue Chance haben sollten. Danken konnte ich Ihm nur durch meinen Fleiß und ein Leben voller Lobpreis. Schließlich durften wir uns ja hier einer neuen, jungen Gemeinde anschließen, einer Gemeinde mit drei Reverends, was viel besser war als eine unwirtliche, gottverlassene Wildnis – auch wenn Gott keinen Ort ganz verlassen hatte. Ja, ich würde arbeiten, ein eigenes Farmhaus aufbauen, Felder bestellen – ich ging über blühende Weizenfelder, betrachtete den Wuchs meiner Maispflanzen, gegenüber gedieh prächtiger Tabak. Es dufteten meine Pflanzen zu einem leicht bewölkten Sommerhimmel empor, der einen erquickenden abendlichen Regen versprach. Eine gute Ernte stand mir ins Haus, eine gute Ernte … Ein Sonnenstrahl blendete mich, ich nieste – und fand mich wieder im Bett bei den Johnstons. Ich lächelte. Was sagte man doch über die Träume in der ersten Nacht an einem anderen Ort? Es war ein gutes Omen für meinen Start im gelobten Land. Ich wollte schon dafür sorgen, dass Milch und Honig fließen würden.

Laute Stimmen und eilige Schritte vor der Kammertür ließen mich von Neuem aufschrecken. Irgendetwas polterte und kollerte über den Boden, gefolgt von dem zornigen Schelten einer Frauenstimme. Im ersten Moment wusste ich nicht, wo ich mich befand, doch dann fiel es mir wieder ein. Im Halbdunkel der Kammer schaute ich um mich. Die Fensterläden waren noch geschlossen, doch blinkten helle Sonnenstrahlen durch alle Ritzen. Es musste schon heller Tag sein.

Automatisch tastete ich nach rechts auf Lucys Seite hinüber, fand diese aber leer. Ich zog die Brauen zusammen. Weshalb hatte mich niemand geweckt? Ich stand auf und stieß die Läden auf. Grelles Sonnenlicht blendete mich, sodass ich einen Schritt zurücktrat. Schnell fuhr ich in die von James geborgten Hosen, zog das Hemd über, schlüpfte in dicke Socken und verließ die Kammer.

Das Schimpfen hatte aufgehört und die Geräusche waren unverkennbar: Die Frauen waren fleißig dabei, das Haus zu reinigen. Ich lächelte. Ich erkannte auch Lucys muntere Stimme im Geschwätz der Weiber. Mein Magen knurrte vernehmlich und ich fragte mich, wo ich wohl etwas zu essen und vor allem zu trinken bekommen könnte. Die Zunge klebte mir am Gaumen. Das Morgenmahl musste schon längst vorüber sein.

Während ich noch unschlüssig im Flur stand, trat plötzlich Lucy aus einer der gegenüberliegenden Türen und blieb überrascht stehen.

»John, schön, dass du auf bist!«, begrüßte sie mich und lächelte leicht.

»Warum hast du mich nicht geweckt?«, brummte ich.

»Ich wollte dich nicht stören, Lieber, wenn nicht einmal der Hahn es geschafft hat, dich aus dem Schlaf zu reißen. Du warst so erschöpft und hattest Ruhe nötig.« Ich knurrte, was Lucys Lächeln vertiefte. »Hier drüben haben wir dir noch etwas vom Morgenbrei beiseite gestellt, mit getrockneten Apfelstücken.«

Sie führte mich in einen kleinen Raum, der offenbar als Speisezimmer genutzt wurde. Nah am Ofen stand eine hölzerne Schüssel, die meine Frau mir reichte, zusammen mit einem ebensolchen Löffel. Ich nahm beides entgegen und sprach ein kurzes Dankgebet.

»Der Kaffee ist sicher schon kalt, ich wärme ihn dir noch einmal auf«, sagte Lucy und stellte eine metallene Kanne auf den Ofen.

Ich probierte unterdessen den Brei. »Ausgezeichnet«, lobte ich nach dem ersten Löffel.

In der Tat hatte ich lange nicht mehr ein so köstliches Morgenmahl zu mir genommen. Mit großer Hingabe widmete ich mich dem restlichen Inhalt der Schüssel. Als Lucy mir einen frisch eingegossenen, dampfenden Becher mit Kaffee reichte, nickte ich dankend und wärmte meine Finger an der Tasse. Ich kratzte den letzten Getreidebrei aus der Schüssel und fühlte eine nie gekannte Dankbarkeit für all die Bequemlichkeiten, die hier zur Verfügung standen. Während der Reise hatte ich es vermisst, an einem richtigen Tisch auf einem Stuhl mit weichem Kissen zu sitzen, in Ruhe zu frühstücken. Während der letzten Monate hatte ich mein Frühmahl nebenbei im Stehen hinuntergeschlungen. Jetzt kam mir das reichlich unwürdig vor für einen Mann meines Alters.

Doch nun waren wir angekommen, es ging uns allen gut und von nun an würde der Weg aufwärts führen. *Danke, o Herr,* dachte ich und lächelte. Immer, wenn es aufwärts ging, war es anstrengend, das hatte ich mein Leben lang so erfahren. Die Anstrengungen würden sich aber auszahlen, das schwor ich mir.

»Jane scheucht die Sklavinnen, sie sollen das Haus gründlich putzen«, grinste Lucy. »Sie sagt, es sei überall dreckig. Wenn du mich fragst, sie übertreibt maßlos.«

»Wird sie dich nicht vermissen?«, fragte ich, während ich die leere Schüssel von mir fort schob.

»Nein, wohl kaum.« Lucy zuckte mit den Schultern. »Ich habe das Gefühl, sie will jetzt schon den Schmutz unseres Besuches entfernen lassen. John, lass uns bitte nicht allzu lange hier verweilen. Du hast doch Geld, dass wir uns ankaufen können, das hast du mir doch gesagt?« Bang blickte sie mir in die Augen.

»Ja, Lucy, natürlich habe ich das Geld noch!«, beruhigte ich sie. »Keine Sorge, ich möchte auch keinem etwas schulden, wenn es sich vermeiden lässt. Ich spreche nachher mit James, ob er nicht jemanden kennt, dem sein Land feil ist – und um welchen Preis.«

Lucy atmete hörbar auf und entspannte sich etwas. »Gut«, sagte sie, dann verließ sie die Kammer.

Nach dem Essen ging ich hinaus auf den Platz vor der Farm. Ich suchte James und ich fand meinen Freund über seine Bücher gebeugt. Schweißperlen standen auf seiner Stirn und er murmelte Worte vor sich hin, die alles andere als freundlich klangen.

»Kann ich Euch helfen, James?«, sprach ich den Freund an.

Dieser zuckte zusammen, bemerkte mich erst jetzt. »Ach, Ihr seid es, John!« Erleichterung klang aus seinen Worten. »Ja, vielleicht könnt Ihr das. Ich verstehe diese Tabelle hier nicht ...«

Mit einem »Darf ich?« trat ich neben den Freund und blickte in das Buch, welches jener mir zuschob.

Die nächsten Stunden verbrachten wir mit der Buchführung der Farm – bis es im Hof schrill läutete.

»Mittagessen!«, strahlte James. »Kommt Ihr? Die Zahlen müssen jetzt für kurze Zeit ohne uns auskommen.«

Später, nach dem Mahl, führte James mich hinaus zum Stall. Die Tierunterkunft empfing uns mit warmem Heuduft und dem würzigen Geruch der Pferde, die uns mit tiefem, freudigem Schnauben begrüßten. James ging an den Boxen entlang, deren Bewohner neugierig die Köpfe über die Begrenzung streckten. Er klopfte mal diesem, mal jenem seiner Tiere auf den Hals, sprach mit ihnen in sanfter und beruhigender Weise.

Schließlich blieb er vor einer der letzten Boxen stehen. Er öffnete die Tür, lockte den hübschen Rotbraunen mit der Blesse auf der Stirn hinaus in die Stallgasse, den ich gestern geritten hatte. Tänzelnd folgte das Tier seinem Herrn. Als James ein Geschirr von der Wand nahm und sich dem Fuchs damit näherte, um es mit eigener Hand aufzuzäumen, schnaubte es. Doch James konnte das Pferd mit sanften Lauten wieder besänftigen.

Als er fertig war, gab er mir die Zügel in die Hand. »Dieser Hengst hier heißt Nelson und hat mir immer gut gedient«, sagte er dabei. »Gestern hat er dich getragen. Er ist noch jung, er wird sich an dich gewöhnen. Er sei dein!«

Mir blieb vor Staunen der Mund offen stehen.

»Mein?«, fragte ich dann. »Wirklich mein? Dieses schöne Tier?«

Ich nahm den Hengst näher in Augenschein, als ich das gestern in meinem erschöpften Zustand hatte tun können. Er war kupferfarben mit einer breiten Blesse auf der Stirn und weißen Fesseln an den Vorder- und Hinterläufen. Anerkennend wendete ich mich an den Freund: »Nelson hast du ihn genannt? Ja, das passt ausgezeichnet zu ihm. Sieht er doch aus wie das Lieblingspferd unseres verstorbenen Präsidenten George Washington. Wahrlich, ein großzügiges Geschenk!«

Lächelnd begegnete James meinem Blick. »Du brauchst ein verlässliches Reittier, welches ausgeruht ist. Und da ich nicht annehme, dass du auf einem deiner abgetriebenen Ochsen reiten willst ...«

Ich lachte laut auf. »Bei Gott, nein!«, rief ich aus. Dann legte ich James die Hand schwer auf die Schulter. »Danke, lieber Freund!«, erklärte ich feierlich. »Irgendwann werde ich mich revanchieren.«

»Das ist nicht nötig«, entgegnete James nüchtern. »Tadeus!«

Ein Sklave kam herbeigeeilt. »Ja, Master.«

»Sattle Nelson hier für Mr. Bell. Und danach meine Stute für mich. Wir werden ausreiten!«

»Sofort, Master!«

»Ihr wollt Euch also jetzt nicht weiter mit Euren Zahlen befassen?«, fragte ich und lächelte.

»Nein. Dazu ist auch nachher noch Zeit, wenn es dunkel ist. Ich möchte Euch etwas zeigen, solange noch Tageslicht herrscht.«

Eine Viertelstunde später ritten wir beide Seite an Seite durch das noch winterliche Gras des Aprilbeginns, wie in alten Tagen. James hüllte sich in Schweigen und ich wollte die Gedanken des Gefährten nicht unterbrechen, und so schwieg auch ich. Wir trabten durch lichten Wald und über hügelige Wiesen. Ich genoss den Ritt, ich testete meinen Fuchs, der das teilweise schwierige Gelände mit einer Leichtigkeit nahm, die mich erkennen ließ, wie großzügig James mir gegenüber gewesen war,

indem er mir dieses Tier überließ. Wir ritten gerade über die Kuppe eines Hügels, da kam unter uns ein kleiner Bach in Sicht, der auf den Cumberland River zustrebte.
James blieb halten und ich tat es ihm nach.

»Dieser Wasserlauf ist der Sturgeon Creek«, erklärte James. »Auf der anderen Seite dieses Baches beginnt das Land meines Nachbarn William Crawford, dem am Ende des letzten Jahres die Frau gestorben ist, an einem Fieber. Seitdem trägt er sich mit dem Gedanken, die Farm zu verkaufen.«

Eine halbe Reitstunde später erblickte ich eines der schönsten Häuser, die ich je gesehen hatte. Es hatte zwei Stockwerke und vor dem Haus wuchsen große Birnbäume, die im Sommer sicher wunderbaren Schatten gaben – und im Herbst süße Birnen. Unwillkürlich hielt ich an, um den Anblick in mich aufzunehmen. Es würde Lucy gefallen, da war ich mir sicher.

Zwei Wochen später bereits zog ich mit Lucy und den Kindern und Sklaven auf unser neu erworbenes Land, in das Haus ein. Es hatte keiner großen Überredungskunst bedurft, den Vorbesitzer zu überzeugen, dass sich die Farm bei uns in guten Händen befinden würde. James hatte für mich gutgesagt und alle drei waren wir einander sympathisch. Der Handel war bald abgeschlossen.

Der Vorbesitzer hatte das Haus und die Sklavenkabinen zum Schluss nicht mehr ordentlich instandgehalten. Er hatte, wie er mir offen sagte, darin auch nicht mehr viel Sinn gesehen. Sklaven hatte er nur noch einen, der die Rolle eines Butlers versah und bei ihm im Haus lebte – damit es nicht so leer war. Und so hatte der Mann nur ein paar wenige Habseligkeiten zusammengepackt und war einen Tag nach dem Geschäftsabschluss, als er das Geld bekommen hatte, mit seinem Sklaven davongeritten. Er hatte sich nicht einmal mehr bei seinen alten Nachbarn verabschiedet.

Ich hatte mich mit meinen Sklaven und ein paar von James Dienern darangemacht, zunächst beim Herrenhaus die Wände abzudichten, das Dach auszubessern, die Ställe und die Zäune in Ordnung zu bringen. Auch die Sklavenbehausungen hatten wir gemeinsam wieder in einen bewohnbaren Zustand gebracht. Dann war Lucy mit ein paar Sklavinnen gekommen und hatte überwacht, dass alle Böden gescheuert, die Spinnweben entfernt, die Möbel und Tische gesäubert wurden. So langsam machte das Haus einen wohnlicheren Eindruck als seit Monaten.

Bald hingen Lucys selbstgefertigte Gardinen vor den Fenstern, bunte Kissen schmückten die Sessel und das Kanapee. Das war der Zeitpunkt, als wir umzogen.

Ebenfalls noch im April 1805 wurden meine Familie und ich in der Red River Baptist Church als neue Mitglieder willkommen geheißen.

Weitere zwei Wochen später half ich den Männern aus der Siedlung, den Bären zu jagen, der sich immer wieder in den Gärten herumtrieb. Als James sich dafür bedankte, sagte ich nur: »Ich war es Euch schuldig.«

James zog die Brauen empor bis zum Haaransatz. »Schulde keinem etwas?«, fragte er ironisch.

Ich nickte. Ich hatte das immer so gehalten und bisher war ich nicht schlecht damit gefahren.

22: Der Besuch der Cherokee
Tennessee, Red River, im Frühjahr 1806

Wenn ich an meine erste Zeit hier in diesem Land dachte, so kam mir unweigerlich auch der Besuch der Cherokee wieder in den Sinn.

Als ich eines Abends im Frühjahr des Jahres 1806 von der Feldarbeit kam, sah ich am nahen Waldrand mehrere Indianer, die auf meine Heimkehr zu warten schienen – auf eine bescheidene, beobachtende Art. Ich hatte von James bereits gehört, dass die Cherokee aus den benachbarten Dörfern rege Handelsbeziehungen zu den Siedlern unterhielten. James hatte mir gesagt, ich habe mit einer Abordnung zu rechnen. Deshalb war ich jetzt auch nicht besonders beunruhigt. Nur die nötigste Vorsicht wollte ich walten lassen. Ich traute den Rothäuten grundsätzlich nur so weit über den Weg, wie ich diesen Weg überblicken konnte. Schließlich hatten die Indianer immer auf Seiten der Briten gekämpft – oder sich direkt gegen Siedler gewendet. Und das mit einer Grausamkeit, deren Ausmaße ich erst hatte glauben können, als ich die furchtbaren Folgen eines Indianerüberfalls einmal mit eigenen Augen gesehen hatte. Schließlich war auch das Massaker, welches an die tausend Cherokee- und Creekindianer an der Familie Cavette hier in Tennessee verübt hatten, gerade erst dreizehn Jahre her! Ich schauderte innerlich und schob die Bilder fort, die sich mir unwillkürlich aufdrängten. Furcht durfte ich diese Wilden auf keinen Fall merken lassen!

Während ich selbst mich also zu Pferd meinem Fenz näherte, die Feldarbeiter in meinem Gefolge, sah ich die Indianer sich in Bewegung setzen und näher kommen. Als ich abstieg, das Pferd zwischen mir und den Besuchern, hatten diese bereits die Hälfte der Strecke vom Wald aus zurückgelegt.

Es waren vier Indianer. Der, welcher der Anführer zu sein schien, trug eine alte Militärjacke, bei der die Ärmel fehlten. Er hatte langes, grau meliertes Haar, welches ihm glatt über den Rücken fiel. Zwei Schritte hinter ihm gingen zwei junge Krieger, vielleicht seine Söhne. Ihre Züge wiesen einige Ähnlichkeit mit denen des Alten auf. Den Schluss bildete eine Frau in den mittleren Jahren, welche sich sehr gerade hielt und als Zeichen ihrer Würde eine grüne Decke um die Schultern trug.

»Sei gegrüßt, weißer Mann«, sprach der Anführer mich an.

»Mein Name ist John Bell«, stellte ich mich vor und streckte dem Indianer meine Rechte entgegen.

»Dein Name ist für mein Ohr schwer zu hören und für meine Zunge schwer zu sprechen. Ich werde dich ›Mann der Kräuterfrau‹ nennen.«

»Mann der Kräuterfrau? Nennt mich John«, entgegnete ich und zwang mich zu einem Lächeln, denn solch eine Anrede, die mich zu Lucys Anhängsel degradierte, schmeckte mir gar nicht. »Wie ist dein Name?«

»Mein Name ist für dein Volk ebenso schwer auszusprechen wie dein Name es für mich ist. Nenne mich Luchsauge.«

»Gut denn, Luchsauge«, griff ich den Namen auf. »Seid mir willkommen und folgt mir auf meine Veranda. Wie kann ich euch helfen?«

»Ich hörte von dir und deiner Frau – und dass eine ihrer Muttersmütter unseres Volkes war. Bitte ruft sie herbei, denn auch ihr gilt unser Besuch.«

Verwundert schaute ich den Cherokee an. Es stimmte, über ihre Großmutter hatte Lucy tatsächlich indianische Vorfahren. Aber dass die Indianer hier schon davon gehört haben sollten? Das kam mir seltsam vor. Zumal Summer Moon Williams ein Jahr nach Lucys Vater gestorben, jetzt also schon seit dreizehn Jahren tot war, gestorben als hochbetagte Greisin. Wie konnte Luchsauge das wissen? Schließlich zuckte ich mit den Schultern und rief Lucy herbei.

Die musste schon in der Nähe gewesen sein, denn sie kam überraschend schnell herausgelaufen. Sie hatte eine Schürze um, die viele grüne Flecken aufwies. Augenscheinlich hatte sie wieder in ihrer Kräuterküche gearbeitet.

»John, mein Lieber, wie kann ich behilflich sein?«

»Du könntest unserem Besuch hier von deiner hervorragenden Limonade anbieten. Dies hier sind Luchsauge und seine Gefährten.«

»Oh«, machte Lucy. Jetzt erst glitt ihr Blick über die indianische Delegation, deren Mitglieder nicht minder neugierig ihre Züge musterten.

Luchsauge schließlich ergriff wieder das Wort: »Es ist also wahr, was mir berichtet wurde«, sagte er dann würdevoll. Lucy schaute fragend zu ihm auf. »Du bist von unserem Volke, von unserem Blut. Wisse, es wird dir in diesem Land kein Leid geschehen, Tochterstochter von Summer Moon. Dir nicht und auch nicht deinen Kindern oder deinem Mann!«

»Ich danke dir, Luchsauge«, entgegnete Lucy, sich offenbar auf ihren Instinkt verlassend.

Ich war sehr erstaunt, sie so selbstsicher reden zu hören. Doch es schien genau die Antwort gewesen zu sein, die der Indianer erwartet hatte, denn er sah befriedigt drein.

»Die Kräuterfrau unseres Dorfes, Balmy Hands, würde dich gerne kennenlernen Lu Cy.« Luchsauge deutete auf die Frau in der grünen Decke, welche sich bisher bescheiden im Hintergrund gehalten hatte.

Jetzt trat sie vor und verbeugte sich vor Lucy. Diese erwiderte die Verneigung, rief schnell zu dem Hausboy Harry hinein, er solle ein paar Getränke herbeibringen. Da wendete sich die Kräuterfrau mit der grünen Decke an Lucy: »Das Andenken deiner Muttersmutter Summer Moon ist bei uns nicht vergessen, ebenso wenig wie das ihrer Schwester Winter Leaf. Sie war eine so verehrte Kräuterfrau, dass ihr Ruhm sogar bis zu uns gedrungen ist. Und du warst einst ihre Schülerin. Sei mir willkommen. Ich möchte dir gerne ein paar Kräuter unserer Umgebung zeigen. Es sind gewiss andere, als du aus deiner alten Heimat kennst. Magst du mich auf einen Spaziergang begleiten?«

»Gerne«, strahlte Lucy und folgte der Indianerin, welche vorausging, ohne sich umzuschauen.

Mein Blick folgte den beiden Frauen, die sich im Davongehen alle paar Schritte zu Boden beugten, um irgendeine Pflanze zu begutachten.

»Höre, Mann der Kräuterfrau. Ich möchte dir gratulieren zu solch einer Frau, die doch den Ruhm ihres Gatten nur mehren kann mit ihrem Ansehen und ihrem Wissen.« Ich musste wohl sehr perplex dreingeschaut haben, denn Luchsauge fragte nach: »Ist das beim weißen Mann anders?«

Ich schluckte. »Bei uns ist ein Weib ein Weib. Nicht mehr und nicht weniger. Lucys Wissen um die Heilkräuter hilft mir und den Kindern bei Leiden, aber wir … wir würden es nicht so wichtig nehmen. Lucy hat deshalb nicht mehr Ansehen.«

»Und wie gewinnt ein Weib bei euch Ansehen?«, fragte Luchsauge.

»Durch ihren Mann. Wenn ihr Mann Erfolg hat, so steigt auch das Ansehen der Frau. Und auch ihre Bescheidenheit und ihre Frömmigkeit tragen zu ihrem guten Rufe bei.«

»Bei uns«, hob Luchsauge an und die beiden jungen Krieger nickten heftig, »ist die Kräuterfrau eine sehr wichtige Person. Sie steht mit den Geistern in Verbindung. Sie hat große Macht, zum Guten wie zum Bösen. Niemand möchte sie zum Feind haben.«

Ich starrte meinen Gast an und konnte das Gehörte kaum glauben. In diesem Moment kam Harry mit der Limonade.

Jeder von uns vieren trank ein ganzes Glas voll, denn wir hatten Durst. Außerdem verschaffte es uns allen eine Gesprächspause, die wir dringend benötigten.

Als Luchsauge seinen Becher absetzte, sagte er: »Deine Frau ist uns jederzeit in unserem Dorf willkommen, wenn sie uns besuchen will. Als ihr Gatte bist auch du uns willkommen.« Er machte eine kurze Pause und betrachtete mich abschätzend. »Ich wollte dich auch geschäftlich sprechen.«

»Womit könnten wir denn miteinander ins Geschäft kommen?«, fragte ich, ohne einen leicht abwertenden Ton unterdrücken zu können. Ich hatte die Regeln befolgt, welche die Gastfreundschaft mir auferlegte, doch nun wollte ich das Gespräch so schnell wie möglich beenden. Indianer waren schließlich keine gleichwertigen Handelspartner für mich.

Luchsauge hatte abschätzend gezögert, dann sagte er in ruhigem Ton: »Du hast Pferde. Wir können dir Pelze geben.«

Ich nickte, während ich gleichzeitig fieberhaft nach einer Ausrede suchte, um das Gespräch hier abzubrechen. *Himmel hilf*, dachte ich. Da kam mir der Himmel tatsächlich zur Hilfe: Die Stimme meines Sohnes Jesse drang zu mir: »Vater! Bitte kommt rasch einmal her!«

Ich verbarg das aufkommende Lächeln schnell und setzte eine besorgte Miene auf: »Bitte verzeiht mir, wenn ich unsere Verhandlungen vertagen muss. Mein Sohn braucht mich.«

Luchsauge nickte. »So sehen wir uns ein anderes Mal wieder, Mann der Kräuterfrau!« Damit wendete er sich wieder dem Wald zu und ging, gefolgt von den beiden jungen Kriegern, von dannen, ohne sich noch einmal umzusehen.

In der darauffolgenden Zeit versuchte es Luchsauge noch einige Male, mit mir handelseinig zu werden, doch jedes Mal wusste ich diesem Ansinnen geschickt auszuweichen – und schließlich gab der Indianer es auf.

Noch eine Folge hatte der Besuch gehabt: Lucy besuchte etwa zwei Wochen später das Dorf der Cherokee. Dort wurde sie willkommen geheißen und erzählte mir nach ihrer Rückkehr begeistert davon, wie die Gesellschaft dort funktionierte.

»Denke nur, John, dort entscheiden die Frauen über alles Wichtige mit, sogar über Krieg oder Frieden!«

»Da siehst du, warum es nicht funktionieren kann«, antwortete ich ihr. »Weiber und Politik? Wie soll das gehen?«

»John!«, fuhr sie mich an. »Wir Frauen haben doch auch Verstand.«

»Ja«, lachte ich, sie unterbrechend, »zum Kinderkriegen, zum Heilen auf der untersten Ebene. Ansonsten seid ihr viel zu sehr von euren Gefühlen beherrscht, um gute politische Entscheidungen zu treffen.«

»Ich denke nicht, dass das stimmt, John!«, widersprach sie mir hartnäckig.

Da wurde es mir zu bunt. Ich donnerte mit der Faust auf den Tisch.

»Lucy, jetzt ist es genug!«, knurrte ich. »Wie kannst du nur eine primitive Stammesordnung mit unserer viel höher stehenden Zivilisation in dieser Weise vergleichen? Selbst die Wissenschaft hat festgestellt, dass der Verstand eines Weibes nicht im Entferntesten an den des Mannes herankommt! Warum braucht ihr Weiber denn wohl sonst uns Männer? Ihr braucht jemanden, der euch sagt, wo es langgeht. Alleine würdet ihr niemals zurechtkommen. Und wenn das schon in privater Hinsicht nicht geht, wie wolltet ihr erst mit so komplizierten Dingen wie der Politik umgehen? Nein, Lucy, wenn dein Besuch bei diesen Wilden ...«

»Aber die meisten von ihnen sind auch Christen, leben in Häusern, bauen Mais an, genau wie wir ...«

»Wenn dein Besuch bei diesen Wilden«, fuhr ich fort, als hätte sie mich mit keinem Wort unterbrochen, »solche Folgen zeitigt, dann verbiete ich dir, jemals wieder zu ihnen Kontakt aufzunehmen!«

Erschrocken schaute Lucy mich an. »Aber John ...«, protestierte sie hilflos.

»Ich meine das ernst, Lucy. Und nun geh zurück ins Haus!«

23: Höllenqualen
Tennessee, im Sommer 1819

John fühlte sich furchtbar. Sein Magen ließ es nicht zu, dass er irgendetwas verdauen konnte. Jedes Mal zogen seine Eingeweide sich zu einem glühenden Ball zusammen. Bei jedem Bissen, bei jedem Schluck, sogar bei Wasser. Er schämte sich für den Gestank, den er verursachte. Er schämte sich auch für seine Schwäche, die es ihm verwehrte, seine Beine zu benutzen. Kaum, dass sie ihn noch trugen, obgleich er so sehr abgenommen hatte und sein Leib doch viel weniger wog als noch vor einem halben Jahr. Der Doktor aus Port Royal kam ihn jetzt in regelmäßigen Abständen besuchen. Auch an diesem regnerischen Nachmittag hörte John die Kutsche des Arztes draußen halten, dann das Klopfen. Lucy öffnete die Tür und bat ihn herein. Rotgesichtig und füllig, betrat Dr. Hopson Johns Haus.

John lag kraftlos auf seinem Lager, kaum in der Lage, sich auch nur einen Zoll breit zu rühren. Jede Bewegung verursachte ihm neben der Übelkeit auch Schmerzen in den Gelenken. Nach wie vor waren seine Hände und Füße taub und zu nichts zu gebrauchen.

So lag er denn mit geschlossenen Augen da und lauschte auf seine Umgebung – das einzige, was ihm noch möglich war.

»... verdächtigt uns ... verdächtigt mich ...«, hörte er Lucy flüstern.

Er blickte müde hinüber zu seiner Frau und dem Arzt. Jetzt legte der Doktor ihr tröstend eine Hand auf die Schulter. John schloss die Augen wieder und konzentrierte sich mit äußerster Kraft auf die Antwort von Hopson, so sehr, dass ihm der Schweiß auf Stirn und Oberlippe trat.

»... das Alter ... Verwirrtheit ... Geduld ...«, das waren die Worte, die er aufschnappen konnte. So glaubte also auch Dr. Hopson ihm nicht. Dennoch nahm er sich vor, ihn gleich im

Privaten noch einmal auf seine plötzlichen Krankheitsschübe anzusprechen. Sonderbarerweise trat die Krankheit immer dann besonders schlimm zutage, wenn es für Lucy unbequem wurde.

Der Arzt war mittlerweile an sein Bett getreten.

»Guten Tag, John«, begrüßte ihn der Bezirksarzt freundlich. »Wie geht es uns denn heute?«

John öffnete langsam die Augen, als würde er gerade erwachen. »Oh, Dr. Hopson!«, erwiderte er leise.

»Wie ist Euer Befinden, John?«

»So schwach …«

Der Doktor nahm Johns Handgelenk in die eine und seine Taschenuhr in die andere Hand und begann zu zählen. Ohne Kommentar legte er dann die Hand auf das Bett zurück. »Eure Haut ist feucht und kalt. Ihr solltet Euch besser warm halten.«

Hopson drehte sich um, wohl um Lucy zu rufen, aber John nahm all seine Kraft zusammen und fasste nach Hopsons Arm. Verwundert wendete der Arzt sich wieder seinem Patienten zu, blickte ihn fragend an.

»Doktor«, flüsterte John heiser. »Kann es sein, dass meine Krankheit von Gift herrührt?«

»Gift?«

»Ja, Gift!«

»Mein Gott, John, wisst Ihr, was Ihr da sagt?«

»Ich weiß es!« Hastig fügte er hinzu: »Bitte, Doktor, was wären die Anzeichen für eine Vergiftung? Weise ich ein paar davon auf? Oder wären es andere Zeichen?«

Hopson seufzte und antwortete langsam und bedächtig: »John, die Symptome für eine Vergiftung können sehr vielfältig sein, so wie auch die Gifte sehr vielfältig sind. Ebenso kann auch jede Arznei, im Übermaß genossen, zum Gifte werden.« Er machte eine Pause und John sah den abschätzenden Blick, den der Arzt ihm zuwarf, als ob er erwöge, wie ehrlich er sein dürfte. Dann fuhr er fort: »Bei den meisten Vergiftungen kommt es zu Erbrechen und Durchfall, wie auch ihr das aufweist. Der Körper versucht so, das Gift wieder loszuwerden. Dann gibt es manchmal Hautausschläge, Lähmungen, Schmerzen in den Eingeweiden, oft auch Verwirrtheit, allgemeine Schwäche, Herzprobleme, Schwellungen, Krämpfe und so weiter.«

»Von diesen Anzeichen habe ich einige. Und Ihr wisst das. Könnte es sein, dass einer von ihnen …« Er nickte mit dem Kopf zu seiner Familie hinüber, die am Tisch saß.

Entrüstet funkelte der Arzt ihn an. »John, wie könnt Ihr nur so etwas denken! Viele Krankheiten gehen mit Schmerzen, zeitweisen Lähmungen, Krämpfen, Erbrechen und Durchfall einher. Das muss nicht zwangsläufig eine Vergiftung sein.«

»Aber es könnte so sein!«

»Zugegeben, ja. Doch Ihr seid kein Arzt und solltet Eure Diagnosen nicht selber stellen!«

John nickte, sagte jedoch nichts mehr.

»Ihr seid verwirrt, John«, erklärte Dr. Hopson, nun wieder in gütigem Tonfall. »Ihr deutet manche Dinge vielleicht vollkommen falsch und tut den Menschen, die Euch liebevoll pflegen, bitter Unrecht mit Eurem Verdacht. Die Wahrnehmung, lieber John, ist ein seltsam Ding und kann uns auch in die Irre führen …« Einen Moment saß er sinnend und schweigend an Johns Bett. Dann fuhr er sich mit der Rechten über sein Gesicht, als wollte er unangenehme Gedanken fortwischen. »Kann ich sonst noch irgendetwas für Euch tun, John?«

Dieser schüttelte langsam den Kopf. »Nein, Doktor. Danke.«

»So wünsche ich Euch, dass es Euch bei meinem nächsten Besuch bessergehen möge.« Er erhob sich. »Morgen sehe ich wieder nach Euch. Bis dann also.«

»Bis morgen«, antwortet John und schloss die Augen erneut. Er musste dringend neue Kraft sammeln. Außerdem konnte er auf diese Weise besser hören, wie Lucy an der Tür sagte: »Ich bringe Euch hinaus zu Eurem Wagen, Herr Doktor.«

Also doch, dachte John. Beinahe war es Erleichterung, was er fühlte, als er sich jetzt in seinem Verdacht bestätigt sah. Und nun hatte Lucy Heimlichkeiten mit dem Doktor, wollte ihn wohl ohne seine Anwesenheit sprechen, draußen. Untergrub seine Glaubwürdigkeit. Ließ ihn für verrückt erklären.

Seine Augenlider gehorchten ihm nicht, als er sie zu öffnen suchte, so viel Energie hatte ihn die Konzentration auf sein Gespräch mit dem Doktor gekostet. Nicht einmal die Kraft für Wut war ihm geblieben.

John erwachte von einem schrecklichen Schmerz in seinem Gesicht, dessen Muskeln sich verkrampften. Er schrie auf, doch seine Pein hatte gerade erst begonnen. Die Waden waren die nächsten Körperteile, die sich verkrampften, dann die Oberschenkel, die Rückenmuskeln, die Arme – bis sein ganzer Körper sich aufbäumte, sodass sein Gewicht nur noch auf seinem in Agonie zurückgebogenen Scheitel und auf seinen Fersen ruhte. Er schrie und schrie und schrie, doch der Schmerz wollte nicht aufhören. Wie wütende Krallen wühlten die Krämpfe in seinen Gliedmaßen, folterten ihn grausam.

Irgendwo war da eine kühle kleine Hand auf seiner Stirn, ein feuchter Lappen, der sein Gesicht abwusch. Eine besänftigende Stimme. Lucy.

John stöhnte immer noch vor Schmerz, als ihn die Krämpfe endlich losließen und er wieder auf seine Bettstatt zurückfiel. Sein Hemd war nassgeschwitzt. Lucy zog es ihm vom Leib, wusch ihn und kleidete ihn in ein frisches Hemd. Er ließ alles apathisch mit sich geschehen. Doch es war angenehm, ein frisches Hemd zu tragen.

Sein Verdacht fiel ihm wieder ein. Tat er Lucy doch Unrecht? War der Doktor in allem im Recht? Lucy wachte bei ihm, sie wusch ihn, sie … Ein Taumel von Erschöpfung ließ ihn keinen folgerichtigen Gedanken mehr fassen. Er glitt davon wie ein Stück Treibholz in einem nächtlichen Fluss.

»Du wirst bezahlen ...«, rief eine unheimliche Stimme ihm hinterher, die Stimme der Hexe. »Du wirst bezahlen ... Bald ...«

Seit ein paar Tagen ging es John bedeutend besser. Niemand hatte sein Essen und seine Getränke berührt als nur er selbst, das hatte er sich geschworen, seit er Gift vermutete. Anscheinend hatte er recht gehabt mit seinem Verdacht, denn er hatte sich regelrecht erholt. Vorgestern hatte er sein Testament geändert, wie er es sich schon lange vorgenommen hatte.

Und gestern hatte er Betsy nach einem ihrer Anfälle nach oben in ihre Kammer tragen können – ohne Hilfe! Und dann hatte er sich um seine Tochter gekümmert, sie gestreichelt, sie beruhigt. Er hatte sie auch an Stellen gestreichelt, die ein Vater bei seiner Tochter nicht berühren sollte. Doch allen Konventionen zum Trotz hatte es sich für ihn richtig angefühlt. Sie war sein Werk, er hatte sie gemacht. Auch die Wissenschaft sagte, die Weiber seien nur das Gefäß für den männlichen Samen, trügen jedoch nicht mehr zu dem Kinde bei, als es auszutragen, es zu gebären und es zu nähren. Betsy war seine aufgegangene Saat, während Lucy nur der Acker war, auf dem die Frucht wachsen und sprießen konnte. John hatte ein Recht auf sie. Und er hatte ihr gestern seine Liebe gezeigt, sie geküsst, wie es eigentlich dem Gatten vorbehalten war. Er wusste, dass das nie jemand erfahren durfte, denn niemand würde es verstehen, doch seine Gefühle blieben davon unberührt. Und die Gefühle kamen von Gott. Welcher Mensch also wollte sich gegen Gott stellen? John hatte ein Recht auf Betsy, sie war sein Eigentum, sein Spross.

Er fuhr sich mit der Hand bedauernd über das Gesicht. Leider würde er nie offiziell mit ihr leben, sie offen lieben dürfen, so, wie er es gerne getan hätte. Irgendwann würde er sie verheiraten müssen. Aber wer sagte denn, ob sich nicht auch dann noch

Wege für diese seine Liebe finden würden. Ohnehin würde es schwer sein, sie trotz ihrer Anfälle zu verehelichen. Welcher Mann wollte denn schon eine Frau, die immer wieder zuckend zu Boden fiel? Es ging John wieder besser und daraus schöpfte er Hoffnung für seine Zukunft.

Vorhin war er sogar ein paar Stunden draußen gewesen. William Porter hatte ihn abgeholt, zu sich hinüber, damit er mal was anderes sähe. Er hatte ein paar vergnügliche Stunden bei den Porters verbracht. Kurz nach seiner Rückkehr war ihm jedoch wieder die Zunge angeschwollen, kurz vor der Abendbrotzeit. Nicht, dass er viel hätte essen mögen, das nicht. Aber er hätte gerne einmal wieder mit seiner Familie am Tisch gesessen, das Tischgebet gesprochen. Und das war beim besten Willen nicht möglich. Wieder hatte er das Gefühl gehabt zu ersticken und Schweiß war über seine Stirn geperlt. Lucy hatte ihn in sein Bett genötigt. Da saß er nun, mit einem riesigen, brodelnden Kessel voller Wut in sich, röchelnd, sabbernd und nach Luft ringend. Das war so gar nicht seine Vorstellung von seiner Würde als Familienvorstand.

Als die alte Magd den Tisch abräumte, brachte Lucy ihm Wasser, um seine Zunge zu befeuchten und diese zu kühlen. Der Durst verzehrte ihn, aber er brachte keinen Schluck hinunter.

Erst gen Mitternacht war die Schwellung weit genug zurückgegangen, dass er trinken konnte. Und er stürzte einen Becher Bier nach dem anderen in sich hinein, bis er keinen Durst mehr fühlte. Voller Erschöpfung fiel er in einen tiefen Schlaf, aus dem er am nächsten Morgen unausgeschlafen erwachte. Warum nur war er so schrecklich müde?

Lucy wusch ihn und brachte ihm warmen Brei. Nachdem die Nahrung seit Tagen in seinem Körper geblieben war, dachte er nicht darüber nach, was passieren könnte, wenn er aß, was Lucys Hände zubereitet hatten. Und ein paar Minuten nach dem Essen begann er wieder zu würgen.

Schweißbedeckt fiel John hinterher wieder in seine Kissen. Erneut stellte er sich dieselben Fragen wie in all den Wochen zuvor. Wurde er vergiftet? Und noch wichtiger: War es Lucy, die ihm ans Leben wollte? Warum nur? Warum? Was hatte er ihr so Schlimmes angetan, dass sie sich in dieser Weise würde rächen wollen? Hatte er sie nicht immer gut versorgt mit seiner Hände Arbeit? Hatte er sie nicht immer beschützt vor allen Gefahren des Leibes und der Seele? Und wenn sie ihn doch töten wollte, warum pflegte sie ihn dann so hingebungsvoll? Hatte der Doktor recht, war er alt und verwirrt und gab anderen eine Schuld, die diese nicht auf sich geladen hatten? War es doch diese verfluchte Hexe? Er schüttelte ratlos den Kopf, was den ganzen Raum um ihn in eine Drehbewegung versetzte.

»Angst, Ol'Jake?«, flüsterte Kate und ihm wurde kalt. Das Geschöpf war real und es war hier. John schloss die Augen und die Welt versank in tiefer Schwärze.

John erwachte von stechenden Schmerzen, als wollte ihn jemand pfählen. Gequält lag John auf seinem Lager. Überall war er wund und Lucys Salben halfen nur wenig gegen seine unerträglichen Schmerzen bei allen körperlichen Verrichtungen, die ihm früher höchstens lästig gewesen waren. Wie wäre er jetzt dankbar, wenn es nur das wieder wäre, was es früher für ihn gewesen war. Der Doktor hatte voller Schrecken und voller Mitgefühl konstatiert, dass er seine Notdurft mittlerweile über rohes Fleisch verrichte. Inzwischen war sein Durchfall blutig, was ihn nicht wenig in Schrecken versetzte. O dieser Fluch, der ihn und seine Familie getroffen hatte, dieser schreckliche Fluch!

Diese verdammte Höllenkreatur war schlimmer als ein Räuber in seinem Hause. Ein Räuber nahm mit, was er tragen konnte – doch er nistete sich nicht über Monate und Jahre ein und hielt die Bewohner des Hauses als seine Geiseln. Folterte und verspottete sie zum Dank für Logis und Unterhaltung – ja, das Wesen schien sich gar am besten zu unterhalten, wenn es den gesamten Haushalt, die Gemeinde und alle Schaulustigen in Angst und Schrecken versetzte. Es schien die Panik zu genießen, welche es verbreitete.

Die Banditen kamen ihm wieder in den Sinn, welche damals, vor fast zehn Jahren, eine Landplage gewesen waren. Auch sie hatten die Angst der Menschen gebraucht, sich gewissermaßen davon genährt. Und von fremden Pferden, Ochsen, Schweinen, Hühnern. Er erinnerte sich und mit dem Gedanken stiegen alle Ereignisse von damals wieder in ihm hoch …

24: Banditen
Tennessee, im Spätsommer 1810

Der Brandgeruch stahl sich ganz plötzlich in mein Bewusstsein. Ich war zusammen mit Jesse, William Porter, dessen Gehilfen Dennis und ein paar Sklaven nach Hause unterwegs, um Waren, die ich an die Porters verkauft hatte, an Bill auszuliefern.

Ich zog die Brauen zusammen und verhielt Nelson, welcher darob schnaubte. Jesse sah mich erstaunt an, zog aber, plötzlich aufmerksam geworden, die Luft prüfend durch die Nase.

»Das ist Rauch!«, rief er alarmiert.

Jetzt zügelten auch die anderen ihre Pferde.

»Brrr«, rief der Kutscher, der die Getreidesäcke befördern sollte.

»Ihr wartet hier, Goodman Miller!«, befahl Bill Porter seinem Knecht. Dann setzte er sein Pferd mit Zungenschnalzen wieder in Bewegung, aus dem Wald heraus, dessen Ende sich weiter vorne heller abzeichnete.

Jesse und ich folgten ihm. Aus dem Dämmerlicht tauchten wir ein in das goldene Leuchten des Spätsommertages. Geblendet parierten wir die Tiere, hielten blinzelnd Umschau. In der Ferne kringelte sich schwarzer Qualm gen Himmel, schräg verweht vom immer noch lauen Wind.

Ich runzelte die Stirn. Da vorne unter der Rauchfahne lag die Farm der Familie Fitzgerald, Bauersleute, die sich erst vor etwa einem Jahr hier angesiedelt hatten. Fitzgerald war mit einer weizenblonden Frau und vier ebensolchen Kindern gekommen. Nur drei Sklaven besaß er und ein Onkel lebte bei ihnen und half im Gegenzug für Unterkunft und Essen bei den Farmarbeiten. Letztes Jahr hatte ihnen die ganze Gemeinde beim Bau der Scheune geholfen. Auch ich. Was verbrannte Jacob Fitzgerald denn jetzt schon in solchen Mengen, dass Qualmwolken in diesem Umfang hätten entstehen können?

Langsam setzte ich mein Tier wieder in Bewegung, nahm mein Gewehr zur Hand. Ich hörte an den Huftritten hinter mir, dass die anderen mir folgten, und drehte mich also nicht um. Aus der Richtung der Fitzgerald-Farm kam uns ein einzelner Reiter entgegen. Er schwankte im Sattel hin und her. Als er vielleicht noch dreißig Schritte entfernt war, fiel er vom Pferd in den Dreck wie ein Ballen Stoff. Er rollte mit dem Schwung seines Falles einmal herum und regte sich dann nicht mehr. Sein Pferd, Fitzgeralds Dunkelbrauner, lief reiterlos und mit schleifenden Zügeln noch ein paar Schritte weiter und blieb dann aufgeregt schnaubend und mit dem Kopf schüttelnd stehen.

Ich drückte meinem Fuchs die Fersen in die Weichen. »Komm, mein Junge«, ermunterte ich das Tier, beschleunigte den Ritt bis zu dem auf dem Boden liegenden Mann und sprang aus dem Sattel, noch bevor Nelson stand. Große Sorge hatte mich ergriffen um diesen Mann, der im Staub lag wie eine Leiche.

Der Mann lag auf dem Rücken. Ich kniete neben ihm und bemerkte jetzt aus der Nähe zu meiner Erleichterung ein schwaches Heben und Senken seines Brustkorbes. Doch vorne auf dem hellen Leinenhemd zeichnete sich blutrot eine klaffende Wunde ab. Ich sah sofort, dass hier jede menschliche Hilfe zu spät kam, aber ich beugte mich tiefer zu dem Verletzten nieder. Vielleicht hatte er noch etwas zu sagen.

»Wer hat Euch das angetan, Freund?«, fragte ich sanft. Ich blickte ihm direkt ins Gesicht. Es war dermaßen zerschlagen, verschwollen und voller Blut und blauer Flecken, dass ich seine ursprünglichen Züge nur schwer erkennen konnte. Doch jetzt, wo ich ihn so dicht vor mir hatte, erkannte ich Fitzgeralds Onkel wieder, mehr an den grauen Haaren als an seinen rußverschmierten Zügen.

Eine Bewegung in meinem Sichtfeld ließ mich aufblicken. Porter und Jesse nickten mir zu und ritten weiter, im Galopp auf die Farm zu.

»He, Freund«, sprach ich den alten Fitzgerald an. Dunkel besann ich mich auf dessen Vornamen. »Sam, wacht auf!« Ich rüttelte ihn an der Schulter.

Der Verletzte schlug die Augen auf. Aber was waren das für Augen! Blutunterlaufen bis zur Unkenntlichkeit, wie sie waren, war es dem Mann sicher kaum noch möglich, irgendetwas klar zu fokussieren. Und doch schien er etwas über sich zu sehen, was ich nicht wahrnehmen konnte, denn Sam riss die Augen plötzlich weit auf und stieß einen unartikulierten Schrei aus – einen röchelnden, blubbernden Schrei, als würde er innerlich ertrinken. Blutbläschen platzten auf seinen Lippen, rote Rinnsale liefen ihm die Mundwinkel herunter.

»Beruhigt Euch, Ihr seid in Sicherheit, Ihr seid unter Freunden!«

Das schien endlich zu wirken. Sam blickte immer noch ängstlich zu mir auf, doch er schrie nicht mehr. Erkennen trat in seine Augen.

»Ihr … Ihr seid … mir bekannt …«

Ein Hustenanfall schüttelte ihn, schien das Leben aus ihm herauszurütteln. Ich musste mich beeilen, noch etwas von ihm in Erfahrung zu bringen, bevor es zu spät dafür war. Sicher war die Lunge verletzt. Ich hatte das im Krieg oft genug gesehen. Beruhigend legte ich dem Sterbenden eine Hand auf die Schulter.

»Ich bin John Bell, Euer Nachbar. Wer hat Euch das angetan, mein Freund?«

Der Angesprochene schloss die Augen, schlug sie kurz darauf wieder auf. »Banditen«, krächzte er leise.

»Wir werden sie finden – und wir werden sie töten!«

Der Mann stieß einen befriedigten Grunzlaut aus.

»Mein Sohn und unser Nachbar Bill Porter sind in diesem Augenblick auf dem Wege zur Farm Eures Neffen. Vielleicht können wir noch helfen.«

Langsam und traurig bewegte Sam den Kopf hin und her.

»Alle tot … und ich … werde bald … bei ihnen … sein.«

Ich nickte. Vermutlich hatte er recht, was seine Zukunft hier auf Erden betraf, denn seine Verletzung war sehr schwer. Es hatte keinen Zweck, einem Sterbenden zu widersprechen, da es hier keine Hoffnung mehr gab. Dann war es besser, der Mann wusste, was gerade mit ihm geschah. Und so fragte ich: »Habt Ihr noch einen letzten Wunsch?«

»Nur den einen …, dass Ihr … die Kerle … findet.«

»Das werden wir. Soll ich mit Euch beten?«

Der Mann nickte kaum wahrnehmbar. Er schien immer schwächer zu werden.

»Vater unser im Himmel …«

Ich faltete dem alten Mann die Hände, der das Gebet streckenweise mitbetete – bis er mitten im Wort plötzlich verstummte. Ich wusste, dass es für immer war. Leise betete ich zu Ende und schloss dem Mann, den ich kaum gekannt hatte, die Augen. Einen Moment verharrte ich noch neben dem Toten, dann bestieg ich meinen Fuchs und ritt Jesse und William hinterher zur Farm.

Je näher ich der Farm kam, desto intensiver wurde der Brandgeruch, der sich wermuthbitter auf meine Zunge legte. Dicker Qualm wehte mir entgegen, angekohlte, schwelende Balken lagen vor dem zerstörten Haus. In mir stieg Übelkeit flau empor. Vier schwarzverkohlte Leichname hatten Bill und Jesse nebeneinander ins Freie unter Gottes Himmel gelegt. Jacob, seine Frau Moira, den ältesten Sohn, einen dünnen, etwa zwölfjährigen Jungen und einen kräftigen Mann, vermutlich einen der Sklaven. Sie alle hatten tödliche Schussverletzungen, das konnte ich schon aus zehn Schritt Entfernung erkennen.

»Es fehlen noch drei Kinder!«, sagte ich leise.

»Ja«, antwortete mir Bill. »Auch die Tiere fehlen alle. Sie haben sie mitgenommen. Außerdem die beiden anderen Sklaven. Also alles, was sich zu Geld machen lässt.« Er zeigte auf eine breite, zertrampelte Fährte, die nach Westen führte.

Grauen stieg in mir auf.

»Du glaubst, sie haben die Kinder mitgenommen?«, fragte Jesse mit zitternder Stimme.

Bill beachtete den Einwurf nicht, sah mich durchdringend an.

»Es waren alles Mädchen, zwischen drei und zehn Jahren.«

»Mein Gott!«

»Es gibt sehr schlechte Menschen!«, nickte Bill ernst.

Ich seufzte und dachte an all die Bordelle, von denen ich wusste, dass sie auch diesen Service anboten: Kinder! Was also war hier passiert?

Bill schien meine Gedanken zu lesen, denn er berichtete: »Sie haben die Eheleute und den ältesten Jungen erschossen. Und sie haben die kleinen Mädchen mitgenommen. Zum Schluss haben sie das Haus angezündet und das Vieh fortgetrieben. Rinder und Pferde.« Betreten blickte Bill zu Boden.

»Habt Ihr alles durchsucht?«, fragte ich.

»Ja.« Bill seufzte und ließ mutlos die Schultern hängen.

»So will ich auch noch einmal schauen.«

Ich konnte nicht hier beim süßlichen Geruch der halb verbrannten Leichen bleiben, ich musste einfach etwas tun. Irgendetwas.

Der Weg in das zerstörte Haus wurde mir schwer. Doch ich zwang mich dazu, über die schwarzverschwelte Schwelle zu treten und mich genau umzusehen. Was nicht verbrannt war, das war demoliert. Die Banditen hatten offenbar gegessen, was an Vorräten verfügbar gewesen war, und hatten danach Teller und Schüsseln, Stühle und Bänke zertrümmert. Alles lag kreuz und quer durcheinander, dazwischen Schinkenscheiben, Breipfützen und Wasserlachen.

Von irgendwoher kam ein eigenartiges, ein unerwartetes Geräusch. Es klang wie unterdrücktes Weinen. Ein Weinen? Ich schreckte auf aus meinen düsteren Gedanken, aufmerksam nun. Lauschend legte ich den Kopf schief und erstarrte mitten in einem Schritt. Da war es wieder, ein hoher, greinender Ton. Es kam aus dem hinteren Teil der Stube.

Ich riss alle Schränke auf, in fieberhafter Hast. Und da, im hintersten Winkel, inmitten der Scherben von Tellern und Schüsseln, saß ein vielleicht dreijähriges Mädchen und starrte mich aus verstörten blauen Augen an. Sie war regelrecht erstarrt, den kleine Mund offen, eine Stoffpuppe fest an sich gedrückt. Ich beugte mich hinunter und wollte sie herausheben aus ihrem Versteck, doch sie drehte sich weg und versuchte, noch tiefer in den Schrank zu kriechen.

»Mama!«, weinte sie.

Ich kniete mich vor den Schrank und sprach beruhigend auf die Kleine ein. Als sie nicht mehr weinte, reichte ich ihr die Hand und zog sie in meine Arme. Soweit ich das hatte sehen können, war das Kind unverletzt.

»Komm, ich bringe dich fort von hier.«

Vertrauensvoll kuschelte die Kleine sich in meine Arme. Ich richtete mich auf und trug sie zur Hintertür hinaus, wo ihr der Anblick der Leichen ihres Bruders und ihrer Eltern erspart blieb.

Nur Minuten später ritten wir drei Männer mit dem kleinen Mädchen zurück zu Porters Wagen. Seinen Knecht schickte dieser mit dem Wagen heim. Bill und Jesse ritten zu den nächsten Nachbarn, damit so viele von ihnen wie möglich zu Fitzgeralds Farm kommen sollten. In zwei Stunden, zur Verfolgung des Raub- und Mordgesindels.

Ich hatte die Kleine vor mir auf meinem Pferd, um sie zu mir nach Hause zu bringen. Lucy und Auntie würden sich um sie kümmern. Ich hielt das Kind fest im Arm wie einen Schatz.

»Wie heißt du?«, fragte ich sanft.

»Lissy«, flüsterte sie kaum hörbar. Warm liefen Tropfen über meinen Sattel und trafen mein Bein. Erschrocken schaute ich nach, ob das Blut war – jedoch war nur ihr Höschen nass. Ich lachte leise. Das wäre in der Situation auch erwachsenen Männern passiert.

Zwei Stunden später hatten wir uns, insgesamt unserer dreiunddreißig Männer, vor der niedergebrannten Farm versammelt. Als erstes hatten wir die Toten begraben und auch den Onkel geholt und auf dem Farmland bestattet. Danach waren wir aufgebrochen. Die Wut der Männer war greifbar, keiner sprach ein überflüssiges Wort.

Ich dachte an Lissys Eltern und ihren Bruder, die einfach so erschossen worden waren. Nein, ich war nicht gewillt zu dulden, dass meine Nachbarn von solchem Gesindel ermordet wurden. Es konnte ja jeden treffen! Mein Mund wurde eine harte Linie. Dem Treiben dieser Mordbrenner musste Einhalt geboten werden.

Immer auf der Fährte der Banditen ritten wir dem Pack hinterher. Breit genug war die Spur ja, dachte ich grimmig. Ich war stolz darauf, wie viele Männer dem Aufruf gefolgt waren, allen voran Nicolas Darnley und seine Vigilanten-Truppe. Das Vieh der Fitzgeralds hatte eine Spur getrampelt, die ein Blinder hätte verfolgen können. Und nachdem die Männer gesehen hatten, was mit dem neuen Nachbarn geschehen war, waren auch sie alle entschlossen, diese Kerle aufzuhalten, ihnen den Raub wieder abzunehmen – und die entführten Kinder. Schließlich konnte niemand wissen, wer als nächster überfallen würde. Auch meine Farm bot ein interessantes Ziel.

Mit grimmigen Mienen ritten wir alle der Fährte nach, im gestreckten Galopp, solange das Gelände das zuließ. Schließlich waren die Räuber langsamer. Sie mussten das fremde Vieh treiben, das hielt sie auf. Wir Verfolger dagegen hatten uns nur mit dem Nötigsten ausgestattet und mit nichts Überflüssigem belastet. Immer wieder prüfte ich die Fährte und stellte fest, dass wir den Banditen jedes Mal näher gekommen waren. Gegen Abend kam der Punkt, an dem wir vorsichtiger sein mussten, um nicht von den Kerlen bemerkt zu werden. Und in der Dämmerung sah ich gegen den blutroten Abendhimmel eine große Staubwolke und machte die anderen darauf aufmerksam.

Viel hatten die Männer auf dem Weg nicht gesprochen, aber jetzt sagte Bill Porter: »Sie haben nicht viele Möglichkeiten, was den Weg betrifft, den sie von hier aus einschlagen können. Das Vieh braucht Wasser und Weidemöglichkeiten. Und sie werden, so schnell es ihnen möglich ist, den nächsten größeren Ort zu erreichen trachten. Nur dort können sie die Beute zu Geld machen. Ein Ort also, an dem es Viehhandel gibt – und Bordelle!«

Ich nickte. »Du hast vollkommen recht, Bill«, stimmte ich William zu. »Rasten wir eine Stunde, allein schon wegen unserer Tiere, die eine Pause brauchen. Und dann geht's weiter.«

Die Männer murmelten zustimmend.

»Irgendwann müssen die Mistkerle ja mal lagern«, knurrte Bill.

»Weiter vorne ist ein Wald und in dessen Mitte ist eine Lichtung, auf der eine Quelle zutage tritt. Das Gelände fällt zur Quelle hin ab. Dieser Ort würde sich ideal als nächtlicher Lagerplatz für die Kerle eignen. Der Platz reicht sogar für das Vieh noch aus.«

»Wir werden sie beobachten. Die Lichtung scheint mir eine gute Möglichkeit zu bieten, Bill. Wenn die Kerle dort lagern … dann haben wir sie!«

Auf einer bewaldeten Höhe stiegen wir ab. Mit Bill, meinem Schwiegersohn Bennet, Jesse, Nikolas Darnley und ein paar anderen Männern setzten wir uns zusammen und berieten einen Plan, wie es den Banditen an den Kragen gehen sollte.

Mit grimmiger Entschlossenheit in unseren Herzen brachen wir vom Lager auf, dreiunddreißig Männer mit siebzehn Gewehren und einigem Ackergerät als Hieb- und Stichwaffen.

Zwei Stunden später hatten wir den Wald umstellt, in dem wir das Lager der Kerle vermuteten. Jesse und ich waren einmal im Dunkeln um den Talkessel geritten. Vorne führte die Fährte schnurgerade hinein, aber an der anderen Seite nicht wieder hinaus. Die Männer hatten den Ring geschlossen. Die Mordbrenner saßen in der Falle.

Bis auf zwei junge Burschen, die noch keine sechzehn waren und denen ich den Befehl gegeben hatte, die Pferde zu bewachen, rückte der Ring aller Männer, die um das Wäldchen standen, jetzt vor, leise, ganz leise, immer auf die Talsohle zu. Bald hörte ich das Vieh unruhig muhen. Jesse war an meiner rechten Seite, Bill Porter zu meiner linken. Ich konnte aus der Umgebung hier und da einen Ast knacken hören. Das ließ sich nicht ändern. Die Leute waren eben Bauern und das Anschleichen nicht gewohnt. Ich betete, dass das Gesindel im Tal hauptsächlich die Geräusche der Rinder wahrnahm und darüber nicht sehr viel mehr.

Nach ein paar Schritten roch ich Feuer und noch ein Stück weiter konnte den Schein mehrerer hoher Lagerfeuer durch die Bäume sehen. Ich grinste grimmig. Das waren sehr unvorsichtige Banditen. Aber umso besser!

Von irgendwo trommelte etwas hohl gegen Holz. Ich lauschte. Das war das verabredete Zeichen. Die erste Gruppe hatte die Talsohle erreicht. Sie warteten auf die Zeichen der drei anderen Gruppen.

Ich drang nun schneller durch das Gebüsch, an meiner Seite immer noch Jesse und Bill.

Da – das nächste Trommelgeräusch war zu hören. Das war Major Bartletts Trommel, eine von den beiden Kriegstrommeln, die wir dabeihatten. Die andere gehörte Major Picketing.

Deutlich und bedrohlich schallte es durch die Luft – in stetiger Folge jetzt. Es war nicht aufzuhalten und es machte mir Mut. Ich fühlte meinen Kampfeswillen steigen, es erinnerte mich an die Schlachten im Unabhängigkeitskrieg. Auch da waren Trommeln erklungen, auf beiden Seiten: auf der der Rebellen ebenso wie auf der der Briten. Und ich kannte die Wirkung der Töne aus beiden Blickwinkeln: Wenn der Klang immer näher kam, auf die Verteidiger zu – und wenn ich selbst diese Töne mit meinem Herzen aufnahm – als Angreifer. Diesmal waren die Trommeln auf unserer Seite.

Unten im Talkessel hatten sich die Laute der Rinder mindestens verdoppelt. Die Dreckskerle würden alle Hände voll mit dem Vieh zu tun haben, wenn der Angriff kam.

Ich lächelte böse. Ich wollte jetzt nicht an der Stelle der Banditen sein und warten müssen, wie die Töne sich immer weiter näherten. Da – Schüsse blitzten durch den Wald, ich hörte sie erst von rechts und bald auch von links krachen. Schreie hallten und dazwischen immer der unbarmherzige blecherne Herzschlag von nunmehr zwei Kriegstrommeln. Fester nahm ich mein eigenes Gewehr in die feuchten Hände.

Die beiden Rhythmen ergänzten sich, jetzt nur noch untermalt vom allgegenwärtigen Zirpen der Zikaden und dem Muhen der Kühe. Hin und wieder wieherte auch eines der Pferde. Ansonsten aber schien es mir sehr still, was menschliche Laute betraf. Die Feinde verhielten sich ruhig.

Es war jetzt dunkel da unten, also hatten sie die Geistesgegenwart besessen, ihre Feuer zu verlöschen. Wenn sie klug waren, so hatten sie sich in den Wald geflüchtet und versuchten, sich dort zu verstecken, dachte ich. Oder leise durch die herabsteigenden Reihen zu entkommen. Zumindest hätte ich selbst an Stelle der Banditen so gehandelt. Es war die einzige Chance, um zu überleben.

Doch unser Plan war zu gut, um den Räubern auch nur die kleinste Chance zu lassen. Ein Schuss und ein Schrei zerrissen die Nacht – ganz in meiner Nähe. Ich packte Jesse beim Arm. »Still jetzt!«, raunte ich meinem Sohn zu.

Wir verharrten regungslos und lauschten. Wieder Stille. Eilige Schritte, das Brechen von Ästen, links von uns. Dann wieder die Trommeln. Und dann ein halbes Dutzend Schüsse, gefolgt von weiteren Schreien – Major Bartletts Gruppe hatte die Mordbrenner gefunden.

Jetzt stürmte ich vorwärts, jetzt gab es kein Halten mehr. Ich erreichte eine Lichtung, auf der heftig gekämpft wurde. In der Dunkelheit konnte ich nur schwer die Schemen auseinanderhalten, die da miteinander rangen. Ich schlich mich von hinten an zwei Gestalten heran, in denen ich James Johnston und einen breit gebauten Mann erkannte, der James offenbar schwer zu schaffen machte. Also trieb ich ihm mit geübter Bewegung mein Messer von hinten zwischen die Rippen. Johnstons Gegner brach auf der Stelle zusammen, röchelte kurz auf und regte sich nicht mehr.

»Jetzt habt Ihr Luft!«

»Danke«, keuchte James und ließ sich zu Boden sinken. Er musste erst wieder zu Atem kommen. »Beinahe hätte er mich gehabt.«

»Seid Ihr verletzt?«

»Ich glaube ni… Vorsicht!« James Blick und sein ausgestreckter Arm waren in beredter Geste auf etwas hinter mir gerichtet.

Blitzschnell tauchte ich ab und drehte mich um. Ein Hüne von einem Mann stand vor mir, das Messer zum Stoß erhoben. Kaltblütig erschoss ich ihn.

Überall explodierte jetzt die Nacht. Unsere vier Gruppen hatten die Raubmörder an verschiedenen Orten im Wald gestellt und kämpften nun mit ihnen. James, Jesse und ich pirschten weiter durch das Unterholz. Wir stießen aber nur auf Leichen von Männern, die wir nicht kannten. Ein Siegesgeheul und ein paar Trommelwirbel zeigten uns an, dass wir gesiegt hatten. Eine Viertelstunde später trafen wir auf Major Bartlett und seine Gruppe, die zwei der Anführer gefangen genommen hatten. Mit diesen Männern als Geiseln gelang es uns, den Rest der Kerle zum Aufgeben zu bewegen.

Eine Stunde später saßen wir alle mit unseren Gefangenen am Lagerfeuer. Die beiden kleinen Mädchen waren bereits aus ihrer Lage befreit, starrten uns jedoch völlig verängstigt an. Sie konnten noch nicht begreifen, dass sich ihre Lage gerade gebessert hatte.

Das Vieh und die Pferde zu beruhigen, sodass sie nicht ausbrachen, war nicht einfach gewesen, aber auch das hatten wir gemeinsam geschafft. Jetzt schauten wir uns unsere Gefangenen etwas genauer an.

»Da hört sich doch wirklich alles auf!«, schimpfte ich, als ich in den beiden Anführern der Bande die Söhne von entfernter wohnenden Nachbarn erkannte. Auch bei den Toten und bei den übrigen Gefangenen waren ein paar Bekannte dabei. Zwei davon waren Sklaven bei den Fitzgeralds gewesen. Sie waren also nicht geraubt worden, um verkauft zu werden, sondern sie hatten sich der Bande angeschlossen. Vermutlich waren sie es gewesen, die ihre Herren ans Messer geliefert hatten.

Im Triumph kam ich mit einem Teil der Männer der Vigilantentruppe zurück nach Red River. Der Hauptteil der Männer brachte das Vieh, die Pferde und die Gefangenen zurück und brauchte entsprechend länger. Auch die beiden Kinder waren beim Haupttrupp.

Die Gefangenen erhielten einen Prozess. Die entlaufenen Sklaven knüpfte man schlicht auf. Die beiden jungen Männer aus der Gegend wurden ausgepeitscht und für immer aus der Gegend verbannt, denn niemand konnte ihnen eine Mordabsicht nachweisen und ihre Familien boten alles auf, ihre Söhne zu retten.

So war das damals gewesen. Das Leben an der Grenze war hart gewesen und ich hatte mich selbst und meinen Besitz verteidigen müssen. Daran konnte ich bis heute nichts Schlechtes sehen.

25: Schatzsuche
Anfang 1820

Das Jahr 1820 begann kalt und nass. Der Schneefall wollte gar nicht mehr aufhören, doch im Hause Bell brannte ein loderndes Feuer im Kamin.

John lag wieder einmal im Bett, welches man ihm im Wohnraum vor der Feuerstelle eingerichtet hatte. Drew saß an seinem Lager und betupfte ihm die Stirn.

»Eure Haut fühlt sich genauso kalt und feucht an wie draußen der Winter, Vater. Und Eure Lippen sind blau wie Eis, obgleich Ihr im Warmen liegt. Soll ich Euch noch eine Decke bringen?«

»Nein, danke, Drew. Ich bekomme ja jetzt schon kaum Luft, noch eine Decke wäre ...« Er keuchte, musste erst wieder zu Atem kommen, bevor er weiter sprach. »... zu viel!«

Drew nickte. Gerade wollte er etwas darauf erwidern, da grölte eine hohe Stimme etwas in den Raum.

»Eines Morgens war John hackevoll ...« Ein böses Lachen folgte. »Wusstet ihr schon, dass Jakob Rebekka liebt? Sie treffen sich heimlich bei den hohen Fichten ...«

John sah seinen Sohn erschrocken an.

»Wer bist du, dass du das zu wissen glaubst?«, fragte Drew, nachdem diese Frage ja bereits von anderen gestellt worden war.

Das Wesen kicherte ausgiebig. Dann flüsterte es: »Ich bin der Geist eines sehr frühen Siedlers. Damals besaß ich einen großen Schatz. Noch bevor ich mich daran ergötzen konnte, wurden wir alle, meine Familie und ich selbst, von Indianern ums Leben gebracht. Kurz bevor die Rothäute kamen, konnte ich die Truhe mit dem Schatz noch verstecken. Ich möchte, dass Betsy den Schatz bekommt.«

John hatte sehr wohl bemerkt, wie aufmerksam sein Sohn dem Geist gelauscht hatte. Und kaum war dessen letzter Satz verklungen, fragte Drew, ein Leuchten in den Augen: »Wo? Wo hast du den Schatz versteckt?«

»Hihihihihi ...«, lachte der Geist und warf ein Buch vom Tisch, »Das möchtest du wohl gerne wissen, was?«

»Ja, natürlich!«

»Der Schatz soll für deine Schwester Betsy sein«, wiederholte die Kreatur.

»Ich werde ihn ihr ausliefern!«, versprach Drew.

»Nun, so nimm Bennet mit, deinen Schwager ...«

»Gerne!«, jubelte Drew.

So wurde Bennet verständigt und beide, Bennet und Drew, zogen auf Schatzsuche los.

John wartete auf die Heimkehr der beiden Schatzsucher, fast so dringend wie vor vier Jahren auf die Rückkehr von Jesse und Little John aus dem Zweiten Unabhängigkeitskrieg nach der Schlacht von New Orleans. Gott sei Dank war den Jungs nichts passiert. Damals hatte er voller Sorge gewartet, heute voller Spannung. Konnte die Hexe auch die Wahrheit sagen?

Drei Tage später kehrten die beiden Männer wieder heim, doch einen Schatz hatten sie nicht gefunden.

»Warum hast du uns in die Irre geführt?«, fragte Drew die Kreatur.

»Hihihi, es ist schon so lange her. Ich wusste es nicht mehr, wo ich den Schatz vergraben hatte. Aber jetzt ist es mir wieder eingefallen. Ihr müsst diesmal aber James Johnston auch mitnehmen.«

Eifrig versprach Drew es dem Geist.

Dieser lachte wieder, dann flüsterte Kates Stimme geheimnisvoll: »Ihr müsst nach Südwesten reiten. Dort, neben der Quelle unter einem flachen Felsen, da habe ich die Truhe versteckt.«

Und wieder zogen Drew und Bennet los, dieses Mal auch mit James, und wieder sah John sie alle heimkehren, mit verdrießlichen Gesichtern und mit leeren Händen.

Diesmal gab sich die Hexe damit zufrieden, nur zu lachen, als Drew noch einmal fragte.

»Drew, verstehst du nicht?«, fragte John. »Es gibt keinen Schatz!«

»Richtig!«, lachte Kate schadenfroh.

»Warum hast du das getan?«

»Es hat mir so viel Spaß gemacht!«, antwortete der Geist vergnügt und lachte und lachte und lachte, dass es von den Wänden widerhallte.

John lag in einem erschöpften Halbschlummer. Ihm kamen die Erinnerungen an den Madison-Krieg wieder in den Sinn, den Zweiten Unabhängigkeitskrieg, den die Hummerrücken ihnen aufgezwungen hatten. John entsann sich noch gut daran, wie die Briten ein amerikanisches Schiff nach dem anderen aufgebracht, die Seeleute der jungen Nation in ihre eigenen Reihen gepresst hatten. Die Zeitungen griffen hier besonders den Fall der USS Chesapeake im Jahre 1807 heraus, benannt nach dem glorreichen Seesieg in der Chesapeake Bay. Vielleicht hatte dieser Name die Briten in besonderer Weise provoziert, jedenfalls war das Schiff von der HMS Leopard mit Waffengewalt angehalten und Kapitän und Mannschaft gezwungen worden, eine Durchsuchung zu dulden, die angeblichen Deserteuren aus der britischen Marine galt. Tatsächlich hatten in den letzten Jahren viele ehemalige Angehörige der British Navy in der von Präsident John Adams neu gegründeten US-Marine angeheuert.

In der Folge dieser Durchsuchung waren 21 Seemänner verschleppt, verwundet oder gar getötet worden. Als der Fall bekannt wurde, fegte ein Sturm der Entrüstung durch alle Staaten, von der Ostküste bis zu John nach Tennessee. Lang vergessener Zorn stieg wieder in ihm hoch. Wie hatten sie es nur wagen können!

Zusätzlich hatte es Gerüchte gegeben, die Briten hätten die Wilden des Grenzlandes gegen weiße Siedler aufgehetzt. Die Spannungen zwischen den Vereinigten Staaten und dem ehemaligen Mutterland waren in dem Krieg von 1812 kulminiert, der Johns Meinung nach schon lange fällig gewesen war. Seine Söhne hatten unter Jackson dort gekämpft. Sein Herz schwoll an vor Stolz. Sie hatten schwer kämpfen müssen, ähnlich wie er beim ersten Mal: 1814 war es den Rotrücken gelungen, die Hauptstadt Washington zu erobern und sowohl das Kapitol als auch das Weiße Haus niederzubrennen. So eine Schande! Aber in einer letzten Kraftanstrengung, genährt auch von der Erbitterung über die Untaten in Washington, hatten sie die Briten ein zweites Mal besiegt. Der Friede von Gent war letztendlich eine herbe Enttäuschung gewesen: Der Zustand vor dem Krieg war wiederhergestellt und vertraglich festgelegt worden. »Status quo ante bellum« hieß das da.

Die Briten hatten es wirklich mit allen Mitteln versucht, ihnen den Sieg aus dem Unabhängigkeitskrieg wieder abspenstig zu machen. Sie hatten gleichzeitig auch die Wilden im Grenzland zur Rebellion ermuntert. Die Briten im Verein mit Tecumseh hatten ihnen wahrhaft schwer zu schaffen gemacht – bis 1814 in der Schlacht am Thames River die entscheidende Niederlage der Briten an dieser Front erfolgte. Tecumseh, die treibende Kraft bei den Rothäuten, fiel in dieser Schlacht. Der Rest der Indianer wurde vertrieben, aufgerieben, verhungerte oder ergab sich schließlich.

Nach diesen Siegen stieg die USA fast sofort in den nächsten überfälligen Konflikt ein: den zweiten Krieg gegen die Piraten aus Tripolis. John war sicher, dass seine Nation aus dieser Auseinandersetzung, welche noch nicht beendet war, ebenso als Sieger hervorgehen würde wie schon beim ersten »Barbareskenkrieg«. Damals, im Jahre 1801, hatte es der arrogante Pascha von Tripolis doch tatsächlich gewagt, den Fahnenmast mitsamt der amerikanischen Flagge vor der US-Botschaft in Tripolis fällen zu lassen. Dies war von Präsident Jefferson als Kriegserklärung verstanden worden, zumal die unzähligen Piraten in den dortigen Gewässern seit Jahren schon beständig Jagd auf amerikanische Schiffe machten. Die Regentschaft Tripolis ließ sie gewähren und unternahm nichts dagegen. John hatte sogar den Verdacht, der Pascha erhielte einen Teil der Beute.

Auch drei der anderen nordafrikanischen Staaten stiegen mit Freude in den Konflikt ein: Algier, Tunis und Marokko. Der Pascha von Tripolis wünschte einen lächerlich hohen Tribut von den USA. Die Antwort war ein Embargo gegen Tripolis und die Beschlagnahme von Schiffen und Waren des Paschas. Nach den ersten Seeschlachten gaben Algier und Tunis nach. Marokko und Tripolis dagegen blieben weiterhin auf Konfrontationskurs. Laut der amerikanischen Presse war das ein Test für die neue Marine, welchen diese mit Bravour bestand: 1804 griffen die USA Tripolis direkt an. Nach einer entscheidenden Schlacht im Jahre 1805 einigte man sich zunächst auf einen Waffenstillstand, dann auf einen Frieden.

Doch als die USA noch mitten im Madisonkrieg steckten, griffen die Piraten erneut amerikanische Schiffe an, raubten, plünderten und brandschatzten. Das konnte Präsident Madison nicht länger hinnehmen, und so wendete er sich nach dem Sieg über die Briten gleich der nächsten Bedrohung zu. Und auch der neue Präsident Monroe ließ sich von diesen Kerlen nicht ins Bockshorn jagen. *Auch hier haben wir binnen kürzester Zeit obsiegt,* dachte John stolz, bevor er mit einem Lächeln einschlief.

26: Feinde
Tennessee, im späten Frühjahr 1820

Wieder einmal besuchte James John in seinem elenden Zustand, einer der wenigen Freunde, die ihm noch geblieben waren. Schritte waren im Zimmer zu hören, tappende Schritte, ohne dass jemand Sichtbares sie hätte verursachen können. Hin und her und schließlich auf James und John zu, dann wieder fort von ihnen, wie ein Mensch, der sich nicht recht entschließen kann. Das ging eine ganze Weile so und John und James beachteten es zunehmend weniger. Sonderbar, wie normal es John mittlerweile schien, dass solche Phänomene in seinem Hause auftraten. Wie sehr er sich selber schon an solcherlei gewöhnt hatte, ohne dass es ihm mehr als ein leichtes Unbehagen bereitete.

Plötzlich blieben die Geräusche aus, als wäre der Geist zu einem Entschluss gekommen und vor dem Bette stehen geblieben.

»Ich hasse dich, Ol'Jake!«, flüsterte es nahe bei Johns Ohr. »Ich hasse dich und ich werde dich töten!«

Die Stimme wurde schwächer und leiser, hatte aber immer noch die Wirkung eines Eisstückes auf seiner Wirbelsäule. Dass die Kreatur geflüstert hatte, fühlte sich schlimmer für ihn an, als wenn sie geschrien hätte. Die Kerzen flackerten, verloschen. Dann war es still. Zu still. James murmelte Gebete zur Abwehr des Bösen, doch das Böse war gar nicht mehr im Zimmer.

James sah John tief in die Augen. »Wen, lebendig oder tot, habt Ihr so sehr verärgert, dass dieser Mensch Rache an Euch will – noch über das Grab hinaus?«, fragte er ruhig.

John zuckte unwillig mit den Schultern.

»Gibt es da denn niemanden?«, setzte James noch einmal nach.

»Doch, vielleicht«, gab John mit gerunzelter Stirn zu.

Es war, als hätte er zu sich selbst gesprochen. Er blickte sinnend vor sich hin. Seine Gedanken begannen zu kreisen, nichts davon gab er in Worten preis. Doch konnte er nicht verhindern, dass die Bilder und Ereignisse von damals wieder in seinem Geiste aufstanden, Bilder, die ihn schon lange nicht mehr gequält hatten.

27: Benjamin
Tennessee, Red River, im Frühsommer 1811

Eines Tages im Frühsommer 1811 nahm ich auf dem Rückweg von Nashville die Abkürzung durch den Wald. Mitten im Unterholz bemerkte ich plötzlich aus dem Augenwinkel eine Bewegung. Ich sah etwas Helles aufleuchten. Sonderbare Laute erfüllten den Wald, die ich so von einem Tier noch nie gehört hatte. Sofort nahm ich mein Gewehr zur Hand, hielt es in die Richtung, aus der ich dieses Aufblitzen gesehen hatte.

»Wer da?«, rief ich mit weithin schallender Stimme.

Ich erhielt keine Antwort. Es konnte ein weißes Hemd gewesen sein, irgendwo da hinten zwischen den Bäumen. Ich parierte Nelson, schaute noch einmal hin, lauschte. Jetzt war alles wieder still – bis auf das Schnauben meines Pferdes, dessen nervöse Hufgeräusche dumpf vom Waldboden widerklangen.

»Ganz ruhig, Junge!«, redete ich besänftigend auf mein Tier ein und streichelte über dessen glatten Hals.

Wieder lauschte ich und auch Nelson spitzte die Ohren. Nur die gewöhnlichen Geräusch des Waldes nahm ich wahr. Das Rauschen der Bäume im Wind, ein paar Vogelschreie.

Ich nahm mein Gewehr aus dem Anschlag, wollte es gerade wieder an den Sattelknauf hängen, da hörte ich die eigenartigen Laute erneut. Diesmal kamen sie jedoch eindeutig aus dem Geäst der Bäume über mir. Das war eine Spottdrossel! Ich entspannte mich und drückte dem Pferd meine Fersen in die Weichen. Im Weiterreiten ging mir jedoch die Frage nicht aus dem Kopf, wo der Vogel wohl diese Töne aufgeschnappt hatte. Ich wusste, dass diese Tiere alle Geräusche imitierten – aber was, um Christi willen, hatte der gefiederte Spötter nachgemacht?

Diese Überlegungen ließen mir keine Ruhe. Immerhin hatte das Vorkommnis auf meinem Grund und Boden stattgefunden. Der alte Pete hatte mir erzählt, dass sich Gesindel in der Gegend herumtrieb, welches besser mit der Waffe vertrieben werden sollte. Immer wieder verirrte sich dieses Gelichter in bewohnte Gegenden – meist, um zu stehlen oder noch weit Schlimmeres zu tun. Ich dachte an die Fitzgeralds und an das, was auf diesem einsam gelegenen Gehöft vor gerade mal einem Jahr geschehen war. Wieder hatte ich den Brandgeruch von damals in der Nase, sah die schwelenden Balken erneut vor mir. Ich dachte an die überlebenden Töchter der Familie, die auf die hiesigen Farmerfamilien verteilt worden waren. Um nichts in der Welt wollte ich, dass die Kirchenältesten mit Betsy, Richard und Joel so verfuhren, meine Kinder trennen würden. Abgesehen davon, was mir selbst, meiner Frau und meinen älteren Söhnen bei einem Banditenüberfall zustoßen würde. Bei diesen Gedanken presste ich die Lippen fest aufeinander, meine Hände ballten sich ganz von allein zu Fäusten. Nein, so etwas durfte niemals geschehen!

Von innerer Unruhe getrieben, ritt ich am nächsten Tag noch einmal zur gleichen Stelle im Wald. Ich band Nelson an einen Baum und durchstöberte das Unterholz bis hin zu der Örtlichkeit, welche mir gestern aufgefallen war. Was ich dort fand, waren Spuren – Spuren von zwei Menschen und den Fetzen eines hellen Leinenhemdes, der an einem Ast hängengeblieben war. *Also doch,* dachte ich finster und nickte. Hier hatten sie gesteckt, zwei Männer vermutlich, vielleicht ein Posten, eine Vorhut, Spione. Waren diese Kerle dabei, meinen Besitz auszuspähen? Als ich näher auf die Spuren sah, erkannte ich jedoch, dass es hier nach einem Gerangel aussah. Der Boden war zerstampft. Hatten sich die beiden zerstritten? Ich runzelte die Stirn. Das war sehr merkwürdig.

In der nächsten Zeit achtete ich immer wieder auf diese Stelle im Wald und war ganz allgemein wachsamer, wenn ich durch das Gehölz ritt. Das hatte ich auch allen Sklaven, meinen Söhnen und meinen Helfern eingeschärft. Doch es wiederholte sich nichts dergleichen in der nächsten Zeit, und so vergaß ich den

Vorfall wieder. Bis ich ein paar Wochen später erneut etwas sah. Diesmal war es eindeutig der Umriss eines Mannes, der sich schnell durch den Wald bewegte.

Sofort war ich hinter meinem Pferd in Deckung gegangen und richtete mein Gewehr auf die Stelle, wo ich den Fremden seiner Geschwindigkeit nach jetzt vermutete. Mit einem gewaltigen Krachen ging meine Büchse los. Kreischend und mit lautem Rauschen stoben Vögel aus den umliegenden Bäumen auf, eine Wolke von weißem und schwarzem Gefieder. Nelson wieherte erschrocken und lief ein paar Schritte vorwärts, sodass ich beinahe zur Seite gestürzt wäre.

»Ruhig, mein Junge, ganz ruhig«, besänftigte ich das aufgebrachte Tier. Dann band ich es an einem Baum fest und begab mich, möglichst alle Deckung nutzend, in das Unterholz. Wieder fand ich nur Spuren, diesmal jedoch waren sie ganz frisch. Eine Stiefelfährte führte aus dem Gesträuch hinaus, in Richtung meines Hauses. Stirnrunzelnd folgte ich der Spur. Hin und wieder entdeckte ich Blutstropfen auf den Eindrücken und frisches Blut auf den Blättern der Sträucher am Rande derselben. Also hatte ich vorhin mit meinem Schuss getroffen. Die Stapfen führten mich bis zum Waldrand, dann verloren sie sich, als hätte der Verursacher sich aufgelöst. War etwa einer meiner Leute mit Banditen aus der Gegend im Einvernehmen? Auch das war nicht so selten. Ich hatte es ja vor kurzem selber miterlebt. *Na warte,* dachte ich grimmig, *dich kriege ich! Du bist verletzt und ich weiß, wie eine Schusswunde aussieht.*

Zurück bei meinem Pferd, ritt ich heim, als wäre nichts geschehen. Ein paar Sklaven liefen mir schon aufgeregt entgegen.

»Master haben schießen?«, rief mir Dean entgegen, der an der Spitze der Schar war. »Was sein geschehen?«

»Mir geht es gut«, winkte ich ab. »Ich dachte, ich hätte im Wald einen Puma gesehen und habe geschossen. Ich muss mich jedoch geirrt haben. Geht zurück an eure Arbeit.«

Erleichtert murmelnd, machten sie kehrt. Ich achtete auf die Bewegungen eines jeden einzelnen von ihnen. Keiner schien verletzt zu sein, auch der Aufseher nicht, der hinter den Sklaven hergelaufen kam.

»Was fällt euch ein, einfach fortzulaufen!«, schimpfte er mit wütender Miene und sehr rotem Gesicht.

»Higgens, das ist in dem Fall in Ordnung. Wenn ich schieße, soll Hilfe kommen«, mischte ich mich ein.

Der Kopf des Aufsehers nahm einen noch dunkleren Rotton an und er presste ärgerlich die Lippen zu einem dünnen Strich aufeinander. Ich befürchtete, der Mann würde bald einem Schlagfluss erliegen, wenn er sich nicht in den Griff bekam.

Higgens starrte mich einen Moment lang giftig an, dann drehte er sich auf dem Absatz um und setzte sich wortlos und mit so schnellen Schritten, wie es ihm seine Würde gerade noch erlaubte, an die Spitze der Sklaven.

Ich inspizierte alle meine Felder, achtete überall darauf, einen Mann mit einer Verletzung zu finden. Beim Tabakfeld wurde ich fündig. Mein Helfer Adams trug den Arm in der Schlinge und er hatte einen frischen Verband.

»Was ist geschehen, Goodman Adams?«, fragte ich und tat mitfühlend.

»Hab einen Schnitt davongetragen, ziemlich tief, Sir. Kann den Arm ein paar Tage nicht gebrauchen.«

»Zeigt einmal her«, verlangte ich.

»Es ist gerade frisch verbunden, Sir«, protestierte Adams.

»Ich will ja auch nur sehen, ob das gut gemacht wurde«, erwiderte ich ihm mit einer Stimme, die jeden Widerspruch ausschloss. Widerstrebend trat Adams mit mir zur Seite und ließ es zu, dass ich den Verband öffnete. Tatsächlich, der Vorarbeiter hatte eine tiefe Schnittwunde, von einer Sense, wie ich vermutete. Es sah auch nicht so aus, als habe der Mann eine Schusswunde überdecken wollen.

Ich schloss den Verband wieder und wünschte dem Mann gute Besserung. Ich wusste nicht, ob ich enttäuscht oder froh darüber sein sollte, dass dieser Mann nicht der Verräter sein konnte.

Ich setzte meinen Rundritt fort. Am Maisfeld fragte ich John Jr.: »Sind denn alle Arbeiter hier gesund? Niemand verletzt?«

Mein Sohn schaute mir prüfend ins Gesicht, aber ich bemühte mich um einen neutralen Gesichtsausdruck. Nach einem Augenblick des Zögerns antwortete mir mein Sohn: »Es hat sich einer der Sklaven verletzt, vorhin bei der Erntearbeit. Hat sich den Fuß gequetscht. Ein Riesentheater veranstaltet.«

»Wo ist der Mann jetzt?«

Little John zuckte mit den Schultern. »Hab ihn zur Sklavenkabine geschickt. Sam hat ihn gestützt.«

Ich nickte meinem Sohn zu und machte mich auf den Weg zur Sklavenunterkunft. Noch einige Zeit spürte ich Little Johns Blicke in meinem Rücken.

Der Sklave hieß Hector und lag Grimassen schneidend auf seinem Lager. Die alte Sanna machte ihm kalte Umschläge. Hectors Fuß sah wirklich übel aus. Er war grotesk angeschwollen.

»Wie ist das passiert?«, fragte ich beiläufig.

»Wagenrad über Hectors Fuß gerollt«, quetschte der Mann hervor. »Pferd nicht haben stehen still.«

Ich nickte. Ja, es waren schon einige Unfälle dieser Art passiert. »Das wird schon wieder, Hector«, beruhigte ich den Mann mechanisch.

Als ich die Sklavenunterkunft verließ, hörte ich noch, wie Hector rief: »Ohhh, Sanna, noch mehr kühlen. Hector haben schlimme Schmerzen …«

Also der Mann war es auch nicht gewesen. Mir fiel ein Stein vom Herzen. Wie oft verschworen sich Sklaven gegen ihre Herren und verrieten sie an Gesindel. Meist handelte es sich hier um grausame Herren, die ihre Sklaven schlecht behandelten. Und meist schlossen sich solche ehemaligen Sklaven dann den

Banden an, welche solche Leute natürlich gierig aufsaugten, wie ich es im Falle der Fitzgeralds erlebt hatte.

Ich hatte Durst und meine Feldflasche war leer. Also machte ich mich auf den Weg zum Haus, dem einzigen Platz, wo ich noch nicht gefragt hatte. Als erstes sah ich meinen Sohn Benjamin, der sich gerade von Lucy ein paar tiefe Kratzer verbinden ließ.

»Wie ist das denn passiert?«, fragte ich neugierig.

Benjamin starrte mich verwundert an.

»Es sind doch nur ein paar Kratzer«, wiegelte er ab. »Ich vermute, die habe ich mir vorhin im Wald zugezogen, als ich mit ein paar Sklaven das Unterholz gelichtet habe. Ihr habt doch gesagt, das müsste gemacht werden, wegen der Brandgefahr.«

»Ja, das ist wahr«, entgegnete ich und betrachtete meinen Sohn abschätzend. Also im Wald war er gewesen. Jedoch nicht allein. Und Benjamin … Nein. Warum sollte mein eigener Sohn die ganze Familie den Banditen ausliefern?

Nachdenklich schüttelte ich den Kopf. Würde denn ein Verräter so freimütig zugeben, dass er im Wald gewesen war, wenn er andere Gründe hatte, dort zu sein, als seine Arbeit? Benjamin war in letzter Zeit verschlossen gewesen, das war mir sehr wohl aufgefallen. Doch Ben war inzwischen ein junger Mann, der, so schien es mir, gegen sich selber kämpfte. Ich würde ihn einmal ansprechen müssen auf seine Probleme – doch würde er seinem Vater Rede und Antwort stehen, wenn er sich nicht einmal seinen Brüdern anvertraute? Nein, ich würde Little John bitten, mit seinem Bruder zu reden.

Außerdem war Benjamin ja nicht allein im Wald gewesen, er hatte Sklaven dabeigehabt. Wie hätte er sich da unbeobachtet fortstehlen können?

So drehte ich mich um, nickte Benny und Lucy grüßend zu und verließ die Küche.

Am Abend, als alle sich versammelt hatten, achtete ich noch einmal bei allen Mitgliedern meines Hausstandes auf Blut an der Kleidung, ungewöhnlich vorsichtige Bewegungen oder Verbände – allein, ich fand niemanden, der auch nur annähernd eine solche Wunde aufwies, wie ein Streifschuss sie hinterlassen haben würde. Nun, vielleicht war ja doch niemand aus meinem Haushalt mit den Kerlen in Verbindung.

Wiederum drei Wochen später sah ich Benjamin aus dem Gebüsch stolpern. Seine Haare waren wirr, das Hemd und die Hose in Unordnung. Mein Sohn sah mich nicht und offenbar hörte er mich auch nicht, denn er drehte sich nicht um.

Ich parierte Nelson durch und sprach meinen Zweitältesten an: »He, Benjamin, was ist mit dir?«

Benjamin zuckte zusammen und fuhr zu mir herum. Er war weiß wie eine gekalkte Wand.

»Oh, Vater«, sagte er nach einem Moment des sich Sammelns. »Ihr seid es.«

»Was ist mit dir geschehen?«, wiederholte ich.

»Nichts, Vater. Ich habe Durchfall und ich musste ganz eilig ins Gebüsch, um mich zu erleichtern.«

Er sagte das mit einer gewissen Anspannung in der Stimme und er schaute zu Boden. Ich spürte, dass ich die Stirn in Falten zog. War es wirklich nur ein Durchfall? Waren Ben seine Körperfunktionen so peinlich? Das bleiche Gesicht ein Kennzeichen eines Fiebers? Oder hatte sein Erschrecken andere Gründe? Irgendwas hatte der Junge doch, das spürte ich ganz genau.

»Willst du hinter mir aufsteigen, wenn dir nicht wohl ist? Ich reite heim, da kannst du dich hinlegen und einen Trank gegen deine Beschwerden einnehmen.«

Benjamin nickte kraftlos. Er zog sich hinter mir in den Sattel, brachte jedoch den ganzen Ritt über kaum ein Wort über die Lippen. Ich fragte ihn verschiedene Dinge, doch mein Sohn antwortete nur einsilbig und wirkte zerstreut.

Eines war sicher: Der Junge grübelte zu viel. Benjamin war so still geworden, so furchtbar nachdenklich. Ganz anders als seine offenen, fröhlichen Brüder. War das seine Natur? Ich nahm mir vor, meinen Zweitältesten gründlich im Auge zu behalten.

»Nun, hat dein Bruder sich dir anvertraut, Little John?«

»Nein.« Die Antwort schoss ebenso kurz wie verärgert aus John Jr. heraus.

Ich seufzte. Hatte ich meinem Sohn die Last meiner eigenen Verantwortung aufgebürdet?

Wir saßen beide in meinem Arbeitsraum und ich rückte auf meinem Stuhl in eine andere Position.

»Ich habe das Gefühl, dass ihn was bedrückt«, setzte ich nach kurzem Zögern noch einmal nach.

Doch bevor mein Sohn mir antworten konnte, sprach eine andere Stimme für ihn: »Wen bedrückt etwas?«

Benjamins goldblonder Kopf tauchte im Türrahmen auf. Wir beide fuhren zu ihm herum und blieben ihm die Antwort schuldig. Benjamin lächelte schmal.

»Ah, Benny, weshalb wolltest du mich sprechen?«, fand ich endlich die angemessenen Worte.

»Wir sind heute mit den letzten Arbeiten im Unterholz fertig geworden, Vater«, entgegnete Benjamin und blickte mir fest in die Augen. Konnten diese Augen lügen, fragte ich mich. Oder sah ich schon Dinge, die nicht da waren?

Später, als ich allein in meinem Bett lag, fielen mir die Sorgen um Benjamin wieder ein. Unruhig wälzte ich mich hin und her. Misstraute ich jetzt schon meinem eigenen Fleisch und Blut? Blut – ja, es war unzweifelhaft Blut gewesen, welches ich im Wald entdeckt hatte. Aber wessen Blut? Und warum war Benny mit seinen Arbeitern nicht gekommen, als ich geschossen hatte? Sie mussten doch auch in der Nähe gewesen sein? Ich zog die Brauen zusammen.

Einem plötzlichen Entschluss folgend, stand ich auf und ging hinauf in Benjamins Kammer. Auf dem Weg hörte ich die Standuhr Mitternacht schlagen.

»Ben …«

Nur diese eine Silbe verließ meinen Mund, der Rest des Wortes blieb mir im Halse stecken. Mein Sohn war nicht hier.

Der Schlaf floh mich aus Sorge um meinen Sohn, der doch schon ein erwachsener Mann war. Bald würde Ben in seinem zwanzigsten Jahre stehen. Stromerte der Junge etwa herum wie ein verliebter Kater? War es das? Eine Frau?

Ich atmete auf. Dann konnte Benny unmöglich einer der beiden Männer im Wald gewesen sein. Mein Verdacht, ohnehin schon lächerlich, war falsch gewesen. Dann ließ sich das Problem ja vielleicht ganz einfach lösen. Ich musste nur herausfinden, wer die Frau war, dann konnten wir eine Hochzeit organisieren und der Junge würde sich wieder auf seine Arbeit konzentrieren können. Ich legte mich wieder ins Bett. Aber meine Kammertür ließ ich einen Spalt offen, damit ich hörte, wann Ben nach Hause käme.

Ich musste gegen meinen Willen doch eingeschlafen sein, denn ich schreckte aus einem leichten Schlummer, als ich die Dielen knarren hörte. Ich lächelte. Benny war zu Hause. Im nächsten Moment war ich fest eingeschlafen.

Am nächsten Abend legte ich mich regelrecht auf die Lauer. Und richtig: Obwohl er allen schon eine gute Nacht gewünscht und sich in seine Kammer zurückgezogen hatte, schlich Ben sich um kurz nach halb zwölf noch einmal aus dem Hause. Ich heftete mich lautlos wie ein Schatten an Bens Fersen. Ich ließ meinem Sohn ein wenig Vorsprung, nur so viel, dass ich ihn gegen den klaren Nachthimmel als Umriss noch sehen konnte. Doch ich hätte wohl auch weniger vorsichtig sein können: Ben schaute sich nicht um. Er war nicht argwöhnisch, er schien ein bestimmtes Ziel zu haben. Vermutlich seine Freundin. Vielleicht traf er sie im Garten ihrer Eltern – heimlich. Ich grinste. Auch ich hatte als junger Bursche solche Rendezvous gehabt.

Ich folgte ihm immer weiter, an den Feldern vorbei, bis zum alten Trockenschuppen. Ben umrundete das Gebäude, ich schlich hinterher. Doch noch bevor ich die Ecke erreicht hatte, die mein Sohn bereits umrundet hatte, hörte ich ein Pferd schnauben und kurz darauf Huftritte. Vor der Hütte angekommen, sah ich nur noch den verschmolzenen Schatten von Ross und Reiter, die eilig davon trabten.

Ich ließ meine Faust wütend auf den Fenz vor der Hütte krachen und unterdrückte einen Fluch. Dieser Junge! Flugs lief ich zum Stall, sattelte hastig meinen Fuchs und entzündete mir eine Laterne. Zurück vor der Trockenhütte folgte ich der Fährte, die Ben hinterlassen hatte. Sie führte in den nächtlichen Wald. Was, um des Himmels willen, hatte der Junge bloß vor? War mein Verdacht doch nicht von der Hand zu weisen? Der Verdacht, den ich bereits hatte fallen lassen? Ich verhüllte die Laterne an ihrer Vorderseite, um mit dem Licht nicht aufzufallen und den Verfolgten nicht aufmerksam zu machen. Ich stieg vom Pferd. Meine Beine fühlten sich kraftlos an. Mein eigener Sohn! Langsam und möglichst ohne auf trockene Äste zu treten, folgte ich den Tapfen von Bens Pferd noch ein kleines Stück. Dann konnte ich das Tier von weitem schon wahrnehmen. Es war an einen Strauch gebunden. Eine Fährte von Fußeindrücken führte aber noch weiter in die Bäume hinein. Ja, da vorne waren zwei Gestalten in so inniger Umarmung, dass sie wie ein einziger Umriss wirkten. Näher kommend, erkannte ich, dass sie sich küssten. Jedoch waren sie beide eigenartigerweise fast gleich groß. Ich runzelte die Stirn. Keine Frau, die ich kannte, war so groß wie mein Ben, der über ein Meter achtzig maß. So ein hochgewachsenes Mädchen wäre mir doch bestimmt schon aufgefallen. Wer, beim Blute Christi, konnte sie sein? Und jetzt, da ich nahe genug war, um einen Blick auf das Gesicht von Bens Geliebter zu werfen, welches gerade von einem Mondstrahl beleuchtet wurde, jetzt hatte ich das Gefühl, ein Stein fiele durch meinen Magen: Das Mädchen war ein junger Mann! Ben küsste einen anderen Mann so innig, wie er eine Frau hätte herzen sollen! Ein grauenhafter Verdacht stieg in mir auf. War mein Sohn, mein eigener Sohn, tatsächlich ein verfluchter Sodomit? War er einer dieser Verworfenen, die im Ewigen Höllenfeuer brennen würden? Gab es denn keine Rettung für ihn?

Ich bekam auf einmal keine Luft mehr. Hilflos keuchend sank ich auf den Waldboden. Die beiden jungen Männer vor mir bemerkten es nicht. Ihr Atem ging jetzt schneller und auch sie keuchten, wenn auch aus anderen Gründen als ich.

Der Rest der Nacht ging an mir vorüber wie ein böser Traum. Halb hoffte ich, ich würde in meinem Bette erwachen, doch das geschah nicht. Ich war wie gelähmt. Ich hatte das Bedürfnis, meinem Sohn zuzurufen, er solle aufhören, doch als ich es versuchte, kam nur ein heiseres Röcheln aus meiner Kehle. Ich saß da und beobachtete die Szene vor mir bis zum Ende. Ja, Ben war tatsächlich ein Sodomit, das hatte er mir gerade deutlich vor Augen geführt. Und weiter reichten in dieser Nacht meine Gedanken nicht. Als die beiden jungen Männer schon längst gegangen waren, saß ich immer noch wie gelähmt auf dem Waldboden und auch noch, als die Sonne aufging. Nichts konnte mich mehr erreichen. In meinen Gedanken herrschte absolute Leere.

Irgendwann nach Sonnenaufgang stand ich so mühsam vom Waldboden auf, als wäre ich um Jahrzehnte gealtert. Meine ganze Spannkraft hatte mich verlassen. Ich merkte lange nicht, dass meine Hose nass war und ich konnte mich hinterher nicht mehr an meinen Heimweg erinnern. Zu Hause angelangt, ging ich wortlos an meiner Familie vorbei, die gerade fröhlich beim Frühstück scherzte, ging einfach weiter und legte mich zu Bett. Ich fühlte die Blicke in meinem Rücken, hörte sie alle verstummen, meinen Namen rufen, doch nichts konnte mich jetzt aufhalten. Ich musste überlegen, wie ich mit der Situation umgehen konnte. Hier gab es niemanden, dem ich mich hätte anvertrauen mögen. Ich wollte die Ereignisse erst einmal sacken lassen, deren Zeuge ich unfreiwillig geworden war. Es musste eine Lösung geben, es gab immer eine. Ich musste sie nur finden! Und genau dazu war ich entschlossen.

Jetzt erklärten sich auch die seltsamen Vorkommnisse im Wald. Das musste Ben mit diesem vom Satan Besessenen gewesen sein, jedes Mal. Wie konnte ich meinen Sohn wieder auf den rechten Weg bringen? Das einfachste wäre wohl, für ihn endlich eine gute Ehe zu arrangieren. Wenn er erst einmal mit einer guten Frau zusammen wäre, so würde Ben diese Verirrungen, in denen er offenbar gefangen war, schnell vergessen. Da war ich mir sicher. Ich dachte an all die sodomitischen Verhältnisse unter Soldaten, die es im Kriege zuhauf gegeben hatte – und welche die unrühmlichen Begleiter von Krieg und Tod zu sein schienen. Wie viele Männer hatte ich damals gekannt, die solche Mesalliancen pflegten. Kaum war jedoch der Krieg vorbei, gingen sie zurück zu ihren Frauen oder heirateten bald darauf. Wenn all diese Kerle dazu in der Lage waren, solche Dinge hinter sich zu lassen, dann vertraute ich darauf, dass auch mein Sohn zur Vernunft kommen würde. Ich würde es auch nicht zulassen, dass dieser Junge mein mühsam aufgebautes Werk zum Einsturz brachte, meinen guten Namen in den Dreck zog. Ja, eine Frau musste her, damit Bens natürliche Bedürfnisse auf angemessene Art und Weise gestillt werden konnten – und der Junge sich nicht auf falschen Wegen Erleichterung verschaffte.

Mit diesem Gedanken sank ich in den tiefen Schlaf der Erschöpfung.

»John, mein Lieber, fühlst du dich nicht wohl?«, fragte Lucys Stimme und eine kühle Hand legte sich auf meine Stirn.

Ein leises Stöhnen entwich meiner Kehle. Sobald ich erwacht war, füllte sich mein Geist wieder mit den Nöten der letzten Nacht. Ich warf einen forschenden Blick in das Gesicht meiner Frau. Konnte ich ihr von dem, was ich gesehen hatte, berichten? Nein, Ben war ihr Liebling. Sie würde mir nicht glauben. Es war meine Aufgabe, den Sohn wieder auf den rechten Weg zu führen.

»Nur ein wenig Kopfweh«, sagte ich heiser.

»Ich bereite dir einen Trank. Ruh dich nur aus. Du arbeitest zu viel, du solltest dir mehr Ruhe gönnen.«

»Aber die Farm ...«, protestierte ich.

»Die Farm wird auch mal einen Tag ohne dich auskommen. Deine Söhne sind ja auch noch da.« Sie lächelte, drückte meine Hand und ging hinaus.

Ich schloss die Augen. Jetzt war ich wieder allein mit meinen Gedanken.

Am nächsten Morgen bestellte ich meinen Sohn Benjamin in meine Geschäftsräume. Dieser erschien kurz darauf.

»Ihr wolltet mich sprechen, Vater?«, fragte er, den Blick voller Unschuld, ein jungenhaftes Lächeln auf den Lippen. Auf den gleichen Lippen, mit denen er einen anderen Mann geküsst hatte. Bei diesem Gedanken widerte mein Sohn mich an, doch ich versuchte, mir nichts anmerken zu lassen. Ohne Umschweife kam ich zur Sache.

»Ich habe dich in der Nacht gesehen, drüben im Wald. Mit deinem … Geliebten ...« Ich spuckte dieses Wort förmlich aus, es hinterließ einen schlechten Geschmack in meinem Mund.

Ben erbleichte und prallte einen Schritt zurück. Sein sorgloses Lächeln war erloschen wie eine Kerzenflamme in eisigem Wind.

»Na los, sprich, sag etwas dazu!«, knurrte ich und trat drohend einen Schritt auf Ben zu. Ich spürte auf einmal eine solche Wut, wie ich sie schon lange nicht mehr in dieser Intensität gefühlt hatte.

»Das geht Euch nichts an, Vater!«, stieß Ben atemlos hervor.

»Das geht mich nichts an? Das geht mich also nichts an, ja? Dass mein Sohn sich für den Pfad in die Hölle entscheidet, das soll mich nichts angehen?« Ich schrie nicht, doch mein heiseres Flüstern schien auf Ben noch viel bedrohlicher zu wirken, als wenn ich laut geworden wäre. Ben taumelte rückwärts bis zur Tür, öffnete diese hinter seinem Rücken und floh aus dem Zimmer und kurz darauf aus dem Haus.

Ich atmete tief durch. Ich schloss die Augen und versuchte mich zu beruhigen. Meine Hände hatten sich zu unlösbaren Fäusten geballt und ich hatte das Gefühl, mein Kopf müsse mir zerplatzen. Mein Herz hämmerte in meinen Ohren und die Wut rauschte in meinem Geist. Ich konzentrierte mich auf meinen Atem, bis ich wieder ruhiger wurde. Kaum jedoch hatte ich mich wieder halbwegs im Griff, öffnete sich die Tür. Ich spürte, dass jemand da war und fuhr herum, die Fäuste noch immer geballt. Lucy stand im Eingang, die Augen vor Schreck geweitet.

»John, was hast du nur? Hattest du Streit mit Ben? Ich sah ihn gerade fortreiten.«

»Ja, wir hatten Streit. Er wird wieder zur Vernunft kommen. Warten wir es ab, er kommt schon wieder. Wo soll er denn hin?«

Lucy nickte und ging hinaus.

Ben ließ sich an diesem Tag nicht mehr blicken und auch am nächsten nicht. Am dritten Tag passte Lucy mich ab.

»Was war denn der Gegenstand eures Streites?«

Ich hob abwehrend die Hände und schwieg.

»Ist es denn so unlösbar, worum ihr streitet? Gibt es nicht einen Weg zur Versöhnung?«

»Den gibt es nur dann, wenn der Junge ihn auch gehen will«, murmelte ich.

»Und das will er nicht?«

»Nein. Sonst wäre er schon wieder hier und würde mich fragen, was zu tun ist in der Sache.«

»So hast du eine Lösung für euer Problem?«

Ich nickte. »Aber er wird mich nicht anhören wollen. Zumindest jetzt noch nicht.«

»Er wird schon wollen«, ermutigte mich Lucy. »Du weißt, er hat ein hitziges Temperament, aber er hat auch eine freundliche und gutmütige Seite.«

»Ich weiß«, entgegnete ich.

Ja, Ben war normalerweise ein sehr umgänglicher Junge, wenn er nicht provoziert wurde. Aber bei solch einer Sache … Das ging tief bei Ben, das spürte ich genau.

»Soll ich dem Jungen ins Gewissen reden?«, fragte Lucy plötzlich. »Dass er das Gespräch mit dir nicht mehr flieht?«

Blitzartig funkelte ich sie an. Wusste sie …?

»Du weißt, wo er sich aufhält?«, stieß ich hervor und fühlte eine Wut, die der vom Morgen von Bens Verschwinden in nichts nachstand.

Lucy wich einen Schritt zurück. »John, nein, natürlich nicht! Was ist dir, warum schaust du mich so an ...«

Ich umfasste grob ihren zarten Hals und drückte sie mit meiner überlegenen Körperkraft gegen die Wand.

»Wenn du mir etwas verschweigst, Weib, dann Gnade dir Gott!«, zischte ich, mein Gesicht nur Zentimeter vor dem ihren. Ruckartig gab ich ihren Hals frei, ließ sie jedoch nicht gehen.

»Was weißt du?«, fragte ich noch einmal.

Lucy glotzte mich aus weit aufgerissenen Augen an, die Rechte an ihrem Hals, an dem sich in roten Malen meine Finger abzubilden begannen. Sie öffnete den Mund, doch kein Wort kam heraus. Als sie ihre Sprache wiederfand, stieß sie meinen Arm von sich fort, der sie immer noch festhielt.

»Nichts weiß ich!«, keuchte sie atemlos. »Er wird Sonntag zur Kirche kommen, denke ich. Lass mich gehen, John!«

Da gab ich sie frei und sie floh die Treppe hinauf in ihre Kammer. Ich blieb am Fuße der Treppe stehen und sah ihr nach. Ein Gefühl grimmiger Wut erfüllte mich dabei. Am liebsten hätte ich sie windelweich geprügelt. Doch dieses Mal beherrschte ich mich, wendete die Augen von ihr ab und ging hinaus auf die Veranda. Ich musste mich dringend abregen.

Kaum war ich nach draußen getreten, beobachtete ich, wie der rotgesichtige Higgens mit Jesse stritt.

»Nein, das kommt nicht infrage!«, schrie der Aufseher gerade und Speicheltropfen flogen dabei aus seinem Mund. Wortlos steuerte ich auf die beiden Streithähne zu und schickte den Aufseher mit einem gewaltigen Fausthieb zu Boden, dass der umstürzte wie ein gefällter Baum und besinnungslos liegenblieb. Mit offenem Mund starrte Jesse mich an. Ich wartete nicht auf irgendwelche Worte, ich ging zu den Pferden, bestieg meinen Fuchs und ließ mein Heim weit hinter mir.

Je weiter ich mich vom Haus entfernte, desto mehr gewannen meine Gedanken wieder an Klarheit. Lucy konnte recht haben. Ben würde wahrscheinlich am Sonntag zur Kirche kommen. So hatte ich ihn erzogen und so hatte Ben es ein Leben lang gehalten. Ich würde meinen verlorenen Sohn also wiedersehen, ihn endlich zur Rede stellen können. Mit voller Härte musste ich jetzt gegen ihn vorgehen, zu Bens eigenem Besten. Ein Mann konnte sich eine Menge zuschulden kommen lassen – das wusste ich am besten – und trotzdem der Gnade teilhaftig werden. Sodomie jedoch gehörte nicht dazu. Sodomiten waren verdammt, sie waren für die Hölle bestimmt. Ein Prediger hatte einmal gesagt, der Teufel würde diese Sünder in der Hölle mit glühenden Eisen pfählen, von Ewigkeit zu Ewigkeit. Das wollte und durfte ich für meinen Ben nicht zulassen. Das wünschte ich nicht für meinen Sohn! Zumal es schließlich in meine Verantwortung fiel, solange der Junge unter meinem Dach lebte.

Am Sonntag ritt ich also voller Erwartung zum Gottesdienst – allein, Ben fand ich dort nicht. Finster wanderte mein Blick über die Anwesenden, aber auch Bens Liebhaber erkannte ich nicht unter den Kirchenbesuchern. Das Gesicht dieses Kerls hatte sich unauslöschlich in mein Gedächtnis gebrannt. Waren sie jetzt beieinander, um das Unaussprechliche zu tun? Hätte ich diesen Mann gesehen, so wäre ich auf ihn losgegangen, hätte ihn zu Boden geschlagen wie meinen Aufseher. Ich war gerade in der richtigen Verfassung dafür.

Grollend vor Zorn ritt ich gleich nach dem Gottesdienst wieder heim, eher als alle anderen. Kaum hatte ich mein Heim erreicht, gerade als ich im Begriffe war, mein Pferd am Fenz festzubinden, da sah ich … Ben, wie dieser das Haus verließ, ein paar Kleidungsstücke über dem Arm.

»Ben!«, rief ich und ging entschlossen auf ihn zu.

»Was wollt Ihr, Vater?«, fragte dieser finster.

»Du warst heute nicht im Gottesdienst.«

Über Bens Gesicht zuckte es, halb verletzt, halb belustigt.

»Was soll ich denn da?«, fragte er grimmig.

»Na, was schon? Für dein Seelenheil beten! Hast es bitter nötig!«

»Wie wollt Ihr das denn beurteilen, Vater?« Höhnisch kamen diese Worte aus Bens Mund.

Ich versetzte ihm eine schallende Ohrfeige. Ben wischte sich kaltblütig das Blut aus dem Mundwinkel.

»Von Euch habe ich nichts anderes erwartet, Vater«, entgegnete er in einem so eisigen Ton, dass mir unwillkürlich ein Schauer über das Rückgrat lief. Ben hatte sich bereits halb von mir abgewendet, als ich ihn hart beim Arm packte und festhielt.

»Du wirst heiraten, Sohn!«, eröffnete ich ihm, ohne auf Bens Worte einzugehen. Entsetzt starrte Ben mich an. »Ja«, setzte ich hinzu. »Du wirst eine junge Frau heiraten und deine Bedürfnisse auf natürliche Weise stillen, nicht mehr auf widernatürliche Art. Das brauchst du dann nicht mehr.«

»Das versteht Ihr nicht, Vater«, sagte Ben traurig und machte sich mit einer geschmeidigen Bewegung von mir los. »Eine Heirat würde nichts ändern, im Gegenteil, sie würde ein unschuldiges Mädchen in diese Angelegenheiten verwickeln. Ich könnte keine Frau glücklich machen, ich würde sie im Gegenteil ins Unglück reißen. Das hat kein Mädchen verdient.«

»Wenn du erst einmal verheiratet bist …«, insistierte ich.

»Vater, begreift es doch, ich werde nicht heiraten!«

»Nur so kannst du der Gnade teilhaftig werden und dich vor dem ewigen Höllenpfuhl retten …«

Jetzt begann Ben zu lachen, er lachte, bis ihm die Tränen in den Augen standen und seine Wangen hinunterliefen. Ich starrte ihn an, erst verblüfft, dann wuchs eine ungeheure Wut in mir.

»Du begreifst nicht! Ich will dich vor der Hölle bewahren …«

»Indem Ihr mich einer anderen Art von Hölle aussetzt?«, fiel Ben mir ins Wort. Ich verstummte schlagartig, verharrte mit offenem Mund. »So ist es doch, nicht wahr, Vater?«, setzte Ben seine Worte fort. »Ihr wisst genau, dass eine Ehe für mich die Hölle wäre – und wenn sie das für mich ist, dann umso mehr für meine arme Braut.«

»Und Gott? Und die Kirche? Die Gemeinde? Du bist erst letztes Jahr getauft worden …«

»Ja, als ich noch nichts von meiner Natur wusste!«, schrie Ben voller Sarkasmus. »Die Kirche interessiert mich nicht länger. Mag sie mich verdammen, es ist mir gleich. Es sind doch nur selbstgerechte Menschen. Und Gott … Nun, Er hat mich so gemacht wie ich bin. Er sollte zufrieden mit mir sein. Das ist eine Sache zwischen Ihm und mir. Da habt Ihr Euch nicht einzumengen, Vater!«

Ich prallte vor dem Jungen zurück, der mir jetzt zornesrot gegenüberstand. Das war Blasphemie! Der Junge war unbelehrbar, er würde auch nicht die geringste Rücksicht auf mich und auf unseren guten Ruf nehmen. Ja, noch nicht einmal auf seinen eigenen!

»Dann bist du nicht länger mein Sohn!«

Ben drehte mir wortlos den Rücken zu, stieg auf sein Pferd und ritt von dannen, ohne sich auch nur noch ein einziges Mal umzuschauen.

Die ganze Nacht lag ich wach und ging die Auseinandersetzung mit Ben noch einmal durch, doch fand ich keinen Tadel an meinem Verhalten. Erinnerungen stiegen in mir auf, Erinnerungen an einen hübschen kleinen Jungen. Meine Augen füllten sich mit Tränen. Ich wischte sie ärgerlich fort. Nun hatte ich meinen Sohn verloren, endgültig. Ich wusste es. Und nichts würde daran etwas ändern können.

Ich fand auch in den folgenden beiden Nächten keinen vernünftigen Schlaf. Ich fühlte mich müde und zerschlagen, jeden Tag wurde es schlimmer. Immer wieder wälzte ich die gleichen Gedanken hin und her. Was hätte ich besser machen können bei Benjamins Erziehung? Hätte ich ihn öfter schlagen müssen? Ihm nicht so viel erlauben? Hatte Lucy mit ihrer übertriebenen Liebe den Jungen verweichlicht? Ich stöhnte auf. Ich wusste es nicht. Bei meinen anderen Söhnen hatte meine Erziehung ja auch gut gewirkt, sie entwickelten sich zu ordentlichen jungen Männern. Warum war das bei Ben anders? Und ausgerechnet Sodomie? Wieder wälzte ich mich auf die andere Seite, dann zurück auf den Rücken. Das war nun schon die dritte Nacht, die mich der Schlaf floh. So konnte es nicht weitergehen. Kurz entschlossen stand ich auf, zog mir einen Hausmantel über und ging hinüber zur Sklavenunterkunft. Dort ließ ich mir die kleine Rachel geben und nahm sie mit auf mein Zimmer. Als ich mit ihr fertig war, schickte ich sie zurück zur Unterkunft. Dabei stieß sie an einen Krug, der laut scheppernd zu Bruch ging.

»Nun los, beeil dich, mach, dass du wegkommst!«, fuhr ich das Mädchen an. Dieses glotzte mich so ängstlich an, dass es mich eigentlich hätte erbarmen sollen – doch es machte mich nur noch wütender. »Verschwinde, nun mach schon!«, flüsterte ich hastig, schob sie hinaus und schloss die Tür hinter ihr. Gerade noch rechtzeitig, denn von oben näherte sich ein Licht. Lucy tappte mit bloßen Füßen hinunter.

»Was war das für ein Lärm?«, fragte sie mich. »Und warum bist du nicht in deinem Bett?«

»Ach, es war nichts«, log ich, ohne ihr in die Augen zu schauen. »Ein Sklave war hier, hat mir bei etwas geholfen. Und dann hat der Tölpel im Gehen den Krug umgestoßen!«

Lucy schaute auf die Scherben und nickte.

»Wir müssen sie entfernen, sonst verletzt sich noch jemand daran.« Ich schob die Teile des Tonkruges ungeduldig mit der Stiefelspitze in eine Ecke. »Darum kann sich morgen Aunt Lucy kümmern. Und nun geh wieder zu Bett. Morgen ist viel zu tun!«

Gehorsam drehte sich Lucy um und ging wieder in Richtung Treppe, das flackernde Nachtlicht in der Hand. Kurz bevor sie sich anschickte, wieder hinaufzusteigen, drehte sie sich noch einmal zu mir um.

»Gute Nacht, John«, sagte sie ruhig, dann hörte ich, wie sich ihre Schritte auf der Treppe langsam von mir entfernten. Alle Helligkeit, die sie verbreitet hatte, nahm sie mit und ließ mich in meiner Finsternis allein zurück.

Am nächsten Nachmittag erschien Ben noch einmal, dieses Mal aber nicht allein. Er hielt sein Pferd neben dem Holzplatz an, wo der alte Hackklotz stand. In seiner Begleitung befand sich ein junger Mann, den ich sofort wiedererkannte: Es war Bens Geliebter, der Mann, den er geküsst hatte ... und noch weit mehr als das. Der andere Junge blieb im Sattel sitzen, als hielte er sich zur sofortigen Flucht bereit, während Ben von seinem Pferd stieg.

»Warte hier, Boniface«, bat Ben seinen Begleiter.

Boniface, dachte ich voller Ekel und warf unwillkürlich einen Blick auf ihn. Ja, das passte. Der junge Mann hatte ein überaus hübsches Gesicht.

In auflodерndem Zorn verstellte ich Benjamin den Weg. »Was willst du noch hier?«

»Meine Sachen holen. Danach seht Ihr mich nicht wieder. Ich möchte mich auch von Mutter noch verabschieden.«

»Du hast keine Mutter mehr!«, schoss es aus mir heraus.

Ben wich einen Schritt zurück und erbleichte.

Einem plötzlichen Impuls folgend, trat ich wie nachgebend beiseite und gab den Weg frei. Und Ben ging an mir vorbei ins Haus hinein. Jetzt blieb ich mit dem anderen jungen Mann allein zurück. Genau das hatte ich beabsichtigt. Voller Abneigung musterte ich den Burschen. Der Blick, mit dem ich selbst bedacht wurde, war auch nicht sehr freundlich. Und das brachte mich noch mehr auf.

Doch nahm ich mich gewaltsam zusammen und sprach den Jungen an: »So, Boniface heißt Ihr also.«

»Ja, das ist mein Name.«

Ein misstrauischer Blick traf mich, doch ich sprach das aus, was ich mir zurechtgelegt hatte, für den Fall, dass ich mit diesem Kerl ein paar Worte würde reden können: »Was Ihr mit meinem Sohn tut, ist falsch.«

»Es fühlt sich nicht falsch an.«

»Ist es Euch denn egal, was aus Ben in der Ewigkeit wird? In der Hölle wird er schmoren, und Ihr mit ihm, wenn Ihr beide diesen Irrweg nicht verlasst!«

Die hellen Augen des Jungen starrten mich an. »Irrweg? Verlassen? Ich werde Ben nicht verlassen, ich liebe ihn!«

»Unsinn«, schrie ich. »Ein Mann kann einen anderen Mann nicht auf diese Weise lieben!«

»O doch!«, beharrte Boniface.

»Es ist wider die Natur!«, schäumte ich. In meinen Ohren begann es zu rauschen.

»Nicht gegen meine – und nicht gegen seine.«

Ich schloss kurz die Augen, holte tief Atem. Dann sah ich erneut zu dem jungen Mann hoch, abschätzend diesmal. Würde vielleicht ein Appell an seine Gefühle etwas bewirken?

»Ihr sagt, Ihr liebt ihn? So reitet jetzt fort, ohne ihn. So gebt ihn frei für eine Frau, für das Leben, welches der Herr für Benjamin als Mann vorgesehen hat.«

»So wisst Ihr also, was der Herr vorgesehen hat? Habt Ihr Ihm über die Schulter geschaut?«

Ich schloss die Augen und ballte die Fäuste. Dann zitierte ich, mühsam ruhig bleibend: »Und wahrlich, ich sage euch: So wird auch Freude im Himmel sein über einen Sünder, der Buße tut, mehr als über neunundneunzig Gerechte, die der Buße nicht bedürfen.«

Mitten in meinem Zitat hatte Boniface angefangen zu lachen. Er lachte über die Bibel, lachte über meine beinahe übermenschlichen Bemühungen, beide Männer zu retten! Er lachte über alle Werte, die ich mein Leben lang für gut und richtig befunden hatte. Das war zu viel für mich. Mit einem unartikulierten Schrei stürzte ich mich auf den jungen Mann, zog ihn aus dem Sattel und griff nach dem nächstbesten Gegenstand in unmittelbarer Reichweite: der Axt. Ein Hieb, ein widerlich dumpfes Geräusch, als hätte ich eine Melone getroffen, und mit gespaltenem Schädel sank der Junge zu Boden. Seine erbleichenden Lippen formten nur noch ein einziges Wort: »Ben«. Nur, dass ich es nicht hören konnte. Niemand würde je wieder etwas aus Bonifaces Mund hören können.

Ich las das Wort dem Sterbenden von den Lippen.

»Boniface! Nein!« Dieser Schrei entrang sich Benjamins Kehle. Es war ein Schmerzensschrei. Stumm stürzte er zu seinem Freund, nahm dessen schlaffe Hände in die seinen, strich ihm über das Gesicht, mit einem Ausdruck von Angst und Schmerz in all seinen Bewegungen, den ich wohl nie würde vergessen können. Noch einmal bewegten sich die Lippen des anderen Jungen und ein letzter Ausdruck von unaussprechlicher Zärtlichkeit und Liebe quoll aus seinen Augen, da er Benjamins Gesicht über sich gebeugt sah. Dann brach sein Blick und Ben schloss dem Freund behutsam die Augen. Einen Augenblick verharrte er noch dort in kniender Haltung und ich fragte sich, ob es ein Gebet war, welches Benjamin für seinen toten Freund sprach. Ben schien jetzt ganz ruhig.

Doch dann fuhr er zu mir herum. Ben schien die Fähigkeit zum Sprechen verloren zu haben. Lautlos wie ein Puma schnellte er auf mich zu. Ich wich automatisch einen Schritt zurück, sodass Ben an mir vorbeischoss, brachte den Sohn zu Boden und nun begann ein unerbittliches, keuchendes Ringen. Bald war ich oben, bald Benjamin. Ben hatte den Vorteil der Jugend und seiner furchtbaren Wut, die den Gedanken an Selbstschonung gar nicht erst aufkommen ließ. Am Ende jedoch siegte meine weitaus größere Kampferfahrung. Ich hielt Ben am Boden fest und rief nach Dean, der mir half, den jüngeren, immer noch vor Wut schäumenden Mann zu bändigen, der einmal mein Sohn gewesen war.

Als Ben sich nicht mehr kämpfend Luft verschaffen konnte, fing er an zu schreien, also stopfte ich ihm ein Tuch in den Mund und band es fest. Wir fesselten ihn mit ein paar Stricken und schleppten den sich windenden Jungen zu den Pferden, banden ihn auf dem seinen fest und brachten ihn zu einer weiter entfernt liegenden Scheune. Dort kettete ich ihn mit einer langen Eisenkette und einem Sklaven-Halseisen an.

»So, hier beruhigst du dich erst mal wieder!«, schnauzte ich ihn an. Ben schien kaum Luft zu bekommen, seine Lippen waren bereits blau. »Wenn du versprichst, nicht zu schreien, nehme ich dir den Knebel aus dem Mund.«

Ben nickte, doch der Grimm in ihm war greifbar wie eine Wand aus schwarzem Eis. Ich wollte nicht, dass Ben erstickte, also nahm ich ihm das Tuch ab und zog den Knebel heraus. Ein paar tiefe, schnelle Atemzüge folgten, dann sagte Ben mit vor Wut heiserer Stimme: »Ihr habt ihn ermordet! Ich habe es gesehen! Ich habe ihn geliebt. Ihr seid nicht mehr mein Vater!«

»Unsinn!«, tat ich seine Worte ab. »Er war ein Mann. Wie kann ein Mann einen Mann lieben! Es war ein Irrweg! Sodomie ist eine grauenhafte Sünde!«

Ben schüttelte den Kopf und blickte mich dabei nicht an. »Das werdet Ihr nie verstehen.«

»Da gibt es nichts zu verstehen!«, erklärte ich kategorisch. »Sei froh, dass ich dich von diesem Verführer befreit habe.«

Jetzt richteten sich Bens Augen starr wie zwei blaue Speere auf mich. Sein Mund öffnete sich, doch kein Wort kam heraus. So fuhr ich fort: »Du bleibst bis morgen hier im Stall bei den anderen Hornochsen. Wenn du wieder zur Vernunft gekommen bist, dann werde ich dir nur noch Arbeiten geben, die dich nicht weg von hier führen. Und du wirst so schnell wie möglich heiraten. Ich habe auch schon eine Braut für dich. Die Porters haben eine passende Tochter ...«

Ben funkelte mich an. »Es ist mir egal, was Ihr mit mir vorhabt. Ich werde dabei nicht mittun. Ihr werdet mich hier schon angekettet liegenlassen müssen. Denn sobald Ihr mich losmacht, werde ich zum Sheriff reiten und Euch anzeigen. Das war Mord. Ihr habt meinen Freund Boniface ermordet, und das soll jeder hier erfahren. Ihr seid nur ein dreckiger Mörder!« Dabei spuckte er vor mir aus.

Ich gab ihm einen Tritt und verließ wortlos die Scheune.

Mit dem Jungen war wirklich nichts anzufangen in dem Zustand. *Warten wir mal ab, wie es ihm nach einer Woche in Ketten geht – oder nach zwei Wochen.* Der Bursche würde sich schon wieder beruhigen. Und er würde sich meinen Plänen fügen. Es war nur eine Frage der Zeit. Und ich hatte Zeit.

Als erstes ließ ich den Leichnam des Jungen, der Boniface geheißen hatte, von den Sklaven forttragen und weiter draußen am Waldrand verscharren. Seltsam auch, dass der Heilige des gleichen Namens ebenfalls erschlagen worden war. Vielleicht war ich nur das Werkzeug einer höheren Macht gewesen. Denn ich bezweifelte nicht, dass dem Allerhöchsten solcherlei Treiben missfiel, wie dieser Mann es ausgeübt hatte. Ein Glück nur, dass Lucy das ganze Drama nicht mit angesehen hatte, denn sie war gar nicht da. Sie war im Wald, Kräuter sammeln.

Ich runzelte die Stirn. Das machte sie ziemlich häufig in letzter Zeit. Und sie blieb immer länger aus. Hmm, na ja, damit würde ich mich später befassen. Fürs erste musste ich mich um die unmittelbare Gegenwart kümmern.

Ich befahl den Sklaven absolutes Stillschweigen über die Vorkommnisse der letzten Stunde. Jedem gegenüber, bei schwersten Strafen. Und hoffte, das würde reichen.

Gegen Abend ritt ich hinaus zum Stall, Brot und Wasser in den Satteltaschen. Als ich um die Ecke bog, hinter der die Stalltür war, sah ich Lucy, eben im Begriff, den Stall zu öffnen. Ich schickte sie barsch zum Haus zurück und nahm ihr die Schlüssel fort. Sie gehorchte, wenn auch mit einem äußerst zornigen Ausdruck in den Augen. Gut, dass sie nur ein schwaches Weib war, sonst hätte ich mich vor ihr in acht nehmen müssen.

Kaum war Lucy fort, öffnete ich den Stall und ging zu meinem Sohn, um ihm zu trinken zu bringen. Doch dieser nahm nur einen Mund voll und spie mir das Wasser wieder ins Gesicht. Ich ohrfeigte ihn und ging. Das Brot, welches ich ihm hatte geben wollen, nahm ich wieder mit. Etwas Fasten konnte dem Jungen nicht schaden bei seiner Selbstbesinnung.

Ich betrat den bewussten Stall erst am nächsten Nachmittag wieder. Die Feldflasche in der Hand, denn Ben hatte sicherlich Durst, öffnete ich die Türen – und taumelte voller Schrecken mehrere Schritte rückwärts. Ich sah und ich sah doch nicht. Ich konnte nicht richtig gesehen haben.

»Nein!«, wollte ich rufen, doch nur ein Ächzen verließ meinen Mund. Ich griff mir unwillkürlich vorne an den Hals. Da drin pendelte ein Schatten hin und her, mehrere Inches über dem Boden. Die Kette, mit der ich meinen Sohn gefesselt hatte, hing über dem Balken unter der Stalldecke. Und am Ende dieser Kette drehte sich … Bens Leichnam hin und her.

Plötzlich gab es keine Geräusche mehr, nur noch dieses furchtbare Knarren der Kette am Balken. Als ich endlich begriff, was geschehen war, drehte sich mir der Magen um. Ich sank auf die Knie und um mich wurde es Nacht.

Etwas klatschte nass auf meine Wangen. Ich drehte mich fort, hörte ein Stöhnen und begriff allmählich, dass ich selbst es ausgestoßen hatte. Und mit diesem Begreifen setzte die Erinnerung wieder ein.

»Nein!«, brüllte ich und riss die Augen auf. Um mich herum waren offenbar mehrere meiner Sklaven damit beschäftigt gewesen, mich wieder zu Bewusstsein zu bringen. Ben – wo war

Ben? Ängstlich suchend wanderten meine Blicke in den Stall hinein, ich wappnete mich gegen das Grauen, welches ich eben wahrgenommen hatte. Oder hatte ich geträumt? Ich richtete mich auf und kam mühevoll auf die Füße. Langsam und gestützt von Dean wankte ich auf den Stall zu.

Bens Leichnam war abgenommen worden und lag auf dem Stroh. Dean schaute mich besorgt von der Seite an.

»Er sich erhängt, Master.«

Ich nickte abwesend. Mir war ganz flau im Magen. O Gott, nun hatte der Junge sich ganz dem Satan anheim gegeben. Sodomie und Selbstmord – nein, das war bei weitem zu viel. Ich konnte den Anblick des Leichnams kaum ertragen, doch ich zwang mich, ihn anzuschauen. Dieser Mann hatte nichts mehr mit meiner Familie zu tun.

»Dean, lass ihn fortschaffen wie den anderen. Ihr schweigt über all das und vergrabt ihn neben dem anderen Toten. Die Herrin darf von alledem nichts erfahren. Hast du mich verstanden?«

»Ja, Herr!«, antwortete Dean traurig. Eine Träne lief über sein gutmütiges dunkles Gesicht.

Als ich Lucy begegnete, erzählte ich ihr, Ben habe seine Sachen geholt und sei fort gegangen, ohne einen Gruß. Lucy lief weinend fort. Sie hatte Ben von all ihren Kindern immer in besonderer Weise geliebt. Ich konnte es nicht über mich bringen, ihr die Wahrheit zu sagen. Das hätte sie nicht verkraftet. Und niemand durfte erfahren, dass in meiner Familie, unter meinen Kindern ein Selbstmörder gewesen war.

Nun machte ich mich an eine schlimme Arbeit: Ich löschte Benjamins Namen aus allen Büchern, in denen er verzeichnet war. Ich trug Bens Geburt in der Familienbibel um, als habe der Junge nur einen Tag gelebt. Alle weiteren Unterlagen, die an die Existenz dieses Sohnes erinnerten, verbrannte und vernichtete ich. Niemand sollte künftig diesen Namen erwähnen. Nicht ich selbst oder Lucy, nicht seine Brüder und Schwestern, nicht die

Sklaven – als hätte er nie gelebt oder wäre je Mitglied dieser Familie gewesen. Ich löschte Bens Angedenken aus, so gründlich ich das konnte.

Lucy wollte es nicht hinnehmen, als ich ihr davon berichtete und ihr befahl, seinen Namen nie wieder zu erwähnen.

»Du hast ihn dahin getrieben fortzugehen!«, schrie sie. »Gib es doch zu! Du konntest einen Sohn wie ihn nicht ertragen! Du hast ihn nie so geliebt, wie ich es tat!«

»Du hast ihn zu sehr verhätschelt!«, gab ich zurück. »Darum ist er so geworden.«

»Wie geworden?« Lucys Augen wurden schmal.

Ich zuckte mit den Schultern. »Er ist gegangen. Er ist nicht mehr unser Sohn!«

Da begann sie hysterisch zu kreischen, mit ihren kleinen Fäusten auf mich einzuhämmern. Ich hielt mühelos ihre Arme fest und ohrfeigte sie, dann ließ ich sie stehen und ging zu Bett. Noch lange hörte ich sie an diesem Abend so laut weinen, als habe sie die wahren Ausmaße der Tragödie erkannt.

Es war kurz nach Benjamins Freitod, da kam Dean zu mir. Das war eigentlich nicht ungewöhnlich, dieses Mal aber war es die Zeit, die mich irritierte. Dean klopfte kurz nach dem elften Glockenschlag der Standuhr an meine Tür, mitten in der Nacht.

»Was ist denn, Dean?«, fragte ich ungehalten. Ich hatte mich gerade zu Bett begeben wollen.

»Herr, etwas sein passiert.« Ängstlich schaute Dean mich an. Das Weiße in seinen Augen leuchteten hell in der Dunkelheit.

Ich runzelte die Stirn. Da schien ja wirklich etwas vorgefallen zu sein.

»Was ist los? Habt ihr euch mal wieder gestritten?«

Dean schüttelte betrübt den Kopf. »Herr, zwei andere von uns … sie gesprochen …« Dean stockte, schaute zu Boden, bohrte mit seiner großen Zehe auf den Dielen herum.

»Was gesprochen?«, fragte ich verständnislos. Ich hasste es, wenn Dean nicht auf den Punkt kam.

»Reden über Dinge, die verboten sein. Über ... Master Benjamin ...« Die letzten beiden Worte flüsterte Dean scheu und hastig.

Ich straffte mich. Dean wich vor mir zurück, hob schützend den Arm hoch, wagte es aber nicht, laut zu jammern. Deans Furcht war greifbar, ich konnte sie geradezu riechen. Doch Dean wollte mir schließlich etwas mitteilen, er wollte mir melden, welche meiner Sklaven entgegen meinem ausdrücklichen Befehl geschwatzt hatten. Und ich wollte es erfahren. So nahm ich mich zusammen.

»Wer?«, fragte ich nur.

»Andy und Sam.« Sehr leise kamen diese beiden Namen aus Deans Mund, als versage ihm die Stimme.

Ich nickte. »Danke, Dean. Morgen werde ich die Männer bestrafen – vor aller Augen. Sie haben gegen meinen Befehl verstoßen.«

Dean nickte. Er sah ganz grau aus im Gesicht und Schweißtropfen zitterten auf seiner Stirn.

»Geh zurück und sage darüber zu niemandem ein Wort!«, befahl ich.

»Ja, Master«, flüsterte Dean und verschmolz mit dem Dunkel der Nacht.

Am nächsten Tag wartete ich, bis die Arbeit getan war, bevor ich alle meine Sklaven vor ihren Baracken versammelte. Es war eine erkleckliche Anzahl. Ich baute mich vor den Männern und Frauen auf.

»Zwei Männer aus eurer Mitte haben gegen meinen strikten Befehl verstoßen. Das werde ich nicht ungeahndet lassen. Andy, Sam, tretet vor. Ihr werdet jeder zwanzig Peitschenhiebe erhalten, für euren Ungehorsam.«

Zitternd traten die beiden Genannten vor. Ich ließ zuerst Sam, später dann auch Andy an einen Baum binden, mit nacktem Oberkörper. Dann ließ ich mir die Peitsche bringen und schlug zu. Mit jedem Hieb, den ich austeilte, und mit jedem Aufschrei des Geschlagenen und seiner Angehörigen fühlte ich mich besser. Beinahe hätte ich nach dem zwanzigsten Hieb noch weiter zugeschlagen. Es war ein regelrechter Rausch, ein Gefühl von Stärke und Macht, wie ich es noch nie in dieser Form erlebt hatte. Selbst einen Menschen zu töten, war für mich nicht so befriedigend wie dieser Akt der Strafe.

Bisher hatte ich meine Sklaven geschont und gut behandelt. Was hätte ich auch von kranken Sklaven, die keine Arbeit mehr hätten verrichten können. Es war immer meine Überzeugung gewesen, dass ich kein grausamer Herr war – oder sein wollte. Im Gegenteil: Als ein Nachbar von mir Dean geliehen und ihn in seinem Dienst geschlagen hatte, da war ich hochgradig erbost gewesen.

Aber dieses Strafgericht, das sagte ich mir, war notwendig, damit alle sahen, dass ich keine leeren Drohungen aussprach. Dass ich durchgriff, wenn es mir nötig erschien. Und dennoch war da diese unglaubliche Lebensenergie, die ich gerade aus der Auspeitschung bezog. Irgendwo erschreckte mich dieser Umstand. Aber mit der klaren Notwendigkeit dieser Strafe gelang es mir in den folgenden Wochen, diese Einzelheit zu vergessen.

In der darauffolgenden Woche ritten der Oheim und die Cousins von Boniface suchend durch die ganze Gegend und kamen auch zu mir. Ich schickte sie mit der Bemerkung fort, Boniface sei mit meinem Sohn Benjamin fortgeritten, mit der festen Absicht, nie mehr zurückzukehren, und mit unbekanntem Ziel. So verlief die Suche nach dem jungen Mann im Sande.

28: Joel
Tennessee, Red River, Ende November 1820

Wieder einmal lag John im Bett, zu schwach, um aufzustehen, da geriet der Jüngste seiner Familie in sein Blickfeld, der fast fünfjährige Joel. Und wieder einmal fiel ihm eine unglaubliche Ähnlichkeit des Jungen mit seinem Freund James auf. Er hatte auch dessen ruhige und bedächtige Art.

War das wirklich alles Zufall? Ein Spiel aus Licht und Schatten im flackernden Feuerschein? Hielten ihn denn sowohl seine Frau als auch sein Freund für so beschränkt? Nein! Joel war nicht von ihm, da konnte Lucy ihm versichern, was immer sie wollte. Der Junge sah aus wie James, John war doch schließlich nicht blind!

Auch damals war er nicht blind gewesen, damals, als sie sich dauernd im Wald herumgetrieben hatte. Immer länger war sie ausgeblieben. Wer wusste, was sie in der Zeit heimlich getrieben hatte? War sie mit ihm verabredet gewesen, mit James? *Schöner bester Freund,* dachte John finster. Und dann diese Blicke, die Lucy und James getauscht hatten zu jener Zeit – als ob sie Heimlichkeiten miteinander gehabt, im Einvernehmen miteinander gestanden hätten. Das wäre! Wut stieg in John hoch, Wut und Bitternis über diese lang gehegte, furchtbare Erkenntnis. Lucy hatte ihn betrogen, jetzt war er ganz sicher. Der Beweis spielte da vorne auf dem Boden, wuchs unter seinem Dach, mit seinem Namen auf.

Gerade näherte sich ihm Lucy mit einem feuchten Tuch, um ihn zu waschen.

»Und der Junge ist doch von James!«, zischte John ihr zu und nickte zu Joel herüber. Er hörte selbst, wie kalt das klang.

Lucy wich vor ihm zurück wie vor einem bösartigen Reptil und betrachtete ihn gleichermaßen verwirrt, erschrocken und abschätzend. Als ob sie zu ermessen versuchte, wie gefährlich eine Annäherung an ihn jetzt für sie wäre. Sie entschied sich, etwas mehr Abstand zu halten, als sie es sonst wohl getan hätte. Sie fuhr ihm mit dem kalten Lappen über Gesicht und Mund, als wolle sie seine Worte im Keim ersticken. John ergriff ihre Hand und wischte sie beiseite. Die Wut gab ihm ungeahnte Kräfte.

»Verdammtes Weib, untreu warst du mir! Zum Hahnrei hast du mich gemacht, mit meinem besten Freund!« Er sprach in unterdrücktem Ton, sodass kein anderer als Lucy ihn hören sollte.

»Nein, das ist nicht wahr«, gab sie in der gleichen Weise zurück. »Du beschuldigst mich zu Unrecht!«

»So ist Joel wirklich von mir? Schwörst du es mir bei deiner Seligkeit?«

»Ja, das schwöre ich.« Sie blickte ihm ruhig ins Gesicht. Die Traurigkeit darin konnte sie sowohl freisprechen als auch schuldig erklären.

»Und ich denke, irgendwer hier vergiftet mich!«, fügte er hinzu, nur, um ihre Reaktion zu beobachten.

Beinahe hätte sie die Waschschüssel fallen gelassen. Ihr Gesicht war schlagartig um mehrere Schatten bleicher geworden. War das Schreck? War es Schuldbewusstsein? John hätte es nur zu gerne gewusst, konnte es aber nicht unterscheiden.

Mit einem bitteren Zug um den Mund packte Lucy Schüssel und Lappen und eilte in Richtung Küche davon. John ließ seine Faust wie einen Hammer auf sein Lager fallen. Zu mehr reichte seine Kraft nicht mehr aus.

Warum nur hatte er James in sein Haus eingeführt, vor so vielen Jahren? War damals, am ersten Abend unter seinem Dach, schon etwas zwischen den beiden passiert? James und er hatten gefeiert, es war für ihn etwas zu viel Whiskey gewesen und er war eingeschlafen. Am nächsten Morgen war er neben Lucy erwacht und sie hatte ihm erzählt, James sei ihr am Vorabend noch zur Gesellschaft da geblieben, aber noch vor dem Gewitter heimgeritten, obgleich sie ihm das Gästezimmer angeboten hatte. John konnte sich nur noch verschwommen an den Abend entsinnen. Hatte es damals schon begonnen zwischen James und Lucy?

Nur zu gut erinnerte er sich an die vielen Auseinandersetzungen, die er damals mit Lucy gehabt hatte – wegen James, wegen seines Verdachtes. Besonders zwei Situationen hatten sich ihm fest ins Gedächtnis geprägt.

29: Verdacht
Tennessee, Red River 1812

Ich kam von einer Reise aus Port Royal heim, da sah ich Lucy mit James auf der Terrasse meines Hauses stehen. Sie stand sehr dicht vor ihm, zu dicht, zu vertraut. Und war das eine Umarmung? Ich drückte unwillkürlich meinem Pferd die Fersen in die Weichen, ritt schnell näher heran.

»Was tut ihr da?«, rief ich dazwischen.

Beide fuhren aufgeschreckt auseinander und zu mir herum. Lucy rang sich ein bleiches Lächeln ab.

»John, mein Lieber!«, keuchte sie atemlos. »Schön, dass du wieder da bist.«

»Und offenbar keinen Augenblick zu früh!«

James trat einen Schritt auf mich zu, stellte sich schützend vor Lucy. »Was meinst du damit, Freund?«

»Ich meine damit, dass ihr sehr vertraut miteinander schient. Seit wann ist das so?«

»Nein«, rief James und hob beschwichtigend die Hände. »Du missverstehst die Situation.«

»Was war das denn gerade?«

»Lucy hat mir eine kleine Fliege aus dem Auge entfernt.«

Ich lachte auf. »Und das soll ich glauben?«, hohnlachte ich. Das also war der Grund, wieso James so oft Angeln und Lucy dauernd auf Kräutersuche im Wald war. Es war eine Frechheit! James war mein bester Freund – schämte der Kerl sich denn nicht? Mein bester Freund und meine Frau hatten was miteinander? Gab es denn gar keine Grenzen des Anstandes mehr für James? Und für Lucy? Hatte sie alle Grenzen vergessen, die ihre Erziehung und ihr Wesen als Frau ihr hätten aufzeigen sollen? Dreist blickten mich die beiden Missetäter an, beinahe überheblich.

»Wir haben nichts Unrechtes getan«, versicherte mir Lucy, doch ich hörte, wie ihre Stimme zitterte.

Auch ich begann zu zittern, allerdings vor Wut. Wenn nichts vorgefallen war, warum hatten sie eben noch so dicht beieinander gestanden – und waren auseinandergefahren, sobald ich sie angesprochen hatte? Das taten doch nur Schuldige!

»James«, keuchte ich, mühsam beherrscht. »Bei unserem Herrn Jesu Christo, der Bibel und unserer Freundschaft, sage mir: Hast du Ehebruch begangen mit meinem Weib?«

Ich behielt die beiden genau im Auge, doch sie blickten mich scheinbar ruhig an – Lucy sogar leicht belustigt.

»Niemals«, hob James würdevoll an. »Niemals würde ich Eure Ehe beschmutzen und unsere Freundschaft derart verraten. Oder meiner eigenen Gattin solche Schmach antun. John, wie könnt Ihr so etwas von mir auch nur denken?«

James funkelte mich in aufrichtig erscheinender Empörung an. Doch Lucy blickte zu Boden, in den Staub zu ihren Füßen.

Ich wurde an mir selbst irre. Würde James mich auf solche Art belügen? Und war es letztendlich Lucy nur unangenehm, solch einer Auseinandersetzung beizuwohnen? Oder war das Schuld? Ich nahm mir vor, die beiden in nächster Zeit ganz genau zu beobachten.

Wochenlang geschah nichts Verdächtiges. Bis ich einmal nach Nashville reisen musste, um ein paar juristische Angelegenheiten zu klären. Das ging schneller, als ich erwartet hatte, und so kam ich zwei Tage früher heim, als es geplant gewesen war. Meine Frau rechnete sicher noch nicht mit meiner Rückkehr.

Als ich eintraf, lag der Hof im schönsten Sonnenschein da und wirkte verlassen. Niemand war zu sehen, nur das Zirpen der Grillen war zu hören. Da wurde die Stille unterbrochen von ... Waren das lustvolle Schreie? Ich erstarrte und lauschte unwillkürlich. Da war es wieder. Und wieder erinnerte es mich an Schlafzimmergeräusche. Irritiert schüttelte ich den Kopf.

Mitten am hellen Tag? Und vor allem: Von wem stammten diese Laute? Sofort fielen mir James und Lucy wieder ein. Trieben sie es da oben in Lucys Schlafzimmer wie die Tiere? Ich hatte das Gefühl, auf meinem Pferd angewachsen zu sein. Ich konnte mich ein paar Herzschläge lang nicht rühren. Dann aber sprang ich so plötzlich von Nelsons Rücken, dass dieser erschrocken wiehernd stieg. Doch bekümmerte ich mich nicht weiter darum. Ich stürzte nur durch die Tür und stürmte die Treppe hinauf. Immer noch drangen die anstößigen Geräusche durch das ganze Haus, immer schneller jetzt. In meinen Ohren rauschte das Blut, ich ballte im Laufen die Fäuste. Was fiel den beiden ein? Ein letzter Schrei ertönte – und dann Stille. Die Standuhr schlug fünfmal.

Ich war auf der halben Treppe nach oben, da kam mir James entgegen, vollständig angekleidet, das Gesicht zu einem überraschten Lächeln vorzogen. Aber noch bevor er etwas sagen konnte, schlug ich ihn nieder.

»Was soll das?«, schrie James, sprang vom Boden auf und packte mich am Revers.

Vom eigenen Schwung mitgerissen, rutschten wir beide die Treppe hinunter, Stufe für Stufe. Unten wälzten wir uns über den Boden, hin und her. Mal war der eine oben, mal der andere. Keuchend rangen wir miteinander, setzten Boxhiebe an und steckten welche ein.

»Hört sofort auf!« Lucys Stimme.

Wir hielten beide inne, rappelten uns auf. Außer Atem, mit geröteten Gesichtern und in Unordnung geratenen Kleidern standen wir uns jetzt gegenüber, unversöhnlichen Feinde in diesem Augenblick.

»Raus hier!«, brüllte ich, völlig außer mir.

Stumm und weiß vor Wut stürmte James aus meinem Haus – und rannte dabei fast Drew um, welcher gerade im Begriff war, das Haus zu betreten.

»Was ist denn hier los?«, fragte Drew verdattert.

In die darauf folgende Stille brach erneut das Stöhnen aus der oberen Etage. Ich fühlte, wie mir der Mund aufklappte und mein Blick die Treppe hinaufschoss. Was war das? Hatte ich meinem Freund Unrecht getan? Meine Verwirrung musste sich auf meinem Gesicht widergespiegelt haben, denn Drew grinste.

»Ach so, Ihr könnt es ja nicht wissen! Polly ist gestern hier eingetroffenen, sie ist mit ihrem Ehemann bei uns zu Besuch!«

Meine Beine gaben unter mir nach und ehe ich mich versah, saß ich auf dem Boden. In meinem Kopf schwirrten Gedankenfetzen, welche jedes Zusammenhangs entbehrten. In diesem Moment wusste ich gar nichts mehr. Polly also, die ich nach North Carolina verheiratet hatte – meine älteste Tochter!

Nur langsam kam ich wieder zur Ruhe, mein jagendes Herz fand den normalen Rhythmus. Ich sah mich im Flur um. Wo war Lucy?

Vorhin, als ich James hinausgeworfen hatte, war sie da nicht hinter ihm her aus dem Haus gelaufen?

Außer Drew stand niemand mehr bei mir. Dieser schaute mich ratlos an. Offenbar erwartete er eine Erklärung von mir. Aber mir stand der Sinn nicht nach Erläuterungen. Ich stand auf und lief ebenfalls hinaus, meiner Frau und dem »Freund« hinterher.

Ich fand sie beide hinter dem Stall – in einer innigen Umarmung. Ich fand sie auch nur deshalb, weil Lucy schluchzte, dass es Steine hätte erweichen können. Und James hielt sie im Arm und spendete ihr Trost.

Ich schüttelte den Kopf. Lucy war meine Frau und jetzt lag sie in den Armen eines anderen Mannes? Ich fühlte, wie mein Blut in meinen Ohren rauschte, mir wieder das Urteilsvermögen zu nehmen drohte. Diesmal musste ich überlegter vorgehen.

Meine Fäuste bewusst entspannend, trat ich hinter meiner Deckung hervor. Ich sah, wie die beiden miteinander flüsterten. Noch hatten sie mich nicht bemerkt. Sollte ich einfach umkehren, James und Lucy sich selbst überlassen? Nein. Ich musste es jetzt wissen. Betrog sie mich mit James? Oder brauchte Lucy nur Trost, weil ich so gegen den Freund und sie gewütet hatte, mit ungerechten Beschuldigungen? Oder waren die zwei doch ein Liebespaar?

Ich brauchte jetzt Gewissheit.

»Heda!«, rief ich. »James, was macht Ihr da mit meiner Frau?«

Angstvoll schnell hatte Lucy die Arme von James verlassen und hinter ihm Schutz gesucht. James blickte mir kampfeslustig entgegen. Er stand nur da, zwischen Lucy und mir, und sagte kein Wort.

»Lucy, komm her!«, rief ich meine Frau zu mir.

»Sie ist kein Hund und keine Sklavin!«, knurrte James.

Ohne auf James' Worte einzugehen, befahl ich noch einmal: »Lucy, du kommst jetzt sofort hierher zu mir!« Mit meinem Zeigefinger deutete ich auf die Stelle vor mir hin.

Gequält zuckte sie zusammen, doch sie rührte sich nicht.

»Ihr bleibt hinter mir stehen, Lucy!«, sagte James fest, während er mich nicht aus den Augen ließ.

»Habt Ihr mit ihr … im Heu ...?«

»Nein!«

»Ihr hattet sie eben im Arm, als sei es nicht das erste Mal gewesen!«

»Sie brauchte Trost. Und sie hat sich entschuldigt. Für Euch!«

Ich schüttelte den Kopf. »Das war nicht ihre Sache!«

»So entschuldigt Ihr Euch nicht? Nun, so lebt wohl, John! Lucy kommt mit mir, sie kann bei Jane und mir wohnen, bis Ihr wieder zur Vernunft ...«

»Vernunft?«, brüllte ich. »Vernunft nennt Ihr das also?«

James band sein Pferd vom Fenz, half Lucy hinauf und stieg hinter ihr auf. Ohne ein weiteres Wort ritt er davon. Nur einen warnenden Blick warf er mir noch zu.

»Wehe, du folgst mir!«, sagte dieser Blick.

Ich rammte die Faust in die Schuppenwand und fluchte. Dann bestieg ich meinen Fuchs und ritt den beiden hinterher.

Die Hufspuren führten schnurstracks zur Johnston-Farm. Meine Wut verrauchte während des Rittes und schließlich brach ich die Verfolgung ab. Sollte sie doch ein paar Tage woanders verbringen. Mir blieben immer noch die Sklavinnen.

Aber noch immer nagten Zweifel an mir. Hatten sie nun eine Affäre oder hatten sie keine? Und gerade nach diesem Vorkommnis heute hatte ich keine greifbaren Gründe für meinen Verdacht. Es gab keinen Beweis. Und doch fühlte ich mich immer unwohl, wenn James und Lucy so dicht nebeneinander saßen, sich etwas zuflüsterten, miteinander lachten. Ich fühlte mich ausgeschlossen, und das war nicht recht. Schließlich war Lucy *meine* Frau!

Bald konnte ich mein Haus wieder sehen. Ich verbrachte den Rest des Tages an meinem Schreibtisch und versuchte, die Gedanken an eine mögliche Affäre meiner Frau beiseitezuschieben.

Im Laufe der nächsten Tage ging mir auf, was ich da eigentlich angerichtet hatte. Ich hatte wegen einer falschen Einschätzung meinen besten Freund und meine Frau vor den Kopf gestoßen – im wahrsten Sinne des Wortes. Hatte ich die beiden tatsächlich falsch beschuldigt? Die Ungewissheit quälte mich, aber schließlich waren nicht sie die Quelle der Geräusche gewesen.

Die Zeit ohne Lucy wurde mir doch schwerer, als ich gedacht hatte. Allmählich dämmerte es mir, dass ich mich allen Ernstes entschuldigen musste. Und zwar dringend. Und nachdem ich den Entschluss einmal gefasst hatte, machte ich mich auf zu den Johnstons. Als erstes traf ich auf James, der mir ohne Regung entgegensah, kalt und abwartend, ohne mich zu begrüßen.

»James, es tut mir leid!«, platzte ich heraus.

Es wurde mir leichter, als ich befürchtet hatte. James nickte und lud mich mit einer Geste ein, abzusteigen.

»Was tut dir leid, John?«, fragte James noch einmal nach.

Ich seufzte. »Ich habe dich des Ehebruchs mit Lucy bezichtigt. Das war … falsch … ungerecht … und ungerechtfertigt ...«, krächzte ich. Diese genauere Entschuldigung wurde mir schwer, ich hatte das Gefühl, daran ersticken zu müssen, denn ich bekam auf einmal kaum noch Luft. Ich griff mir an die Kehle, lockerte meinen Kragen und atmete tief durch. Ich spürte Schweiß an meinen Fingerspitzen. Ein salziger Tropfen brannte in meinem rechten Auge.

Ich wischte mit der Hand darüber und warf dann wieder einen Blick auf James.

Der schien es zufrieden zu sein. Er legte seine Hand auf meinen Arm. »Gut, dass du es endlich einsiehst!«

Ich nickte. »Wo ist Lucy?«

»Sie ist drinnen im Haus, bei den anderen Frauen.«

»Ich will sie sprechen.« Fast wollte mir der Mut sinken, als ich an das bevorstehende Gespräch dachte. Doch meine Stimme hatte fest geklungen, fest und entschlossen.

James blickte mich von der Seite an, zögerte ein paar Herzschläge lang.

»Komm!«, sagte er dann und ging voran.

Ich folgte dem Freund, ein mulmiges Gefühl in meinen Eingeweiden. Kurz vor dem Haus hielt ich James am Arm fest.

»Wird sie mir verzeihen?«

»Frag sie selbst!«

Ich schluckte, aber ich schritt weiter hinter James her ins Haus. Emsiges Schwatzen der Frauen und ab und zu ein Lachen war zu hören. James stieß die Tür auf, hinter der die Stimmen hervorklangen.

»Schaut mal, wen ich hier bringe!«, kündigte James an.

Aller Augen richteten sich auf mich und es wurde still im Raum. Aller Augen, das waren die von etwa fünfzehn Frauen verschiedenen Alters, die mit mehreren Bottichen beschäftigt waren, in denen sie Wolle in unterschiedlichen Farbbädern einweichten.

Lucy war mitten unter ihnen. Sie sah wohl und erholt aus, ich hatte ihre Augen leuchten und ein Lächeln in ihren Mundwinkeln gesehen. Doch jetzt wich alle Farbe aus ihrem Gesicht, ihre Bewegung erstarrte und der Glanz in ihren Augen erlosch, sobald sie meiner ansichtig wurde. Ich erschrak darüber ebenso, wie ich meine Macht über sie genoss. Sie schien mich zu fürchten. In mancher Hinsicht war das gut.

Ich streckte beide Hände nach ihr aus. »Lucy, bitte komm zu mir. Ich möchte dich sprechen.«

Lucy zögerte, nickte dann aber und bahnte sich ihren Weg zu mir, vorbei an den Farbbottichen. James führte uns in eine leere Kammer und schloss die Tür.

Ich hatte plötzlich das Gefühl, meine Kehle wäre zugewachsen. Ich hatte mich bei Lucy entschuldigen wollen, eben noch. Aber als sie jetzt so vor mir stand, mich halb erwartungsvoll, halb ängstlich anstarrte, da fühlte ich neben der Scham über mein eigenes Verhalten eine große Wut in mir aufsteigen. Und anstatt der Entschuldigung zischte ich ihr nur in weißglühendem Zorn entgegen: »Was fällt dir ein, Weib, einfach fortzugehen?«

Lucy wich einen Schritt vor mir zurück, Erschrecken flackerte in ihren Augen. Bevor sie durch die zweite Tür hinter sich entfliehen konnte, ergriff ich sie hart beim Arm und hielt sie fest.

»Du bleibst hier! Entschuldige dich gefälligst bei mir dafür, dass du fortgegangen bist! Die Kinder haben nach dir gefragt! Das Baby hat geweint. Du hast die Kinder einfach im Stich gelassen, deine Arbeit im Stich gelassen, weil du faul herumsitzen und dich bedauern lassen wolltest! Was bist du nur für ein furchtbares Weib?«

»Lass mich los, John!«, keuchte Lucy und versuchte mir ihren Arm zu entwinden. »Du tust mir weh!« Lucy war die Röte ins Gesicht gestiegen, ihre dunklen Augen blitzten mich an. »Wie kannst du nur so etwas zu mir sagen, John Bell! Du hast mich aufs Höchste beleidigt und forderst eine Entschuldigung?«

Nun ließ ich ihren Arm fahren, warf ihn geradezu aus meiner Hand.

»Du hast die Wahl, Lucy«, sagte ich gefährlich leise. »Entweder du kommst jetzt mit mir heim, dann verzeihe ich dir vielleicht und du kannst die Zeit deiner Abwesenheit an mir wiedergutmachen. Oder du bleibst hier – dann brauchst du aber nicht wieder zu mir zu kommen. Entscheide dich!«

Voller Entsetzen starrte Lucy mich an. Dann lief sie heulend davon. Weiber!

Ich fuhr mir mit beiden Händen über das Gesicht. So hatte das nicht laufen sollen. Als ich die Kammer verließ, sah ich James noch in der Nähe stehen. Dessen Augen suchten die Tür, suchten offenbar Lucy – die nicht kam.

Wieder spürte ich meinen Zorn.

»Sie ist fortgelaufen!«, schnappte ich.

»Was habt Ihr zu Eurer Frau gesagt?«

»Dass sie die Kinder im Stich gelassen, ihre Arbeit vernachlässigt hat! Dass sie sich bei mir zu entschuldigen …«

»Um Gottes willen, John!«, unterbrach mich James. »Kommt doch wieder zur Vernunft!«

»Ich *bin* bei Vernunft!«, knurrte ich. »Sie ist doch nur ein dummes Weib! Was maßt sie sich an?«

James nahm mich beim Arm und hielt mich fest.

»Sie ist ein Weib, ja. Aber habt Ihr deshalb das Recht, sie zu behandeln, als sei sie rechtlos wie eine Sklavin? Der Herr hat sie für Euch bestimmt, sie ist also aus Eurer Rippe gemacht. Nahe Eurem Herzen sollte sie also immer sein. Sie respektiert Euch. Warum wollt Ihr sie nicht ebenso achten?«

»Respekt muss man sich verdienen!«

Erschrocken trat James vor mir zurück und sah mich forschend an. »So hat sie sich also durch all Eure gemeinsamen Ehejahre Euren Respekt nicht verdient? Das ist das eine. Zum anderen: Muss ich Euch denn wahrhaftig an die Grundsätze der Revolution erinnern, die wir beide immer gutgeheißen haben?

Dass alle Menschen gleich geschaffen und vom Schöpfer mit unveräußerlichen Rechten ausgestattet wurden? Lucy ist ein Mensch, es gibt also einen Respekt, der natürlich ist, der nicht verdient werden kann oder muss. Wie geht Ihr mit ihr um? Warum könnt Ihr Eure Fehler ihr gegenüber nicht eingestehen?«

Ich riss mich los, stürmte wortlos an James vorbei zu meinem Pferd, stieg auf und ritt im Galopp davon. Ich hatte mich sehr beherrschen müssen, um James nicht erneut zu schlagen.

Am darauf folgenden Sonntag nahm mich Thomas Gunn nach dem Gottesdienst beiseite.

»Mir ist zu Ohren gekommen, Ihr habt Euch mit Eurer Frau gestritten. Wollt Ihr Euch nicht wieder mit ihr versöhnen?«

Gunn blickte mich so durchdringend an, dass ich nickte.

»Gut. Mein Bruder holt Eure Gattin und dann sprecht Euch miteinander aus. Wir bleiben dabei, damit wir helfen können.«

Ich war wie vor den Kopf geschlagen. Es war mir peinlich, dass das ausgerechnet mir geschah. Doch ich nickte auch diesmal und ließ mich von Gunn in dessen Arbeitszimmer führen. Dort war ich kaum eingetreten, als auch schon Lucy von Alex Gunn durch den anderen Eingang geführt wurde. Sie hielt den Blick zu Boden gesenkt. Ihre Wangen waren gerötet. Ihr schien das ganze genauso unangenehm zu sein wie mir.

»Bruder James Johnston hat uns in Kenntnis gesetzt über Euren Streit. Aber ein Weib gehört zu ihrem Mann, so hat der Herr es vorgesehen.« Er sah uns beide abwechselnd an, in ziemlich gebieterischer Weise.

Ich verharrte mit meinem Blick bei Lucy. Was würde sie antworten? Sie nickte, noch tiefer errötend. Also sah sie das ein. Ich atmete auf und nickte ebenfalls.

»Gut, dass Ihr Euch da einig seid.«

»Was ist denn nun geschehen, dass ihr nicht mehr zusammen leben könnt?«, fragte Alex.

Ja, was war es eigentlich gewesen? Sollte ich von meinem Verdacht erzählen? Auf einmal kam mir das alles so lächerlich vor. Ich schüttelte den Kopf und schwieg. Lucy schien dasselbe zu denken wie ich, denn als ich zu ihr hinübersah, lächelte sie mich schüchtern an. Spontan trat ich auf sie zu und schloss sie in meine Arme. Lucy ließ es zu, barg ihr Köpfchen an meiner Brust und begann zu schluchzen. Ich streichelte hilflos ihren Rücken, bis das Weinen verebbte. Irgendwann blickte ich wieder auf und in das Zimmer hinein. Die Gunns jedoch hatten es taktvoll verlassen, ich war mit Lucy allein.

An den Nachmittag und den Abend, die dieser Versöhnung folgten, erinnerte ich mich heute noch gerne zurück.

Aber trotz aller Beteuerungen von Lucy, sie sei mir treu gewesen, konnte ich meinen Verdacht gegen James nur schwer vergessen. Immer wieder fühlte ich den Stachel der Eifersucht in meiner Brust, wenn ich die beiden auch nur miteinander sprechen sah, lachen, sich gut verstehen. Das unbehagliche Gefühl war im Hintergrund immer da, mal mehr und mal weniger stark. Doch es blieb. Und als Lucy mir mit leuchtenden Augen gestand, sie sei guter Hoffnung, da schlich sich ohne meinen Willen der nagende Gedanke bei mir ein, das Kind könnte nicht von mir sein. Und dieser Gedanke erhielt immer neue Nahrung, wenn ich Lucys Jüngsten ansah – und keine Ähnlichkeit mit mir selbst feststellen konnte. Er käme sehr nach Lucy und ihrer Familie, sagten die anderen. Ich aber sah über das Antlitz dieses Kindes die gleichen charakteristischen Gesichtsausdrücke gehen, wie ich sie so oft bei James gesehen hatte, wann immer dieser wütend war oder wenn er glücklich lächelte. Und was es noch schlimmer machte: James war ganz närrisch mit dem Jungen. Lag es wirklich nur daran, dass er so viel Anteil an mir und meiner Familie nahm? Oder hatte das andere Gründe?

Über nunmehr fünf Jahre hatte ich dieses Kind inzwischen beobachtet, manchmal argwöhnisch, manchmal bemühte ich mich um eine liebevolle Sicht – immer war da dieses Fremde in dem Jungen, welches mich auf Distanz hielt. Ich konnte es nicht begründen und manches Mal tat das Kind mir auch leid, weil ich Joel nicht in der Weise als Sohn behandeln und ihn lieben konnte wie meine anderen Söhne – allein, ich konnte es nicht ändern.

Oft genug war ich darüber mit Lucy aneinandergeraten, die mir genau das vorwarf.

Eine dieser Auseinandersetzungen sprang mir ins Gedächtnis.

»Du hast mich betrogen – mit James. Da bin ich sicher. Schau dir den Jungen doch nur mal an!«, klagte ich Lucy an, wahrlich nicht zum ersten Male.

»Du irrst!«, schleuderte sie mir entgegen.

Da packte ich sie hart an beiden Armen, schüttelte sie grob und stieß sie die Treppe hinauf in ihre Kammer, wo ich sie auf ihr Bett warf und sie nach Strich und Faden verprügelte. Und ich genoss es, denn sie hatte mir ja auch schon unendliche Qualen bereitet mit ihrer Untreue.

Immer wieder hielt ich inne, fragte die Weinende: »Hattest du eine Affäre mit James?«

Zweimal stritt sie es ab. Als ich sie aber das dritte Mal fragte, schrie sie: »Ja! Ja, ich hatte eine Affäre mit James! Und er ist viel besser als Mann als du!«

Ich ohrfeigte sie so heftig, dass ihr Kopf hin und her flog. Sie floh in die hinterste Ecke des Zimmers und als ich ihr folgte, spie sie mir Blut entgegen.

Ich war in diesem Augenblick keiner Worte fähig, sie aber schrie: »Das wolltest du doch hören, nicht wahr, John? Genau das wolltest du hören!«

Das ernüchterte mich schlagartig und ich ließ die schon erhobene Faust wieder sinken.

»Aber … ist es auch wahr?«, fragte ich und hörte das Zittern in meiner eigenen Stimme.

»Du glaubst mir ja doch nicht – mag ich die Wahrheit sprechen oder lügen!« Ihre Stimme brach und sie warf sich weinend über ihr Bett.

Was sollte ich nun von diesem Geständnis halten? Hatte sie das nur gesagt, damit ich aufhörte, sie zu schlagen?

Ich schüttelte den Kopf und verließ das Haus, um Trost in den Armen einer Sklavin zu suchen.

Am nächsten Tag suchte ich nochmals das Gespräch mit Lucy. Sie schreckte vor mir zurück und schien sich nach einem Fluchtweg umzuschauen, als ich mit ihr allein in ihrer Kammer war.

»Keine Angst, ich schlage dich nicht!«

Ich hörte einen lauten Atemzug von Lucy. Dann fragte sie: »Was willst du dann?«

»Die Wahrheit!«

»Ich habe dich nicht betrogen«, sagte sie einfach.

Ich nickte. Die Antwort befriedigte mich nicht. Aber das hatte die andere Antwort auch nicht getan.

So unendlich viele Auseinandersetzungen dieser Art hatten sie schon hinter sich, dass John sie nicht mehr zählen konnte. Wieder blickte er zu dem friedlich spielenden Knaben hinüber. Dieser blickte von seinem Holzpferd auf und schaute ihn an, und jetzt sah er es: Joel hatte James' Augen!

John hatte keine Kraft mehr, seine eigenen Augen offen zu halten. Er fiel in einen unruhigen Schlaf, aus dem ihn erneute Krämpfe weckten. Lucy stand an seinem Lager und lächelte leicht. Diese Hexe!

Für ihn war es jetzt ganz eindeutig: Er hatte in den vergangenen Jahren nicht nur eine Hexe im Haus gehabt. Es waren immer zwei gewesen. Und die zwei hatten sich miteinander gegen ihn verbündet. Wenn er nur daran dachte, wie nett der Poltergeist Lucy gegenüber gewesen war, als diese neulich krank das Bett hatte hüten müssen! Verwandte Seelen erkennen einander eben. Kate, die Hexe, hatte Lucy mit Obst und Nüssen gefüttert und ihr Lieder vorgesungen. Und ihn, John, verfolgte sie mit ihrem Fluch!

Vielleicht hatte der Poltergeist sein Weib ja auch zu Ungehorsam verführt oder dazu, mitzutun und ihn zu vergiften. Früher war er Lucy verfallen gewesen, als er noch jung und unerfahren gewesen war. Wer wusste, was dieses alte Indianerweib Lucy und ihrer Cousine noch beigebracht hatte außer der Heilkunde? Hatte sie damals einen Liebestrank gemischt? Beinahe schien es ihm so.

Deshalb hatte sie auch nicht fortgewollt aus North Carolina. Hier wuchsen andere Pflanzen, mit denen sie sich nicht so gut auskannte, hier wirkte ihr alter Zauber nicht mehr. Ja, er musste sie aus dem Haus jagen, sie aus seiner Nähe schaffen. Sein Leben gab er nicht um ein Weib. Schon gar nicht um eine alte Hexe, die ihm schaden, ihm gar ans Leben wollte. Das war diese Zauberin, die ihn dazu noch betrogen hatte, nicht wert. Betrogen mit seinem besten Freund! Er wusste nicht mehr, was ihn einst so sehr an ihr fasziniert hatte. Was immer es gewesen war, es war verflogen – endgültig.

Tennessee, Red River, 10. Dezember 1820

John hatte Dr. Hopson gebeten, ihm Lucy zu schicken. Diese kam auch sofort an sein Lager geeilt. Alle seine Kraft zusammennehmend, richtete sich John in seinem Bett so weit auf, wie er nur konnte. Die Wut gab ihm die Kraft dazu, der Zorn darüber, dass er Lucy für eine Giftmörderin hielt.

Lucy wich zurück vor ihm, die Augen weit aufgerissen, wie sie vielleicht ein giftiges Reptil angesehen hätte.

»Weib! Hast du mich vergiftet?«

»Aber John. Nein, natürlich nicht.« Lucy war totenblass. »Ich bin's, deine Frau, die ganze Zeit pflege ich dich …«

»Mit Gift?«

»Wie kommst du nur auf so etwas?«

Beinahe hätte er ihr geglaubt, so überzeugend war sie. Doch dann machte er sich wieder bewusst, was sie ihm antat.

»Du lügst! Du gibst mir Gift!«

»Ich könnte doch niemals …«

»Nutzloses Weib! Früher hast du es nicht gewagt, mir ungehorsam zu sein. Nun ich dir ausgeliefert bin, tust du, was du willst. Du hast manchmal über meinen Zustand gelächelt. Doch täusche dich nicht, ich habe es gesehen, auch, wenn du dachtest, ich schlafe!« Langsam sank er im Bett zurück. »Du gehst nach dem Weihnachtsfest. Für immer. Es ist mir gleich, wohin. Solltest du auch nur einen Tag länger bleiben, so wird dich der Sheriff wegen Mordversuch aufhängen. Das kann ich dir versichern!«

John sah, wie eine Träne über ihre Wange lief. Doch das rührte ihn nicht – im Gegenteil, es ekelte ihn an. Was für eine Komödie!

»Ja, weine, Hexe! Weine über deine Sünden! Über dich und deinen jüngsten Sohn«, stieß er noch hervor, dann schloss er kurz erschöpft die Augen.

Als er sie wieder öffnete, sagte Lucy: »Wenn das dein Wunsch ist, so werde ich dir gehorchen.« Und mit niedergeschlagenem Blick verließ sie sein Bett.

Erleichtert schlief John ein. Er hegte nicht den geringsten Zweifel, dass sie gehen würde. Er hatte sie besiegt.

30: Erinnerungslücken
Tennessee, Red River, 15. Dezember 1820

John erwachte mit einem Schrei. Alle seine Muskeln hatten sich verkrampft und zwangen seinen armen, ausgemergelten Leib zu dieser schrecklichen Turnübung, in der sein Körper nur noch auf seinem Scheitel und auf seinen Fersen Halt auf der Bettstatt fand. Es war stockfinster, doch seine Schreie riefen seine Söhne an sein Lager – und schließlich auch seine Frau. Er spürte es mehr, als dass er es bewusst wahrnahm, doch sie waren da, waren um ihn, kühlten seine Stirn mit kalten Lappen, sprachen auf ihn ein.

Als der Anfall vorbei war und John schwer atmend und schweißverklebt auf seinem Bett lag, erkannte er an ihren besorgten Blicken, wie ernst dieser Anfall gewesen war. Auf ihre hastigen Fragen konnte er nicht mehr antworten. Er war zu schwach dazu, schloss die Augen, wollte nur noch seine Ruhe wie ein zu Tode gehetztes Tier.

Lucy flößte ihm etwas Bitteres ein, welches sie »seine Medizin« nannte. Er schluckte. Die Welt entglitt ihm, es war ihm, als versuchte er, sich mit dem Geist an einer schlüpfrigen Unterlage festzuhalten, ohne dass ihm das gelingen konnte. Er stürzte, sich mehrfach überschlagend, in die Finsternis.

Die Zeit, die John von nun an bewusst erlebte, schien ihm immer kürzer zu werden, immer unregelmäßiger. Manchmal fehlten ihm Stunden, die er angeblich ohne Bewusstsein verbracht hatte, einmal sogar ein ganzer Tag. Und seine Wachzeiten waren beständig geprägt von den schrecklichsten Schmerzen.

»Ich fühle meinen Tod kommen«, flüsterte er Little John zu. »Die Hexe … Diese grausame … Hexe …« Immer leiser waren seine Worte von seinen Lippen gekommen und das letzte, was er bewusst sprach, war das Vaterunser.

Dann ritt er über wildes Land, vorüber an schroffen Klippen und steilen Hängen. Sein treuer Fuchs, den ihm James einst geschenkt hatte, trug ihn durch Sturmwind und feurige Lohe, warf ihn schließlich wiehernd ab. Er fing sich jedoch wieder, kam auf die Beine, stand auf, unversehrt, und bestieg das Ross erneut. Der eisige Schnee des Winters wehte ihm entgegen und Ross und Reiter stemmten sich gegen den mächtigen Wind. Dann wieder trieb ihm heißer Wüstenwind entgegen, der ihm den Schweiß aus jeder Pore brechen ließ. Er stürzte in eiskalte Bäche, hörte Wasserfälle rauschen, schwamm durch Seen und saß unvermittelt wieder auf dem Kutschbock, der ihn beinahe abwarf und der ihm die Knochen schmerzen ließ. Sein Rücken erduldete eine nie gekannte Pein, sodass er keine bequeme Position mehr finden konnte, und er litt einen unstillbaren Durst. Tag und Nacht wechselten immer schneller, immer verwirrender, Erlebnisse tauschten mit einem Meer von Gefühlen, denn nun war er vollkommen blind und wusste sich nicht mehr zu orientieren. Und doch ging es weiter fort mit ihm, ohne Rast und Ruh, immer weiter, ob er wollte oder nicht. Er spürte eine nie gekannte Furcht.

»Halt!«, schrie er, doch sein Ruf verwehte in dem rasenden Wind, verbrannte in der Hitze, erfror in der Kälte, ertrank im Wasser der reißenden Flüsse. Ruhe wollte er, endlich Ruhe, ausruhen von der endlos langen Reise, darniederliegen und ruhen. Und plötzlich lag er da, mitten auf der Wiese im grünsten Gras, welches er je gesehen hatte. Sein Geist war klar und ruhig wie der Spiegel eines Sees. *So fettes Land,* dachte er noch, *hier will ich meine Äcker bepflanzen, hier mein Haus erbauen, hier …*

Epilog
Tennessee, 20.12.1820

Gegen elf Uhr am Vormittag fanden Drewey und Richard Johns erkaltenden Leib bereits steif in seinem Bett. Sie hatten ihn nicht stören wollen, sie hatten den Tod zuvor für Schlaf gehalten.

Die ganze Familie hatte sich zu den Totengebeten um sein Lager versammelt, als Doktor Hopson eintraf und den Tod seines Patienten offiziell feststellte. Als Todesursache trug er »Vergiftung« auf dem Totenschein ein.

Ein eigenartiger Knoblauchgeruch hatte den Doktor zunächst misstrauisch werden lassen, zumal vor dem Hintergrund des Verdachtes, den John ihm gegenüber geäußert hatte. Damals hatte er diese Worte seines Patienten auf dessen Alter und auf Verwirrtheit zurückgeführt. Aber ein solcher Geruch entstand nicht allein durch Worte. Hatte John am Ende doch recht gehabt?

Mitten in seine Zweifel hinein war die körperlose Hexe Kate geplatzt, hatte hämisch den Toten verspottet. Voll von widerlicher Freude hatte sie Johns Vergiftung in seiner Gegenwart eingestanden, ja, sie hatte damit sogar geprahlt! Der Poltergeist hatte John auf dem Gewissen, davon war der Arzt nun fest überzeugt.

Dr. Hopson kondolierte allen trauernden Angehörigen – allen voran Lucy, Johns Witwe. Mit einem schwarzen Schleier vor dem Gesicht betrauerte sie ihren Gatten und bemühte sich redlich, diesem mittels Gebeten den Weg ins Jenseits zu ebnen, wie es von einer guten Witwe zu erwarten war.

Die Familie tat dem Doktor leid. Es würde ein trauriges Weihnachtsfest für sie werden, so kurz nach einer Leichenfeier. Genauer gesagt: so kurz nach einem Mord. Es versetzte ihn in nicht geringe Wut, dass er den Mörder genau kannte – und dieser sich außerhalb aller irdischer Gerichtsbarkeit befand. Blieb nur zu hoffen, dass die Hölle ihr Geschöpf irgendwann wieder verschlingen würde und dass die Menschen hier auf Erden vor Kate und ihresgleichen Ruhe fanden.

Lucy lugte durch den schwarzen Spitzenschleier auf den Leichnam des Mannes, der so lange Jahre ihr Ehemann gewesen war. *In guten wie in schlechten Zeiten,* schoss es ihr spontan durch den Sinn. Bitterer Spott verzog ihr die Mundwinkel zu einem zynischen Grinsen. Gut, dass es keines ihrer Kinder sehen konnte. *Für John die guten Zeiten und für mich die schlechten,* dachte sie. In all den Jahren hier in dieser gottverlassenen Einöde – in all den Jahren fern ihrer eigentlichen Heimat in North Carolina.

Wenn es nach John gegangen war, waren diese Jahre hier in Tennessee geprägt von Wohlstand und Erfolg gewesen. Lucy jedoch hatte eine ganz andere Geschichte zu erzählen ...

To be continued ...

Anmerkungen der Autorin, vom Umgang mit Quellen, Danksagungen und Ausblick

Lieber Leser, liebe Leserin,

vielen Dank, dass Sie meiner Erzählung bis hierher gefolgt sind. Die meisten Menschen in diesem Roman haben wirklich gelebt und die Geschichte selbst soll sich laut vieler Quellen tatsächlich so ereignet haben. Es existiert eine Menge Literatur über das Phänomen »Kate«, auf die ich zurückgegriffen habe. So konnte ich einige der zahlreichen Histörchen um Kate, den Poltergeist, mit den historischen Zusammenhängen und der realen Familiengeschichte der Bells zu einer Romanhandlung verknüpfen. Ich weiche nur insofern von den Quellen ab, als ich den Mord nicht nur von Geisterhand geschehen lasse.

Ich habe durchaus nicht alle Legenden rund um die Bellhexe, die damals übrigens zunächst mündlich überliefert wurden, in diesem Buch verwendet. Somit bleiben noch einige davon für den zweiten Teil übrig. Auch habe ich einige der Geistergeschichten in diesem Buch zusammengefasst und manche Vorkommnisse frei erfunden, wo die Quellen keine Auskunft geben konnten. So zum Beispiel Benjamins Geschichte. Nicht einmal die heutigen Nachfahren der Bells wissen, was wirklich mit ihm geschah, nur, dass er in jungen Jahren verstorben sein muss. Benjamin ist im Testament seines Großvaters John Williams vom März 1792 erwähnt, also wird Ben nicht, wie manche Quellen behaupten, nur einen Tag gelebt haben. Darüber hinaus können wir daraus den Schluss ziehen, dass Benjamin eines der ersten Kinder von John und Lucy Bell gewesen sein muss. Seine Geburt muss demnach 1791 oder 92 stattgefunden haben. Da damals die Kindersterblichkeit hoch war, bedeutet die testamentarische Erwähnung vermutlich, dass der Junge das erste halbe Jahr überlebt hatte. Wenn er aber im Jahre 1791 geboren wurde, so kann er nur der Zweitgeborene gewesen sein. Denn dass Jesse 1790 der Erstgeborene war, darüber besteht vollkommene Übereinstimmung.

Ein undatierter Grabstein auf dem privaten Familienfriedhof der Bells in Tennessee legt nahe, dass Benjamin zusammen mit der Familie umgezogen sein muss. Davon sprechen auch manche der Quellen. Warum aber hat dann John Bell die Todesumstände seines zweitältesten Sohnes nicht in der Familienbibel oder den sonstigen Unterlagen verzeichnet, wie es damals üblich war? Warum gibt es über ihn keine Belege vonseiten der Kirche? Meine Vermutung ist, dass Benjamin mit seinem Handeln die Familie brüskiert haben muss. Vielleicht auf eine ähnliche Weise wie hier dargelegt. Niemand kennt heute sein Schicksal – also habe ich Fantasie walten lassen und die Lücke gefüllt. Ebenso bin ich mit Joel verfahren, über den meines Wissens keine solchen Gerüchte wie die im Text beschriebenen im Umlauf waren. Hier ist das Buch ganz Roman.

Alle angegebenen Namen und Daten habe ich mehrfach überprüft – und bei widersprüchlichen Aussagen habe ich die mir am wahrscheinlichsten klingende Variante gewählt. Zum Beispiel gibt es über das Verwandtschaftsverhältnis zwischen Lucy Bell und Kate Batts unterschiedliche Ansichten. Manche Quellen behaupten, Kate (in einigen Unterlagen »Cate«) wäre Lucys Nichte gewesen: die Tochter ihres Bruders John. Da aber die Lebensdaten hier eine deutliche Sprache sprechen und Kate/Cate etwa 1767 geboren wurde, drei Jahre vor Lucy, und John Williams Jr. nicht vor 1755 geboren sein kann, sondern eher in den Sechzigerjahren des achtzehnten Jahrhunderts, wie sollte er da Kates Vater sein? Es liegt der Schluss nahe, dass es sich hier um eine Namensverwechslung handelt, denn die frühen Siedler verwendeten immer die gleichen Namen für ihre zahlreichen Kinder – die dann auch noch untereinander heirateten. Wenn wir zudem wissen, dass Kate mit ihrer indianischen Großmutter prahlte, so kann es sich hierbei nur um eine Schwester von Lucys verbürgter Großmutter Summer Moon

Williams gehandelt haben. Ich habe dieser Frau, Lucys Großtante, den schönen Namen Winter Leaf gegeben und sie eine Kräuterfrau sein lassen. Sie wird im zweiten Teil dieser Erzählung noch eine Rolle spielen. Zumindest Kate Batts verstand sich auf die Heilkräuter, das ist historisch verbürgt. Es ist naheliegend, dies auch von ihrer Kusine Lucy anzunehmen.

Wer sich für die verwandtschaftlichen Zusammenhänge innerhalb der Familie Bell und ihrer Vorfahren interessiert, der werfe einen Blick auf meine Forschungsergebnisse zu den Stammbäumen von John und Lucy Bell (siehe diese).

Sowohl die Erdbeben als auch das »Jahr ohne Sommer« 1816 sind keine Erfindungen von mir. Es sind historische Tatsachen, welche in den Roman mit eingeflossen sind. Ebenso waren die Gefahren durch wilde Tiere sowie durch umherziehende Banditen und Indianer in der damaligen Zeit sehr real. Dass man in einigen Banditen nach vermehrten Überfällen Söhne von Nachbarn erkannte, hat sich wirklich ereignet.

Die Ansichten zur Rolle der Geschlechter, welche in diesem Buch zum Ausdruck kommen, sind ausschließlich Meinungen der damaligen Zeit und keinesfalls Ansichten der Verfasserin oder des Verlages. Die Baptisten der damaligen Zeit waren streng patriarchalisch, was damals keineswegs unüblich war. Das Gesellschaftssystem in den frommen Gemeinden der jungen USA war sehr starr und rigide. Besonders die Frauen dürften darunter gelitten haben, so wenig Selbstbestimmung zu besitzen. Die Kirche bestimmte über das Leben der Menschen, welche streng gläubig waren – und dadurch auch extrem abergläubisch. Sie waren von der Existenz von bösartigen Geistern und Dämonen fest überzeugt und suchten sie durch Exorzismus auszutreiben. Wenn das nicht fruchtete, so fürchteten sie sich beinahe zu Tode. So konnte es auch passieren, dass die Menschen der damaligen Zeit einen Poltergeist als Täter in einem Mordfall in Betracht ziehen und zum Schuldigen erklären konnten. Das ist so heute nicht mehr haltbar. Deshalb habe ich diesen Roman geschrieben, bin im Grunde noch dabei, denn der zweite Teil aus Lucys Perspektive gehört untrennbar zur Idee dieser Romanduologie dazu. Dass Gift im Spiel war, ist historisch verbürgt und steht auch so im Totenschein. Nur die Frage, wer der Täter bzw. die Täterin gewesen sein könnte, steht zur Debatte. Meine Ansicht dazu werde ich im zweiten Teil aufklären, ebenso auch die Frage nach dem Warum.

Die Kluft zwischen eventuell möglichen übernatürlichen Erscheinungen und der Realität der Wahrnehmungen dieser Menschen habe ich durch die Einwirkung diverser Gifte zu überbrücken gesucht. Zum Beispiel mit Bilsenkraut im Bier. Hier sind wir in unserer heutigen Zeit im Vorteil, denn damals war die halluzinogene Wirkung des Bilsenkrautes nicht allgemein bekannt und beim Bierbrauen zu jener Zeit in den jungen USA noch üblich. Auch habe ich allerlei kurzweilige Geschichtsbilder eingefügt, in der Annahme, dass John Bell als Kämpfer im Unabhängigkeitskrieg sich mit Sicherheit für die damals aktuelle Politik interessiert und diese in den Zeitungen verfolgt haben wird. Es ist mein Ziel, die Zeit von vor zweihundert Jahren mit den Bells darin so realistisch wie möglich wiedererstehen zu lassen. Und das versuche ich mit möglichst wenig Wertung aus der heutigen Sicht zu tun, denn man kann ja nicht erwarten, dass sich Menschen der Vergangenheit an die heutigen Moralvorstellungen hätten halten können. Wenn schon, dann kann ich diese Menschen nur nach ihren eigenen Grundsätzen bewerten. So gab es in diesem Abschnitt des Landes Sklaverei, die von den Menschen als vollkommen normal empfunden wurde, weil alle Personen damit aufgewachsen sind. Von den Sklavenhaltern des Südens wurde das nicht infrage gestellt. Dass Sklaverei eine zutiefst verachtenswerte Praxis ist, steht wohl außer Frage, doch habe ich mich bemüht, mich in John und seine vermutlichen Ansichten hineinzuversetzen, und dabei haben meine persönlichen Anschauungen aus heutiger Sicht nichts zu suchen. Dennoch möchte ich mich an dieser Stelle ausdrücklich von solchen Praktiken distanzieren. Dasselbe gilt natürlich ebenso für die damals übliche Homophobie und für den Kindesmissbrauch, der John Bell übereinstimmend zugeschrieben wird, sowie für die damals gängigen Misshandlungen aller der eigenen Macht unterstellten Personen.

Zum Schluss möchte ich einigen Menschen danken, die meinen Schreibprozess von den Anfängen im April 2017 an begleitet haben. Hierzu gehören neben meiner besten Freundin, meinem Vater Jochen Westendorf und meiner Tante Christl Stimm vor allem meine hilfreichen Kollegen und Kolleginnen vom Bremer Autorenstammtisch sowie meine Bremer Literanauten. Auch an meine Testleser geht hier ein großes Dankeschön. Ihr habt mir sehr geholfen.

Des Weiteren möchte ich mich an dieser Stelle bei Simone C. Franzius für die Chance bedanken, diese Duologie im Franzius Verlag veröffentlichen zu dürfen. Sie hat in Absprache mit Petra Liermann das Manuskript innerhalb von einer Woche angenommen.

Mein ganz besonderer Dank gilt Petra Liermann, ihres Zeichens Lektorin, die mit viel Geduld und Ausdauer das Werk mit ihren Vorschlägen noch entscheidend verbessert hat. Von ihr stammt zum Beispiel die Idee, die Rückblenden in die Ich-Form zu setzen. Danke, liebe Petra.

Ein herzliches Dankeschön auch an Detlev Schultz, der in mühevoller Arbeit das Buch gesetzt und die Werbetrommel gerührt hat – und sie immer noch rührt.

Bleibt uns nur noch der Ausblick auf Teil zwei und die Hoffnung, dass dieser ebenso zufriedenstellend gelingen möge wie dieser erste Teil. Und ich hoffe, mit diesem und dem kommenden Buch Ihnen, lieber Leser und liebe Leserin, viel Freude und ein paar spannende und anregende Stunden zu schenken und geschenkt zu haben.

Bremen, April 2020, Christiane Kromp

Anhang

Stammbaum der Familie Bell

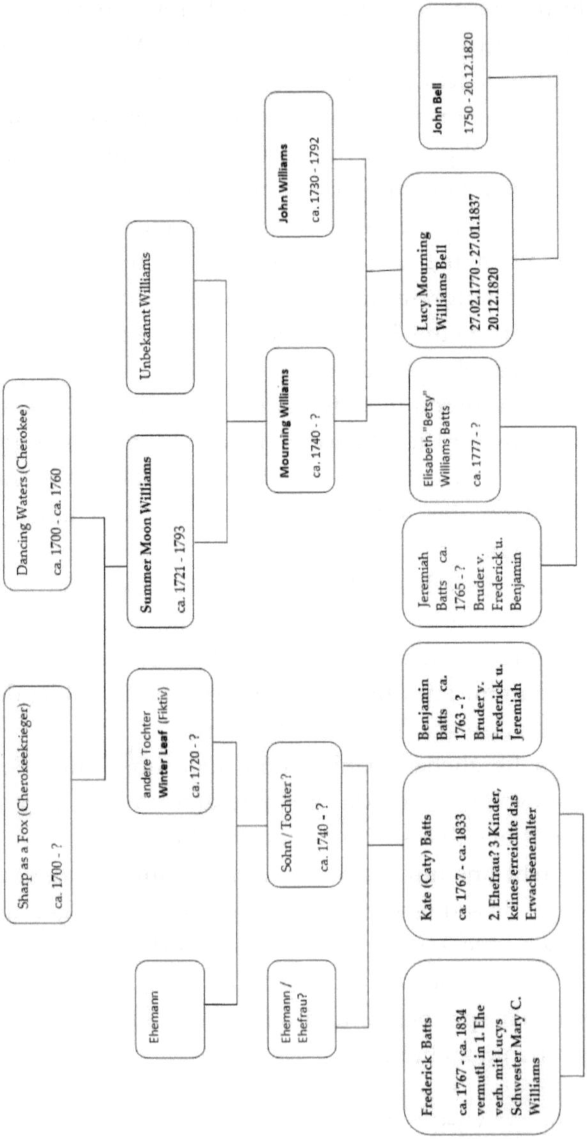

Stammbaum Lucy und John Bell mit Geschwistern und Kindern

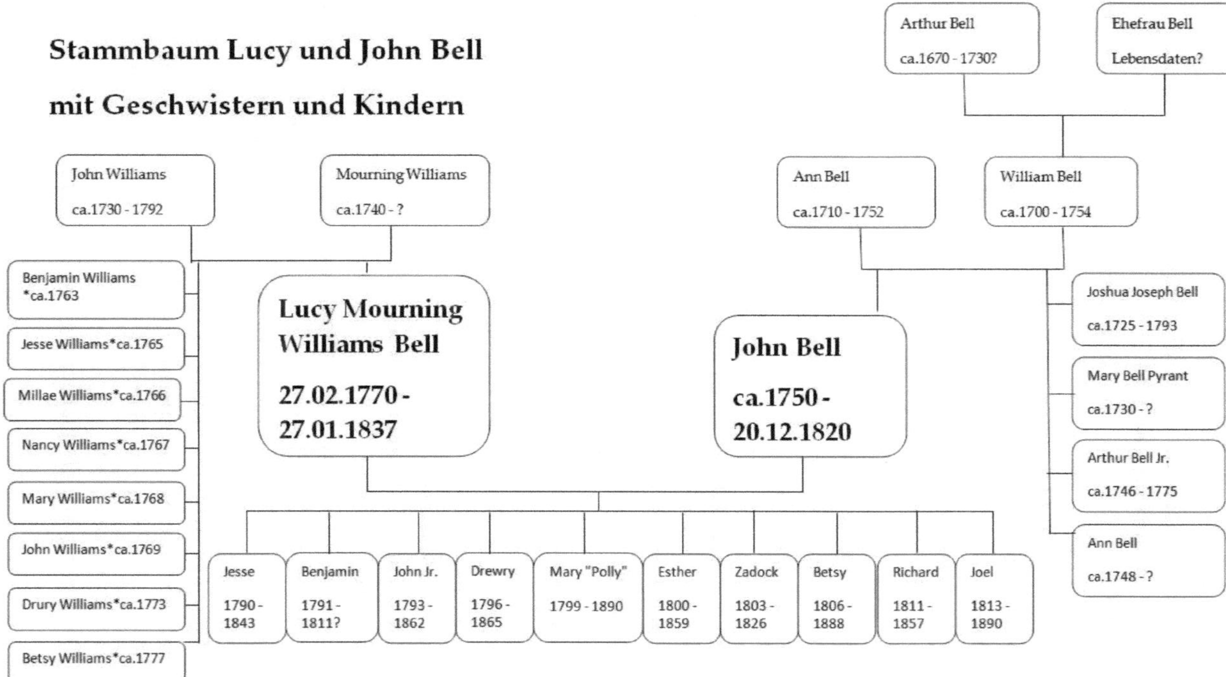

Historischer Überblick in Stichworten

1763: **Ende des Franzosen- und Indianerkrieges**;
kgl. Proklamation von 1763
alles Land zwischen Appalachen und Mississippi soll Indianerland bleiben.

1764: **Sugar Act** (April, London)
Beteiligung der Kolonien an den Kriegskosten

1765: **Stamp Act** (März, London):
Steuern auf jeden Fetzen Papier
Virginia Resolutions (Mai): Protest-Resolution für Recht auf Repräsentation + Partizipation
Proteste gegen Stamp Act; »Sons of Liberty« entstehen (Gründer: Samuel Adams, der Cousin von John Adams, dem 2. Präsidenten der USA)

1766: Rücknahme des Stamp Act + Declaratory Act (London)

1767: **Townshend Duties** (=Abgaben)(London):
Für die Kolonien wurden Zölle auf zwangsweise aus England zu importierende Waren erhoben, z. B. Tee, Farben, Kaffee, Damenhüte, gewebte Stoffe etc. Das Geld sollte u. a. der Unterhaltung der Britischen Truppen in den Kolonien dienen. Folge: Heimweberei wurde propagiert.

1768: »**Massachusetts Circular**«: Rundschreiben an andere Kolonien, gegen engl. Gesetze vorzugehen; »Regulatoren« in North Carolina entstehen

1770: **Boston »Massacre«** (5. März.);
Rücknahme Townshend Duties (12. März.)

1773: »**Tea Act**« (10. Mai)
»**Boston Tea Party**« der »**Sons of Liberty**«: Als Mohawk-Indianer verkleidet, werfen die Söhne der Freiheit Tee im Wert von etwa 10 000 brit. Pfund (heute ca. 700 000 €) über Bord, um gegen die hohe Teesteuer zu protestieren.

1774: »**Conceive Acts**« (Frühjahr):
Boston Port Act (Absperrung des Hafengebiets), keine Selbst-Regierung mehr; Verhandlung von Kapitalverbrechen in England möglich;
Quartering Act: Einquartierung von Soldaten;

Quebec Act: gr. Teile des Ohio-River-Gebiets für französische Siedler freigegeben: Protestanten waren empört, weil das Katholiken waren und die Westausbreitung dadurch behindert wurde.
05.09. – 26.10.1. Kontinentalkongress

1775: 18./19.04. **Schlacht bei Lexington + Conrad** (Waffenlager!)
09.05.: **Eroberung von Ft. Ticonderoga** (New York) durch die Amerikaner (Geschütze erobert)
10.05.: **2. Kontinentalkongress** tagt
15.06.: **George Washington wird Oberbefehlshaber** der Kontinentalarmee
17.06.: **Schlacht von Bunker Hill**: Pyrrhussieg der Briten (hohe Verluste). Kontinentalarmee konnte mangels Munition die Stellungen nicht halten.
Ab dem Sommer: **Inflation** durch Papiergeld statt Silber
22.12.: **Prohibitory Act**: Handelsboykott der Kolonien gegen das Mutterland.

1776: 10.01.: Zeitung »**Common Sense**« erscheint das erste Mal
17.03.: Die Briten verlegen ihre Truppen von Boston nach New York
02.07.: Resolution zur Unabhängigkeit
04.07.: **Unabhängigkeitserklärung wird veröffentlicht**
27.08.: **Schlacht um New York (Brooklin Heights)**, die die Briten gewannen.
Ende November: Rückzug Washington + Truppen hinter den Delaware River (Pennsylvania); New York wurde Hauptquartier der Briten während des Krieges
26.12.: **Überraschungsangriff auf die Hessen bei Trenton (Massaker)**

1777: 03.01.: Kontinentalarmee nimmt **Princeton** ein
05.07.: Burgoyne gewinnt für die Briten Ft. Ticonderoga wieder
11.09.: Briten gewinnen **Schlacht von Brandywine Creek**
26.09.: Briten besetzen Philadelphia (Rebellenhauptstützpunkt)
17.10.: Burgoyne kapituliert in **Saratoga** vor den Amerikanern. Kriegsglück wendet sich zugunsten der Rebellen, da jetzt die Franzosen auf Seiten der Amerikaner in den Krieg mit einsteigen wollen.

1778: 06.02.: **Bündnisverträge zwischen Amerika und Frankreich (Benjamin Franklin)**

18.06.: Briten räumen Philadelphia
28.06: Schlacht von Monmouth
10.07: **Französische Kriegserklärung an England.**
29.12.: Briten erobern Savannah.

1779: »**Southern Strategy**«: Schwächung der Amerikaner, indem die Briten z. B. alle Sklaven für frei erklären, die auf Seiten der Briten kämpfen: Wendung eines Teiles der Bevölkerung gegen die Kontinentalarmee. Ein weiterer taktischer Schachzug war der Versuch, von Süden her kommend der Armee in den Rücken zu fallen.
09.10.: Patrioten greifen **Savannah** an, können die Stadt jedoch nicht aus der Hand der Briten befreien.

1780: Mai / Juni: **Belagerung von Charleston**; Kapitulation vor den Briten.
16.08. **Schlacht bei Camden.**

1781: 17.01.: **Schlacht bei Cowpens**: Sieg der Amerikaner.
15.03.: **Schlacht bei Guilford Court House**: Niederlage der Amerikaner.
05.09.: **Seeschlacht in der Chesapeake Bay**: die Französische Flotte besiegt die Engländer, die daraufhin ihre Truppen nicht mehr per Schiff bewegen können und daher im Hinterland gestrandet sind. Die Briten ziehen ihre Truppen in Yorktown zusammen.
25.05.: Belagerung Yorktowns
17.10.: **Cornwallis ergibt sich** mit gut 8000 Mann. Ende des Krieges

1782: **Lord North** tritt als Prime Minister in London zurück.
30.11.: vorläufiger Friedensvertrag

1783: 03.09.: Unterzeichnung Friedensvertrag (**Friede von Paris**)

1786: September: Annapolis Konvent
Shay's Rebellion

1787: 25.05.: Verfassungskonvent in Philadelphia
16.06.: Connecticut Kompromiss
17.09.: **Verabschiedung des Verfassungsentwurfs**

1788: 21.06.: **Verfassung** der Vereinigten Staaten **erhält Gültigkeit.**

1789: 30.04.: **George Washington** wird als 1. Präsident der USA vereidigt (bis 1797 im Amt; neutrale Haltung gegen die kriegführenden europäischen Staaten; Aufbau eines Kabinetts und einer

funktionierenden Bundesregierung; Verzicht auf dritte Amtszeit bewirkte, dass seine Nachfolger das ebenfalls befolgten.)
September: »**Bill of Rights**« wird verabschiedet.

1790: Verschlechterung der amerikanisch-britischen Beziehungen, u. a. wegen Pressen von amerikanischen Seeleuten in die Britische Marine und Beschlagnahme von Gütern auf amerikanischen Schiffen; Besetzung mehrerer Forts, z. B. Niagara. Großbritannien unterstellt den USA, Deserteuren Unterschlupf zu bieten und die Blockade gegen Frankreich zu unterlaufen (profranzösische Stimmung in der amerikanischen Bevölkerung).

1792: Kentucky wird zum Bundesstaat; Gebiete nördlich und südlich des Ohio River: Nordwest- bzw. Südwest-Territorium.

1793: Stadt Washington DC wird gegründet.

1794: Jay-Vertrag Washingtons mit Großbritannien vermeidet Krieg. Vertrag verursacht gewalttätige Proteste in der Bevölkerung (Pressen von Seeleuten wurde nicht unterbunden)

1796: Tennessee wird Bundesstaat.
G. Washington warnt vor Bündnissen mit europäischen Staaten

1797: John Adams wird Präsident (bis 1801: unter seiner Regierung Herausbildung des Zwei-Parteien-Systems, XYZ-Affäre führt zu **Quasi-Krieg mit Frankreich**, 3 Jahre lang Verhandlungen, über 300 von Frankreich gekaperte amerikanische Schiffe; Adams baut Heer und Kriegsmarine aus. Beilegung 1800).
Konflikte mit den Südstaaten aufgrund von Alien Bill (Aufruhr- und Friedensgesetze).

1800: Washington DC wird Hauptstadt und Sitz von Präsident und Kongress.

1801: Thomas Jefferson wird 3. Präsident der USA (bis 1809)
Pascha von Tripolis versucht von USA Tribut zu erpressen. Jefferson lehnt ab, darauf lässt der Pascha den Fahnenmast vor der amerikanischen Botschaft fällen (Kriegserklärung, **1. Barbareskenkrieg**). Vorher schon hatten es die Piraten dieser Gewässer auf amerikanische Schiffe abgesehen. Marokko, Algier und Tunis schließen sich an. Nach Embargo gegen Tripolis und mehreren Seeschlachten sowie nach Beschlagnahme von Waren und Schiffen des Paschas gaben Algier und Tunis nach. Marokko und Tripolis aber nicht. 1804: griffen die Amerikaner Tripolis direkt an,

1805 gab es die entscheidende Schlacht. Danach Waffenstillstand und Ende des Krieges.

1803: Louisianna-Purchase verdoppelt das amerikanische Staatsgebiet.

1804 – 1806: Lewis und Clark-Expedition erforschen den Weg in den Westen des Subkontinents bis zum Pazifik.

1807: Konflikt mit Großbritannien entzündet sich erneut aufgrund der Handelsbeziehungen zwischen USA und Frankreich. GB warf USA vor, das **Handelsembargo der Briten gegen Frankreich (Napoleon!)** zu unterminieren und für Frankreich Partei zu ergreifen. Folge: Handelssperre gegen die Briten.
HMS Leopard zwang die US-Fregatte **USS Chesapeake** zur Duldung einer Durchsuchung: 21 Seeleute verwundet, verschleppt oder tot. Empörung in den USA.

1809: James Madison 4. Präsident der Vereinigten Staaten (1809 – 1817): In seine Amtszeit fällt der **Amerikanisch-Britische Krieg**, der auch als **Madison-Krieg**, **Krieg von 1812** oder **2. Unabhängigkeitskrieg** bezeichnet wurde (s. u.)

1811: Schlacht bei Tippecanoe (heutiges Indiana) gegen die Shawnee unter **Tecumsehs** Bruder, während Tecumseh sich auf Reisen befand.

1811/1812: New-Madrid-Erdbeben: am **16.12.1811** und am **23.01. und 07.02.1812** jeweils heftige Erdbeben etwa der **Stärke 7** auf der Richterskala. Epizentren lagen in der Nähe von New Madrid, welches sich in der Reelfoot-Riftzone befindet.

1812: gescheiterter **Versuch der Eroberung Kanadas** durch die Amerikaner. **Seekrieg mit England** scheitert an britischer Überlegenheit.

1813: Schlacht um den Eriesee gegen das **Bündnis von Briten** und ihren indianischen Verbündeten unter **Tecumseh**: Sieg der Amerikaner.

1814: Schlacht am Thames River: die **britisch-indianische Allianz** erlitt eine **entscheidende Niederlage,** die durch den **Tod Tecumsehs** besonders vernichtend war. Gleichzeitig landeten die Briten durch ihre Überlegenheit auf See in der Chesapeake Bay. Es folgte die **Schlacht bei Blandersburg**, in deren Folge die Briten Washington DC einnahmen, plünderten und niederbrannten, auch Kongresshaus und Weißes Haus.
Präsident Madison flieht nach Virginia.

September: Mit der Schlacht bei **Plattsburgh** stoppen die Amerikaner den Britischen Vormarsch; Beide Parteien enden mit einem Patt, daher **24.12.1814: Friede von Gent:** status quo ante bellum. Da die Nachricht vom Friedensschluss nicht rechtzeitig eintraf, stellte sich **General Andrew Jackson** (später Präsident der USA) einer britischen Landung bei New Orleans entgegen und gewann diese **Schlacht von New Orleans am 08.01.1815**.

1815: 10. – 15.04. **Vulkan Tambora** auf der Insel Sumbawa östlich von Java / Indonesien brach aus: Es kamen mindestens 71000 Menschen allein durch den Ausbruch ums Leben. Als Folge kam es vor allem in Europa und Nordamerika zum **1816: »Jahr ohne Sommer«**, auch Achzehnhundert-und-erfroren oder »Eighteen-hundred-and-froze-to-death« genannt.

1815: 2. Barbareskenkrieg, der nach kurzen Kampfhandlungen bereits im Juli 1815 mit einem Sieg der Amerikaner endete.

1817: **James Monroe** wird **5. Präsident** der USA: »**Wohlfühljahre**« beginnen. **Amtszeit: 1817 – 1825.**

Highlights der Novitäten 2020 im Franzius Verlag

Romane

»Die Macht der Akademie«
Schweden-Krimi von Neal Skye, ISBN 978-3-96050-190-9

»Das Zugticket«
Roman von Monica Heinz, ISBN 978-3-96050-188-6

»Bis ans Ufer«
Historischer Krimi von Sophie Heinig, ISBN 978-3-96050-182-4

»Reise zum inneren Avatar«
Spiritueller Roman von Mirjam Wyser, ISBN 978-3-96050-176-3

**»Mörderische Psychospiele –
Zwischen Bremen und der Nordsee«**
Regionalkrimi von Sabine Bruns, ISBN 978-3-96050-172-5

»Hüter der Feder«
Fantasy-Roman von L. T. Ayren, ISBN 978-3-96050-093-3

»28 m² – Die Probandenstudie«
Thriller von Perry Payne, ISBN 978-3-96050-168-8

Sachbücher und Ratgeber

**»Enneagramm und Hochsensibilität –
Die neun Persönlichkeitstypen und ihr Entwicklungspotenzial«**
Von Dr. Marianne Skarics, ISBN 978-3-96050-170-1

»Nicht offensichtliche Megatrends – Wie man erkennt, was andere übersehen, und die Zukunft vorhersagt«
Deutsche Erstausgabe des Titels »Non Obvious Megatrends: How to See What Others Miss and Predict the Future«
Von Rohit Bhargava, Übersetzung von Detlev Schultz
ISBN 978-3-96050-091-9 (Taschenbuch), 978-3-96050-198-5 (Hardcover)